새로운 천년이 시작 된다

새 예루살렘 시대

저자 이 형 조

세계 2차 대전은 경제공황으로 일어났다. 세계 3차 대전 역시 경제공황으로 일어난다.
2022년부터 시작된 경제 위기는 절대로 끝나지 않는다. 자본주의가 몰락할 때까지 계속된다. 그리고 자본주의 몰락과 함께 세계 3차 대전으로 이어진다. 세계경제포럼은 코비드-19로부터 그레이트 리셋을 시작했다. 리셋이란 판을 뒤집어 엎고 다시 세우는 것이다. 자본주의 경제는 칼 마르크스 역사 발전 5단계 중 네 번째 단계로 부익부 빈익빈으로 프로레타리아 계급투쟁으로 공산주의 사회로 들어가는 마지막 길목이다. 세계경제포럼은 2020년 코로나 팬데믹을 시작으로 자본주의를 몰락시키는 그레이트 리셋 작전을 시작했다. 그것이 2020년-2021년 코로나 셧 다운으로 세계 경제를 주저 앉게 하는 것이다. 다음 단계가 2022년-2023년 경제 팬데믹으로 세계 자본주의 경제 숨통을 끊는 것이다. 그 시작이 러시아 우크라이나 전쟁과 미국 연준의 고금리 폭탄이다. 2022년부터 시작된 경제위기는 공산주의 세계정부로 들어가는 마지막 관문이다. 오늘날의 경제 위기는 1980년 레이거노믹스와 대처리즘으로 시작되었다. 일명 신자유주의 무한경쟁 악마의 경제학이다. 지난 2년 동안 1%의 부자들은 세계 재산을 63% 소유했다. 하위 90%가 1달러를 버는 시간에 상위 1%는 170만 달러를 벌었다. 2022년 5월 현재 세계 총부채는 305조 달러(약 36경6천조원)이다. 세계 총생산량 GDP 규모는 95조 달러이다. 세계 총생산량 GDP 대비 부채 비율은 321%이다. 세계 모든 나라들이 빚으로 살고 있는 것이다. 2023년부터 개인과 기업과 국가가 파산해서 각 나라에서는 폭력시위가 일어난다. 각 나라들은 경제 위기를 덮기 위해 전쟁을 일으킨다. 2022년부터 시작된 경제위기는 오랫동안 준비해온 작전대로 자본주의가 몰락하고 제 3차 대전을 통해 인종청소가 된 후 과학적 공산주의 세계정부가 들어선다. 이것이 신세계질서이다. 주식 시장과 부동산 시장과 금융 시장은 모두 자본주의 경제 원리에 의해서 작동된 허상이다. 세계전쟁이 일어나면 순식간에 사라지고 빅데이터 AI 인공지능이 지배하는 새로운 디지털 세상이 도래한다. 글자 그대로 제 4차 산업 혁명으로 공산주의 신세계질서가 펼쳐진다. 경제가 어렵다가 다시 회복되리라는 꿈을 버리시라. 당신이 쌓아 놓은 모든 부는 당신의 곁을 떠날 것이다. 그리고 당신이 만일 전쟁 중에 살아남는다 할지라도 당분간 당신은 하루 세끼를 얻어먹고 살기 위해 무료 급식소에서 줄을 서야 할 것이다.

"그리스도가 나타나게 하고 그리스도에게 오게 하라"
-세계제자훈련원-

성 삼위 하나님의 구원의 선물

성부 하나님의 아들 됨의 선물

"찬송하리로다 하나님 곧 우리 주 예수 그리스도의 아버지께서 그리스도 안에서 하늘에 속한 모든 신령한 복으로 우리에게 복 주시되 곧 창세 전에 그리스도 안에서 우리를 택하사 우리로 사랑 안에서 그 앞에 거룩하고 흠이 없게 하시려고 그 기쁘신 뜻대로 우리를 예정하사 예수 그리스도로 말미암아 자기의 아들들이 되게 하셨으니 이는 그의 사랑하시는 자 안에서 우리에게 거저 주시는바 그의 은혜의 영광을 찬미하게 하려는 것이라"(엡1:3-6)

창세전에 예수 그리스도 안에서 이루어진 언약이 있다. 혼인언약이다. 구원받은 성도가 예수님의 신부가 되어 예수님과 한 몸을 이룬 언약이다. 그래서 예수 그리스도 안에서 거룩하고 흠이 없는 하나님의 아들들이 되는 것이다. 이것을 미리 창세전에 예정하셔서 오늘날 우리 구원 받은 성도들이 예수님과 한 몸을 이룬 신부로 하나님의 아들들이 되었다. 이렇게 하신 목적은 거저 주시는 하나님의 은혜의 영광을 찬미하게 하려는 것이다.

년　　월　　일

＿＿＿＿＿＿께 선물로 드립니다.

성경에서 말한 기독교의 구원은 단순히 예수를 믿고 천국에서 영원히 사는 것이 아니다. 성부 하나님의 아들이 되는 것이고, 성자 예수님의 신부가 되는 것이고, 성령 하나님의 거룩한 성전이 되는 것이다. 이 책의 주제는 성 삼위 하나님 안에서 이루어지는 구원의 비밀을 알려 주는 것이다. 성경은 창세전부터 계획하신 하나님의 인간 구속의 사역을 기록한 책이다. 창세전에 있었던 예수 그리스도 안에서 이루어진 혼인언약, 에덴에서 있었던 혼인언약, 시내 산에서 있었던 혼인언약, 바벨론 포로 귀환 시 있었던 혼인언약, 세례 요한을 통해 있었던 혼인언약, 마지막 새 예루살렘에서 있을 혼인 언약에 대한 내용이다.

하나님의 모든 구속 사역을 예수님과 교회가 혼인 언약을 하고 새 예루살렘을 통해서 천년왕국을 통치하므로 완성이 된다. 하나님께서는 아담과 하와를 하나님의 형상으로 지으시고 에덴을 통치하게 하셨다. 그러나 아담과 하와는 뱀에게 미혹되어 실패했다. 이제 하나님께서는 아들 예수님과 구원 받은 교회를 통해 천년왕국을 통치하게 하시기 위해 준비하고 계신다. 하나님의 구원 계획은 구원 받은 성도들을 거룩하고 흠이 없는 하나님의 아들들이 되게 하시고 영원한 아버지의 나라를 유업으로 받게 하시기 위해 천년왕국을 통해서 통치 행위를 훈련시키시는 것이다.

교회는 예수님의 몸이다. 즉 예수님의 신부이다. 하나님께서는 아담을 깊이 잠들게 하시고 갈비뼈를 취하여 하와를 지으셨다. 아담은 하와를 보고 이는 내 뼈 중의 뼈요 내 살 중에 살이라 하였다. 즉 한 몸이란 것이다. 결혼이란 분리 되었던 몸이 하나로 완성된 것이다. 창세전에 하나님은 예수님 안에서 우리를 하나님의 아들들이 되게 하셨다. 어떻게 아들들이 되게 하셨을까? 우리를 예수님의 신부로 한 몸이 되게 하셔서 우리가 아들들이 된 것이다. 여자란 남자에게서 취하였다는 뜻이다. 즉 남자의 몸의 일부라는 것이다. 그래서 사람은 결혼을 하지 않으면 온전한 사람이 아니다.

"이러므로 사람이 부모를 떠나 그 아내와 합하여 그 둘이 한 육체가 될찌니 이 비밀이 크도다 내가 그리스도와 교회에 대하여 말하노라"(엡5:31-32)

예수님이 아버지 하나님을 떠나 자신만의 기업을 얻기 위해서는 결혼을 해서 아버지와 같은 온전한 몸을 이루어야 한다. 예수님이 십자가에서 죽으신 이유는 자신의 몸인 신부를 얻기 위해서 하신 것이다. 그래서 구원을 받았다고 하는 의미는 내가 죽어 없어지고 예수님이 내 안에서 온전히 사셔서 예수님과 내가 한 몸이 되는 것이다. 그래서 아들이 있는 자와 아들이 없는 자의 차이가 큰 것이다.

하나님은 아담이 독처하는 것이 좋지 못하다고 하시면서 돕는 배필을 지으셨다. 이것이 창세전에 아버지 안에 감춰진 교회의 비밀이다. 창세전에 아버지 하나님은 아들 예수님이 독처하는 것을 좋아 하시지 않으시고 예수님의 신부인 교회를 예정하신 것이다.

예수님은 제자들에게 하늘에 계신 너희 아버지의 온전하심과 같이 너희도 온전하게 되라고 하셨다. 필자는 청년 시절 큐티를 하면서 깜짝 놀랐다. 어떻게 죄인인 내가 하나님처럼 온전하게 될 수 있을까? 그러나 그것은 예수님의 명령이었다. 예수님은 우리를 온전하게 하시기 위해 오셨다. 우리는 스스로 온전하게 될 수 없다. 그러나 우리 안에 예수님이 오셔서 영적인 결혼을 하면 예수님도 우리도 하나님과 같이 온전하게 되는 것이다. 이것이 교회의 비밀이고 결혼의 비밀이다. 예수님도 결혼을 하지 않으시면 아버지의 온전하심과 같이 되실 수 없다.

"또 네 이웃을 사랑하고 네 원수를 미워하라 하였다는 것을 너희가 들었으나 나는 너희에게 이르노니 너희 원수를 사랑하며 너희를 핍박하는 자를 위하여 기도하라 이같이 한즉 하늘에 계신 너희 아버지의 아들이 되리니 이는 하나님이 그 해를 악인과 선인에게 비취게 하시며 비를 의로운 자와 불의한 자에게 내리우심이니라 너희가 너희를 사랑하는 자를 사랑하면 무슨 상이 있으리요 세리도 이같이 아니하느냐 또 너희가 너희 형제에게만 문안하면 남보다 더 하는 것이 무엇이냐 이방인들도 이같이 아니하느냐 그러므로 하늘에 계신 너희 아버지의 온전하심과 같이 너희도 온전하라"(마5:43-48)

결혼을 통해서 온전한 사람이 된다. 온전한 사람이 되어야 부모를 떠나 자신도 자녀를 낳고 부모가 될 수 있다. 하나님은 아담을 잠들게 하시고 하와를 지으신 후에 에덴을 통치하게 하셨다. 아담이 에덴을 통치할 수 있었던 이유는 자신의 짝인 하와를 얻었기 때문이다.

예수님께서도 내가 아버지 안에서 온전하게 된 것같이 제자들도 자기 안에서 온전하게 되도록 기도 하셨다. 예수님도 신부를 얻어 결혼을 해야 천년왕국을 통치하실 수 있는 것이다.

"아버지께서 내 안에, 내가 아버지 안에 있는것 같이 저희도 다 하나가 되어 우리 안에 있게 하사 세상으로 아버지께서 나를 보내신 것을 믿게 하옵소서 내게 주신 영광을 내가 저희에게 주었사오니 이는 우리가 하나가 된것 같이 저희도 하나가 되게 하려 함이니이다 곧 내가 저희 안에, 아버지께서 내 안에 계셔 저희로 온전함을 이루어 하나가 되게 하려 함은 아버지께서 나를 보내신 것과 또 나를 사랑하심 같이 저희도 사랑하신 것을 세상으로 알게 하려 함이로소이다"(요17:21-23)

우리 예수 믿는 성도는 명목적(名目的)으로 하나님의 아들이 된것이 아니라 실제적으로 하나님의 아들이 되어야 한다. 그래서 예수님은 제자들에게 내 살을 먹고 내 피를 마시지 아니하면 너희 속에 생명이 없다고 하셨다. 성찬의 의미는 단지 기념하는 예식이 아니라 예수님과 한 몸이 되어 함께 살아가는 성도들의 신앙 고백이다.

"예수께서 이르시되 내가 진실로 진실로 너희에게 이르노니 인자의 살을 먹지 아니하고 인자의 피를 마시지 아니하면 너희 속에 생명이 없느니라 내 살을 먹고 내 피를 마시는 자는 영생을 가졌고 마지막 날에 내가 그를 다시 살리리니 내 살은 참된 양식이요 내 피는 참된 음료로다 내 살을 먹고 내 피를 마시는 자는 내 안에 거하고 나도 그 안에 거하나니 살아계신 아버지께서 나를 보내시매 내가 아버지로 인하여 사는것 같이 나를 먹는 그 사람도 나로 인하여 살리라"(요6:53-57)

"또 증거는 이것이니 하나님이 우리에게 영생을 주신 것과 이 생명이 그의 아들 안에 있는 그것이니라 아들이 있는 자에게는 생명이 있고 하나님의 아들이 없는 자에게는 생명이 없느니라"(요일5:11-12)

아들을 시인하는 자들에게 아버지도 그 안에서 계신다. 아들이 있는 자에게 아버지의 생명과 분별할 수 있는 지식이 있는 것이다. 그리고 아들이기 때문에 아버지의 나라를 유업으로 받는 것이다.

"아들을 부인하는 자에게는 또한 아버지가 없으되 아들을 시인하는 자에게는 아버지도 있느니라 너희는 처음부터 들은 것을 너희 안에 거하게 하라 처음부터 들은 것이 너희 안에 거하면 너희가 아들과 아버지 안에 거하리라 그가 우리에게 약속하신 것은 이것이니 곧 영원한 생명이니라 너희를 미혹하는 자들에 관하여 내가 이것을 너희에게 썼노라 너희는 주께 받은 바 기름 부음이 너희 안에 거하나니 아무도 너희를 가르칠 필요가 없고 오직 그의 기름 부음이 모든 것을 너희에게 가르치며 또 참되고 거짓이 없으니 너희를 가르치신

그대로 주 안에 거하라"(요일2:24-27)

"너희가 아들인고로 하나님이 그 아들의 영을 우리 마음 가운데 보내사 아바 아버지라 부르게 하셨느니라 그러므로 네가 이 후로는 종이 아니요 아들이니 아들이면 하나님으로 말미암아 유업을 이을 자니라"(갈4:6-7)

사도 바울은 하나님의 나라는 하나님의 아들들이 유업으로 받는 것이라 하였다. 세상에 속한 자들은 하나님의 나라를 유업으로 받지 못한다. 구원 받은 성도 안에 아들이 살아야 한다. 물질이 살아선 안된다. 사람이 살아도 안된다. 세상의 즐거움이 살아도 안된다. 단지 예수 믿고 구원 받아 잘 먹고 잘 살다가 천국에 가는 것이 기독교가 아니다. 내 안에 예수님께서 사셔서 날마다 생축으로 죄인들을 위해 거룩한 삶의 속건 제사를 드려야 한다. 이것이 그리스도인이 세상에 사는 목적이다. 예수님께서 오신 목적도 섬김을 받기 위해 오시지 않고 도리어 섬기려 하고 자기 목숨을 많은 사람들의 대속물로 주려는 것이었다.

"불의한 자가 하나님의 나라를 유업으로 받지 못할 줄을 알지 못하느냐 미혹을 받지 말라 음란하는 자나 우상 숭배하는 자나 간음하는 자나 탐색하는 자나 남색하는 자나 도적이나 탐람하는 자나 술 취하는 자나 후욕하는 자나 토색하는 자들은 하나님의 나라를 유업으로 받지 못하리라 너희 중에 이와 같은 자들이 있더니 주 예수 그리스도의 이름과 우리 하나님의 성령 안에서 씻음과 거룩함과 의롭다 하심을 얻었느니라"(고전6:9-11)

하나님께서는 자라나지 않고 세상에서 방황하는 하나님의 자녀들을 징계하신다. 사람의 막대기와 인생의 채찍으로 아프게 하신다. 그래서 그의 거룩하심에 참여케 하신다. 만일 이런 채찍이 없으면 사생자요 참 아들이 아니다. 구원 받은 성도가 명목적(名目的)인 아들로 살아갈 수 없는 이유이다.

"주께서 그 사랑하시는 자를 징계하시고 그의 받으시는 아들마다 채찍질하심이니라 하였으니 너희가 참음은 징계를 받기 위함이라 하나님이 아들과 같이 너희를 대우하시나니 어찌 아비가 징계하지 않는 아들이 있으리요 징계는 다 받는 것이거늘 너희에게 없으면 사생자요 참 아들이 아니니라"(히12:6-8)

첫째 부활에 참여하는 성도들 중에 목 베임을 받아 참여한 순교자들이 있다. 그들이 순교한 이유는 예수의 증거와 하나님의 말씀이라고 하였다. 하나님의 말씀은 우리가 예수를 믿고 구원을 받아 예수님의 형상을 닮으라고 주신 생명의 떡이다. 순교자들이 충분하게 생명의 떡을 먹어 그리스도의 장성한 분량이 충만한데까지 이르지 못한 연고로 순교를 통해서 하나님의 말씀이 완성된 것이다.

"또 내가 보좌들을 보니 거기 앉은 자들이 있어 심판하는 권세를 받았더라 또 내가 보니 예수의 증거와 하나님의 말씀을 인하여 목 베임을 받은 자의 영혼들과 또 짐승과 그의 우상에게 경배하지도 아니하고 이마와 손에 그의 표를 받지도 아니한 자들이 살아서 그리스도로 더불어 천년 동안 왕노릇 하니"(계 20:4-6)

사도 바울도 성도가 받은 영은 종의 영이 아니라 아들의 영이라고 하였다. 그래서 성령이 친히 아바 아버지라고 부르게 하신다. 그리고 아들이기 때문에 하나님의 나라를 유업으로 받는다.

"너희는 다시 무서워하는 종의 영을 받지 아니하였고 양자의 영을 받았으므로 아바 아버지라 부르짖느니라 성령이 친히 우리 영으로 더불어 우리가 하나님의 자녀인 것을 증거하시나니 자녀이면 또한 후사 곧 하나님의 후사요 그리스도와 함께한 후사니 우리가 그와 함께 영광을 받기 위하여 고난도 함께 받아야 될 것이니라"(롬8:15-17)

하나님의 구원 계획의 종착역은 아들을 영화롭게 하는 것이다. 어떻게 하면 아들이 영화롭게 될 수 있을까? 아버지 하나님은 아들을 영화롭게 하기 위해서 창세전에 아들의 신부인 교회를 예정 하셨다. 요한 계시록 21장에 나타난 새 예루살렘은 아버지께서 아들을 영화롭게 하시기 위해 준비하신 아들의 신부이다.

예수님은 결혼을 해야 아버지의 온전하신 것처럼 온전하게 되실 수 있다. 왜 천년왕국이 필요한가? 왜 하나님은 구원 받은 교회를 통해서 천년왕국을 통치하게 하시는가? 예수님과 교회를 온전하게 하시기 위함이다. 아담과 하와를 한 몸이 되게 하신 후 에덴을 통치하게 하셨다. 아담과 하와를 온전케 하시기 위함이다. 아버지 하나님께서는 예수님과 교회가 결혼식을 하고 한 몸을 이룬 다음 천년왕국을 통치하게 하신다. 이를 통해 아버지의 온전하신 것 같이 예수님과 교회를 온전하게 하시기 위함이다.

성자 예수님의 신부 됨의 선물

"또 내가 새 하늘과 새 땅을 보니 처음 하늘과 처음 땅이 없어졌고 바다도 다시 있지 않더라 또 내가 보매 거룩한 성 새 예루살렘이 하나님께로부터 하늘에서 내려오니 그 예비한 것이 신부가 남편을 위하여 단장한 것 같더라"(계21:1-2)

요한 계시록 21장에서는 어린 양 혼인잔치가 기록되어 있다. 아버지 하나님의 손에 이끌리어 하늘에서 내려온 예수님의 아름다운 신부가 있다. 새 예루살렘이다. 예수님의 신부인 교회는 만세와 만대로부터 하나님 아버지 속에 감춰진 비밀이다. 사랑하는 아들 예수님을 위해 아버지께서 예비하신 최고의 선물이다. 창세전부터 요한 계시록까지 하나님의 인류 구속의 역사는 아들의 신부를 얻어 내는 것이다.

"영원부터 만물을 창조하신 하나님 속에 감취었던 비밀의 경륜이 어떠한 것을 드러내게 하려 하심이라 이는 이제 교회로 말미암아 하늘에서 정사와 권세들에게 하나님의 각종 지혜를 알게 하려 하심이니 곧 영원부터 우리 주 그리스도 예수 안에서 예정하신 뜻대로 하신 것이라"(엡3:9-11)

"모든 정사와 권세와 능력과 주관하는 자와 이 세상뿐 아니라 오는 세상에 일컫는 모든 이름 위에 뛰어나게 하시고 또 만물을 그 발 아래 복종하게 하시고 그를 만물 위에 교회의 머리로 주셨느니라 교회는 그의 몸이니 만물 안에서 만물을 충만케 하시는 자의 충만이니라"(엡1:21-23)

"야곱 집이여 이스라엘 집의 남은 모든 자여 나를 들을찌어다 배에서 남으로부터 내게 안겼고 태에서 남으로부터 내게 품기운 너희여 너희가 노년에 이르기까지 내가 그리하겠고 백발이 되기까지 내가 너희를 품을 것이라 내가 지었은즉 안을 것이요 품을 것이요 구하여 내리라 너희 패역한 자들아 이 일을 기억하고 장부가 되라 이 일을 다시 생각하라"(사46:3-4,8)

하나님은 이스라엘에게 장부가 되라고 말씀 하신다. 장부란 결혼한 남자를 말한다. 남자는 결혼을 하기 전까지 부모의 품 안에서 살아가는 어린 아이에 불과하다. 부모는 아들이 결혼하여 장부가 되기까지 가슴에 품고 살아야 한다. 여호와 하나님은 이스라엘이 장부가 되기까지 품고 살 것이라 말씀 하신다. 어릴 때에는 낳았기 때문에 업어주고 안아 주면서 키우고 백발이 되고 노년이 되어서도 품고 살 것이라 말씀 하신다. 여호와께서 지으셨기 때문에 버리지 아니하시고 품어 반드시 구하여 내시리라 말씀 하신다. 여호와 하나님의 이스라엘에 대한 구원은 반드시 아내를 만나 결혼을 하여 장부가 되게 하여 여호와의 품을 떠나 독립을 시켜주는 것이다. 기독교 구원은 하나님의 아들인 예수님의 신부가 준비되고 결혼식을 한 다음에 분가하여 아버지의 기업을 통치하므로 끝나는 것이다.

"잉태치 못하며 생산치 못한 너는 노래할찌어다 구로치 못한 너는 외쳐 노래할찌어다 홀로 된 여인의 자식이 남편 있는 자의 자식보다 많음이니라 여호와의 말이니라 네 장막터를 넓히며 네 처소의 휘장을 아끼지 말고 널리 펴되 너의 줄을 길게 하며 너의 말뚝을 견고히 할찌어다 이는 네가 좌우로 퍼지며 네 자손은 열방을 얻으며 황폐한 성읍들로 사람 살 곳이 되게 할 것임이니라 두려워 말라 네가 수치를 당치 아니하리라 놀라지 말라 네가 부끄러움을 보지 아니하리라 네가 네 청년 때의 수치를 잊겠고 과부 때의 치욕을 다시 기억함이 없으리니 이는 너를 지으신 자는 네 남편이시라 그 이름은 만군의 여호와시며 네 구속자는 이스라엘의 거룩한 자시라 온 세상의 하나님이라 칭함을 받으실 것이며 여호와께서 너를 부르시되 마치 버림을 입어 마음에 근심하는 아내 곧 소시에 아내 되었다가 버림을 입은 자에게 함같이 하실 것임이니라 네 하나님의 말씀이니라 내가 잠시 너를 버렸으나 큰 긍휼로 너를 모을 것이요 내가 넘치는 진노로 내 얼굴을 네게서 잠시 가리웠으나 영원한 자비로 너를 긍휼히 여기리라 네 구속자 여호와의 말이니라"(사54:1-8)

예루살렘은 자녀를 잉태하지 못해서 바벨론으로 쫓겨났다. 예루살렘은 바벨론이란 남자를 사랑하여 본 남편인 여호와의 품을 떠나 과부가 되었고 홀로 된 자가 되었다. 그래서 70년이란 세월을 탄식과 고통 가운데 살아야 했다. 그러나 여호와 하나님은 예루살렘을 버리지 아니하시고 다시 고쳐서 새로운 신부를 만들어 예루살렘으로 돌아오게 하신다. 그때 예루살렘은 하나님의 영광이 된다. 이것이 완성된 새 예루살렘이다.

"나는 시온의 공의가 빛 같이, 예루살렘의 구원이 횃불 같이 나타나도록 시온을 위하여 잠잠하지 아니하며 예루살렘을 위하여 쉬지 아니할 것인즉 열방이 네 공의를, 열왕이 다 네 영광을 볼 것이요 너는 여호와의 입으로 정하실 새 이름으로 일컬음이 될 것이며 너는 또 여호와의 손의 아름다운 면류관, 네 하나님의 손의 왕관이 될 것이라 다시는 너를 버리운 자라 칭하지 아니하며 다시는 네 땅을 황무지라 칭하지 아니하고 오직 너를 헵시바라 하며 네 땅을 뿔라라 하리니 이는 여호와께서 너를 기뻐하실 것이며 네 땅이 결혼한바가 될 것임이라 마치 청년이 처녀와 결혼함 같이 네 아들들이 너를 취하겠고 신랑이 신부를 기뻐함 같이 네 하나님이 너를 기뻐하시리라 예루살렘이여 내가 너의 성벽 위에 파숫군을 세우고 그들로 종일 종야에 잠잠치 않게 하였느니라 너희 여호와로 기억하시게 하는 자들아 너희는 쉬지 말며 또 여호와께서 예루살렘을 세워 세상에서 찬송을 받게 하시기까지 그로 쉬지 못하시게 하라"(사62:1-7)

여호와 하나님은 예루살렘이 아름다운 신부가 되어 결혼을 할 때까지 쉬지 아니하시고 일을 하신다고 말씀 하신다. 예루살렘이 여호와의 손의 면류관과 왕관이 되기까지 쉬지 아니하실 것을 말씀 하신다. 예수님께서도 아버지가 일하시니 나도 일한다고 하셨다. 아버지께서는 쉬지 아니하시고 무슨 일을 하시고 계시는가? 창세전부터 꿈꾸어 오신 예수님의 신부를 만들고 계신 것이다.

"내가 이제 너희를 위하여 받는 괴로움을 기뻐하고 그리스도의 남은 고난을 그의 몸된 교회를 위하여 내 육체에 채우노라 내가 교회 일군 된 것은 하나님이 너희를 위하여 내게 주신 경륜을 따라 하나님의 말씀을 이루려 함이니라 이 비밀은 만세와 만대로부터 옴으로 감취었던 것인데 이제는 그의 성도들에게 나타났고 하나님이 그들로 하여금 이 비밀의 영광이 이방인 가운데 어떻게 풍성한 것을 알게 하려하심이라 이 비밀은 너희 안에 계신 그리스도시니 곧 영광의 소망이니라 우리가 그를 전파하여 각 사람을 권하고 모든 지혜로 각 사람을 가르침은 각 사람을 그리스도 안에서 완전한 자로 세우려 함이니 이를 위하여 나도 내 속에서 능력으로 역사하시는 이의 역사를 따라 힘을 다하여 수고하노라"(골1:24-29)

교회 즉 예수님의 신부는 만세와 만대로부터 하나님 속에 감춰진 비밀이다. 그런데 이 비밀이 성도들에게 나타났고 하나님이 교회로 하여금 이 비밀의 영광이 이방인 가운데 얼마나 풍성한 것인가를 알게 하신다. 이 비밀은 성도들 안에서 사시는 예수님이시다. 그래서 사도 바울은 예수님을 전파하여 각 사람을 권하고 각 사람을 가르침은 각 사람을 그리스도 안에서 완전한 자로 세우는 것이다. 이것이 사도 바울이 그리스도의 남은 고난을 그의 몸 된 교회를 위해 자기 몸 안에 채우는 이유이다.

"남편들아 아내 사랑하기를 그리스도께서 교회를 사랑하시고 위하여 자신을 주심 같이 하라 이는 곧 물로 씻어 말씀으로 깨끗하게 하사 거룩하게 하시고 자기 앞에 영광스러운 교회로 세우사 티나 주름잡힌 것이나 이런 것들이 없이 거룩하고 흠이 없게 하려 하심이니라 이와 같이 남편들도 자기 아내 사랑하기를 제몸 같이 할찌니 자기 아내를 사랑하는 자는 자기를 사랑하는 것이라 누구든지 언제든지 제 육체를 미워하지 않고 오직 양육하여 보호하기를 그리스도께서 교회를 보양함과 같이 하나니 우리는 그 몸의 지체임이니라 이러므로 사람이 부모를 떠나 그 아내와 합하여 그 둘이 한 육체가 될찌니 이 비밀이 크도다 내가 그리스도와 교회에 대하여 말하노라 그러나 너희도 각각 자기의 아내 사랑하기를 자기 같이 하고 아내도 그 남편을 경외하라"(엡5:25-33)

"또 내가 새 하늘과 새 땅을 보니 처음 하늘과 처음 땅이 없어졌고 바다도 다시 있지 않더라 또 내가 보매 거룩한 성 새 예루살렘이 하나님께로부터 하늘에서 내려오니 그 예비한 것이 신부가 남편을 위하여 단장한 것 같더라"(계21:1-2)

예수님은 쉬지 아니하시고 교회를 아름답게 단장하고 계신다. 아름다운 새 예루살렘 성을 우리 성도들의 마음에 만들고 계신다. 이렇게 마음에 만들어진 성전은 그대로 하늘에서도 만들어 진다. 이것이 성도들이 영원히 사는 집이다. 12보석으로 단장되어 있다. 성곽은 벽옥이다. 성은 정금으로 되어 있다. 12문은 진주로 되어 있다. 빛이 필요 없다 하나님과 어린 양의 영광의 빛이 가득하기 때문이다.

성령 하나님의 성전 됨의 선물

"그 열 두 문은 열 두 진주니 문마다 한 진주요 성의 길은 맑은 유리 같은 정금이더라 성안에 성전을 내가 보지 못하였으니 이는 주 하나님 곧 전능하신 이와 및 어린 양이 그 성전이심이라 그 성은 해나 달의 비침이 쓸데 없으니 이는 하나님의 영광이 비취고 어린 양이 그 등이 되심이라 만국이 그 빛 가운데로 다니고 땅의 왕들이 자기 영광을 가지고 그리로 들어오리라 성문들을 낮에 도무지 닫지 아니하리니 거기는 밤이 없음이라 사람들이 만국의 영광과 존귀를 가지고 그리로 들어오겠고 무엇이든지 속된 것이나 가증한 일 또는 거짓말하는 자는 결코 그리로 들어오지 못하되 오직 어린 양의 생명책에 기록된 자들뿐이라"(계21:21-27)

성전은 하나님께서 거하시는 장소이다. 그런데 요한 계시록 21장에 기록된 새 예루살렘안에는 성전이 없다. 왜냐하면 구원 받은 성도들을 위해 하나님과 어린 양이 성전이 되어 주시기 때문이다. 주객이 바뀐 것이다. 우리가 하나님과 어린 양의 성전이 되어야 하는데 도리어 하나님과 어린 양이 교회의 성전이 되신다. 그래서 에베소서 1장에서는 교회는 하나님의 영광의 찬송이라고 하였다.

"우리가 그리스도 안에서 그의 은혜의 풍성함을 따라 그의 피로 말미암아 구속 곧 죄 사함을 받았으니 이는 그가 모든 지혜와 총명으로 우리에게 넘치게 하사 그 뜻의 비밀을 우리에게 알리셨으니 곧 그 기쁘심을 따라 그리스도 안에서 때가 찬 경륜을 위하여 예정하신 것이니 하늘에 있는 것이나 땅에 있는 것이 다 그리스도 안에서 통일되게 하려 하심이라 모든 일을 그 마음의 원대로 역사하시는 자의 뜻을 따라 우리가 예정을 입어 그 안에서 기업이 되었으니 이는 그리스도 안에서 전부터 바라던 우리로 그의 영광의 찬송이 되게 하려 하심이라"(엡1:7-12)

에스겔은 바벨론 포로 70년 동안 만들어지고 있는 영원한 성전에 대하여 기록을 하고 있다. 그는 이 성전을 거룩한 성전이라고 하였다. 구약에서의 성전 개념은 장막이었다. 그래서 영원하지 않았다. 장막 자체도 거룩하지도 않았다. 그런데 에스겔은 새로운 영원한 성전, 거룩한 성전에 대하여 기록을 하고 있다. 바벨론에서 만들어져 나온 영원한 에스겔 성전은 세상이란 바벨론에서 만들어질 신약의 예수님의 몸된 성전의 모형이다. 즉 완성된 새 예루살렘 성전의 모형이다. 에스겔의 영원한 성전은 바벨론 포로 귀환이후 세워진 스룹바벨 성전이었다. 이 성전 역시 장차 예수님께서 세우실 새 예루살렘 성전의 모형이었다.

"너희가 하나님의 성전인 것과 하나님의 성령이 너희 안에 거하시는 것을 알지 못하느뇨 누구든지 하나님의 성전을 더럽히면 하나님이 그 사람을 멸하시리라 하나님의 성전은 거룩하니 너희도 그러하니라"(고전3:16-17)

하나님의 구속 사역의 가장 큰 비밀 중 하나는 하나님의 나라를 성전의 개념으로 소개를 하고 있는 것이다. 그런데 그 성전은 장막이나 물질 개념이 아니라 하나님의 형상으로 지음을 받은 사람이었던 것이다.

사도 바울은 고린도 교회 성도들에게 영적인 분별력에 대한 말씀을 주고 있다. 세상의 영을 받는 자들은 육에 속한 자이기 때문에 아무것도 알지 못하나 아버지께로 온 영을 받은 자들은 신령한 일들을 분별한다고 하였다.

"우리가 세상의 영을 받지 아니하고 오직 하나님께로 온 영을 받았으니 이는 우리로 하여금 하나님께서 우리에게 은혜로 주신 것들을 알게 하려 하심이라 우리가 이것을 말하거니와 사람의 지혜의 가르친 말로 아니하고 오직 성령의 가르치신 것으로 하니 신령한 일은 신령한 것으로 분별하느니라 육에 속한 사람은 하나님의 성령의 일을 받지 아니하나니 저희에게는 미련하게 보임이요 또 깨닫지도 못하나니 이런 일은 영적으로라야 분변함이니라 신령한 자는 모든 것을 판단하나 자기는 아무에게도 판단을 받지 아니하느니라 누가 주의 마음을 알아서 주를 가르치겠느냐 그러나 우리가 그리스도의 마음을 가졌느니라"(고전2:12-16)

영적으로 어린 성도는 의의 말씀을 경험하지 못한 자로 단단한 식물을 먹지 못하나 장성한 자는 지각을 사용하므로 연단을 받아 선악을 분변할 수 있다.

"대저 젖을 먹는 자마다 어린 아이니 의의 말씀을 경험하지 못한 자요 단단한 식물은 장성한 자의 것이니 저희는 지각을 사용하므로 연단을 받아 선악을 분변하는 자들이니라"(히5:13-14)

그리스도인들은 자라나야 한다. 그리스도의 장성한 분량이 충만한데까지 자라나야 한다. 베드로 사도는 구원에 이르도록 자라나서 신령한 제사를 드릴 거룩한 제사장이 되라고 하였다. 예수님께서 자신을 생축으로 죄인들을 위해 죽으신 것처럼 성도들도 그렇게 살아야 한다는 것이다. 오늘날 말세 성도들은 물질 제사는 드리면서도 자신의 몸을 희생하여 예수님이 사시는 신령한 제사는 드리지 않는다.

"갓난 아이들 같이 순전하고 신령한 젖을 사모하라 이는 이로 말미암아 너희로 구원에 이르도록 자라게 하려 함이라 너희가 주의 인자하심을 맛보았으면 그리하라 사람에게는 버린 바가 되었으나 하나님께는 택하심을 입은 보배로운 산 돌이신 예수에게 나아와 너희도 산 돌 같이 신령한 집으로 세워지고 예수 그리스도로 말미암아 하나님이 기쁘게 받으실 신령한 제사를 드릴 거룩한 제사장이 될찌니라"(벧전2:2-5)

"우리가 다 하나님의 아들을 믿는 것과 아는 일에 하나가 되어 온전한 사람을 이루어 그리스도의 장성한 분량이 충만한데까지 이르리니"(엡4:13)

예레미야 선지자는 옛 언약과 새 언약을 말한다. 옛 언약은 애굽에서 나올 때 세운 종의 언약이다. 새 언약은 바벨론에서 나올 때 세운 아들의 언약이다. 그런데 예레미야는 이 언약을 부부의 언약이라고 하였다. 종의 언약은 육신적인 부부이다. 아들의 언약은 영적인 부부이다. 예수님을 믿고 구원을 받아 우리는 예수님과 한 몸을 이룬 부부로서 하나님의 아들이 되는 것이다.

"나 여호와가 말하노라 보라 날이 이르리니 내가 이스라엘 집과 유다 집에 새 언약을 세우리라 나 여호와가 말하노라 이 언약은 내가 그들의 열조의 손을 잡고 애굽 땅에서 인도하여 내던 날에 세운것과 같지 아니할 것은 내가 그들의 남편이 되었어도 그들이 내 언약을 파하였음이니라 나 여호와가 말하노라 그러나 그 날 후에 내가 이스라엘 집에 세울 언약은 이러하니 곧 내가 나의 법을 그들의 속에 두며 그 마음에 기록하여 나는 그들의 하나님이 되고 그들은 내 백성이 될 것이라"(렘31:31-33)

"너희는 주께 받은바 기름 부음이 너희 안에 거하나니 아무도 너희를 가르칠 필요가 없고 오직 그의 기름 부음이 모든 것을 너희에게 가르치며 또 참되고 거짓이 없으니 너희를 가르치신 그대로 주 안에 거하라 자녀들아 이제 그 안에 거하라 이는 주께서 나타내신바 되면 그의 강림하실 때에 우리로 담대함을 얻어 그 앞에서 부끄럽지 않게 하려 함이라 너희가 그의 의로우신 줄을 알면 의를 행하는 자마다 그에게서 난 줄을 알리라"(요일2:27-29)

"또 내가 새 하늘과 새 땅을 보니 처음 하늘과 처음 땅이 없어졌고 바다도 다시 있지 않더라 또 내가 보매 거룩한 성 새 예루살렘이 하나님께로부터 하늘에서 내려오니 그 예비한 것이 신부가 남편을 위하여 단장한 것 같더라"(계21:1-2)

새 예루살렘은 예수님과 결혼하기 위해 준비된 아름다운 신부이다. 새 예루살렘은 삼위일체 하나님께서 아들들을 영화롭게 하시기 위해 만드신 작품이다. 새 예루살렘은 성전이 없다. 하나님과 어린 양이 성전이 되신다. 그 안에는 빛이 없다 하나님의 영광과 어린 양이 등이 되신다. 이것이 교회가 하나님의 영광의 찬송이 되는 것이다.

구원 받은 성도 한 사람 한 사람은 하나님의 아들들이다. 동시에 예수님과 한 몸을 이룬 예수님의 신부이다. 동시에 거룩한 성령의 전이다. 요한 계시록 21장에 완성된 새 예루살렘이 나온다. 하나님의 아들이라 하였다. 예수님의 신부라 하였다. 거룩한 성령의 전이라 하였다. 2000년 교회 역사 가운데 구원 받은 성도들이 드디어 새 예루살렘에서 하나님의 아들의 신부로 완성이 된다. 그리고 예수님과 교회는 한 몸이 되어 하나님의 온전하심과 같이 온전케 되기 위해 새 하늘과 새 땅인 천년왕국을 다스린다. 하나님께서는 1000년 동안 무저갱에 가둔 용을 풀어 다시금 예수님과 교회가 세운 천년왕국을 시험하게 하시지만 예수님과 교회는 아담과 하와처럼 넘어지지 아니하고 불로 용과 곡과 마곡을 심판하여 하나님께서 요구하신 공의의 통치를 이루게 하신다. 그래서 하나님 아버지께서는 백보좌 최후의 심판을 통해 알곡과 가라지를 구별하시고 모든 피조 세계를 불로 태우신 후 아들에게 자신의 진짜 영원한 나라를 유업으로 주신다.

그리스도인들은 공동체 교회 안에서 믿음이 그리스도의 충만한데까지 자라날 수 있다. 모든 성도들이 한 몸된 지체로 부르심을 받았기 때문에 혼자서는 믿음이 자라날 수 없고 지체들이 서로 연락하고 상합함으로 스스로 자라날 수 있는 것이다. 은혜의 때인 현재도 그러하고 7년 환난기에도 그러하다. 그래서 요한 계시록 12장에서는 양육을 받은 광야 공동체 교회가 있는 것이다.

교회의 비밀은 구원 받은 한 사람 한 사람이 교회이다. 동시에 구원 받은 모든 성도들이 한 몸으로서 교회이다. 우리 몸은 1개의 유전자가 100조 개의 세포로 분화되어 만지고 볼 수 있는 사람이 되었다. 우리 몸의 지체들 속에는 나의 몸을 이룬 수많은 유전자들이 서로 상합하고 연결 되어 나를 살게 하고 자라게 하듯이 지체들 역시 그렇게 자라나고 성장하는 것이다. 이것이 한 몸인 교회의 비밀이다.

예수님의 재림 때 살아서 예수님을 만난 성도들은 그리스도의 장성한 분량이 충만한데까지 자라나야 한다. 그렇지 않으면 결국 하나님의 말씀과 예수님의 증거로 목 베임을 받고 순교를 해야 하는 것이다. 휴거는 참여하지 못한다고 할찌라도 최소한 광야 공동체 교회 안에서 양육을 받아 첫째 부활에 참여해야 순교를 피할 수 있다.

"그가 혹은 사도로, 혹은 선지자로, 혹은 복음 전하는 자로, 혹은 목사와 교사로 주셨으니 이는 성도를 온전케 하며 봉사의 일을 하게 하며 그리스도의 몸을 세우려 하심이라 우리가 다 하나님의 아들을 믿는 것과 아는 일에 하나가 되어 온전한 사람을 이루어 그리스도의 장성한 분량이 충만한데까지 이르리니 이는 우리가 이제부터 어린 아이가 되지 아니하여 사람의 궤술과 간사한 유혹에 빠져 모든 교훈의 풍조에 밀려 요동치 않게 하려 함이라 오직 사랑 안에서 참된 것을 하여 범사에 그에게까지 자랄찌라 그는 머리니 곧 그리스도라 그에게서 온 몸이 각 마디를 통하여 도움을 입음으로 연락하고 상합하여 각 지체의 분량대로 역사하여 그 몸을 자라게 하며 사랑 안에서 스스로 세우느니라"(엡4:11-16)

프롤로그(Prologue)

빛의 자녀들과 예수님의 재림

많은 성도들은 예수님의 재림에 대한 이야기를 하면 아무도 모른다고 한다. 심지어 예수님의 재림을 강조한 사람들을 시한부 종말론자들로 취급을 한다. 예수님의 재림이 언제인가가 무엇이 중요한가에 대하여 반문도 한다. 자신이 하나님의 뜻대로 사는 것이 중요하지 예수님의 재림의 시기는 중요하지 않다는 것이다.

그러나 성경은 세상 사람들이 평안하다 안전하다 할 그때 예수님의 재림이 밤의 도적같이 오시지만 빛의 자녀들에게는 밤의 도적같이 오시지 않는다고 한다. 밤에는 캄캄하여 아무것도 보지 못하여 길을 찾아 갈 수 없으나 낮에는 밝아서 모든 것을 밝히 보고 갈 길을 찾아 가듯이 구원 받은 성도들에게는 예수님의 재림을 확실하게 알 수 있다고 한다. 그래서 깨어 근신하고 준비할 수 있다는 것이다.

"형제들아 때와 시기에 관하여는 너희에게 쓸 것이 없음은 주의 날이 밤에 도적 같이 이를 줄을 너희 자신이 자세히 앎이라 저희가 평안하다, 안전하다 할 그 때에 잉태된 여자에게 해산 고통이 이름과 같이 멸망이 홀연히 저희에게 이르리니 결단코 피하지 못하리라 형제들아 너희는 어두움에 있지 아니하매 그 날이 도적 같이 너희에게 임하지 못하리니 너희는 다 빛의 아들이요 낮의 아들이라 우리가 밤이나 어두움에 속하지 아니하나니 그러므로 우리는 다른 이들과 같이 자지 말고 오직 깨어 근신할찌라 자는 자들은 밤에 자고 취하는 자들은 밤에 취하되 우리는 낮에 속하였으니 근신하여 믿음과 사랑의 흉배를 붙이고 구원의 소망의 투구를 쓰자"(살전5:1-8)

데살로니가 성도들은 예수님의 재림이 곧 있을 줄 알고 일도 하지 않고 기다리는 성도들이 많이 있었다. 그래서 사도 바울은 예수님의 재림의 시기를 정확하게 가르쳐 주면서 이런 일들이 일어나면 예수님이 바로 오시니까 그때는 예수님을 맞을 준비를 하라고 하였다. 배도자 적그리스도가 예루살렘 성전에 앉아 자기가 하나님이라고 할 때 예수님께서 재림하셔서 심판하신다고 하였다.

"형제들아 우리가 너희에게 구하는 것은 우리 주 예수 그리스도의 강림하심과 우리가 그 앞에 모임에 관하여 혹 영으로나 혹 말로나 혹 우리에게서 받았다 하는 편지로나 주의 날이 이르렀다고 쉬 동심하거나 두려워하거나 하지 아니할 그것이라 누가 아무렇게 하여도 너희가 미혹하지 말라 먼저 배도하는 일이 있고 저 불법의 사람 곧 멸망의 아들이 나타나기 전에는 이르지 아니하리니 저는 대적하는 자라 범사에 일컫는 하나님이나 숭배함을 받는 자 위에 뛰어나 자존하여 하나님 성전에 앉아 자기를 보여 하나님이라 하느니라 내가 너희와 함께 있을 때에 이 일을 너희에게 말한 것을 기억하지 못하느냐 저로 하여금 저의 때에 나타나게 하려 하여 막는 것을 지금도 너희가 아나니 불법의 비밀이 이미 활동하였으나 지금 막는 자가 있어 그 중에서 옮길 때까지 하리라 그 때에 불법한 자가 나타나리니 주 예수께서 그 입의 기운으로 저를 죽이시고 강림하여 나타나심으로 폐하시리라"(살후2:1-8)

예루살렘 성전에서 적그리스도가 배도를 하기 위해서는 예수님이 재림하시기 전에 반드시 세 가지가 이루어져야 한다. 이스라엘이 건국이 되어야 한다. 예루살렘 성이 회복되어야 한다. 예루살렘 성전이 건축되어야 한다. 1948년 5월 14일에 이스라엘이 건국 되었다. 2018년 5월14일 예루살렘은 이스라엘의 수도가 되었다. 이제 성전이 지어지기 위해 중동의 전쟁이 준비되고 있다. 그래서 지금 우리가 살고 있는 이 시대가 주님이 재림하시는 때가 된 것이다.

"무화과나무의 비유를 배우라 그 가지가 연하여지고 잎사귀를 내면 여름이 가까운 줄을 아나니 이와 같이 너희도 이 모든 일을 보거든 인자가 가까이 곧 문 앞에 이른 줄 알라 내가 진실로 너희에게 말하노니 이 세대가 지나가기 전에 이 일이 다 이루리라 천지는 없어지겠으나 내 말은 없어지지 아니하리라"(마24:32-35)

예수님은 망한 이스라엘이 다시 건국되면 인자가 문 앞에 이른 줄 알라고 하셨다. 이스라엘이 건국되는 그 세대가 지나가기 전에 이루리라고 하셨다. 모세는 한 세대를 70년이요 강건하면 80년이라고 하였다. 1948년에 80년을 더하면 2028년이 된다.

"저희가 칼날에 죽임을 당하며 모든 이방에 사로잡혀 가겠고 예루살렘은 이방인의 때가 차기까지 이방인들에게 밟히리라 일월성신에는 징조가 있겠고 땅에서는 민족들이 바다와 파도의 우는 소리를 인하여 혼란한 중에 곤고하리라 사람들이 세상에 임할 일을 생각하고 무서워하므로 기절하리니 이는 하늘의 권능들이 흔들리겠음이라 그때에 사람들이 인자가 구름을 타고 능력과 큰 영광으로 오는 것을 보리라 이런 일이 되기를 시작하거든 일어나 머리를 들라 너희 구속이 가까왔느니라 하시더라"(눅21:24-28)

예수님은 예루살렘이 이방인의 때가 차기까지 이방인들에게 밟히리라 하셨다. 이방인의 때는 땅 끝까지 복음이 증거 되는 기간이다. 이방인들이 구원을 다 받고 나면 다시 이스라엘이 건국을 하고 이스라엘의 수도인 예루살렘이 회복된다는 것이다. 그때 예수님이 구름을 타고 능력과 큰 영광으로 오시는 것을 보리라 하셨다. 예루살렘은 주후 70년 9월 8일에 로마군대에 의해서 망한 후 이방인들에게 밟히다가 1967년 6월 전쟁 때 요르단으로부터 회복이 되었다. 2018년 5월 14일 공식적으로 이스라엘의 수도가 되었다.

이제 예루살렘 성전 건축만 남았다. 왜냐하면 배도자 적그리스도가 나타나 자기가 하나님이라고 선포할 장소가 예루살렘 성전이기 때문이다. 예루살렘 성전은 솔로몬 성전이다. 바벨론 침공 때 무너졌다가 스룹바벨 성전으로 세워졌다. 이제 제 삼 성전이 지어진다. 여기에서 적그리스도가 배도를 하는 것이다.

"네 백성과 네 거룩한 성을 위하여 칠십 이레로 기한을 정하였나니 허물이 마치며 죄가 끝나며 죄악이 영속되며 영원한 의가 드러나며 이상과 예언이 응하며 또 지극히 거룩한 자가 기름부음을 받으리라 그러므로 너는 깨달아 알찌니라 예루살렘을 중건하라는 영이 날 때부터 기름부음을 받은 자 곧 왕이 일어나기까지 일곱 이레와 육십이 이레가 지날 것이요 그 때 곤란한 동안에 성이 중건되어 거리와 해

자가 이룰 것이며 육십 이 이레 후에 기름부음을 받은 자가 끊어져 없어질 것이며 장차 한 왕의 백성이 와서 그 성읍과 성소를 훼파하려니와 그의 종말은 홍수에 엄몰됨 같을 것이며 또 끝까지 전쟁이 있으리니 황폐할 것이 작정되었느니라 그가 장차 많은 사람으로 더불어 한 이레 동안의 언약을 굳게 정하겠고 그가 그 이레의 절반에 제사와 예물을 금지할 것이며 또 잔포하여 미운 물건이 날개를 의지하여 설 것이며 또 이미 정한 종말까지 진노가 황폐케 하는 자에게 쏟아지리라 하였느니라"(단9:24-27)

하나님께서는 다니엘 선지자를 통해서 바벨론 포로 이후 예수님께서 재림하셔서 세우실 영원한 나라까지의 역사를 기록하게 하셨다. 이것이 다니엘 70이레 비밀이다. 예루살렘 성을 준공하라는 명령이 날 때부터 예수님께서 돌아가실 때까지 69이레 즉 483년이 지난다. 나머지 1이레인 7년은 이방인의 시대가 끝나는 세상 끝으로 넘어간다. 이스라엘이 국가를 다시 세우고 예루살렘이 수도가 된 후 성전이 세워지면서 마지막 7년이 시작된다. 이것이 요한 계시록에 기록된 7년 대환난이다. 전 삼년 반과 후 삼년 반으로 나눠진다. 전 삼년 반은 음녀인 종교 지도자와 짐승인 정치 지도자가 함께 통치를 하면서 종교통합운동으로 많은 성도들을 죽인다. 후 삼년 반이 시작될 때 정치적인 지도자인 짐승은 음녀인 종교 지도자를 죽이고 세상 권력을 독점한 후 예루살렘 성전에 멸망의 가증한 우상을 세우고 배도를 선포한 후 666 짐승의 표를 가지고 신세계질서를 선포한다.

"네가 본바 이 열 뿔과 짐승이 음녀를 미워하여 망하게 하고 벌거벗게 하고 그 살을 먹고 불로 아주 사르리라 하나님이 자기 뜻대로 할 마음을 저희에게 주사 한 뜻을 이루게 하시고 저희 나라를 그 짐승에게 주게 하시되 하나님 말씀이 응하기까지 하심이니라"(계17:16-17)

다니엘 9장 27절에 기록된 7년의 시작은 이스라엘과 적그리스도의 평화조약으로부터 시작된다. 이 때만 해도 배도자 적그리스도는 평화의 사도로 가면을 쓰고 있다. 평화조약의 내용은 성전을 건축하고 그 안에서 7년 동안 구약의 제사가 드려지는 것을 허락하는 것이다. 220일 만에 성전 건축이 끝난다. 그리고 1260일 전 삼년 반에서 220일

뺀 1040일 동안 구약의 제사가 드려진다. 후 삼년 반이 시작될 때 짐승은 음녀를 죽이고 유일한 권력자로 등장하여 예루살렘 성전에서 전 세계를 통치하기 위해 AI 인공지능 빅 데이터 로봇을 세우고 자기가 하나님의 자리에 앉게 된다.

예수님도 다니엘의 멸망의 가증한 것이 거룩한 곳에 선 것을 보거든 산으로 도망하라고 하셨다. 적그리스도는 스마트 시티 안에서 신세계질서를 선포하고 지상의 유토피아를 시작한다. 그리고 모든 사람들의 이마와 손에 디지털 인공지능인 666 짐승의 표를 받게 한다. 이 표를 거절한 성도들은 모두 목 베임을 받고 순교를 한다.

말씀대로 이루어지는 심판

"내가 율법이나 선지자나 폐하러 온 줄로 생각지 말라 폐하러 온 것이 아니요 완전케 하려 함이로라 진실로 너희에게 이르노니 천지가 없어지기 전에는 율법의 일점일획이라도 반드시 없어지지 아니하고 다 이루리라"(마5:17-18)

"내가 진실로 너희에게 말하노니 이 세대가 지나가기 전에 이 일이 다 이루리라 천지는 없어지겠으나 내 말은 없어지지 아니하리라 그러나 그 날과 그 때는 아무도 모르나니 하늘의 천사들도, 아들도 모르고 오직 아버지만 아시느니라"(마24:34-36)

기독교는 말씀의 종교이다. 환상이나 음성이나 표적을 통해서 이루어지는 심판이 아니라 하나님의 말씀대로 심판이 이루어진다. 그래서 성경을 모르면 눈 먼 소경이 되는 것이다. 예수님도 무화과나무 비유를 통해서 이스라엘이 건국을 하면 인자가 곧 문 앞에 이른 줄 알라고 하셨다. 그러나 그 날과 그 때는 아버지만 아신다고 하셨다. 이것은 빛의 자녀들에게 예수님의 재림에 대한 정확한 그림을 보여 주신 것이다. 예수님이 재림 하시는 날짜와 시간은 아버지만 아신다. 그러나 예수님께서 이런 일들이 일어나면 인자가 곧 문 앞에 이른 줄 알라고 하신 말씀처럼 언제쯤 오시는가에 대하여는 확실하게 알 수 있다. 이것이 성경에서 말씀한 예수님의 재림이다. 우리는 The Day와 The

Time은 모른다. 그러나 어느 정도 알 수 있는 것이다.

구약에서는 이미 신약에서 이루어질 예수님의 재림과 심판, 그리고 세우실 천년왕국에 대한 일들이 예언되고 모두 성취되었다. 그리고 다시 신약에서 이루어지는 것이다. 그래서 예수님께서 일점일획도 없어지지 않고 말씀대로 이루어진다고 하신 것이다. 이스라엘이 애굽에서 나올 때 구약의 구원과 심판은 끝났다. 이스라엘이 바벨론 포로에서 나올 때 신약의 구원과 심판은 끝났다. 이것이 다시 신약에서 이루어진다. 이것을 모르고 성경을 읽으면 눈을 감고 성경을 보는 것과 같은 것이다. 출애굽은 이스라엘의 구원이다. 광야를 거쳐 가나안에 들어가는 것은 천년왕국으로 들어가는 것이다. 고레스 왕을 통해 바벨론을 심판 하시고 유다 백성들을 바벨론에서 구원하신 것은 예수님의 초림과 재림을 통해 이루어지는 신약의 구원이다.

바벨론에서 돌아와 세운 새로운 예루살렘은 예수님께서 세우실 다윗의 메시아 왕국인 천년왕국이다. 그래서 예레미야는 이것을 옛 언약과 새 언약이라고 하였다. 이사야 선지자 역시 1장부터 바벨론 포로로 끌려가는 39장까지를 구약으로, 바벨론 포로 귀환인 이사야 40장부터 예수님의 모형인 고레스 왕을 통해서 세우실 새로운 예루살렘인 천년왕국까지 내용을 이사야 66장까지 기록하였다. 에스겔 역시 바벨론 포로에서 준비되어 나온 거룩하고 영원한 성전에 대한 기록 역시 예수님의 재림으로 이루어지는 새 예루살렘 성전에 대한 내용을 기록하고 있다. 다니엘 역시 바벨론 제국부터 시작된 페르시아, 그리스, 로마에 이은 적그리스도의 나라에 이르기까지의 역사와 예수님의 재림으로 세워질 천년왕국에 대한 내용을 기록하여 두루마리로 인봉하였고 이것이 요한 계시록 5장에서 인봉이 떼어지면서 7년의 심판이 시작되고 있다.

구약의 17개 선지서는 동일하게 구약에서 이루어지고 있는 신약의 역사를 이중 삼중으로 예언을 하고 있다. 다니엘이 기록한 배도의 역사는 안티오커스 4세 때 이루어졌다. 그리고 로마에 의해서 예루살렘이 망할 때 또 한 번 이루어진다. 마지막으로 예수님의 재림 직전에 또 한 번 이루어진다. 이사야가 예언한 유브라데 강이 말라 이루어진 구원에 대한 예언 역시 고레스 왕에 의해서 이루어졌다. 그런데 또 요한 계시록 9장과 16장에서 이루어진다.

바벨론 포로 귀환으로 세워진 스룹바벨 성전은 장차 완성될 새 예루살렘 성전이다. 바벨론 포로 귀환으로 이루어진 새로운 다윗의 메시아 왕국인 예루살렘은 역시 새 예루살렘이 통치한 천년왕국이다.

바벨론과 앗수르를 통해서 이루어지는 하나님의 세계경영과 심판

만군의 여호와란 이스라엘의 여호와만 아니라 모든 나라와 민족을 통치하고 의와 공평으로 심판하고 다스리시는 여호와란 뜻이다. 눈 먼 이스라엘은 만군의 여호와를 싫어했다. 바알을 섬기면서도 여호와는 자기들만의 여호와로 고집을 부렸다. 그래서 교만함으로 망했다. 오늘날에도 타락한 눈 먼 교회가 적과 아군을 만들어 전쟁을 하고 있다. 이스라엘의 북 왕조와 남 유다가 그렇게 하다가 망했다. 예레미야 선지자는 여호와께서 바벨론이란 도구를 통해 범죄한 유다를 정결하게 하시기를 원하니 바벨론 왕의 멍에를 메고 바벨론 왕을 섬기라고 하였다. 그러나 거짓 선지자들은 바벨론을 적이라고 하면서 전쟁을 선포했다. 사실상 바벨론을 통해 일하시는 여호와와 전쟁을 했던 것이다.

오늘날에도 하나님께서는 타락한 교회를 정결케 하시기 위해 공산당들을 사용하신다. 그들이 하는 일을 보면 교회를 파괴시키고 능멸하고 있지만 사실은 하나님께서 그들을 통해서 이미 타락하고 더러워진 교회를 새롭게 하시기를 원하시는 것이다.

하나님은 이스라엘만 사랑하시지 않는다. 모든 나라와 민족을 사랑하신다. 하나님은 이스라엘만 통치하시지 않는다. 모든 나라를 통치하신다. 누구든지 공과 의로 살지 아니하면 택한 백성들도 이방 나라들도 심판을 받는다. 하나님은 모든 나라와 민족을 사랑하시고 사용하신다. 악한 민족은 악하게 사용하시고 선한 민족은 선하게 사용하신다. 악하게 사용을 받은 나라들은 심판을 받지만 선한 도구로 사용을 받은 나라들은 지켜 주신다. 비록 바벨론과 앗수르 사람들이라도 남은 자들은 구원을 받는다. 이 남은 자들은 바벨론과 앗수르 사람들에게 도움을 받지 못하고 버림을 받은 가난하고 천한 사람들이다. 이것이 하나님의 공의로운 심판이다. 하나님의 세계경영은 모든 나라를 축복하시고, 사용하시고, 통치하시고, 심판하신 것이다.

"만군의 여호와께서 맹세하여 가라사대 나의 생각한 것이 반드시 되며 나의 경영한 것이 반드시 이루리라 내가 앗수르 사람을 나의 땅에서 파하며 나의 산에서 발아래 밟으리니 그 때에 그의 멍에가 이스라엘에게서 떠나고 그의 짐이 그들의 어깨에서 벗어질 것이라 이것이 온 세계를 향하여 정한 경영이며 이것이 열방을 향하여 편 손이라 하셨나니 만군의 여호와께서 경영하셨은즉 누가 능히 그것을 폐하며 그 손을 펴셨은즉 누가 능히 그것을 돌이키랴"(사14:24-27)

하나님께서는 앗수르와 바벨론을 통해서 북 왕조와 남 유다를 심판하시고 구원하셨다. 이것이 하나님의 세계경영이다. 마지막 때에도 육적인 이스라엘과 영적인 교회를 바벨론이란 적그리스도의 공산주의 나라를 통해서 구원도 하시고 심판도 하신다. 마지막 적그리스도의 나라가 요한 계시록에 바벨론으로 나온다. 하나님은 공산주의 세계정부 지도자인 적그리스도를 통해서 구원 받은 성도들을 죽이게 하신다. 이것이 바벨론을 통한 구원이다. 예수님이 재림하셔서 바벨론을 심판하신다. 이때 바벨론에서 빠져 나오지 못한 배도의 교회는 심판을 받는다. 이것이 하나님의 세계경영이다. 그러므로 무조건 입맛에 좋은 대로 적과 아군을 나눠서는 안된다. 예수님께서 말씀하신대로 원수를 사랑하고 핍박하는 자들을 위해 기도해야하는 것이다. 이것이 하늘에 속한 그리스도인들이다. 이들은 세상에서 구별되어 세상을 적과 아군으로 나누어 살지 않았기 때문에 세상과 함께 심판을 받지 않는 것이다.

마지막 때가 되어 세상에서는 적과 아군의 진영 논리가 뚜렷해지고 있다. 그리고 전쟁의 파도가 높아지고 있다. 하늘에 속한 구원 받은 성도들은 하박국 선지자처럼 사슴과 같이 높은 곳에 다녀야 하는 것이다. 즉 세상과 완전히 분리되어야 하는 것이다. 이것이 세상이 심판을 받을 때 함께 망하지 않는 비결이다.

"또 내가 들으니 하늘로서 다른 음성이 나서 가로되 내 백성아, 거기서 나와 그의 죄에 참예하지 말고 그의 받을 재앙들을 받지 말라" (계18:4)

예수님께서 심판하실 바벨론은 바벨론 음녀, 바벨론 짐승, 바벨론 상고들이다. 즉 타락한 교회, 타락한 정치, 타락한 경제이다. 즉 세상에서 구별되어서 남은 자가 되어야 한다.

하나님의 말씀과 예수의 증거로 이루어지는 심판

요한 계시록은 하나님께서 알곡과 가라지를 분리시키는 추수 마당이다. 그래서 요한 계시록의 주제는 하나님의 말씀과 예수의 증거이다. 하나님께서 말씀을 주신 목적은 예수를 믿어 구원을 얻는 것이다. 예수의 증거는 구원 받은 성도 안에 사신 그리스도의 분량이다. 하나님의 말씀을 통해 구원 받은 성도는 반드시 예수의 증거가 있어야 알곡이 되는 것이다. 예수를 믿었는데 그 안에 예수가 살아 계시는 증거가 없는 사람은 아직까지 구원을 경험하지 못한 사람이다. 그래서 사도 요한은 아들이 없는 사람에게는 영생이 없다고 증거 하였다. 구원 받은 사람일지라도 어떤 사람은 예수의 증거를 많이 가진 사람이 있고 어떤 사람은 예수의 증거를 적게 가진 사람이 있다. 이것이 그 사람의 믿음 성장의 기준이 되는 것이다.

요한 계시록 20장 4절에는 하나님의 말씀과 예수의 증거를 인하여 목 베임을 받은 성도들이 있다. 요한 계시록 6장에서도 하나님의 말씀과 예수의 증거를 인하여 순교를 당하고 제단 아래에서 신원하는 성도들이 있다. 왜 하나님의 말씀과 예수의 증거가 심판의 기준이 되어 순교를 당하게 되는가? 이 사람들은 모두 구원 받은 성도들이다. 그런데 왜 구원 받은 성도들이 순교를 당해야 하는가? 이미 구원을 받고 죽은 상태에서 예수님의 재림을 맞이한 성도는 모두 휴거를 통해 바로 예수님을 만날 수 있지만 살아서 예수님의 재림을 맞이한 성도는 자신의 믿음의 분량에 따라서 세 가지로 갈라진다. 먼저 휴거하는 성도들이 있다. 이런 성도들은 데살로니가 전서 5장 23절에 기록된 대로 영과 혼과 몸이 거룩하고 흠이 없이 보전되었기 때문이다. 예수님을 직접 만나지 못하고 광야교회에서 양육을 받은 성도들이 있다. 에베소 교회와 같이 한 가지 정도 부족한 성도들이다. 순교를 당한 성도들이 있다. 라오디게아 교회처럼 구원을 받았지만 벌거벗고, 가난하고, 가련하고, 눈 먼 성도들이 있다. 이런 성도들은 살아서 예수를 만날 수 없기 때문에 순교를 통해서 자신의 더러워진 두루마기를 빨고 첫째 부활에 참여하는 것이다. 그래서 요한 계시록에는 자기의 두루마기를 빠는 자들이 복이 있다고 하였다. "나는 알파와 오메가요 처음과 나중이요 시작과 끝이라 그 두루마기를 빠는 자들은 복이 있으니 이는 저희가 생명 나무에 나아가며 문들을 통하여 성에 들어갈 권세를 얻으려 함이로다 개들과 술객들과 행음자들과 살인자들과 우상 숭배자들과 및 거짓말을 좋아하며 지어내는 자마다 성밖에 있으리라"(계22:13-15)

데살로니가 전서 4장 13절 이하에는 휴거에 대한 내용이 나온다. 먼저 예수를 믿고 죽은 자들이 일어난다. 다음으로 살아서 휴거에 참여한 자들이 부활하여 죽은 성도들과 함께 공중에서 주를 영접하게 된다. 이때 살아 있는 구원 받은 성도 중에 휴거에 참여하지 못한 성도들이 있다. 이들이 요한 계시록 7장에 기록된 144,000명이다. 이들은 7년 대환난 시작되기 전에 하나님께서 이마에 하나님과 어린 양의 표를 주어서 7년 환난 기간에 짐승의 표를 받지 않고 순교를 할 수 있도록 지켜 주신다. 왜냐하면 7년 환난 기간에 사는 모든 사람들은 666 짐승의 표를 받아야 하기 때문이다. 순교를 한다는 것은 원죄의 부패성을 가진 육체를 벗어 버리고 깨끗한 두루마기를 입고 주를 만나게 하는 것이다. 다시 말해서 구원 받은 성도는 반드시 옛 사람이 죽어야 한다. 그래야 육체를 가지고 사는 동안에도 주님이 그 안에서 사실 수 있는 것이다. 빌라델비아 교회는 그렇게 살아서 휴거에 초대를 받았다. 에베소 교회는 첫 사랑을 잃어 버렸기 때문에 광야교회에서 양육을 받아 회복을 한다. 라오디게아 교회는 세상에 파묻혀 물질을 섬기고 육신적으로 살았기 때문에 순교를 해야 하는 것이다.

2020년-2021년 코로나 팬데믹과 666 짐승의 표

예수님이 재림하셔서 세상을 심판하실 때 심판을 받는 자들이 있다. 666 짐승의 표를 받는 자들이다. 요한 계시록 19장에서 예수님은 재림하셔서 짐승과 666 짐승의 표를 받게 한 거짓 선지자를 잡아 불과 유황불에 던져 심판을 하신다. 이때 짐승의 표를 받은 자들도 함께 심판을 받게 된다. 왜냐하면 짐승의 표는 짐승과 한 몸이 되는 증거이기 때문이다. 요한 계시록에는 두 가지 표가 있다. 하나는 144,000명이 받은 하나님과 어린 양의 표이다. 이 표는 성령의 인침이다. 즉 이미 예수님과 하나님과 한 몸이 되었다는 증거이다. 표는 인침 또는 계약서에 도장을 찍는다는 뜻이다. 예수의 증거를 가진 자들은 이미 예수님과 한 몸이 된 자들이다. 짐승의 표를 받은 자들은 이미 짐승과 한 몸이 된 자들이다.

창세기 3장에서는 여자의 후손과 뱀의 후손이 나온다. 여기에서 후손이란 유전자란 뜻이다. 노아시대 하나님의 아들들과 사람의 딸들이 몸을 섞었다. 더러운 유전자가 섞인 것이다. 그래서 육체가 되었다. 이 사람들이 바로 거인족인 네피림이다. 하나님께서 홍수 심판을 통해서 노아의 가족을 구원 하신 것은 순수한 인간의 유전자를 보전하기 위함이다.

예수님이 재림하셔서 심판하실 때에도 인간의 유전자가 바뀐다. 인간의 유전자는 하나님의 형상을 닮은 것이다. 비록 타락했을지라도 인간의 유전자를 가진 자들은 예수님이 재림하셔서 온 우주를 새롭게 회복시켜 천년왕국을 세우실 때 만물과 함께 죄와 사망의 법에서 해방이 되어 천년왕국의 백성이 된다. 그러나 짐승의 666 표를 받은 자들은 이미 유전자가 변경 되었기 때문에 사람이 아닌 것이다. 이런 인간을 신인간, 호모 데우스 인간이라고 한다. 빅 데이터 AI인공지능으로 합성화 된 인간이다. 이들은 AI 인공지능 빅 데이터에 의해서 만들어진 스마트 시티 안에서 자동화된 시스템으로 살아가는 로봇처럼 되어버린 인간이다.

666이란 사단 루시퍼가 죄의 삯인 사망을 정복하기 위해 만든 자연

과학의 원리이다. 우주 에너지와 지구 에너지와 사람의 에너지를 융합시켜 사람이 죽지 않게 만든 시스템이다. 여기에 AI 인공지능을 넣어서 초자연적인 인간을 만들어 버린 것이다. 이런 인간의 시대를 신세계질서라고 한다. 유발 하라리는 이제 혈육에 속한 무능한 호모 사피엔스 인간의 시대는 끝나고 양자 컴퓨터 AI 인공지능을 탑재한 호모 데우스 인간의 시대가 되었다고 선포한다. 이런 인간을 신인간, 한 새 사람, 집합 그리스도, 육체 안에 재림하신 그리스도, 새 인간, 참 인간, 아담 카드묜, 원 띵, 브라만, 아트만, 아르콘 등 이라고 한다.

사단 루시퍼는 사람들을 미혹하여 예수님이 주신 영생을 거부하고 사이언톨로지 과학 종교를 통해서 만든 666 시스템을 통해 인간을 자신의 몸으로 만들어 자신과 똑같이 창조주 하나님을 향해 배도를 선포하게 한다. 그래서 666 짐승의 표를 받은 자들은 절대로 구원을 받지 못하고 영원히 타는 불못에 던져진다고 성경은 계속해서 강조를 하고 있다.

이미 코로나 mRNA 백신 속에는 루시페라제 라는 짐승의 표로 사람의 유전자를 변경시키는 산화 그래핀 나노 시스템이 들어가 있다. 그래서 사단의 세력들은 코로나 팬데믹을 일으켜 지난 2020년-2021년 2년 동안 전 세계 하늘 길과 바닷길과 직장과 학교와 식당의 문을 닫고 전 인류에게 코로나 백신을 강제로 위협하여 받게 하였던 것이다.

2022년-2023년은 경제 팬데믹

2015년 9월 25일 70차 유엔 총회에서는 지속개발가능목표 2030 어젠다가 결의 되었다. 이 정책은 2030년까지 17개 분야 169 어젠다 목표를 완성하여 지상에 공산주의 유토피아 세계정부를 세우는 것이다. 이것이 신세계질서 프로젝트이다. 그리고 2020년 코로나 팬데믹과 함께 ID 2020 프로젝트를 시작했다. ID 2020 프로젝트는 2030년에 완성할 신세계질서를 위해 세계 모든 사람들에게 디지털 신분증을 갖게 하는 프로젝트이다. ID 2020 디지털 신분증 안에는 국제여권번호, 은행통장 계좌번호, 각종 신분증, 유전자 게놈 지도, 코로나 백신 증명서, 위치 추적 장치 등이 들어간다.

2020년에 시작된 신세계질서 ID 2020 프로젝트는 코로나 팬데믹으로 시작 되었다. 코로나 바이러스를 통해서 전 세계인들의 손발을 묶어 놓고 mRNA 백신을 심는 것이다. 미국에서 만든 모더나 백신은 미국 4성 장군 구스타프 퍼나 육군대장의 지휘 하에 미국 국방과학연구소의 지원을 받아 만들어 졌다. 그리고 미군 작전에 의해서 전국으로 배송이 되었다. 백신 접종이 이루어지는 모든 과정도 군대 작전처럼 치밀하게 기록되고 정보가 저장 되었다. 그리고 사후에 일어나는 모든 부작용 역시 모니터링 되고 있다.

코로나 팬데믹의 목적 중 하나는 세계 경제를 멈춰 세운 것이다. 그래서 2020년-2021년 사이에 전 세계 경제는 마비되었다. 대신 양적완화를 통해서 엄청난 화폐가 공급되었다. 미국에서만 2020년부터 2022년까지 3년간 9조 달러가 투입 되었다. 2020년에 22조 달러 했던 국가채무가 2022년에 31조 달러가 되었다. 그래서 지금 미국에서 유통교란과 넘치는 달러로 강력한 인플레이션이 일어나게 된 것이다.

2022년 2월 24일 러시아 우크라이나 전쟁이 일어났다. 이것 또한 2030 신세계질서 프로젝트이다. 이 전쟁의 암호는 시오니즘 전쟁이다. 시오니즘 운동은 가짜 유대인들인 프리메이슨들이 2030년에 지상에 세우는 공산주의 유토피아 운동이다. 특징은 이스라엘 예루살렘에서 성전을 건축한 후 다윗의 메시아 왕을 세워 세계를 통치하는 계획이다. 이것이 적그리스도의 배도의 프로젝트이다. 그러니까 유엔의 2030 프로젝트와 시오니즘 운동은 같은 목적을 가진 같은 세력들이 일으킨 운동이다.

러시아 우크라이나 전쟁의 목적은 세계 경제를 폭망하게 하는 것이다. 코로나 팬데믹을 통해 무너진 세계경제가 위드 코로나를 통해서 2022년부터 살아나려고 하는 과정에서 일어난 이 전쟁으로 세계 경제는 완전히 바닥으로 추락하고 있다. 이것이 그들이 만든 시나리오이다.

러시아와 우크라이나는 석유, 천연가스, 식량, 금속, 천연자원 등이 풍부한 나라이다. 그런데 이 나라들을 무너지게 하여 원자재 유통교란을 통해 전 세계 경제를 마비시키는 것이 이 전쟁의 목적이다.

코로나 팬데믹을 통해 천문학적인 돈이 풀렸다. 코로나 팬데믹 2년 동안 셧 다운을 통해 유통망이 붕괴되어 공급이 줄어서 가격이 폭등했다. 러시아 우크라이나 전쟁을 통해 모든 자원들의 공급이 막혀서 식량과 원유와 원자재 가격이 가파르게 올라 모든 나라에서 초강력 인플레이션이 발생한 것이다. 특히 미국의 중앙은행인 연준은 2022년 3월부터 12월까지 9개월 동안 0.25%에서 4.5%까지 기준금리를 18배나 올렸다. 역사상 최초로 최단기 금리를 최고로 올리는 신기록을 세웠다.

미국은 지난 2020년부터 2022년까지 3년 동안 시중에 9조 달러의 돈을 풀었다. 넘쳐나는 유동성 자금 때문에 겉으로 보기엔 미국의 경제 기초 체력이 튼튼하게 보인다. 그러나 속으로는 암병이 퍼지고 있는 것이다. 아직도 미국 국민들은 통장에 나눠준 돈들이 1.5조 달러가 남아서 아무리 금리를 올려 긴축정책을 추진해도 미국 사람들은 잠시 동안은 견딜만 하다고 한다. 그러나 문제는 미국에서 수출된 고금리와 인플레이션은 전 세계 국가들을 망하게 하고 있다.

미국은 2차 대전 후 전 세계 국가로부터 빼앗은 74% 금을 통해 세계 기축통화 국가가 되었다. 그리고 IMF, 세계결제은행, 월드 뱅크, FED 연방은행을 통해서 세계 경제를 쥐락펴락하고 있다. 1971년 금본위제도를 폐지하고 마음대로 달러를 찍어서 돈놀이를 하고 있다. 미국 연준은 2차 세계 대전 후 달러가 넘쳐날 때마다 14번 금리를 올려 전 세계 경제 위기를 만들어 달러 고금리 정책을 통해 달러 기축통화 패권을 유지해 오고 있다. 그리고 그때마다 전 세계에 풀린 달러를 끌어 모아서 자신들의 계좌로 옮겼다. 1998년 한국 외환 위기 때에도 한국의 모든 부가 미국으로 헐값에 팔려 넘어갔다.

2022년의 경제위기는 시작에 불과하다. 아직까지 미국의 금리가 최고점을 찍지도 않았는데 세계는 몸살을 앓고 있다. 한국만 하더라도 이미 부동산이 20%-40% 폭락하고 있다. 주식은 자산 총액 23%인 379조가 사라졌다. 전세금이 하락하여 역전세가 되고, 임대인들은 전세금을 받아 갭 투자를 하고 떨어진 전세금을 돌려줄 수 없어 전전긍긍하고 있다.

아파트 분양 시장 역시 주변 아파트 값이 신규 분양 아파트 값보다 떨어지면서 몇 백대 일로 당첨된 계약자들이 수 억 원의 계약금을 포기하면서 떠나고 있다. 은행에서 부동산 PF자금을 대출을 받아 아파트를 시공했던 건설사들이 원자재 값 상승과 부동산 폭락으로 분양이 안 돼 대출 자금을 회수할 수 없게 된 은행들이 추가 대출을 해주지 않아 부도난 건설사들이 속출하고 있다. 대형 건설사들을 계열회사로 갖고 있는 재벌들 역시 채권시장에서 20%-30% 이자를 주고도 채권이 팔리지 않아 유동성 자금 부족으로 흑자 도산에 몰리고 있다. 이들 회사중에는 롯데건설도 포함되어 있다.

일본 동경에서는 30년 전 3억 2000만원 아파트 가격이 3000만원으로 떨어져도 주인을 찾지 못하고 그 아파트에 걸린 담보가 2억이 넘어 일본 중앙은행은 1경 2000조 원의 부채를 안고 이자를 1%로도 올리지 못한 형국에 처해 있다. 일본의 실제 인플레이션은 9.8%인데 일본 국민들의 소득이 전무하여 가격을 올리지 못하고 1% 미만으로 유지를 하다가 6% 생산원가를 일본 정부가 떠안고 3.8% 인플레이션까지 올릴 수밖에 없는 형국이다.

미국의 고금리 정책으로 가격이 떨어진 세계에서 제일 높은 신용평가 자산인 미국 국채는 사는 사람이 없어 유동성 위기에 몰려 10년 만기 국채 이자가 4.7%를 넘어 가기도 했다. 일본이 가진 미국 국채 1조 2000억 달러와 중국이 가진 9400억 달러 국채가 시중에 쏟아지면 미국은 더 이상 쏟아지는 국채를 사지 못해서 국가 부도가 나면 미국 달러는 순식간에 종이 조각이 된다. 만일 미국 연준이 달러를 마구 찍어 내어서 국채를 매입하면 달러가 넘쳐나서 종이 조각이 되어 하이퍼 인플레이션으로 전 세계 경제는 그날로부터 해체 수준으로 들어가게 된다. 이것이 2023년부터 본격적으로 시작되는 경제 팬데믹이다.

2023년 세계경제가 무너진다

한국의 가계부채는 전세자금을 포함해서 2022년 말 2300조이다. 기업부채는 2361조이다. 정부부채는 1000조이다. 모두 합해서 5661조이다. 이자가 1%만 올라도 56조 6100억 원이 증가된다. 그런데 앞으로가 문제이다. 계속해서 세계경제는 추락하게 된다. 한국은 수출로 먹고 사는 나라이다, 그런데 2022년 무역적자가 472억 달러이다. 2023년 1월 20일까지 102억 달러 적자이다. 2023년 한국 정부의 총예산은 638조 7000억 원이다. 정부는 채권시장의 유동성을 지켜줘야 한다. 가계부채 또한 터지지 않도록 관리를 해야 한다. 폭락하는 부동산 시장을 안정화 시켜야 한다. 역전세 역월세 또한 관리를 해야 한다. 만일 정부가 금융시장과 주식시장과 채권시장과 부동산 시장을 관리를 하지 못해서 한 곳이라도 무너져 버리면 한국경제는 와르르 무너진다.

그런데 이제는 더 이상 방법이 없다. 정부가 유동성을 확보하여 급한 불을 꺼야 하는데 자금을 마련할 수 있는 방법이 없다. 그런데 한국 만의 문제가 아니다. 미국 또한 총 부채가 31조 달러이다. 미국은 1달 이자가 500억 달러이다. 일본은 1경 2300조 원이다. 일본은 이자를 갚는데 1년 총예산 25%를 쓰고 있다. 전 세계 정부 부채가 평균적으로 GDP 대비 105%이다. 중국의 비어 있는 아파트가 1억 채이다. 3000만 채는 새로 지은 것이다. 7000만 채는 공산당들이 집값이 오르면 팔려고 비워둔 집이다. 그동안 중국경제가 8-10% 고속 성장하였는데 모두 부동산 거품 경제이다. 만일 중국은행이 이자를 올리면 중국의 부동산 경제는 파산한다. 그래서 중국도 금리를 올리지 못하고 있다.

이제 중국도 전쟁을 준비하고 있다. 이것이 시진핑이 세 번 연임을 한 이유이다. 경제 전문 상무위원들이 퇴출되고 공산당 정치 상무위원들이 등장했다. 대만을 흡수 통일하고 북한을 통해 한반도 전쟁을 일으킨 후 한반도로 진군할 준비를 끝냈다. 동중국해를 통해 아세안을 흡수하고 일대일로 정책을 통해서 유럽과 아프리카까지 영향력을 행사하려고 미국을 밀어내고 있다.

2024-2025년 전쟁 팬데믹과 더 그레이트 리셋

미국의 중앙은행인 PED는 미국의 소유가 아니다. 영국 더 시티 오브 런던 안에 있는 은행가들의 소유이다. 이들은 모두 아쉬케나지 가짜 유대인들이다. 이들은 1913년 크리스마스 휴가 중에 미국 중앙은행을 빼앗아 1,2차 세계 대전을 일으켜 전 세계 경제권을 장악한 프리메이슨들이다. 미국 정부 역시 연준으로부터 달러를 빌려와 이자를 주고 사용을 한다. 이들이 꼭두각시처럼 사용하고 있는 사람이 세계경제포럼(WEF) 클라우스 슈밥이다. 다보스 포럼을 창설한 클라우스 슈밥은 막대한 돈을 사용하여 전 세계 정치인과 경제인과 종교인들을 매수하여 신세계질서 정부를 세우고 있다.

이들이 신세계질서를 세우기 위해 전 세계적으로 코로나 팬데믹을 일으켰다. 클라우스 슈밥이 2016년에 쓴 제 4차 산업혁명과 2021년에 쓴 더 그레이트 리셋이란 책이 이들이 가지고 있는 코로나 팬데믹 시나리오이다. 홍석현은 여시제 라고 하는 싱크 탱크를 통해 코리아 리셋을 추진 중에 있다. 코리아 리셋의 주요 어젠다는 동북아시아 새로운 질서, 한반도 통일, 스마트 시티 세 가지이다. 이것을 위해 세워진 정부가 바로 윤석열 정부이다. 2022년 4월28일 클라우스 슈밥이 방한하여 윤석열 대통령과 안철수를 만나 프리메이슨 악수를 했다.

세계 2차 대전은 미국이 일으킨 세계경제공황을 통해서 일어났다. 앞으로 일어나는 3차 대전도 경제공황을 통해 일어난다. 이미 러시아 우크라이나에서 일어난 전쟁은 유럽으로 확산된다. 이스라엘과 팔레스타인의 전쟁이 일어난다. 동북 아시아에서 한반도와 대만에서 전쟁이 일어난다. 2020년부터 코로나 팬데믹을 통해서 시작된 경제 팬데믹은 전쟁을 통해서 리셋으로 들어간다.

일본의 2021년 예산은 107조 5964억 엔이다. 24조3393조억 엔을 이자로 지불했다. 1년에 한화로 250조 원을 이자로 지불한 것이다 1%만 올라도 370조 원 2% 오르면 750조 원이다. 3% 오르면 일본은 파산한다. 일본이 살 수 있는 유일한 길은 한반도에서 전쟁이 일어나는 것이다. 그래서 일본은 미국을 부추겨서 윤석열 정부와 전쟁놀이를 준비하고 있는 것이다.

엘리트 인간들이 준비한 그레이트 리셋은 2030년에 지상에 공산주의 유토피아 세계 정부를 세우는 것이다. 이 목적을 이루기 위해 가장 먼저 필요한 것은 80억의 인구를 10억으로 줄이는 것이다. 이것이 제3차 세계 대전의 목적이다. 이미 3차 세계 대전의 시나리오는 만들어졌다. 이것이 더 그레이트 리셋이다. 2023년에 세계 경제는 폭망한다. 그리고 국가부도가 속출한다. 모든 나라에서 폭력 시위가 일어난다. 국가 경제가 망가질 때 정치 지도자들은 권력을 유지하기 위해 전쟁을 일으킨다. 이미 일본은 30년 동안 경제가 폭망하여 송장이 되어버린지 오래이다. 일본이 살 수 있는 유일한 길은 전쟁을 하는 것이다. 그것이 바로 일본 정부가 2022년 12월 16일에 반격능력을 법제화 한 것이다.

일본이 자국의 나라가 위험에 처해 있다고 판단할 때 다른 국가를 선제공격을 할 수 있는 법이다. 북한도 핵 법제화를 했다. 자국이 위험에 처해 있다고 판단될 때 선제 핵 공격을 할 수 있다는 것이다. 우리나라 윤석열 대통령도 전쟁을 준비하고 있다. 국방과학 연구소를 방문하여 전쟁에서 승리하기 위해 압도적인 전쟁 물자를 준비하라고 명령을 했다. 눈은 눈으로 이는 이로 처절하게 원점 타격을 하도록 명령을 했다. 미국 바이든 대통령도 전쟁을 준비하고 있다. 한국에 전략자산을 전개 시키고 대만에 미군 기지를 준비하고 있다. 칩 4 반도체 동맹, 쿼드(QUAD), 이페프(IPEF) 동맹을 맺고 중국을 포위하고 있다.

신바세나르 체제를 만들어 이념이 다른 국가들에게 핵무기나 생화학 무기를 만들 수 있는 최첨단 물자 수출을 금지한다. 이것들은 모두 중국과 러시아를 겨냥한 한,미,일 동맹의 목적이다. 이미 한반도에서는 전쟁이 시작되었다. 북한이란 프리메이슨 꼭두각시 국가는 굳건한 한미일 군사동맹을 구축하도록 연일 탄도 미사일을 발사하여 군사도발을 증폭시키고 있다. 유엔이란 국제기구는 중국과 러시아의 거부권 행사로 존재 자체가 사라졌다. 그래서 다시 미국과 중,러 사이에 신냉전의 시대가 열린 것이다. 새롭게 시작된 신냉전 시대를 여는 바람잡이 역할을 대한민국의 신정부인 윤석열 정부가 맡고 있다. 그래서 한반도와 대만에서 전쟁이 일어나 새로운 동북 아시아 질서와 한반도 통일이 이루어진다. 이것이 코리아 리셋을 통해 이루어진 프리메이슨 여시재 싱크 탱크의 어젠다이다.

지난 40년 동안 매년 5000억 달러의 무역 흑자를 몰아주어 중국을 거대한 G2 국가로 키운 사람들이 미국의 은행가들이다. 1917년 볼세비키 공산혁명을 통해 러시아를 공산화 시킨 세력들이 미국의 은행가들이다. 세계 2차 대전 후 미국과 소련이 냉전 체제를 만들어 세계를 경영 하도록 소련을 강대국으로 만든 사람들이 미국의 은행가들이다. 1991년 알마하타 조약을 통해 소련을 해체시키고 중국을 미국의 카운터 펀치 국가로 세운 나라가 미국의 은행가들이다.

이미 중국과 미국의 3차 세계 대전을 통한 패권전쟁이 시작되었다. 트럼프 시대 시작된 관세전쟁, 지적 재산권 전쟁, 기술전쟁, 동지나해 군사 패권 전쟁이 민주당 바이든 대통령으로 이어지면서 인도 태평양을 넘어 유럽 나토와 연결된 해양세력으로 확산되고 있다. 한반도에 새로운 윤석열 정부가 세워지면서 급격하게 정치, 경제, 군사 블럭화가 진행 되는데 그 대상국가가 바로 중국과 러시아 이다. 그동안 글로벌리스트로 활동했던 민주당 바이든 대통령은 트럼프 보다 더욱 더 적극적으로 미국 중심의 정치, 경제, 군사 정책을 추진하면서 같은 동맹국들조차도 3차 세계 대전을 통한 신세계질서를 세우는데 희생양으로 몰아가고 있다. 그것이 인플레이션 방지법과 신바세나르 체제를 통해 만들어진 신냉전 체제이다.

신냉전 체제의 최첨단 지역이 바로 한반도이다. 북한의 김정은 체제를 통해서 일으킨 핵문제와 대륙간 탄도탄 문제는 한, 미, 일 해양세력과 북, 중, 러 대륙 세력의 동맹을 강화시키고 있다. 여기에 인도와 러시아와 아랍이 합세를 하고, 호주와 뉴질랜드와 영국과 나토와 이스라엘이 합류를 한다. 이미 시작된 러시아 우크라이나 전쟁과 새롭게 시작될 동북 아시아 전쟁은 전 유럽과 팔레스타인과 이스라엘의 중동전쟁으로 확산된다. 그래서 전 세계가 전쟁터로 변해서 인종청소가 된다. 전쟁이 끝난 후 10억의 남은 사람들을 중심으로 신세계질서가 시작된다. 이것이 클라우스 슈밥이 쓴 코로나 팬데믹과 그레이트 리셋의 숨은 어젠다이다. 이들이 지정한 더 그레이트 리셋의 티핑 포인트는 2025년이다.

3차 세계 대전은 동시에 전 세계적으로 일어나지 않고 점차적으로 일어난다. 소규모 국지 전쟁으로부터 일어난다. 핵무기도 규모가 작은 전술 핵무기부터 터진다. 이것이 2024년에서 2025년에 일어날 전쟁 팬데믹이다. 2025년부터는 본격적으로 리셋과 더블어 새로운 신세계질서가 시작된다.

지금 우크라이나에서 일어난 전쟁의 참상은 앞으로 우리가 배워야 할 교훈들이다. 수 백만 명이 피난길을 떠났다. 보도되지 않는 수십 만 명의 사람들이 죽었다. 추운 겨울 전기가 없이 살아야 한다. 시도 때도 없이 미사일이 쏟아진다. 이런 처절한 전쟁 중에 전염병이 퍼진다. 화산이 터진다. 지진이 일어난다. 여름에는 섭씨 50도 더위와 겨울에는 영하 50도 한파와 싸워야 한다. 홍수, 가뭄이 덮친다. 먹을 양식이 없다. 마실 물이 없다. 도시는 지옥으로 변한다.

도시 탈출 D -1년

예수님은 다니엘의 말한바 멸망의 가증한 것이 거룩한 곳에 선 것을 보거든 산으로 도망하라고 하셨다. 도시를 탈출하라는 것이다. 소돔과 고모라 성이 불과 유황으로 망할 때 천사들은 롯에게 속히 도시를 떠나 산으로 도망하라고 하였다. 산이란 장소는 물질문명이 없는 곳이다. 자연 상태이다. 도시는 가인의 후손들이 만든 죄의 소굴이다. 우리는 지금 눈이 멀어 도시의 물질문명을 즐기고 살면서 이것이 하나님의 축복이라고 생각한다. 아니다 영적인 눈을 뜨고 나면 도시는 소돔과 고모라와 같은 죄악의 소굴로 보인다. 도시 안에서 살인, 음행, 사기, 거짓, 배반, 우상숭배 등이 일어난다.

하나님의 마지막 심판은 도시에서 일어난다. 왜냐하면 스마트 시티 안에서 사는 호모 데우스 인간들이 루시퍼와 함께 하나님을 향해 배도를 선포하기 때문이다. 그래서 도시 탈출은 마지막 하나님의 심판을 피할 수 있는 유일한 길이다. 도시를 떠날 수 있는 기간이 1년 밖에 없다. 왜냐하면 몸 만 떠날 수 없는 것이다, 도시를 떠나 시골로 들어가 살려면 집이 있어야 하고 살 수 있는 환경을 마련해야 한다. 도시의 집을 팔고 돈을 모아 시골로 이사를 해야 하는데 전세금이 빠지지 않는다. 집이 팔리지 않는다. 그래서 도시에 갇히게 되어 버린 것이다.

이미 지금 도시 상태가 그렇게 되어 버렸다. 10억 전세가 6-7억으로 떨어졌다. 세입자가 나가려고 해도 임대인에게 10억이란 돈이 없다. 왜냐하면 전세 보증금 10억을 받아 다른 집을 갭 투자로 사서 투기를 했기 때문이다. 집주인은 갭 투자로 산집을 팔아서 전세금을 돌려주든지 다른 세입자를 받아서 돌려주어야 하는데 집도 팔리지 않고 다른 세입자도 찾을 수 없다. 다른 세입자를 찾아도 이미 전세 보증금이 3-4억 떨어졌다. 떨어진 보증금을 보태서 세입자를 내보내야 하는데 당장에 3-4억의 현금이 없다. 그래서 임대인도 임차인도 모두 도시에 갇혀 버린 것이다. 수많은 집을 지어 분양을 해야 하는데 새 집에 들어갈 사람이 없어 비어 있는 새 아파트가 이미 58,000채, 단독주택까지 주인을 찾지 못한 집이 25만 채가 된다고 한다.

그래서 이사야 선지자는 이사야 24장에서 여호와의 심판의 날에는 이자를 받는 자와 이자를 주는 자가 일반이고, 종과 주인이 일반이고, 임대인과 임차인이 일반이라고 하였다. 소득의 90%를 원리금과 이자 상환으로 쓴 사람이 125만 명이라고 한다. 많은 사람들은 2023년의 금융 위기가 이전처럼 속히 풀려서 예전처럼 돌아가리라 생각한다. 꿈을 깨시라 절대로 그런 일은 이제 없다. 어떻게 이런 말을 할 수 있느냐고요? 이것이 세상 나라들을 통해 심판하시는 하나님의 세계경영이기 때문이다. 지금 전세계적으로 직면한 경제위기는 인위적으로 만들어진 작전이다. 세계 자본주의 경제를 망하게 하고 전쟁을 일으켜 90% 사람을 죽이고 신세계질서를 세우기 위한 계획이다.

2023년은 세계 경제가 폭삭 주저 앉게 된다. 최소한 건질 수 있는 자산을 속히 현금으로 만들어야 한다. 도시에 있는 집과 재산이 아까워 처분하지 못하면 그곳이 감옥이 되고 무덤이 된다. 그곳에서 얼어 죽고, 굶어 죽고, 목말라 죽는다. 병들어 치료 받지 못하고 죽는다. 20층 30층 고층 아파트에서 물 없이, 전기 없이, 양식이 없이 살 수 있는가? 밤이면 도적들이 우굴거리고 수많은 범죄가 일어나는 지옥과 같은 곳에서 살 수 있는가? 그렇다고 도시를 탈출할 수 없다. 왜냐하면 전염병을 퍼뜨려 도시의 출입을 봉쇄하기 때문이다. 이미 코로나 팬데믹에서 경험하지 못했는가? 집밖에 나오지 못하고 아파트 창을 열고 서로 노래하고 위로하고 살지 않았는가? 식당도 못가고, 이웃집도 못가고, 학교도 가지 못했지 않았던가?

돈으로 바꿀 수 있는 모든 것들은 처분하라. 연금, 예금, 금, 은, 귀금속, 주식, 부동산, 건물, 땅 등을 모두 팔아 도시를 떠나라. 만일 돈으로 바꿀 수 없다면 맨 몸이라도 떠날 수 있도록 찾아보라. 면단위 이하로 떠나라. 시골도 읍 단위까지 스마트 시티가 이미 계획되어 있다. 면단위 이하로 떠나되 사람들이 없는 곳으로 가야 한다. 앞으로 시골은 원시시대로 변한다. 도시는 최첨단 AI 인공지능 빅데이터가 작동하는 스마트 시티가 되지만 시골은 호모 사피엔스와 같이 버린바 된 사람들이 사는 곳이 된다. 그러므로 반드시 자급자족하고 10년을 살 수 있도록 준비를 해야 한다.

만일 종이 돈이 사라지고 폭력과 전쟁과 같은 무정부 상태가 되면 정상적인 경제 활동을 할 수 없어 집을 지을 수도 없고, 필요한 양식이나 생필품을 살 수 없게 된다. 왜냐하면 그때는 모든 사람들이 동일하게 필요한 것들을 찾게 되지만 이미 끝나버린 상태이기 때문이다. 최소한 정상적인 경제활동을 할 수 있는 남은 시간이 2023년 1년이란 사실이다.

남은 자들에게 임하는 하나님의 구원의 은총

성경은 남은 자들이 받은 은혜를 기록하고 있다. 성경에서 말한 남은 자들의 대상은 첫째는 교회이다. 상수리나무가 베임을 받아도 그루터기가 남아 구원을 받는다. 여기에서 말한 그루터기는 예수님이다. 구원 받은 성도 즉 교회를 말한다. 왜 교회가 남은 자인가? 남은 자란 분리된 자란 뜻이다. 세상에 속하지 않고 완전히 세상에서 이방인이 된 성도들이다. 두 번째 남은 자란 세상에서 버림받은 자들이다. 세상에서 버림받은 자들은 세상에서 살고 있지만 세상에 속하지 않고 사는 사람들이다. 즉 세상의 돈이나 명예, 권세와 상관없이 사는 사람들이다. 가난한 사람들, 버림받은 사람들, 실패한 사람들, 쫓겨난 사람들, 상처 받은 사람들이다.

이런 사람들에게 하나님의 은혜가 임한다. 특히 예수님께서 지상 재림 시 시골이나 산골짜기에서 사는 사람들은 도시 중심으로 시행되는 666 짐승의 표를 받지 않는다. 짐승의 666 표는 최첨단 과학이 발달한 스마트 시티 안에서 시행되기 때문이다. 그래서 짐승의 666 표를 받지 않는 사람들은 천년왕국 백성으로 들어간다. 예수님이 재림하셔서 세상을 심판하고 새 하늘과 새 땅이 만들어질 때 아담과 함께 타락하여 버림 받았던 모든 피조물들이 회복이 된다.

"생각건대 현재의 고난은 장차 우리에게 나타날 영광과 족히 비교할 수 없도다 피조물의 고대하는 바는 하나님의 아들들의 나타나는 것이니 피조물이 허무한데 굴복하는 것은 자기 뜻이 아니요 오직 굴복케 하시는 이로 말미암음이라 그 바라는 것은 피조물도 썩어짐의 종노릇 한데서 해방되어 하나님의 자녀들의 영광의 자유에 이르는 것이니라 피조물이 다 이제까지 함께 탄식하며 함께 고통하는 것을 우리가 아나니 이뿐 아니라 또한 우리 곧 성령의 처음 익은 열매를 받은 우리까지도 속으로 탄식하여 양자 될것 곧 우리 몸의 구속을 기다리느니라"(롬8:18-23)

독사들의 독이 없어진다. 사자들의 포악성도 사라진다. 자연 만물이 죄의 저주에서 해방되어 하나님의 아들들의 영광의 자유에 동참하게 된다. 예수를 믿지 않는 이방인들도 죄가 사라진다. 예수님의 십자가 대속의 은총으로 교회가 완성이 되어 교회가 만물을 충만하게 하는 것이다. 이 나라를 예수님과 교회가 통치하게 된다. 이때 짐승의 표를 받지 않는 이방인들과 이스라엘 백성들이 천년왕국 백성으로 들어가서 통치를 받는다. 그래서 천년왕국에는 곡과 마곡처럼 용에게 미혹을 받아 다시 타락한 백성들도 있는 것이다.

구원을 받지 못한 불신자라도 도시를 떠나서 최소한 666 짐승의 표를 받지 않으면 천년왕국 백성이라도 될 수 있는 것이다. 물론 구원받은 성도들은 도시에 남아 있을지라도 하나님께서 짐승의 표를 받지 않고 목 베임을 받은 순교를 통해 첫째 부활에 참여하도록 도우신다. 그러나 만일 구원 받은 성도가 도시를 떠난다면 반드시 양육을 받고 온전히 성장할 수 있는 광야 공동체 교회를 찾아야 한다. 그렇지 않고 구원 받은 성도가 시골이나 산으로 도피처를 찾아 나선다면 그곳에서도 순교를 피하지 못하고 죽어 자기 두루마기를 빨게 된다.

성경에 낙원에 들어간 나사로가 남은 자의 모형이다. 예수님께서 천국 비유에서 임금의 아들 혼인잔치에 초청을 받은 자들이 모두 거절하고 오지 않을 때 거리에서 놀고 있는 모든 사람들을 임금의 아들의 혼인잔치로 불러오는 내용이 남은 자들이 받을 구원이다. 첫째는 교회인 새 예루살렘이고 둘째는 천년왕국 백성으로 들어간 이스라엘 백성들과 이방인들이다.

바벨론 포로에서 돌아온 자들이 남은 자들의 모형이다. 이들이 바벨론에서 돌아올 수 있었던 것은 바벨론에서 정착하지 못하고 나그네와 행인처럼 살았기 때문이다. 바벨론에서 부자가 되고 성공한 포로들은 돌아오지 않았다. 마지막 때에도 그러하다. 바벨론과 같은 세상에서 부자가 되고 풍요롭게 사는 자들은 절대로 도시를 떠나지 않는다.

"내가 대회로 인하여 근심하는 자를 모으리니 그들은 네게 속한 자라 너의 치욕이 그들에게 무거운 짐이 되었느니라 그 때에 내가 너를 괴롭게 하는 자를 다 벌하고 저는 자를 구원하며 쫓겨난 자를 모으며 온 세상에서 수욕 받는 자로 칭찬과 명성을 얻게 하리라 내가 그 때에 너희를 이끌고 그 때에 너희를 모을찌라 내가 너희 목전에서 너희 사로잡힘을 돌이킬 때에 너희로 천하 만민 중에서 명성과 칭찬을 얻게 하리라 나 여호와의 말이니라"(습3:18-20)

예레미야 12장에서 바벨론과 앗수르 백성들 중에서도 남은 자들이 앗수르와 바벨론이 망한 후 여호와께 돌아와 구원을 얻은 모습이 이방인들의 남은 자이다.

"내가 내 백성 이스라엘에게 산업으로 준 산업을 다치는 나의 모든 악한 이웃에게 대하여 나 여호와가 이같이 말하노라 보라 내가 그들을 그 땅에서 뽑아버리겠고 유다 집은 그들 중에서 뽑아내리라 내가 그들을 뽑아낸 후에 내가 돌이켜 그들을 긍휼히 여겨서 각 사람을 그 산업으로, 각 사람을 그 땅으로 다시 인도하리니 그들이 내 백성의 도를 부지런히 배우며 사는 여호와 내 이름으로 맹세하기를 자기들이 내 백성을 가리켜 바알로 맹세하게 한것 같이 하면 그들이 내 백성 중에 세움을 입으려니와 그들이 그리하지 아니하면 내가 반드시 그 나라를 뽑으리라 뽑아 멸하리라 여호와의 말이니라"(렘12:14-17)

에스겔 22장에는 여호와께서 예루살렘을 회복하실 때 소돔과 사마리아의 남은 자들이 예루살렘의 딸이 되어 여호와를 섬기게 되는데 이들이 남은 자들이다.

"내가 그들의 사로잡힘 곧 소돔과 그의 딸들의 사로잡힘과 사마리아와 그의 딸들의 사로잡힘과 그들 중에 너의 사로잡힌 자의 사로잡힘을 풀어 주어 네가 네 수욕을 담당하고 네가 행한 모든 일로 말미암아 부끄럽게 하리니 이는 네가 그들에게 위로가 됨이라 네 아우 소돔과 그의 딸들이 옛 지위를 회복할 것이요 사마리아와 그의 딸들도 그의 옛 지위를 회복할 것이며 너와 네 딸들도 너희 옛 지위를 회복할 것이니라 네가 네 형과 아우를 접대할 때에 네 행위를 기억하고 부끄러워할 것이라 내가 그들을 네게 딸로 주려니와 네 언약으로 말미암음이 아니니라 내가 네게 내 언약을 세워 내가 여호와인 줄 네가 알게 하리니"(겔16:53-55,61-62)

스가랴 14장에서도 예수님의 재림 이후 앗수르와 애굽의 남은 자들이 초막절을 지키기 위해서 예루살렘으로 올라 오는데 이들이 이방인들 중에 남은 자들이다.

"그 날에 그의 발이 예루살렘 앞 곧 동쪽 감람 산에 서실 것이요 감람 산은 그 한 가운데가 동서로 갈라져 매우 큰 골짜기가 되어서 산 절반은 북으로, 절반은 남으로 옮기고 그 날에는 빛이 없겠고 광명한 것들이 떠날 것이라 여호와께서 아시는 한 날이 있으리니 낮도 아니요 밤도 아니라 어두워 갈 때에 빛이 있으리로다 그 날에 생수가 예루살렘에서 솟아나서 절반은 동해로, 절반은 서해로 흐를 것이라 여름에도 겨울에도 그러하리라 여호와께서 천하의 왕이 되시리니 그 날에는 여호와께서 홀로 한 분이실 것이요 그의 이름이 홀로 하나이실 것이라 예루살렘을 치러 왔던 이방 나라들 중에 남은 자가 해마다 올라와서 그 왕 만군의 여호와께 경배하며 초막절을 지킬 것이라"(슥 14:4,7-9,16)

예수를 믿어도 구원을 얻지 못한 사람들

"나더러 주여 주여 하는 자마다 천국에 다 들어갈 것이 아니요 다만 하늘에 계신 내 아버지의 뜻대로 행하는 자라야 들어가리라 그 날에 많은 사람이 나더러 이르되 주여 주여 우리가 주의 이름으로 선지자 노릇하며 주의 이름으로 귀신을 쫓아 내며 주의 이름으로 많은 권능을 행치 아니하였나이까 하리니 그때에 내가 저희에게 밝히 말하되 내가 너희를 도무지 알지 못하니 불법을 행하는 자들아 내게서 떠나가라 하리라 그러므로 누구든지 나의 이 말을 듣고 행하는 자는 그 집을 반석 위에 지은 지혜로운 사람 같으리니 비가 내리고 창수가 나고 바람이 불어 그 집에 부딪히되 무너지지 아니하나니 이는 주초를 반석 위에 놓은 연고요 나의 이 말을 듣고 행치 아니하는 자는 그 집을 모래 위에 지은 어리석은 사람 같으리니 비가 내리고 창수가 나고 바람이 불어 그 집에 부딪히매 무너져 그 무너짐이 심하니라"(마7:21-27)

기독교는 말씀의 종교이다. 기도의 종교는 아니다. 하나님의 말씀이 생명이고 영이시다. 하나님의 말씀을 믿고 순종하는 자들에게 성령께서 함께 하셔서 약속의 말씀을 이루신다.

말세 타락한 기독교는 말씀의 종교를 거부한다. 기도의 종교로 사단이 미혹을 한다. 여기에서 나온 것이 초자연적인 능력과 기적이다. 아무리 병을 고치고, 능력을 행하고, 많은 이적과 기적을 일으켜도 주님은 그들을 모른다 하신다. 불법을 행한 자들이라고 하신다. 그러면서 반석위에 집을 지은 지혜로운 건축자가 되라고 하신다. 그래서 요한계시록에 기록된 심판의 기준이 하나님의 말씀과 예수의 증거이다.

인간이 되라, 신자가 되라, 학자가 되라

1975년도 총신대에서 깜짝 놀란 일을 경험했다. 그것은 총신대 교훈이 주는 충격이었다. 인간이 되라, 신자가 되라, 학자가 되라. 인간이 되지 못하면 신자가 되지 못하고, 신자가 되지 못하면 학자가 되지 못한다. 인간이 되지 못하면 목사도 되지 못한다. 그렇다면 인간이 된다는 것이 무엇인가? 인간은 비록 타락하여 스스로 벗어날 수 없는 원죄의 부패성을 가지고 있지만 하나님의 형상대로 지은 바 되었기 때문에 율법으로든지 스스로 가진 타락한 양심으로든지 최소한의 죄의식을 느낄 수 있는 존재이다. 이것을 로마서 1장에서 죄인들이 심판을 받을 때 핑계 할 수 없는 이유라고 하였다.

하나님의 형상으로 지은바 된 인간에게는 지정의(知情意) 라는 인격이 있다. 선악을 분별할 수 있는 최소한의 지식을 가진 이성, 행동할 수 있는 의지, 그리고 지식으로 행동할 때 따르는 감정이 있다. 이것이 합하여 인격이 된다. 인간이 된다는 것은 자신이 가진 지식을 가지고 행동했을 때 따르는 감정을 속이지 않는 것이다. 어떤 사람은 선한 지식을 가지고 행한 악한 행위의 감정들을 감춘다. 분명한 죄의식을 가지고도 그것을 무시하고 선한 일을 행한 사람처럼 살아간다. 그러나 어떤 사람은 분명한 죄의식을 인정하고 스스로를 뉘우치면서 자신의 연약함을 고백을 한다. 이런 사람을 성경은 인간이라고 한다. 최소한 인간으로서 짐승화 되지 않는 것을 말한다. 그러나 선한 지식으로 행한 악한 행실에서 오는 나쁜 감정을 감추고 살아가는 사람은 그 진실을 회복하기 전까지는 성경에서 말한 인간이 아니다. 최소한 자신이 극복할 수 없는 죄성이라도 인정할 수 있어야 성경에서 말한 구원을 얻을 수 있는 인간이 되는 것이다.

그러나 오늘날에는 인간이 되지 못하고 신자가 되는 사람들이 많이 있다. 힘들고 어려운 세상 속에서 살아가는 동안 잘못된 복음을 듣고 예수를 믿는 사람들이다. 예수를 믿으면 병이 낫고, 예수를 믿으면 가난한 자가 부자가 되고, 예수를 믿으면 살아서 복을 받고 죽어서는 천국에 들어갈 수 있다는 다른 복음을 듣고 자신의 죄성을 인정하지도 않는 상태에서 자신의 욕심을 채우기 위해 바로 신자가 되어 버린 것이다. 이런 사람들은 신자가 되어서도 여전히 자신의 죄성을 진실로 고백하거나 인정하지 않고 지식적으로 죄 없는 의인이 되고, 이것이 습관화 되어 집사, 장로, 목사도 될 수 있다.

바울은 디모데의 거짓이 없는 믿음에 대하여 칭찬을 한다. 아울러 에베소 교회에 있는 후메네오와 알렉산더에 대하여 책망을 한다. 착한 양심을 버리고 이단에 빠진 자들에 대한 경고이다. 왜 오늘날 1000만이 넘는 성도를 가진 한국의 기독교가 세상 사람들에게 개독교 소리를 듣고 있는가? 인간이 되지 않는 상태에서 신자가 되었기 때문이다. 그래서 말만 잘하는 기독교인, 바라새인들처럼 외식하는 신자들이 되어 버린 것이다.

아무리 성경을 많이 알고 높은 직분을 가진 자라도 처음부터 선한 양심을 버린 자들은 예수를 믿어도 신자가 아니라 불신자이다. 직분자가 아니라 훼방자이다. 목사가 아니라 독사이다. 학자가 아니라 사기꾼이다. 기독교는 초자연적인 능력을 일으키는 은사종교가 아니다. 사람들의 인격을 변화시키는 말씀종교이다. 사단의 세력들이 철학을 통해 가짜 신학을 만들고 생명의 기독교를 물질지상주의 바알 종교로 만들어 버렸다. 그래서 말세 교회가 바벨론 음녀가 되어 심판을 기다리고 있는 것이다.

참 십자가 복음은 죽은 양심을 살려서 하나님을 섬기게 한다. 죄인을 의인으로 만든다. 사기꾼을 정직자로 만든다. 기회주의자를 충성된 사람으로 만든다.

"염소와 황소의 피와 및 암송아지의 재로 부정한 자에게 뿌려 그 육체를 정결케 하여 거룩케 하거든 하물며 영원하신 성령으로 말미암아 흠 없는 자기를 하나님께 드린 그리스도의 피가 어찌 너희 양심으로 죽은 행실에서 깨끗하게 하고 살아계신 하나님을 섬기게 못하겠느뇨"(히9:13-14)

구원을 주지 못한 기독교의 다른 복음들

"새로운 천년이 시작된다. 새 예루살렘 시대" 책 안에는 구원을 주지 못한 다른 기독교 복음들이 기록되어 있다. 이 책을 자세히 읽으면 지금까지 기독교 라고 알았던 교리들이 왜 다른 복음인가에 대하여 알 수 있다. 무천년주의 교리, 세대주의 전천년주의 교리, 오리겐의 대체신학, 어거스틴의 보편적 교회론, 아브라함 카이퍼의 일반은총, 영역주권 신학과 문화대명령, 헤르만 바빙크 기독교 세계관, 칼 바르트의 성육신 신학, 존 스토트의 사회복음, 빌 브라이트의 그리스도의 계절이 오게 하자, 로렌 커닝햄의 7개 정복할 산, 메시아닉 쥬 기독교, 신사도 운동, 늦은 비 운동, 빈야드 운동, 토론토 블레싱 운동, 예루살렘 회복 운동, 땅밟기 운동, 24시간 기도운동, 킹덤 나우 운동, 킹덤 아미 운동, 원띵 운동, 뉴 에이지 운동, 한 새 사람 운동, 집합 그리스도, 우주 그리스도, 우주교회, 신 인간. 새 인간, 호모 데우스 등이다.

아브라함의 두 자손 : 육신의 자손과 영적인 자손

아브라함은 육신의 자손과 영적인 자손의 조상이다. 육적인 자손은 이스라엘이고, 영적인 자손은 교회이다. 창세기 22장에서 아브라함이 이삭을 번제로 바칠 때 하나님께서는 자신을 두고 맹세하시면서 아브라함의 자손이 하늘의 별과 같고 바다의 모래와 같을 것이라고 하셨다. 야곱의 12 아들들 중에서 육적인 장자의 복은 요셉지파가 받았다. 그래서 요셉의 두 아들인 에브라임과 므낫세 두 지파가 되었다. 유다지파는 영적인 장자의 복을 받았다. 장차 오실 고난의 메시아와 영원히 통치할 왕의 지파가 된 것이다. 솔로몬이 죽고 남북 왕조로 나눠진다. 북 왕조는 에브라임 지파 중심으로 10지파, 남 유다는 베냐민 지파와 2개 지파이다. 북 왕조는 앗수르를 통해 망하고 포로로 끌려가고, 남 유다는 바벨론을 통해 망하고 포로로 끌려갔다. 이들은 바벨론 70년 포로 기간이 끝나고 고레스 왕에 의해서 바벨론이 망할 때 해방되어 예루살렘으로 돌아온다.

16명의 구약의 선지자들은 동일하게 남북왕조가 망하고 회복되는 과정을 신약시대 아브라함의 육적인 자손인 이스라엘과 영적인 자손인 교회가 망하고 회복되는 과정으로 기록을 했다. 즉 예수님의 초림과 재림으로 이루어지는 이스라엘과 교회의 심판과 회복은 천년왕국과 새 예루살렘으로 완성이 된다. 이것이 구약 16명의 선지자들이 동일하게 예언한 다윗의 메시아 왕국이다. 이것이 역사적 전천년주의 교리이다. 주후 313년까지는 성경적인 기독교가 존재할 수 있었다. 그러나 313년 밀라노 칙령을 통해 탄생한 로마 가톨릭시대부터 지금까지의 기독교는 세상에 다윗의 메시아 왕국을 세우는 무천년주의 교리가 지배하므로 물질 중심의 바알 기독교가 되었다.

지상에 살아가는 구원 받은 성도들의 최고의 소원은 바울이 고백했던 것처럼 썩어져 버릴 육체를 벗어 버리고 하나님의 아들들의 영광의 자유에 이르는 것이다. 하늘에서 하나님의 뜻이 이룬 것 같이 땅에서도 이루어지는 것이다. 여기에서 말한 땅은 우리가 살고 있는 이 땅이 아니라 예수님이 오실 때 만들어지는 새 하늘과 새 땅이다.

비록 세상이 타락하여 어둡고 캄캄하지만 잠시 후에 오실 예수님을 생각하면서 구원 받은 성도들은 날마다 이 땅에서 예수님처럼 신령한 제사를 드리는 거룩한 제사장으로 나그네와 행인과 같이 살아가는 것이다. 예수님께서 섬김을 받으러 오신 것이 아니라 도리어 섬기려 하고 자기 목숨을 많은 사람의 대속물로 주신것 같이 살아가는 것이다. 이것이 그리스도인이 세상에 사는 목적이다. 이것이 하늘에 속한 기독교이다. 이것이 하나님의 아들들이 세상에 존재하는 이유이다. 이것이 성경에서 말한 참 복음이다.

새로운 피조물들은 새롭게 살아야 한다. 하늘의 시민권을 가지고 잠시 동안 세상에 살아가는 성도들은 하늘에 속한 자로 살아야 한다. 절대로 세상 사람들과 다투거나 싸움을 해서는 안된다. 세상에 속한 가치관으로 흔들려서는 안된다. 당당하게 예수님이 그렇게 사셨기 때문에 모든 성도들은 기쁘게 십자가 골고다를 향해 산제물이 되어야 한다.

"너희를 핍박하는 자를 축복하라 축복하고 저주하지 말라 즐거워하는 자들로 함께 즐거워하고 우는 자들로 함께 울라 서로 마음을 같이 하며 높은데 마음을 두지 말고 도리어 낮은데 처하며 스스로 지혜 있는체 말라 아무에게도 악으로 악을 갚지 말고 모든 사람 앞에서 선한 일을 도모하라 할 수 있거든 너희로서는 모든 사람으로 더불어 평화하라 내 사랑하는 자들아 너희가 친히 원수를 갚지 말고 진노하심에 맡기라 기록되었으되 원수 갚는 것이 내게 있으니 내가 갚으리라고 주께서 말씀하시니라 네 원수가 주리거든 먹이고 목마르거든 마시우라 그리함으로 네가 숯불을 그 머리에 쌓아 놓으리라 악에게 지지 말고 선으로 악을 이기라"(롬12:14-21)

2023년 2월 10일
이형조

목 차

제3장 신학적 천년왕국의 교리들

제4장 구약에서 말한 천년왕국

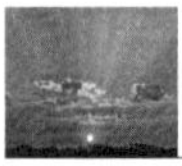

제8장 준비해야 할 네 가지 구원

제9장 기독교 구원의 신비, 남은 자들의 구원

제1장 기독교란 무엇인가?

1. 하나님의 구속 사역의 목적

"하나님이 미리 아신 자들로 또한 그 아들의 형상을 본받게 하기 위하여 미리 정하셨으니 이는 그로 많은 형제 중에서 맏아들이 되게 하려 하심이니라 또 미리 정하신 그들을 또한 부르시고 부르신 그들을 또한 의롭다 하시고 의롭다 하신 그들을 또한 영화롭게 하셨느니라"(롬8:29-30)

하나님의 구속사역의 목적은 하나님의 아들들을 영화롭게 하는 것이다. 하나님께서 창세전부터 인간 구원을 생각하신 것은 하나님의 아들들이 되게 하여 하나님의 나라를 유업으로 주려는 것이다. 이것이 아들들이 받은 영광이다.

"찬송하리로다 하나님 곧 우리 주 예수 그리스도의 아버지께서 그리스도 안에서 하늘에 속한 모든 신령한 복으로 우리에게 복 주시되 곧 창세 전에 그리스도 안에서 우리를 택하사 우리로 사랑 안에서 그 앞에 거룩하고 흠이 없게 하시려고 그 기쁘신 뜻대로 우리를 예정하사 예수 그리스도로 말미암아 자기의 아들들이 되게 하셨으니 이는 그의 사랑하시는 자 안에서 우리에게 거저 주시는바 그의 은혜의 영광을 찬미하게 하려는 것이라"(엡1:3-6)

하나님께서는 창세 전에 인간 구원의 목적을 거룩하고 흠이 없는 아들들이 되게 하셔서 거저 주시는 그의 은혜의 영광을 찬미하게 하는 것이다.

"아버지여 내게 주신 자도 나 있는 곳에 나와 함께 있어 아버지께서 창세 전부터 나를 사랑하시므로 내게 주신 나의 영광을 저희로 보게 하시기를 원하옵나이다"(요17:24)

예수님께서도 창세전에 아버지께서 예수님을 사랑하시므로 주신 영광을 제자들도 보게 하시기를 기도하셨다.

2. 하나님의 구속 사역의 결과

"모든 성도 중에 지극히 작은 자보다 더 작은 나에게 이 은혜를 주신 것은 측량할 수 없는 그리스도의 풍성을 이방인에게 전하게 하시고 영원부터 만물을 창조하신 하나님 속에 감취었던 비밀의 경륜이 어떠한 것을 드러내게 하려 하심이라 이는 이제 교회로 말미암아 하늘에서 정사와 권세들에게 하나님의 각종 지혜를 알게 하려 하심이니 곧 영원부터 우리 주 그리스도 예수 안에서 예정하신 뜻대로 하신 것이라"(엡3:8-11)

하나님께서 영원 전부터 그리스도 예수 안에서 예정하여 이루어진 구원의 결과는 교회로 말미암아 하늘에서 정사와 권세들에게 하나님의 각종 지혜를 알게 하려 하심이다. 성경에서 정사와 권세들은 천사들을 말한다. 천사들 중에는 타락한 천사가 있고 타락하지 않은 천사가 있다. 하나님께서 사용하시는 천사 모두를 포함하여 정사와 권세들이라고 한다.

"마귀의 궤계를 능히 대적하기 위하여 하나님의 전신갑주를 입으라 우리의 씨름은 혈과 육에 대한 것이 아니요 정사와 권세와 이 어두움의 세상 주관자들과 하늘에 있는 악의 영들에게 대함이라"(엡6:11-12)

"하늘에 전쟁이 있으니 미가엘과 그의 사자들이 용으로 더불어 싸울쌔 용과 그의 사자들도 싸우나 이기지 못하여 다시 하늘에서 저희의 있을 곳을 얻지 못한지라 큰 용이 내어 쫓기니 옛 뱀 곧 마귀라고도 하고 사단이라고도 하는 온 천하를 꾀는 자라 땅으로 내어 쫓기니 그의 사자들도 저와 함께 내어 쫓기니라"(계12:7-9)

성경은 타락한 천사에 대하여 정사, 권세, 어두움의 세상 주관자, 하늘에 있는 악한 영들이라고 하였다. 하늘에서 하나님을 대적하다가 쫓겨난 천사들이다. 이들이 세상 임금이다. 아담에게 주신 피조 세계를 아담을 미혹하여 넘어뜨리고 아담 대신 통치를 하고 있는 것이다.

"마귀가 또 예수를 이끌고 올라가서 순식간에 천하 만국을 보이며 가로되 이 모든 권세와 그 영광을 내가 네게 주리라 이것은 내게 넘겨준 것이므로 나의 원하는 자에게 주노라 그러므로 네가 만일 내게 절하면 다 네 것이 되리라"(눅4:5-7)

하나님께서는 어떻게 교회로 하여금 하늘에서 정사와 권세들에게 하나님의 각종 지혜를 알게 하실까? 다윗은 시편 8편에서 재미있는 말을 하고 있다. 사람들을 천사보다 못하게 지으시고 영광과 존귀로 관을 씌우셨다고 하였다.

"주의 대적을 인하여 어린 아이와 젖먹이의 입으로 말미암아 권능을 세우심이여 이는 원수와 보수자로 잠잠케 하려 하심이니이다 주의 손가락으로 만드신 주의 하늘과 주의 베풀어 두신 달과 별들을 내가 보오니 사람이 무엇이관대 주께서 저를 생각하시며 인자가 무엇이관대 주께서 저를 권고하시나이까 저를 천사보다 조금 못하게 하시고 영화와 존귀로 관을 씌우셨나이다"(시8:2-5)

하나님께서 인간을 천사보다 못하게 창조하셨지만 하나님의 형상을 입혀 주셨다. 그 이유는 원수와 보수자로 잠잠하게 하신 것이다. 하나님께서는 교만한 자를 잠잠하게 하시기 위해 아이와 젖먹이의 입으로 권능을 세우신다. 인간 창조와 구속을 통해서 교만한 루시퍼를 다스리고 심판하신 것이다.

성경은 천사 창조에 대하여 언급하지 않고 있다. 그러나 천사도 분명히 피조물이다. 하나님께서 천사를 창조하신 목적을 히브리서 1장에서 하나님의 아들들을 섬기는 것이라 하셨다. 에스겔 28장과 이사야 14장에 기록된 루시엘 천사장은 피조물 중에 가장 으뜸으로 지어졌다. 그래서 그가 교만하여 뭇별 위에 자기의 자리를 높이려 하다가 심판을 받고 쫓겨났다. 루시엘이 하나님의 통치 행위에 대하여 도전을 한 것이다. 왜 피조물인 천사장이 하나님의 통치 행위에 대하여 불만을 나타낼 수 있을까? 교만이다. 자기가 최고인줄 알았는데 자기보다 더 귀한 존재가 아버지 하나님 속에 있었다. 그것이 바로 하나님의 아들 예수 그리스도 안에 있는 신부인 교회이다. 하나님께서는 창세 전에 예수 그리스도 안에 교회를 마음에 두시고 천사들로 섬기게 하신 것이다. 이것에 대하여 시기심이 가득한 루시엘은 하나님의 통치 행위에 불만을 품고 대적하다가 심판을 받은 것이다.

창세기 1장 2절에는 땅이 혼돈하고 공허하며 흑암이 깊음 위에 있다. 전쟁으로 망가진 모습이다. 창세기 1장 1절과 2절 사이에 무슨 일이 있었기에 하나님의 창조 세계가 폐허가 되었을까? 이미 이사야 14장과 에스겔 28장에는 타락하여 심판을 받은 루시퍼가 땅에 찍혀 땅이 완전하게 망가져 있는 모습이 기록되어 있다. 하나님의 신은 수면 위에 운행하시면서 망가진 우주를 새롭게 창조하시기 위해 준비하신다.

“태초에 하나님이 천지를 창조하시니라 땅이 혼돈하고 공허하며 흑암이 깊음 위에 있고 하나님의 신은 수면에 운행하시니라”(창1:1-2)

하나님께서는 6일 동안 새로운 창조를 마치신 후 아담과 하와를 지으셔서 에덴을 통치하게 하신다. 그러나 아담과 하와는 에덴에 있는 뱀의 미혹을 받아 우주 통치의 지위를 뱀에게 넘겨준다.

“여호와께서 땅을 공허하게 하시며 황무하게 하시며 뒤집어 엎으시고 그 거민을 흩으시리니 백성과 제사장이 일반일 것이며 종과 상전이 일반일 것이며 비자와 가모가 일반일 것이며 사는 자와 파는 자가 일반일 것이며 채급하는 자와 채용하는 자가 일반일 것이며 이자를 받는 자와 이자를 내는 자가 일반일 것이라 땅이 온전히 공허하게 되고 온전히 황무하게 되리라 여호와께서 이 말씀을 하셨느니라 땅이 슬퍼하고 쇠잔하며 세계가 쇠약하고 쇠잔하며 세상 백성 중에 높은 자가 쇠약하며 땅이 또한 그 거민 아래서 더럽게 되었으니 이는 그들이 율법을 범하며 율례를 어기며 영원한 언약을 파하였음이라”(사 24:1-5)

아담이 타락한 이후에 시작된 하나님의 구속 사역의 결과 또 다시 망가져 땅이 혼돈하고 공허하고 쇠잔하게 된다. 즉 땅이 사람들의 죄악으로 더럽혀 져서 심판에 이르게 된다. 그래서 하나님은 다시 더럽혀진 땅을 엎어 심판 하시고 새로운 땅과 하늘을 만드셔서 예수님과 한 몸을 이룬 교회를 통해서 다스리게 하신다. 이것이 예수님의 재림으로 이루어진 새 하늘과 새 땅인 천년왕국이다.

이런 과정을 거치면서 인간을 향한 하나님의 구원의 섭리는 이루어진다. 에덴동산에서 창조된 인간은 흙으로 지음을 받아 하나님의 생령으로 채워진 하나님의 형상을 가진 존재였지만 예수님께서 오셔서 세상을 심판하시고 새 하늘과 새 땅을 통치할 새 예루살렘인 교회는 하나님의 아들들과 예수님의 신부와 거룩한 성령의 전으로 되어 있다.

새 예루살렘이 되어 천년동안 새 하늘과 새 땅을 통치하면서 하나님의 아들들은 더욱 더 존귀하게 된다. 천년왕국을 멋지게 통치한 후 하나님의 아들들은 곡과 마곡을 미혹하여 하나님의 구속의 사역을 훼방한 용을 불로 심판하고 하나님 아버지께서 하라고 하신 모든 일을 마친 후 완성된 나라를 아버지께 바친다. 하나님 아버지께서는 아들들을 통해 영광을 받으신다. 하나님께서는 아들들을 영화롭게 하시고 자신의 나라를 아들들에게 주신다. 이때 정사와 권세들인 천사들은 하나님의 각종 지혜를 알고 찬양을 하게 된다.

3. 하나님의 구속 사역의 방법

"하나님이 가라사대 우리의 형상을 따라 우리의 모양대로 우리가 사람을 만들고 그로 바다의 고기와 공중의 새와 육축과 온 땅과 땅에 기는 모든 것을 다스리게 하자 하시고 하나님이 자기 형상 곧 하나님의 형상대로 사람을 창조하시되 남자와 여자를 창조하시고 하나님이 그들에게 복을 주시며 그들에게 이르시되 생육하고 번성하여 땅에 충만하라, 땅을 정복하라, 바다의 고기와 공중의 새와 땅에 움직이는 모든 생물을 다스리라 하시니라"(창1:26-28)

하나님의 구속 사역의 방법은 사람을 하나님의 형상으로 지으셔서 인격적으로 이루어 가신다. 하나님의 형상으로 지으셨다는 것은 인격적으로 지으셨다는 것이다. 그래서 기독교 구원 역시 인격적으로 이루어진다. 인격이란 지정의를 말한다. 즉 바른 지식과 바른 행동과 바른 감정이 하나 될 때 인격이 된다. 비 인격이란 지정의가 서로 어긋날 때를 말한다. 바른 지식을 가지고 행동하지 않으면서 바른 지식을 가지고 행동하는 것처럼 속이는 것은 인격이 아니라 비인격이다. 왜냐하면 바른 지식과 바른 행동에 일치하지 않기 때문이다. 하나님께서는 아무리 많은 죄를 지은 사람이라도 스스로 죄인임을 고백하고 자신을 낮추는 사람들에게는 속죄의 은총을 베푸신다. 그러나 죄를 짓고도 속이고 자신을 지켜 가는 자에게는 심판을 행하신다.

하나님께서 이루시는 구원은 인격적이시다. 그래서 기독교 구원은 오랜 세월이 필요하다. 스스로 깨닫고 돌아오기까지 기다리신다. 천년이 하루같이 하루가 천년 같이 기다리신다. 기독교 구원이 폭력과 같은 비인격으로 이루어진다면 기독교 구원은 가치가 없을 것이다. 하나님은 인간을 자기의 형상대로 지으셨기 때문에 인간을 버릴 수 없으신 것이다. 부모가 자기의 형상대로 태어난 자식을 버릴 수 없는 것과 같다. 하나님께서 인간을 자기의 형상대로 지으셨기 때문에 인간의 가치는 하나님과 같은 가치를 가지고 있다.

하나님의 구원의 방법은 인격적으로 이루어진다. 그것이 말씀이다. 사람은 하나님의 형상을 입었기 때문에 하나님의 말씀에 의해서 구원이 이루어진다. 기독교 구원이 말씀으로 이루어지지 않고 초자연적인 능력이나 기적을 통해서 이루어진다면 그것은 인격적인 구원이 아니다. 하나님께서 구속 사역을 계획하실 때 인간을 자기 아들들이 되게 하셨기 때문에 자기 형상대로 사람을 창조 하셨다. 그리고 아담이 타락한 이후에도 말씀으로 인간의 구원을 섭리하신다. 그래서 다윗은 하나님의 말씀은 내 발의 등이요 내 길에 빛이라고 하였다.

인간이 하나님의 형상대로 창조되었기 때문에 인간 속에는 영혼을 사모하는 마음이 있다. 인간 속에는 거룩함과 사랑의 흔적이 있다. 인간이 하나님의 형상대로 지어졌기 때문에 인간은 다른 동물과 같이 본능적으로 살지 않고 스스로 판단하고 결정하는 인격을 가지고 산다. 그래서 그 결과에 대해서 책임을 질 수 있다.

기독교 구원은 말씀대로 이루어진다. 신구약 성경은 수많은 예언의 말씀들이 있다. 이미 이루어진 것도 있고 미래에 이루어질 것도 있다. 이렇게 수많은 예언의 말씀을 기록하여 이루게 하신 것은 인간을 인격적으로 구원하시는 하나님의 방법이시다. 왜냐하면 귀하기 때문이다. 동물에게는 없고 사람에게는 있는 것이 있다. 바로 인권이란 것이다. 인권이란 인간으로서 가진 기본적인 권리를 말한다. 존중 받아야 하고, 업신여김을 받지 않을 수 있는 권리이다. 인간은 아무리 큰 죄인이라도 보호를 받아야 할 인권이 있는 것이다.

하나님께서는 아담이 타락한 이후 지금까지 구원을 이루어 가신다. 이사야는 짐승도 그 임자를 알고 소도 주인을 알아보지만 하나님께서 키운 자식들은 하나님을 모른다고 탄식을 했다.

“하늘이여 들으라 땅이여 귀를 기울이라 여호와께서 말씀하시기를 내가 자식을 양육하였거늘 그들이 나를 거역하였도다 소는 그 임자를 알고 나귀는 주인의 구유를 알건마는 이스라엘은 알지 못하고 나의 백성은 깨닫지 못하는도다 하셨도다”(사1:1-3)

예레미야는 오랜 세월 기다리시면서 구원의 역사를 이루어 가시는 하나님의 사랑을 무궁한 사랑으로 고백을 했다.

“여호와의 자비와 긍휼이 무궁하시므로 우리가 진멸되지 아니함이니이다 이것이 아침마다 새로우니 주의 성실이 크도소이다”(애3:22-23)

“너희는 무지한 말이나 노새 같이 되지 말지어다 그것들은 재갈과 굴레로 단속하지 아니하면 너희에게 가까이 가지 아니하리로다”(시32:9)

“너희 목마른 자들아 물로 나아오라 돈 없는 자도 오라 너희는 와서 사 먹되 돈 없이, 값 없이 와서 포도주와 젖을 사라 너희가 어찌하여 양식 아닌 것을 위하여 은을 달아 주며 배부르게 못할 것을 위하여 수고하느냐 나를 청종하라 그리하면 너희가 좋은 것을 먹을 것이며 너희 마음이 기름진 것으로 즐거움을 얻으리라 너희는 귀를 기울이고 내게 나아와 들으라 그리하면 너희 영혼이 살리라 내가 너희에게 영원한 언약을 세우리니 곧 다윗에게 허락한 확실한 은혜니라 내가 그를 만민에게 증거로 세웠고 만민의 인도자와 명령자를 삼았었나니 네가 알지 못하는 나라를 부를 것이며 너를 알지 못하는 나라가 네게 달려올 것은 나 여호와 네 하나님 곧 이스라엘의 거룩한 자를 인함이니라 내가 너를 영화롭게 하였느니라 너희는 여호와를 만날만한 때에 찾으라 가까이 계실 때에 그를 부르라 악인은 그 길을, 불의한 자는 그 생각을 버리고 여호와께로 돌아오라 그리하면 그가 긍휼히 여기시리라 우리 하나님께로 나아오라 그가 널리 용서하시리라"(사55:1-7)

사람은 죄인을 무시하고 업신여긴다. 판단하고 정죄한다. 그러나 하나님께서는 죄인조차도 판단하시지 않고 업신여기지 않으시고 불쌍히 여기신다. 거룩하신 하나님이 죄인들을 대하실 때 소중하게 대하시고 조심스럽게 대우하신다. 왜냐하면 인간속에는 하나님의 형상이 있기 때문이다. 예수님께서는 바리새인들이 예수님을 대적하고 귀신들렸다고 정죄할 때 그들을 민망히 여기셨다. 그에 비하여 우리는 얼마나 교만하고 얼마나 큰 죄인인가? 죄인들에 대하여 쉽게 판단하고 정죄하고 혈기를 부린 우리의 모습이 얼마나 큰 죄인인가를 생각해 본다. 인간이 죄를 지을수록 짐승화 되어 간다. 하나님의 형상을 잃어 버린다는 것이다. 부모에게 자식이 소중하다. 그가 비록 어리고, 죄를 짓고, 고통을 주어도 귀하다. 왜냐하면 자기의 형상을 가지고 태어났기 때문이다. 자식은 부모를 버릴 수 있지만 부모가 자식을 버리지 못한 이유는 자신의 형상을 가지고 있기 때문이다. 이것이 하나님의 구속의 비밀이며 또한 방법이기도 하다.

하나님의 구속 사역의 방법은 인격적이시다. 초자연적인 능력이나 표적으로 이루시지 않고 약속의 말씀으로 이루어 가신다. 그래서 하나님의 구속의 시간은 오래 걸린다. 영원 전부터 계획하신 인간 구원의 역사가 지금도 계속된다. 오랫동안 참아야 한다. 오랫동안 기다려야 한다. 인간이 심판을 받은 가장 큰 이유는 인내하지 못하는데 있다. 하나님은 오랫동안 참으시고 기다리시는데 죄인들이 참지 못하고 스스로 심판의 길을 가는 것이다.

4. 하나님의 구속 사역의 과정

"나 여호와가 말하노라 보라 날이 이르리니 내가 이스라엘 집과 유다 집에 새 언약을 세우리라 나 여호와가 말하노라 이 언약은 내가 그 들의 열조의 손을 잡고 애굽 땅에서 인도하여 내던 날에 세운것과 같지 아니할 것은 내가 그들의 남편이 되었어도 그들이 내 언약을 파하였음이니라 나 여호와가 말하노라 그러나 그 날 후에 내가 이스라엘 집에 세울 언약은 이러하니 곧 내가 나의 법을 그들의 속에 두며 그 마음에 기록하여 나는 그들의 하나님이 되고 그들은 내 백성이 될 것이라 그들이 다시는 각기 이웃과 형제를 가리켜 이르기를 너는 여호와를 알라 하지 아니하리니 이는 작은 자로부터 큰 자까지 다 나를 앎이니라 내가 그들의 죄악을 사하고 다시는 그 죄를 기억지 아니하리라 여호와의 말이니라"(렘31:31-34)

하나님의 구속 사역의 과정은 애굽과 바벨론에서 돌아오는 과정을 통해서 이루어진다. 애굽에 돌아올 때 시내산에서 율법의 언약을 맺으셨다. 이것을 옛 언약이라 하였다. 유다가 바벨론에서 나올 때 은혜의 언약을 맺었다. 이것을 새 언약이라고 한다. 옛 언약은 구약이고 새 언약은 신약의 역사이다. 옛 언약은 이스라엘과 하나님께서 맺은 언약이다. 새 언약은 유다와 하나님께서 맺으신 언약이다.

옛 언약은 육적인 부부 언약이고 새 언약은 영적인 부부 언약이다. 여호와께서는 이스라엘이 시내 산에서 맺은 언약을 버린 것은 남편이 자신을 버린 것이라고 하셨다. 진정한 부부는 육체만 섞은 부부가 아니다. 진정한 부부는 육체 뿐 아니라 마음까지도 하나가 되어야 한다. 구약의 율법의 언약은 육신적인 부부이다. 그러나 바벨론에서 나올 때 맺은 새 언약은 마음 판에 새긴 진정한 영적인 부부의 언약이다. 물론 성령의 기름 부음이 마가의 다락방에 성령강림으로 이루어지지만 약속은 이미 바벨론 포로에서 돌아올 때 영적인 부부 언약이 이루어졌다. 그래서 예수님의 초림과 재림 때 이루어질 모든 일들은 남북 왕조가 망하고 돌아오는 과정에서 이미 다 이루어졌던 것이다.

이미 구약에서는 신약에서 이루어질 구속의 사역이 바벨론 포로에서 돌아 올 때 완성이 되었다. 그리고 이것이 다시 신약에서 이루어진 것이다. 구약에서 이루어진 신약의 교회 역사는 유다를 통해서 바벨론에서 돌아올 때 이루어진다. 구약에서 이루어진 신약의 이스라엘의 역사는 에브라임을 통해 앗수르에서 돌아올 때 이루어진다. 이것이 이스라엘과 이방인이 하나되어 완성된 새 예루살렘이고, 이스라엘의 남은 자와 이방인들의 남은 자들이 들어갈 천년왕국에 대한 예언이다.

바벨론 포로에서 이스라엘과 유다가 돌아올 때 영원히 망하지 아니한 새로운 예루살렘이 세워지고 다윗 왕이 영원히 통치를 한다. 이 나라가 바로 다윗의 자손 예수님께서 재림하셔서 세우실 새 예루살렘과 새 하늘과 새 땅인 천년왕국이다.

비록 신약의 역사가 바벨론 포로 귀환을 통한 예언으로 이루어졌지만 실제 성령이 마음에 오신 것은 마가의 다락방에 성령이 강림하실 때이다. 이것이 바로 예언의 이중성이다. 신약에서 이루어질 예수님의 초림과 재림 그리고 이루어질 천년왕국에 대한 지식을 어떻게 얻을 수 있을까? 이미 구약에서 성취된 신약의 예언을 통해 얻을 수 있는 것이다. 고레스 왕을 통해서 시작된 바벨론 심판과 바벨론 포로 귀환은 예수님의 재림으로 이루어진 새 예루살렘과 천년왕국에 대한 예언이다.

"내 종 다윗이 그들의 왕이 되리니 그들에게 다 한 목자가 있을 것이라 그들이 내 규례를 준행하고 내 율례를 지켜 행하며 내가 내 종 야곱에게 준 땅 곧 그 열조가 거하던 땅에 그들이 거하되 그들과 그 자자 손손이 영원히 거기 거할 것이요 내 종 다윗이 영원히 그 왕이 되리라 내가 그들과 화평의 언약을 세워서 영원한 언약이 되게 하고 또 그들을 견고하고 번성케 하며 내 성소를 그 가운데 세워서 영원히 이르게 하리니 내 처소가 그들의 가운데 있을 것이며 나는 그들의 하나님이 되고 그들은 내 백성이 되리라 내 성소가 영원토록 그들의 가운데 있으리니 열국이 나를 이스라엘을 거룩케 하는 여호와인줄 알리라 하셨다 하라"(겔37:24-28)

5. 하나님의 구속 사역의 원리

"그는 육체에 계실 때에 자기를 죽음에서 능히 구원하실 이에게 심한 통곡과 눈물로 간구와 소원을 올렸고 그의 경외하심을 인하여 들으심을 얻었느니라 그가 아들이시라도 받으신 고난으로 순종함을 배워서 온전하게 되었은즉 자기를 순종하는 모든 자에게 영원한 구원의 근원이 되시고 하나님께 멜기세덱의 반차를 좇은 대제사장이라 칭하심을 받았느니라"(히5:7-10)

하나님의 인간 구속 사역의 원리는 기독교의 본질이다. 과연 기독교는 어떤 종교인가? 어떤 원리로 구원이 이루어지는가? 기독교는 예수교 또는 그리스도교이다. 구원 받은 성도를 그리스도인이라고 한다. 그리스도인이란 그리스도를 닮은 사람이다. 그래서 기독교인이란 그리스도와 한 몸을 이룬 성도를 말한다. 한 사람 한 사람에게 임한 기독교의 구원은 예수님께서 먼저 만들어 가셨던 구원의 원리에 따라서 이루어진다.

예수님은 하나님의 아들이셨지만 인간과 똑같은 방법으로 태어나시고 자라나셨다. 30년 동안 고난을 통해서 순종을 배우셔서 온전하게 되셨다. 고난을 통해 순종을 배웠다는 의미는 고난을 통해 율법의 요구를 모두 이루셨다는 말씀이다. 그래서 온전하게 되셨기 때문에 자기를 순종하는 모든 자에게 영원한 구원의 근원이 되실 수 있었다. 하나님이신 예수님은 인간의 몸을 입고 오셔서 친히 율법의 요구를 다 이루셨기 때문에 예수 믿고 구원 받은 성도들을 구원하시고 온전케 하실 수 있는 것이다.

순종을 배웠다는 말은 무슨 뜻인가? 인간을 배웠다는 것이다. 모든 인간들은 원죄의 부패성을 가지고 있다. 그래서 언제든지 죄의 유혹을 받고 넘어질 수 있다. 이렇게 불안한 인간을 구하기 위해 예수님 또한 연약한 육신을 입으시고 30년 동안 인간이 거쳐야할 모든 고난과 시험을 당하시고 이기신 것이다. 예수님이 육신을 입고 바로 돌아가셨다면 예수님은 인간을 온전하게 구원하실 수 없다. 그러나 인간을 구원하시기 위해 30년 동안 육체를 가지고 사시는 동안 인간의 고통을 이기시기 위해 심한 통곡과 눈물로 기도를 드렸고 그의 경외하심을 인하여 들으심을 받으셨던 것이다.

이처럼 구원 받은 성도들도 예수님처럼 고난을 통해 순종을 배워서 온전하게 되어야 한다. 기독교 구원은 단순하게 이루어지지 않는다. 예수님처럼 순간 순간 하나님 말씀에 순종해서 그리스도의 장성한 분량이 충만한데까지 이르러야 한다. 그러기 위해서는 날마다 자기를 부인하고 하나님 말씀에 순종하는 삶을 살아야 한다. 예수님께서 제자들에게 말씀 안에 거하는 것이 절로 열매 맺는 비결이라고 하셨다.

"너희는 내가 일러준 말로 이미 깨끗하였으니 내 안에 거하라 나도 너희 안에 거하리라 가지가 포도나무에 붙어 있지 아니하면 절로 과실을 맺을 수 없음 같이 너희도 내 안에 있지 아니하면 그러하리라 나는 포도나무요 너희는 가지니 저가 내 안에, 내가 저 안에 있으면 이 사람은 과실을 많이 맺나니 나를 떠나서는 너희가 아무 것도 할 수 없음이라 사람이 내 안에 거하지 아니하면 가지처럼 밖에 버리워 말라지나니 사람들이 이것을 모아다가 불에 던져 사르느니라 너희가 내 안에 거하고 내 말이 너희 안에 거하면 무엇이든지 원하는대로 구하라 그리하면 이루리라"(요15:3-7)

기독교는 말씀의 종교이다. 40일 금식해서 하늘에서 뚝 떨어진 구원이 아니다. 예수님이 인간을 구원하시기 위해 30년 동안 고난을 통해 순종을 배우셔서 온전하게 되신 것처럼 성도 역시 예수님과 같이 30년 동안 고난을 통해 순종을 배워서 온전하게 되어야 한다. 구원 받은 성도 안에서 예수님이 나타나셔서 사시는 방법은 하나님의 말씀을 가지고 지키는 것이다. 그때 예수님께서 그를 통해서 사시는 것이다.

"나의 계명을 가지고 지키는 자라야 나를 사랑하는 자니 나를 사랑하는 자는 내 아버지께 사랑을 받을 것이요 나도 그를 사랑하여 그에게 나를 나타내리라"(요14:21)

그렇다면 예수님의 계명은 무엇인가? 사랑의 계명이다. 이것을 새 계명이라고 한다. 구원 받은 성도들은 모두 새 계명을 가지고 살아야 한다. 그때 예수님께서 그를 통해서 사실 수 있는 것이다. 이것을 거룩한 산제사라고 한다. 우리 몸을 날마다 예수님이 사시도록 내어드리고 살면 그것이 신령한 제사가 된다. 타락한 육체를 가지고 새 계명으로 산다는 것 자체가 고난이다. 왜냐하면 끝없이 자신을 부인해야 하기 때문이다. 썩어질 육체가 요구한 모든 헛된 욕망을 버려야 하기 때문이다. 세상 모든 사람들은 자기를 위해 산다. 그러나 성도들은 다른 사람들을 위해서 사는 것이다. 이것이 새 계명이다.

"새 계명을 너희에게 주노니 서로 사랑하라 내가 너희를 사랑한 것 같이 너희도 서로 사랑하라 너희가 서로 사랑하면 이로써 모든 사람이 너희가 내 제자인줄 알리라"(요13:34-35)

예수님은 제자들에게 진리를 알찌니 진리가 너희를 자유케 하리라 하셨다. 진리를 알기 위해 먼저 예수님의 제자가 되어야 한다. 예수님의 제자가 되기 위해서는 예수님의 말씀대로 살아야 한다. 예수님의 말씀이 바로 새 계명인 아가페 사랑이다. 무조건적인 사랑이다. 형제가 죄를 범하면 일흔 번에 일곱 번까지 용서하라고 하셨다.

"그러므로 예수께서 자기를 믿은 유대인들에게 이르시되 너희가 내 말에 거하면 참 내 제자가 되고 진리를 알찌니 진리가 너희를 자유케 하리라"(요8:31-32)

예수님은 수고하고 무거운 짐 진 자들아 다 내게로 오라 내가 너희를 쉬게 하리라 하셨다. 나는 마음이 온유하고 겸손하니 내 멍에를 메고 나를 배우라 그리하면 쉼을 얻으리라 하셨다. 그런데 예수님을 믿고 살지만 쉼을 얻지 못하고 더 고통스런 삶을 사는 사람들이 있다. 차라리 예수님을 믿지 않을 때가 더 좋았다고 한다. 왜 그럴까? 아직까지 예수님이 그를 통해서 사시지 않고 자기가 살고 있기 때문이다. 주님이 내 안에서 사실 때까지 고난을 통해서 순종을 배워야 한다. 내 짐이 가벼워질때까지 고난을 통해서 순종을 배워야 한다.

"수고하고 무거운 짐진 자들아 다 내게로 오라 내가 너희를 쉬게 하리라 나는 마음이 온유하고 겸손하니 나의 멍에를 메고 내게 배우라 그러면 너희 마음이 쉼을 얻으리니 이는 내 멍에는 쉽고 내 짐은 가벼움이라 하시니라"(마11:28-30)

예수님은 제자들이 믿음을 더해주시라고 요구를 할 때 무익한 종에 대한 비유를 말씀 하셨다. 왜 예수님은 믿음을 더해주라고 요구한 제자들에게 이 비유를 말씀 하셨을까? 믿음이 자라나는 원리이기 때문이다. 믿음은 하나님의 말씀에 순종하는 자에게 주신 선물이다. 그래서 믿음은 무익한 종이라고 말한 충성된 자들에게 부어지는 것이다.

"사도들이 주께 여짜오되 우리에게 믿음을 더하소서 하니 주께서 이르시되 너희에게 겨자씨 한 알만한 믿음이 있었더라면 이 뽕나무더러 뿌리가 뽑혀 바다에 심기어라 하였을 것이요 그것이 너희에게 순종하였으리라 너희 중 누구에게 밭을 갈거나 양을 치거나 하는 종이 있어 밭에서 돌아오면 그더러 곧 와 앉아서 먹으라 말할 자가 있느냐 도리어 그더러 내 먹을 것을 준비하고 띠를 띠고 내가 먹고 마시는 동안에 수종들고 너는 그 후에 먹고 마시라 하지 않겠느냐 명한 대로 하였다고 종에게 감사하겠느냐 이와 같이 너희도 명령 받은 것을 다 행한 후에 이르기를 우리는 무익한 종이라 우리가 하여야 할 일을 한 것뿐이라 할지니라"(눅17:5-10)

예수님은 자신이 먼저 30년 동안 고난을 통해 순종을 배우셔서 온전하게 되신 다음 제자들을 불러서 3년 동안 자기를 부인하는 가운데 순종을 배우게 하시고 성령을 부어 주셔서 사역을 감당하게 하셨다.

6. 하나님의 구속 사역의 도구

하나님께서 인간 구속 사역의 도구로 사용하신 것은 루시퍼가 통치하고 있는 일곱 제국이다. 하나님께서는 아담을 통해서 에덴을 통치하게 하셨다. 아담은 뱀의 미혹을 받아 통치권을 빼앗기고 오히려 뱀의 종이 되었다. 하나님은 세상을 통치하고 있는 사단의 일곱 제국을 통해 하나님의 구속 사역을 이루어 가신다. 아담을 타락시킨 세상은 하나님의 형상으로 지은바 된 인간들의 불순물이 제거되는 용광로와 같다. 하나님의 말씀은 흙 도가니에 일곱 번 단련한 은 같다고 하셨다. 그래서 하나님의 말씀은 타락한 인간들을 새로운 피조물로 만들 수 있는 것이다. 일곱이란 수는 완전수이다. 하나님의 구속 사역을 끝내는 숫자이다. 정결하게 될 때까지, 한계에 도달할 때까지를 정결하게 하는 것을 의미한다.

"여호와의 말씀은 순결함이여 흙 도가니에 일곱 번 단련한 은 같도다"(시12:6)

"나아만이 이에 내려가서 하나님의 사람의 말대로 요단 강에 일곱 번 몸을 잠그니 그의 살이 어린 아이의 살 같이 회복되어 깨끗하게 되었더라"(왕하5:14)

"하늘에 또 다른 이적이 보이니 보라 한 큰 붉은 용이 있어 머리가 일곱이요 뿔이 열이라 그 여러 머리에 일곱 면류관이 있는데"(계12:3)

하나님은 세상에 일곱 나라의 왕들을 세우셔서 하나님의 아들들을 단련시켜 만들어 가신다. 성경에서 소개한 사단인 용의 모습은 일곱 머리 열 뿔이다. 일곱 머리는 일곱 제국이고 열 뿔은 완전한 제국이다. 사도 요한 당시에는 로마 제국이 있었다. 다니엘 시대에는 바벨론이 있었다. 인류의 첫 번째 제국은 애굽이다. 다음은 앗수르, 바벨론, 페르시아, 그리스, 로마, 적그리스도의 나라인 미국이 세운 제 3유엔 단일 세계 정부이다.

"또 일곱 왕이라 다섯은 망하였고 하나는 있고 다른이는 아직 이르지 아니하였으나 이르면 반드시 잠간 동안 계속하리라 전에 있었다가 시방 없어진 짐승은 여덟째 왕이니 일곱 중에 속한 자라 저가 멸망으로 들어가리라 네가 보던 열 뿔은 열 왕이니 아직 나라를 얻지 못하였으나 다만 짐승으로 더불어 임금처럼 권세를 일시 동안 받으리라 저희가 한 뜻을 가지고 자기의 능력과 권세를 짐승에게 주더라"(계17:10-13)

이사야는 하나님의 세계 경영에 대하여 쓰고 있다. 앗수르와 바벨론을 통해서 만들어 가시는 인류의 구속의 사역이다. 이사야 14장의 주제는 타락한 루시퍼가 심판을 받은 내용이다. 이사야는 마지막 심판을 받을 루시퍼 나라가 바벨론과 앗수르 라는 것이다. 이 나라가 심판을 받을 때 이스라엘과 열방이 멍에를 벗어 버리고 구원을 받을 것을 말씀 하신다. 이스라엘 뿐 아니라 열방을 향한 여호와의 손이라 하셨다. 요한 계시록 17장-18장은 바벨론 제국이 망한 내용이다. 이때 이스라엘과 교회와 열방이 구원을 얻게 된다. 교회는 새 예루살렘으로 구원을 받고, 666 짐승의 표를 받지 않는 열방과 이스라엘은 천년왕국 백성으로 구원을 받는다.

"만군의 여호와께서 맹세하여 가라사대 나의 생각한 것이 반드시 되며 나의 경영한 것이 반드시 이루리라 내가 앗수르 사람을 나의 땅에서 파하며 나의 산에서 발아래 밟으리니 그 때에 그의 멍에가 이스라엘에게서 떠나고 그의 짐이 그들의 어깨에서 벗어질 것이라 이것이 온 세계를 향하여 정한 경영이며 이것이 열방을 향하여 편 손이라 하셨나니 만군의 여호와께서 경영하셨은즉 누가 능히 그것을 폐하며 그 손을 펴셨은즉 누가 능히 그것을 돌이키랴"(사14:24-27)

마지막 7년 후 삼년 반에는 정치적인 지도자인 짐승이 세상의 모든 권세를 장악하여 철권통치를 하게 된다. 이때 성도들이 순교를 통해서 더러워진 자기 두루마기를 빨게 된다.

"하나님이 자기 뜻대로 할 마음을 저희에게 주사 한 뜻을 이루게 하시고 저희 나라를 그 짐승에게 주게 하시되 하나님 말씀이 응하기까지 하심이니라"(계17:17)

"또 짐승이 큰 말과 참람된 말 하는 입을 받고 또 마흔 두달 일할 권세를 받으니라 짐승이 입을 벌려 하나님을 향하여 훼방하되 그의 이름과 그의 장막 곧 하늘에 거하는 자들을 훼방하더라 또 권세를 받아 성도들과 싸워 이기게 되고 각 족속과 백성과 방언과 나라를 다스리는 권세를 받으니 죽임을 당한 어린 양의 생명책에 창세 이후로 녹명되지 못하고 이 땅에 사는 자들은 다 짐승에게 경배하리라"(계13:5-8)

당신이 만일 구원 받은 성도라면 당신은 세상에 있는 권세들에 대한 바른 지식이 있어야 한다. 성경은 모든 권세를 하나님께서 주신 것이라 하셨다. 그렇다 세상의 모든 기둥은 여호와께서 세우신 것이다. 목적은 성도들을 하나님의 아들로 만들기 위함이다. 뜨거운 용광로 속에서 금 은 보석이 녹아 나오듯이 세상의 사단의 제국들을 통해서 하나님의 교회는 단련을 받아 거룩한 옷을 입게 되는 것이다. 이것을 사도 바울은 선한 싸움이라고 했다. 구원 받은 그리스도인들은 절대로 악을 악으로 갚아선 안된다. 선으로 악을 이겨야 한다. 원수를 사랑하고 핍박자를 위해 기도해야 한다. 원수가 주릴 때 먹이고 목마를 때 마시게 해야 한다. 이것은 원수들을 위해 하는 행위가 아니라 내 자신이 하나님의 아들이기 때문에 그렇게 하는 것이다.

만일 구원 받은 성도가 그렇게 살지 못하면 아직까지 온전한 믿음에 이르지 못한 이유이다. 그렇기 때문에 휴거를 하지 못하고 순교를 해야 하는 것이다. 악화는 양화를 구축시킨다. 지금 내 앞에 악한 자가 있다면 내가 악한 자이기 때문에 내 속에서 악을 빼내시려고 하나님께서 보낸 사자로 있는 것이다.

7. 하나님의 구속 사역의 기간

하나님의 구속이 이루어진 기간은 아담이 잠들어 있을 때이다. 하나님은 아담을 깊이 잠들게 하시고 하와를 지으셨다. 아담은 예수님의 표상이고 하와는 교회의 표상이다. 에베소서에서는 이것을 하나님의 비밀의 경륜이라고 한다.

“영원부터 만물을 창조하신 하나님 속에 감취었던 비밀의 경륜이 어떠한 것을 드러내게 하려 하심이라 이는 이제 교회로 말미암아 하늘에서 정사와 권세들에게 하나님의 각종 지혜를 알게 하려 하심이니 곧 영원부터 우리 주 그리스도 예수 안에서 예정하신 뜻대로 하신 것이라”(엡3:9-11)

하나님의 구속이 이루어지는 기간이 있다. 바벨론 70년 포로 기간이다. 70년이란 한 사람이 태어나서 죽는 기간이다. 유다가 바벨론에게 망하고 70년 포로 생활을 한다. 그 이유는 유다가 죽지 않고는 새로운 여호와의 신부로 변화될 수 없기 때문이다. 구약의 언약은 하나님과 육신적인 혼인 언약이다. 아담과 하와의 언약이 그러하다. 시내산에서 모세를 통해 맺은 율법의 언약도 이스라엘과 여호와 사이에 맺은 혼인언약이다. 신약에서 이루어진 언약은 영적인 혼인언약이다. 성령이 성도들의 마음속에 오셔서 영원토록 거하시는 것이다. 그래서 예수님의 몸된 신부가 되는 것이다.

그런데 신약에서 이루어질 영적인 언약이 바벨론 포로에서 돌아올 때 이루어졌다. 이것이 예레미야의 새 언약이다. 왜냐하면 여호와의 신부인 유다가 70년 바벨론 포로 생활을 통해서 옛 사람이 완전히 죽어서 새로운 피조물이 되었기 때문이다. 예레미야 뿐 아니라 이사야 선지자 역시 이것을 증거하고 있다. 바벨론 포로에서 유다가 예루살렘으로 돌아올 때는 죄가 사해지고 아름다운 신부로 단장을 마치고 돌아온다고 하였다.

"너희 하나님이 가라사대 너희는 위로하라 내 백성을 위로하라 너희는 정다이 예루살렘에 말하며 그것에게 외쳐 고하라 그 복역의 때가 끝났고 그 죄악의 사함을 입었느니라 그 모든 죄를 인하여 여호와의 손에서 배나 받았느니라 할찌니라"(사40:1-2)

"내가 네 허물을 빽빽한 구름의 사라짐 같이, 네 죄를 안개의 사라짐 같이 도말하였으니 너는 내게로 돌아오라 내가 너를 구속하였음이니라 여호와께서 이 일을 행하셨으니 하늘아 노래할찌어다 땅의 깊은 곳들아 높이 부를찌어다 산들아 삼림과 그 가운데 모든 나무들아 소리내어 노래할찌어다 여호와께서 야곱을 구속하셨으니 이스라엘로 자기를 영화롭게 하실 것임이로다"(사44:22-23)

"나는 시온의 공의가 빛 같이, 예루살렘의 구원이 횃불 같이 나타나도록 시온을 위하여 잠잠하지 아니하며 예루살렘을 위하여 쉬지 아니할 것인즉 열방이 네 공의를, 열왕이 다 네 영광을 볼 것이요 너는 여호와의 입으로 정하실 새 이름으로 일컬음이 될 것이며 너는 또 여호와의 손의 아름다운 면류관, 네 하나님의 손의 왕관이 될 것이라 다시는 너를 버리운 자라 칭하지 아니하며 다시는 네 땅을 황무지라 칭하지 아니하고 오직 너를 헵시바라 하며 네 땅을 쁄라라 하리니 이는 여호와께서 너를 기뻐하실 것이며 네 땅이 결혼한바가 될 것임이라"(사62:1-4)

영적으로 예수님이 잠들어 있는 기간이 예수님의 초림과 재림 기간이다. 이 시간에 교회가 탄생하는 시간이다. 예루살렘에서부터 땅 끝까지 이르러 복음이 증거 되는 동안 이방인들이 구원을 받고 돌아오는 기간이다. 이것은 이미 유다가 바벨론에서 70년 동안 포로생활을 통해서 여호와의 신부로 단장하는 것과 같다.

다니엘 선지자는 하나님께로부터 70이레 비밀을 듣고 기록하였다. 70이레 비밀은 바벨론 70년 포로생활이 단순히 70년이 아니라 70이례를 통해 2000년 교회 시대로 연결 시켜 주는 것이다. 이것을 비밀의 경륜이라고 한다.

"네 백성과 네 거룩한 성을 위하여 칠십 이레로 기한을 정하였나니 허물이 마치며 죄가 끝나며 죄악이 영속되며 영원한 의가 드러나며 이상과 예언이 응하며 또 지극히 거룩한 자가 기름부음을 받으리라 그러므로 너는 깨달아 알찌니라 예루살렘을 중건하라는 영이 날 때부터 기름부음을 받은 자 곧 왕이 일어나기까지 일곱 이레와 육십이 이레가 지날 것이요 그 때 곤란한 동안에 성이 중건되어 거리와 해자가 이룰 것이며 육십 이 이레 후에 기름부음을 받은 자가 끊어져 없어질 것이며 장차 한 왕의 백성이 와서 그 성읍과 성소를 훼파하려니와 그의 종말은 홍수에 엄몰됨 같을 것이며 또 끝까지 전쟁이 있으리니 황폐할 것이 작정되었느니라 그가 장차 많은 사람으로 더불어 한 이레 동안의 언약을 굳게 정하겠고 그가 그 이레의 절반에 제사와 예물을 금지할 것이며 또 잔포하여 미운 물건이 날개를 의지하여 설 것이며 또 이미 정한 종말까지 진노가 황폐케 하는 자에게 쏟아지리라 하였느니라"(단9:24-27)

다니엘 70이레 비밀은 예루살렘을 중건하라는 명령이 날 때부터 예수님이 오셔서 십자가에 돌아가실 때까지 69이레 즉 483년이 지난다고 한다. 그리고 예루살렘이 망한 후 이방인의 때가 차기까지 예루살렘은 이방인들에게 밟히게 된다. 마지막 1이레인 7년은 적그리스도가 나와 이스라엘과 평화조약을 맺고 예루살렘에서 성전을 짓고 구약제사를 드리게 할 때 시작된다. 구약 제사는 전 삼년 반인 1260일 중에서 성전이 건축되는 220일 지난 후 1040일 동안 시행된다. 전 삼년 반이 지나고 후 삼년 반이 시작될 때 적그리스도는 구약 제사를 폐하고 멸망의 가증한 우상을 성전에 세우고 배도를 한다. 그때 예수님께서 재림하셔서 적그리스도의 나라를 심판하시고 새 예루살렘을 통해서 새 하늘과 새 땅을 통치하신다. 천년왕국이다.

다니엘의 70이레 중 69이레와 70이레 사이의 기간인 2000년이 성령시대, 교회시대, 이방인의 시대, 영적인 예수님의 신부인 교회가 탄생하는 기간이다. 이 기간을 비밀의 경륜이라고 한다.

8. 하나님의 구속 사역의 대상

하나님이 세상을 심판하실 때 구원 받은 사람들은 남은 자들이다. 남은 자들은 세상과 구별된 사람들이다. 첫째는 교회이다. 다음은 세상에서 실패하고, 쫓겨나고, 버림받아 구별된 자들이다. 바벨론 포로에서 돌아온 유다 자손들은 예수님께서 재림 하실 때 구원 받은 교회이다.

이들은 바벨론에서 사는 동안 항상 예루살렘을 생각하면서 돌아 갈 것을 준비한 사람들이다. 그래서 그들은 바벨론에서 나그네와 행인과 같이 살아야 했다. 가난한 자들이다. 상처 받은 자들이다. 수욕을 당한 자들이다. 쫓겨난 자들이다.

하나님께 속한 참 교회는 세상에서 사는 동안 세상에 속하여 살지 않고 구별되어 자신의 몸을 예수님께 드려 날마다 신령한 제사를 드리면서 살아간다. 이 사람들은 자신들 속에 사신 그리스도에게 속한 자들이다. 세상과 구별된 성도들이다. 날마다 십자가를 지고 자신을 부인하고 주님의 말씀에 순종하여 살아가는 성도들이다. 이런 사람들은 예수님께서 재림 하실 때 휴거를 하거나, 광야 공동체 교회에서 양육을 받든가, 아니면 순교를 통해서 첫째 부활에 참여하게 된다.

"여호와가 너의 형벌을 제하였고 너의 원수를 쫓아내었으며 이스라엘 왕 여호와가 너의 중에 있으니 네가 다시는 화를 당할까 두려워하지 아니할 것이라 그 날에 사람이 예루살렘에게 이르기를 두려워하지 말라 시온아 네 손을 늘어뜨리지 말라 너의 하나님 여호와가 너의 가운데 계시니 그는 구원을 베푸실 전능자시라 그가 너로 인하여 기쁨을 이기지 못하여 하시며 너를 잠잠히 사랑하시며 너로 인하여 즐거이 부르며 기뻐하시리라 하리라 내가 대회로 인하여 근심하는 자를 모으리니 그들은 네게 속한 자라 너의 치욕이 그들에게 무거운 짐이 되었느니라 그 때에 내가 너를 괴롭게 하는 자를 다 벌하고 저는 자를 구원하며 쫓겨난 자를 모으며 온 세상에서 수욕 받는 자로 칭찬과 명성을 얻게 하리라 내가 그 때에 너희를 이끌고 그 때에 너희를 모을찌라 내가 너희 목전에서 너희 사로잡힘을 돌이킬 때에 너희로 천

하 만민 중에서 명성과 칭찬을 얻게 하리라 나 여호와의 말이니라"(습3:15-20)

"그 날에 만군의 여호와께서 자기 백성의 남은 자에게 영화로운 면류관이 되시며 아름다운 화관이 되실 것이라"(사28:5)

"유다 족속 중에 피하여 남은 자는 다시 아래로 뿌리를 박고 위로 열매를 맺으리니 이는 남은 자가 예루살렘에서 나오며 피하는 자가 시온 산에서 나올 것임이라 만군의 여호와의 열심이 이를 이루시리이다"(사37:31-32)

바벨론 포로에서 돌아 올 때 이스라엘의 남은 자들과 하나님께 부름을 받은 이방인들은 예수님이 재림하실 때 천년왕국 백성으로 들어가는 사람들이다. 이스라엘의 남은 자들은 가난하고 곤고한 백성으로 악을 행치 아니하고 거짓을 말하지 않고 입에 궤휼한 혀가 없으며 먹으며 누우나 놀라게 할 자 없다. 그리고 예수님 재림하실 때 천년왕국에 들어갈 이방인들은 여호와께서 열방의 입술을 깨끗하게 하신다.

"그 때에 내가 열방의 입술을 깨끗케 하여 그들로 다 나 여호와의 이름을 부르며 일심으로 섬기게 하리니 내게 구하는 백성들 곧 내가 흩은 자의 딸이 구스 하수 건너편에서부터 예물을 가지고 와서 내게 드릴찌라 그 날에 네가 내게 범죄한 모든 행위를 인하여 수치를 당하지 아니할 것은 그 때에 내가 너의 중에서 교만하여 자랑하는 자를 제하여 너로 나의 성산에서 다시는 교만하지 않게 할 것임이니라 내가 곤고하고 가난한 백성을 너의 중에 남겨 두리니 그들이 여호와의 이름을 의탁하여 보호를 받을찌라 이스라엘의 남은 자는 악을 행치 아니하며 거짓을 말하지 아니하며 입에 궤휼한 혀가 없으며 먹으며 누우나 놀라게 할 자가 없으리라"(습3:9-13)

예레미야는 바벨론과 앗수르의 남은 자들이 받을 구원에 대하여 기록을 하고 있다. 그들이 여호와의 이름을 부를 때 전에 자기들이 섬기는 신들에게 한 것 같이 하면 여호와께서 그들도 이스라엘 자손들처럼 여호와를 섬기게 하신다고 하셨다.

"내가 내 백성 이스라엘에게 산업으로 준 산업을 다치는 나의 모든 악한 이웃에게 대하여 나 여호와가 이같이 말하노라 보라 내가 그들을 그 땅에서 뽑아버리겠고 유다 집은 그들 중에서 뽑아내리라 내가 그들을 뽑아낸 후에 내가 돌이켜 그들을 긍휼히 여겨서 각 사람을 그 산업으로, 각 사람을 그 땅으로 다시 인도하리니 그들이 내 백성의 도를 부지런히 배우며 사는 여호와 내 이름으로 맹세하기를 자기들이 내 백성을 가리켜 바알로 맹세하게 한 것 같이 하면 그들이 내 백성 중에 세움을 입으려니와 그들이 그리하지 아니하면 내가 반드시 그 나라를 뽑으리라 뽑아 멸하리라 여호와의 말이니라"(렘12:14-17)

"그 날에 이스라엘의 남은 자와 야곱 족속의 피난한 자들이 다시는 자기를 친 자를 의지하지 아니하고 이스라엘의 거룩하신 이 여호와를 진실하게 의지하리니 남은 자 곧 야곱의 남은 자가 능하신 하나님께로 돌아올 것이라 이스라엘이여 네 백성이 바다의 모래 같을지라도 남은 자만 돌아오리니 넘치는 공의로 파멸이 작정되었음이라 이미 작정된 파멸을 주 만군의 여호와께서 온 세계 중에 끝까지 행하시리라"(사10:20-23)

누가복음 16장에 기록된 부자와 나사로의 비유는 천년왕국에서 받을 구원을 기록한 것이다. 부자는 자색 옷과 고운 베옷을 입고 날마다 호화롭게 연락하고 살아간다. 그러나 거지 나사로는 대문 앞에서 개들이 먹는 음식을 먹고 살아가다가 나사로는 낙원으로 가고 부자는 음부에 떨어져 고통을 당한다.

요한 계시록 20장에는 천년왕국 끝에 천 년 동안 무저갱에 갇혀 있는 용을 풀어 시험할 때 용에게 미혹되어 거룩한 성을 공격하는 곡과 마곡이 있다. 천년왕국에 들어간 곡과 마곡은 어떤 사람들인가? 창세기 10장에 보면 곡과 마곡은 야벳의 자손들이다. 우크라이나, 러시아 그리고 북 유럽에 살고 있는 아리안들이다. 특히 핀란드, 노르웨이, 스웨덴 사람들이다. 이 나라들의 특징은 산간지역으로 도시 중심의 유럽과 비교가 된다. 사단의 세력들이 세우는 신세계질서 공산주의 세계정부는 스마트 시티 안에서 이루어진다. 그러므로 스마트 시티 밖에 있는 사람들은 666 짐승의 표를 받지 않는다. 그러므로 그들은 예수님이 재림하셔서 세우실 천년왕국에 들어 갈 수 있다.

"천년이 차매 사단이 그 옥에서 놓여 나와서 땅의 사방 백성 곧 곡과 마곡을 미혹하고 모아 싸움을 붙이리니 그 수가 바다 모래 같으리라 저희가 지면에 널리 퍼져 성도들의 진과 사랑하시는 성을 두르매 하늘에서 불이 내려와 저희를 소멸하고 또 저희를 미혹하는 마귀가 불과 유황 못에 던지우니 거기는 그 짐승과 거짓 선지자도 있어 세세토록 밤낮 괴로움을 받으리라"(계20:7-10)

9. 하나님의 구속 사역의 비밀

"이러므로 사람이 부모를 떠나 그 아내와 합하여 그 둘이 한 육체가 될찌니 이 비밀이 크도다 내가 그리스도와 교회에 대하여 말하노라 그러나 너희도 각각 자기의 아내 사랑하기를 자기 같이 하고 아내도 그 남편을 경외하라"(엡5:31-33)

하나님의 구속의 비밀은 부부의 비밀이다. 결혼의 비밀이다. 남여가 결혼해서 부모를 떠나 한 몸이 되는 것이다. 에덴동산에는 아담과 하와가 있었다. 아담의 갈비뼈로 하와를 만드시고 두 사람을 축복하고 에덴을 기업으로 주셨다. 그러나 아담은 실패하고 죄인이 되었다. 애굽에서 나올 때 시내 산에서 또 다시 여호와 하나님은 이스라엘과 혼인 언약을 했다. 그리고 그들에게 젖과 꿀이 흐르는 가나안을 기업으로 주셨다. 그러나 그들 역시 앗수르에게 망했다. 하나님께서는 70년 바벨론 포로에서 귀환할 때 유다와 여호와 하나님은 새 언약을 이루신다. 영적인 혼인 언약이다. 이것이 마가의 다락방에 성령이 강림하심으로 시작되어 예수님이 재림하심으로 완성이 된다.

2000년 교회시대, 성령시대, 이방인의 시대를 통해서 예수님의 신부가 준비되고 있다. 땅끝까지 복음이 증거 되고 이방인의 수가 차서 교회가 완성되면 예수님께서 재림하셔서 원수들을 다 멸하시고 결혼예식을 행하신다. 그리고 예수님과 교회가 한 몸이 되어 새 예루살렘을 통해서 새 하늘과 새 땅을 통치하게 된다. 이 나라가 하나님께서 예수님과 교회에게 주신 천년왕국의 기업이다.

이사야 선지자는 바벨론 포로에서 돌아와 세우실 다윗의 메시아 왕국을 예언을 한다. 이것은 예수님께서 오셔서 세우실 천년왕국에 대한 예언이다.

"이새의 줄기에서 한 싹이 나며 그 뿌리에서 한 가지가 나서 결실할 것이요 여호와의 신 곧 지혜와 총명의 신이요 모략과 재능의 신이요 지식과 여호와를 경외하는 신이 그 위에 강림하시리니 그가 여호와를 경외함으로 즐거움을 삼을 것이며 그 눈에 보이는대로 심판치 아니하며 귀에 들리는대로 판단치 아니하며 공의로 빈핍한 자를 심판하며 정직으로 세상의 겸손한 자를 판단할 것이며 그 입의 막대기로 세상을 치며 입술의 기운으로 악인을 죽일 것이며 공의로 그 허리띠를 삼으며 성실로 몸의 띠를 삼으리라 그 때에 이리가 어린 양과 함께 거하며 표범이 어린 염소와 함께 누우며 송아지와 어린 사자와 살찐 짐승이 함께 있어 어린 아이에게 끌리며 암소와 곰이 함께 먹으며 그것들의 새끼가 함께 엎드리며 사자가 소처럼 풀을 먹을 것이며 젖먹는 아이가 독사의 구멍에서 장난하며 젖뗀 어린 아이가 독사의 굴에 손을 넣을 것이라 나의 거룩한 산 모든 곳에서 해됨도 없고 상함도 없을 것이니 이는 물이 바다를 덮음 같이 여호와를 아는 지식이 세상에 충만할 것임이니라"(사11:1-9)

천년왕국은 하나님께서 영적으로 부부가 된 예수님과 교회에게 주신 기업이다. 아담과 하와가 실패한 에덴의 통치를 다시 시작하는 것이다. 에덴동산에 있는 뱀은 아담과 하와 부부를 미혹하여 넘어 뜨렸나. 친년왕국 끝에 무저갱에 나온 용은 곡과 마곡을 미혹하여 거룩한 성을 공격한다. 그러나 예수님과 교회는 넘어지지 않고 불로 그들을 멸하여 심판한다. 그 결과 천년왕국은 멋지게 세워진다. 예수님은 아버지께서 하라고 하신 모든 사명을 끝마치고 완성된 나라를 아버지께 바친다. 그 후 백보좌 심판에서 최후의 심판이 있고 모든 피조 세계는 불로 태워진다. 예수님과 교회는 하나님 아버지께서 영화롭게 하셔서 아버지의 나라를 유업으로 받는다. 그래서 부부의 비밀, 가정의 비밀, 결혼의 비밀인 하나님의 구속 역사의 비밀은 끝이 난다.

10. 하나님의 구속 사역의 완성

에베소서에서는 하나님께서 창세전에 교회를 예정하시고 구속하신 목적을 하나님의 영광의 찬송이 되게 하신 것이다. 하나님께서 주신 은혜의 영광을 찬송하게 하심이라 하였다.

세상에서 가장 아름다운 옷을 입고, 가장 값 비싼 보석으로 단장한 사람은 바로 결혼식을 하고 있는 신부의 모습이다. 요한 계시록 21장에는 하나님의 구속 사역이 완성되어 나타난 예수님의 신부인 새 예루살렘이 소개되고 있다. 결혼식을 할 때 신부는 아버지의 손을 잡고 신랑에게 인도된다. 성경에서도 아름답게 단장한 예수님의 신부를 하나님 아버지께서 인도하여 보이시고 계신다. 아들의 신부는 아들의 기쁨이면서 또한 아버지의 기쁨이다.

하나님의 구속 사역의 완성은 새 예루살렘이다. 새 예루살렘은 예수님께서 지으신 성도들의 거처이다. 신부가 남편을 위해 단장한 것 같다. 하나님의 장막이 사람과 함께 있다. 나는 저의 하나님이 되고 그는 내 아들이 된다. 완성된 교회는 삼위일체 하나님과의 관계 속에서 세 가지 정체성을 가지고 있다. 예수님과는 신부가 된다. 성령님과는 거룩한 전이 된다. 성부 하나님과는 아들이 된다.

"내가 새 하늘과 새 땅을 보니 처음 하늘과 처음 땅이 없어졌고 바다도 다시 있지 않더라 또 내가 보매 거룩한 성 새 예루살렘이 하나님께로부터 하늘에서 내려오니 그 예비한 것이 신부가 남편을 위하여 단장한 것 같더라 내가 들으니 보좌에서 큰 음성이 나서 가로되 보라 하나님의 장막이 사람들과 함께 있으매 하나님이 저희와 함께 거하시리니 저희는 하나님의 백성이 되고 하나님은 친히 저희와 함께 계셔서 모든 눈물을 그 눈에서 씻기시매 다시 사망이 없고 애통하는 것이나 곡하는 것이나 아픈 것이 다시 있지 아니하리니 처음 것들이 다 지나갔음이러라 보좌에 앉으신 이가 가라사대 보라 내가 만물을 새롭게 하노라 하시고 또 가라사대 이 말은 신실하고 참되니 기록하라 하시고 또 내게 말씀하시되 이루었도다 나는 알파와 오메가요 처음과 나중이라 내가 생명수 샘물로 목 마른 자에게 값 없이 주리니 이기는 자

는 이것들을 유업으로 얻으리라 나는 저의 하나님이 되고 그는 내 아들이 되리라"(계21:1-7)

하나님께서 일곱 대접을 가지고 마지막 심판하시기 전에 이미 어린 양의 아내가 준비되어 있다. 새 예루살렘은 하늘에서 하나님께로부터 내려온다. 어디로 내려 오는가? 새 하늘과 새 땅으로 내려온다. 그 성은 하나님의 영광으로 지극히 귀한 보석 같고 벽옥과 수정같이 맑았다. 크고 높은 성곽에 열 두 문이 있다. 그 문에는 12천사가 있고 이스라엘 자손 12지파 이름이 있다. 동문에 세 문, 서문에 세 문, 남문에 세 문, 북문에 세 문이다. 성곽의 12 기초석에는 12사도의 이름이 있다. 성곽은 벽옥이다. 성은 정금으로 되어 있어 맑은 유리 같다. 성곽의 기초석은 벽옥, 남보석, 옥수, 녹보석, 홍마노, 홍보석, 황옥, 녹옥, 담황옥,비취옥, 청옥, 자정이다. 열 두 문은 열 두 진주, 성의 길은 맑은 유리 같은 정금이다. 성안에 성전은 전능하신 이와 어린 양이 성전이다. 해와 달의 비췸이 필요 없다. 하나님의 영광이 비취고 어린 양이 등이 되신다. 길은 맑은 정금과 같다. 밤이 없다. 땅의 왕들이 자기 영광을 가지고 그리로 들어온다. 사람들이 만국의 영광과 존귀를 가지고 그리로 들어온다. 어린 양의 생명책에 기록된 자들이 들어온다.

"일곱 대접을 가지고 마지막 일곱 재앙을 담은 일곱 천사중 하나가 나아와서 내게 말하여 가로되 이리 오라 내가 신부 곧 어린 양의 아내를 네게 보이리라 하고 성령으로 나를 데리고 크고 높은 산으로 올라가 하나님께로부터 하늘에서 내려오는 거룩한 성 예루살렘을 보이니 하나님의 영광이 있으매 그 성의 빛이 지극히 귀한 보석 같고 벽옥과 수정 같이 맑더라크고 높은 성곽이 있고 열 두 문이 있는데 문에 열 두 천사가 있고 그 문들 위에 이름을 썼으니 이스라엘 자손 열 두 지파의 이름들이라 동편에 세 문, 북편에 세 문, 남편에 세 문, 서편에 세 문이니 그 성에 성곽은 열 두 기초석이 있고 그 위에 어린 양의 십이 사도의 열 두 이름이 있더라 내게 말하는 자가 그 성과 그 문들과 성곽을 척량하려고 금 갈대를 가졌더라 그 성은 네모가 반듯하여 장광이 같은지라 그 갈대로 그 성을 척량하니 일만 이천 스다디온이요 장과 광과 고가 같더라 그 성곽을 척량하매 일백 사십 사 규빗이니 사람의 척량 곧 천사의 척량이라 그 성곽은 벽옥으로 쌓였고 그 성은 정금인데 맑은 유리 같더라 그 성의 성곽의 기초석은 각색 보석으로 꾸몄는데 첫째 기초석은 벽옥이요 둘째는 남보석이요 세째는 옥수요 네째는 녹보석이요 다섯째는 홍마노요 여섯째는 홍보석이요 일곱째는 황옥이요 여덟째는 녹옥이요 아홉째는 담황옥이요 열째는 비취옥이요 열 한째는 청옥이요 열 둘째는 자정이라 그 열 두 문은 열 두 진주니 문마다 한 진주요 성의 길은 맑은 유리 같은 정금이더라 성안에 성전을 내가 보지 못하였으니 이는 주 하나님 곧 전능하신 이와 및 어린 양이 그 성전이심이라 그 성은 해나 달의 비췸이 쓸데 없으니 이는 하나님의 영광이 비취고 어린 양이 그 등이 되심이라 만국이 그 빛 가운데로 다니고 땅의 왕들이 자기 영광을 가지고 그리로 들어오리라 성문들을 낮에 도무지 닫지 아니하리니 거기는 밤이 없음이라 사람들이 만국의 영광과 존귀를 가지고 그리로 들어오겠고 무엇이든지 속된 것이나 가증한 일 또는 거짓말 하는 자는 결코 그리로 들어오지 못하되 오직 어린 양의 생명책에 기록된 자들뿐이라"(계21:9-27)

예수님께서는 소자에게 냉수 한 그릇을 준다고 해도 천국에서 상이 있을 것이라 하셨다. 세상에서 선한 일을 하고 칭찬을 받으면 천국에서 상이 없다고 하셨다. 금이나 은과 같은 불에 타지 않는 것으로 집을 지으라고 했다. 세상에서 성도들이 하나님의 말씀을 가지고 살아가면 그 믿음의 분량대로 새 예루살렘에서 영광도 빛이 난다.

"가라사대 어떤 귀인이 왕위를 받아가지고 오려고 먼 나라로 갈 때에 그 종 열을 불러 은 열 므나를 주며 이르되 내가 돌아오기까지 장사하라 하니라 그런데 그 백성이 저를 미워하여 사자를 뒤로 보내어 가로되 우리는 이 사람이 우리의 왕 됨을 원치 아니하노이다 하였더라 귀인이 왕위를 받아 가지고 돌아와서 은 준 종들의 각각 어떻게 장사한 것을 알고자 하여 저희를 부르니 그 첫째가 나아와 가로되 주여 주의 한 므나로 열 므나를 남겼나이다 주인이 이르되 잘하였다 착한 종이여 네가 지극히 작은 것에 충성하였으니 열 고을 권세를 차지하라 하고"(눅19:12-17)

천년왕국에서 통치하는 왕들은 모두 자기가 세상에서 하나님의 말씀을 가지고 살았던 분량대로 나라들을 다스린다. 자신이 얼마나 많은 하나님의 말씀에 순종하고 굴복했는가에 따라서 자신이 다스리고 통치할 나라가 비례한다.

"그러므로 누구든지 이 계명 중에 지극히 작은 것 하나라도 버리고 또 그같이 사람을 가르치는 자는 천국에서 지극히 작다 일컬음을 받을 것이요 누구든지 이를 행하며 가르치는 자는 천국에서 크다 일컬음을 받으리라"(마5:19)

"해의 영광도 다르며 달의 영광도 다르며 별의 영광도 다른데 별과 별의 영광이 다르도다 죽은 자의 부활도 이와 같으니 썩을 것으로 심고 썩지 아니할 것으로 다시 살며 욕된 것으로 심고 영광스러운 것으로 다시 살며 약한 것으로 심고 강한 것으로 다시 살며 육의 몸으로 심고 신령한 몸으로 다시 사나니 육의 몸이 있은즉 또 신령한 몸이 있느니라"(고전15:41-44)

"만일 그리스도 안에서 우리의 바라는 것이 다만 이생 뿐이면 모든 사람 가운데 우리가 더욱 불쌍한 자리라"(고전15:19)

"사랑하는 자들아 너희를 시련하려고 오는 불시험을 이상한 일 당하는것 같이 이상히 여기지 말고 오직 너희가 그리스도의 고난에 참예하는 것으로 즐거워하라 이는 그의 영광을 나타내실 때에 너희로 즐거워하고 기뻐하게 하려 함이라 너희가 그리스도의 이름으로 욕을 받으면 복 있는 자로다 영광의 영 곧 하나님의 영이 너희 위에 계심이라 너희 중에 누구든지 살인이나 도적질이나 악행이나 남의 일을 간섭하는 자로 고난을 받지 말려니와 만일 그리스도인으로 고난을 받은즉 부끄러워 말고 도리어 그 이름으로 하나님께 영광을 돌리라"(벧전4:12-16)

이 세상에서 눈에 보이는 것은 유한하다. 그러나 눈에 보이지 않는 것들은 영원하다. 누구나 세상에서 좋은 집에서 편안하고 풍요롭게 살고 싶어 한다. 그래서 수고도 많이 하고 눈물도 많이 흘린다. 그러나 세상의 모든 것들은 물거품처럼 사라진다. 왜냐하면 헛된 것들이기 때문이다. 그러나 하나님의 말씀대로 사는 자들은 그것 자체가 기업이 되어 영원한 영광으로 보상을 받는다.

제2장 천년왕국

1. 천년왕국의 시작은 언제인가?

"네째 나라는 강하기가 철 같으리니 철은 모든 물건을 부숴뜨리고 이기는 것이라 철이 모든 것을 부수는 것 같이 그 나라가 뭇 나라를 부숴뜨리고 빻을 것이며 왕께서 그 발과 발가락이 얼마는 토기장이의 진흙이요 얼마는 철인 것을 보셨은즉 그 나라가 나누일 것이며 왕께서 철과 진흙이 섞인 것을 보셨은즉 그 나라가 철의 든든함이 있을 것이나 그 발가락이 얼마는 철이요 얼마는 진흙인즉 그 나라가 얼마는 든든하고 얼마는 부숴질만할 것이며 왕께서 철과 진흙이 섞인 것을 보셨은즉 그들이 다른 인종과 서로 섞일 것이나 피차에 합하지 아니함이 철과 진흙이 합하지 않음과 같으리이다 이 열왕의 때에 하늘의 하나님이 한 나라를 세우시리니 이것은 영원히 망하지도 아니할 것이요 그 국권이 다른 백성에게로 돌아가지도 아니할 것이요 도리어 이 모든 나라를 쳐서 멸하고 영원히 설 것이라 왕이 사람의 손으로 아니하고 산에서 뜨인 돌이 철과 놋과 진흙과 은과 금을 부숴뜨린 것을 보신 것은 크신 하나님이 장래 일을 왕께 알게 하신 것이라 이 꿈이 참되고 이 해석이 확실하니이다"(단2:40-45)

바벨론 느부갓네살은 큰 신상에 대한 꿈을 꾸고 박사와 술사들에게 해석을 명하였다. 그 우상의 머리는 정금이요 가슴과 팔들은 은이요 배와 넓적다리는 놋이요 그 종아리는 철이요 그 발은 얼마는 철이요 얼마는 진흙이었다. 또 사람의 손으로 하지 아니하고 뜨인 돌이 신상의 철과 진흙의 발을 쳐서 부숴뜨리매 철과 진흙과 놋과 은과 금이 다 부숴져 여름 타작마당의 겨 같이 되어 바람에 불려 간곳이 없었고 우상을 친 돌은 태산을 이루어 온 세계에 가득하였다. 금은 바벨론 제국이다. 은은 페르시아 제국이다. 놋은 그리스 제국이다. 철은 로마제국이다. 종아리에 해당한 네째 나라인 로마 제국이 10개 발가락으로 내려갈수록 철과 진흙이 섞였다. 다른 민족들이 합하여 세운 마지막 다섯 번째 제국이다. 이 열 발가락 시대 예수님께서 재림하셔서 세상 나라를 멸하시고 세운 나라의 국권은 다른 나라로 넘어가지 않고 영원히 선다. 이 나라가 예수님께서 오셔서 세우실 천년왕국이다.

"또 일곱 왕이라 다섯은 망하였고 하나는 있고 다른이는 아직 이르지 아니하였으나 이르면 반드시 잠간 동안 계속하리라 전에 있었다가 시방 없어진 짐승은 여덟째 왕이니 일곱 중에 속한 자라 저가 멸망으로 들어가리라 네가 보던 열 뿔은 열 왕이니 아직 나라를 얻지 못하였으나 다만 짐승으로 더불어 임금처럼 권세를 일시 동안 받으리라 저희가 한 뜻을 가지고 자기의 능력과 권세를 짐승에게 주더라 저희가 어린 양으로 더불어 싸우려니와 어린 양은 만주의 주시요 만왕의 왕이시므로 저희를 이기실터이요 또 그와 함께 있는 자들 곧 부르심을 입고 빼내심을 얻고 진실한 자들은 이기리로다"(계17:10-14)

요한 계시록 17장에서도 마지막 일곱 번째 왕에 대하여 기록을 하고 있다. 다섯은 망하였다. 애굽, 앗수르, 바벨론, 페르시아, 그리스는 망했다. 그리고 사도 요한 당시 있었던 여섯 번째 제국은 로마이다. 앞으로 예수님 재림시에 세워질 일곱 번째 나라가 오는데 여덟째 왕에게서 나온다. 미국이 세운 제 3 유엔의 세계정부이다.

"또 내가 보좌들을 보니 거기 앉은 자들이 있어 심판하는 권세를 받았더라 또 내가 보니 예수의 증거와 하나님의 말씀을 인하여 목 베임을 받은 자의 영혼들과 또 짐승과 그의 우상에게 경배하지도 아니하고 이마와 손에 그의 표를 받지도 아니한 자들이 살아서 그리스도로 더불어 천년 동안 왕노릇 하니 (그 나머지 죽은 자들은 그 천년이 차기까지 살지 못하더라) 이는 첫째 부활이라 이 첫째 부활에 참예하는 자들은 복이 있고 거룩하도다 둘째 사망이 그들을 다스리는 권세가 없고 도리어 그들이 하나님과 그리스도의 제사장이 되어 천년 동안 그리스도로 더불어 왕노릇 하리라"(계20:4-6)

예수님께서 재림하셔서 짐승과 거짓 선지자를 잡아 불과 유황불에 심판하신다. 이때 666 짐승의 표를 받고 짐승에게 경배하던 모든 자들이 죽는다. 용은 잡아 천 년 동안 무저갱에 가둔다. 먼저 휴거하여 24보좌에 앉은 자들과 7년 환난동안 목베임을 받은 순교자들과 순교를 피하고 광야교회에서 양육을 받아 온전케 된 성도들이 어린양 혼인 잔치인 첫째 부활에 참여한 후 각각 다스릴 기업을 받아 천년왕국을 통치하게 된다.

"짐승이 잡히고 그 앞에서 이적을 행하던 거짓 선지자도 함께 잡혔으니 이는 짐승의 표를 받고 그의 우상에게 경배하던 자들을 이적으로 미혹하던 자라 이 둘이 산채로 유황불 붙는 못에 던지우고 그 나머지는 말 탄 자의 입으로 나오는 검에 죽으매 모든 새가 그 고기로 배불리우더라"(계19:20-21)

2. 천년왕국은 누가 통치하는가?

천년왕국은 예수를 믿고 구원 받은 성도들이 다스린다.

"예수께서 가라사대 내가 진실로 너희에게 이르노니 세상이 새롭게 되어 인자가 자기 영광의 보좌에 앉을 때에 나를 좇는 너희도 열 두 보좌에 앉아 이스라엘 열 두 지파를 심판하리라 또 내 이름을 위하여 집이나 형제나 자매나 부모나 자식이나 전토를 버린 자마다 여러 배를 받고 또 영생을 상속하리라 그러나 먼저 된 자로서 나중 되고 나중 된 자로서 먼저 될 자가 많으니라"(마19:28-30)

천년왕국은 첫째 부활에 참여한 성도들이 다스린다.

"또 내가 보좌들을 보니 거기 앉은 자들이 있어 심판하는 권세를 받았더라 또 내가 보니 예수의 증거와 하나님의 말씀을 인하여 목 베임을 받은 자의 영혼들과 또 짐승과 그의 우상에게 경배하지도 아니하고 이마와 손에 그의 표를 받지도 아니한 자들이 살아서 그리스도로 더불어 천년 동안 왕노릇 하니 (그 나머지 죽은 자들은 그 천년이 차기까지 살지 못하더라) 이는 첫째 부활이라 이 첫째 부활에 참예하는 자들은 복이 있고 거룩하도다 둘째 사망이 그들을 다스리는 권세가 없고 도리어 그들이 하나님과 그리스도의 제사장이 되어 천년 동안 그리스도로 더불어 왕노릇 하리라"(계20:4-6)

이미 예레미야를 통해서 바벨론 70년 포로에서 돌아올 때 새 언약을 맺어서 유다 지파에 속한 다윗의 후손을 통해서 이스라엘을 통치하실 것을 예언하였다.

"나 여호와가 말하노라 보라 때가 이르리니 내가 다윗에게 한 의로운 가지를 일으킬 것이라 그가 왕이 되어 지혜롭게 행사하며 세상에서 공평과 정의를 행할 것이며 그의 날에 유다는 구원을 얻겠고 이스라엘은 평안히 거할 것이며 그 이름은 여호와 우리의 의라 일컬음을 받으리라 그러므로 나 여호와가 말하노라 보라 날이 이르리니 그들이 다시는 이스라엘 자손을애굽 땅에서 인도하여 내신 여호와의 사심으로 맹세하지 아니하고 이스라엘 집 자손을 북방 땅, 그 모든 쫓겨났던 나라에서 인도하여 내신 여호와의 사심으로 맹세할 것이며 그들이 자기 땅에 거하리라 하시니라"(렘23:5-8)

"유다야 너는 네 형제의 찬송이 될찌라 네 손이 네 원수의 목을 잡을 것이요 네 아비의 아들들이 네 앞에 절하리로다 유다는 사자 새끼로다 내 아들아 너는 움킨 것을 찢고 올라 갔도다 그의 엎드리고 웅크림이 수사자 같고 암사자 같으니 누가 그를 범할 수 있으랴 홀이 유다를 떠나지 아니하며 치리자의 지팡이가 그 발 사이에서 떠나지 아니하시기를 실로가 오시기까지 미치리니 그에게 모든 백성이 복종하리로다 그의 나귀를 포도나무에 매며 그 암나귀 새끼를 아름다운 포도나무에 맬 것이며 또 그 옷을 포도주에 빨며 그 복장을 포도즙에 빨리로다 그 눈은 포도주로 인하여 붉겠고 그 이는 우유로 인하여 희리로다"(창49:8-12)

유다지파는 영적인 장자지파로서 고난의 메시아이신 예수님께서 오셔서 영원한 나라를 통치하신다. 스가랴 선지자는 유다지파가 새 예루살렘이 되어 이스라엘과 열방을 통치할 것을 예언했다.

"여호와가 먼저 유다 장막을 구원하리니 이는 다윗의 집의 영광과 예루살렘 주민의 영광이 유다보다 더하지 못하게 하려 함이니라 (슥12:7)

유다가 바벨론 70년 포로에서 돌아올 때 이새의 뿌리에서 싹이 나서 만민을 다스린다. 이것은 교회가 바벨론이란 세상에서 나올 때 예수님께서 교회와 함께 천년왕국을 통치할 것을 예언한 것이다. 예수님의 상징인 페르시아 고레스 왕이 나타나 유브라데 강을 일곱 갈래로 나눠 신을 신고 건너가 바벨론을 멸망시킨 후 택한 백성들을 돌아오게 한다는 예언으로 문자 그대로 이루어 졌다. 요한 계시록 9장과 16장에 동일하게 유브라데가 말라서 동방에서 오는 군대들이 건너와 아마겟돈 전쟁을 통해서 바벨론이 망하는 모습이 기록되어 있다. 이사야의 예언이 그대로 다시 이루어지는 것이다. 그 후 예수님께서 재림하셔서 천년왕국을 세워 통치하신다.

"그 날에 이새의 뿌리에서 한 싹이 나서 만민의 기호로 설 것이요 열방이 그에게로 돌아오리니 그 거한 곳이 영화로우리라 그 날에 주께서 다시 손을 펴사 그 남은 백성을 앗수르와 애굽과 바드로스와 구스와 엘람과 시날과 하맛과 바다 섬들에서 돌아오게 하실 것이라 여호와께서 열방을 향하여 기호를 세우시고 이스라엘의 쫓긴 자를 모으시며 땅 사방에서 유다의 이산한 자를 모으시리니 에브라임의 투기는 없어지고 유다를 괴롭게 하던 자는 끊어지며 에브라임은 유다를 투기하지 아니하며 유다는 에브라임을 괴롭게 하지 아니할 것이요 그들이 서으로 블레셋 사람의 어깨에 날아앉고 함께 동방 백성을 노략하며 에돔과 모압에 손을 대며 암몬 자손을 자기에게 복종시키리라 여호와께서 애굽 해고를 말리우시고 손을 유브라데 하수 위에 흔들어 뜨거운 바람을 일으켜서 그 하수를 쳐서 일곱 갈래로 나눠 신 신고 건너가게 하실 것이라 그의 남아 있는 백성을 위하여 앗수르에서부터 돌아오는 대로가 있게 하시되 이스라엘이 애굽 땅에서 나오던 날과 같게 하시리라"(사11:10-16)

바벨론 포로에서 돌아온 자들이 천하만민을 다스린다.

"시온의 딸아 노래할찌어다 이스라엘아 기쁘게 부를찌어다 예루살렘 딸아 전심으로 기뻐하며 즐거워할찌어다 여호와가 너의 형벌을 제하였고 너의 원수를 쫓아내었으며 이스라엘 왕 여호와가 너의 중에 있으니 네가 다시는 화를 당할까 두려워하지 아니할 것이라 그 날에 사람이 예루살렘에게 이르기를 두려워하지 말라 시온아 네 손을 늘어뜨리지 말라 너의 하나님 여호와가 너의 가운데 계시니 그는 구원을 베푸실 전능자시라 그가 너로 인하여 기쁨을 이기지 못하여 하시며 너를 잠잠히 사랑하시며 너로 인하여 즐거이 부르며 기뻐하시리라 하리라 내가 대회로 인하여 근심하는 자를 모으리니 그들은 네게 속한 자라 너의 치욕이 그들에게 무거운 짐이 되었느니라 그 때에 내가 너를 괴롭게 하는 자를 다 벌하고 저는 자를 구원하며 쫓겨난 자를 모으며 온 세상에서 수욕 받는 자로 칭찬과 명성을 얻게 하리라 내가 그 때에 너희를 이끌고 그 때에 너희를 모을찌라 내가 너희 목전에서 너희 사로잡힘을 돌이킬 때에 너희로 천하 만민 중에서 명성과 칭찬을 얻게 하리라 나 여호와의 말이니라"(습3:14-20)

이사야 선지자는 유다가 바벨론 70년 포로에서 여호와의 아름다운 신부가 되어 돌아와 결혼식을 하는 내용을 기록하고 있다. 이 예언은 바벨론이란 세상에서 아름답게 단장한 예수님의 신부인 교회가 예수님께서 재림하셔서 바벨론을 멸망시키고 혼인잔치를 한 후 천년왕국을 통치하는 것에 대한 예언이다.

"나는 시온의 공의가 빛 같이, 예루살렘의 구원이 횃불 같이 나타나도록 시온을 위하여 잠잠하지 아니하며 예루살렘을 위하여 쉬지 아니할 것인즉 열방이 네 공의를, 열왕이 다 네 영광을 볼 것이요 너는 여호와의 입으로 정하실 새 이름으로 일컬음이 될 것이며 너는 또 여호와의 손의 아름다운 면류관, 네 하나님의 손의 왕관이 될 것이라 다시는 너를 버리운 자라 칭하지 아니하며 다시는 네 땅을 황무지라 칭하지 아니하고 오직 너를 헵시바라 하며 네 땅을 쁄라라 하리니 이는 여호와께서 너를 기뻐하실 것이며 네 땅이 결혼한바가 될 것임이라 마치 청년이 처녀와 결혼함 같이 네 아들들이 너를 취하겠고 신랑이 신부를 기뻐함 같이 네 하나님이 너를 기뻐하시리라"(사62:1-5)

3. 천년왕국의 백성들은 누구인가?

천년왕국 백성들은 이스라엘의 12지파이다.

“예수께서 가라사대 내가 진실로 너희에게 이르노니 세상이 새롭게 되어 인자가 자기 영광의 보좌에 앉을 때에 나를 좇는 너희도 열 두 보좌에 앉아 이스라엘 열 두 지파를 심판하리라 또 내 이름을 위하여 집이나 형제나 자매나 부모나 자식이나 전토를 버린 자마다 여러 배를 받고 또 영생을 상속하리라 그러나 먼저 된 자로서 나중 되고 나중 된 자로서 먼저 될 자가 많으니라”(마19:28-30)

천년왕국 백성들은 이스라엘이다. 다윗 왕이 통치한다. 교회는 다윗 왕과 한 몸을 이룬 교회이다.

“내 종 다윗이 그들의 왕이 되리니 그들에게 다 한 목자가 있을 것이라 그들이 내 규례를 준행하고 내 율례를 지켜 행하며 내가 내 종 야곱에게 준 땅 곧 그 열조가 거하던 땅에 그들이 거하되 그들과 그 자자 손손이 영원히 거기 거할 것이요 내 종 다윗이 영원히 그 왕이 되리라 내가 그들과 화평의 언약을 세워서 영원한 언약이 되게 하고 또 그들을 견고하고 번성케 하며 내 성소를 그 가운데 세워서 영원히 이르게 하리니 내 처소가 그들의 가운데 있을 것이며 나는 그들의 하나님이 되고 그들은 내 백성이 되리라 내 성소가 영원토록 그들의 가운데 있으리니 열국이 나를 이스라엘을 거룩케 하는 여호와인줄 알리라 하셨다 하라”(겔37:24-28)

예루살렘을 치러 왔던 열국 중에 남은 자들이 천년왕국 백성이 되어 초막절을 지키러 예루살렘으로 들어 온다.

“여호와께서 천하의 왕이 되시리니 그 날에는 여호와께서 홀로 하나이실 것이요 그 이름이 홀로 하나이실 것이며 예루살렘을 치러 왔던 열국 중에 남은 자가 해마다 올라와서 그 왕 만군의 여호와께 숭배하며 초막절을 지킬 것이라 천하 만국 중에 그 왕 만군의 여호와께 숭배하러 예루살렘에 올라 오지 아니하는 자에게는 비를 내리지 아니하실 것인즉 만일 애굽 족속이 올라 오지 아니할 때에는 창일함이 있지 아니하리니 여호와께서 초막절을 지키러 올라오지 아니하는 열국 사람을 치시는 재앙을 그에게 내리실 것이라 애굽 사람이나 열국 사람이나 초막절을 지키러 올라오지 아니하는 자의 받을 벌이 이러하니라 그 날에는 말 방울에까지 여호와께 성결이라 기록될 것이라 여호와의 전에 모든 솥이 제단 앞 주발과 다름이 없을 것이니 예루살렘과 유다의 모든 솥이 만군의 여호와의 성물이 될 것인즉 제사 드리는 자가 와서 이 솥을 취하여 그 가운데 고기를 삶으리라 그 날에는 만군의 여호와의 전에 가나안 사람이 다시 있지 아니하리라"(슥14:9,16-21)

바벨론의 남은 자들이 천년왕국 백성이 된다.

"내가 내 백성 이스라엘에게 산업으로 준 산업을 다치는 나의 모든 악한 이웃에게 대하여 나 여호와가 이같이 말하노라 보라 내가 그들을 그 땅에서 뽑아버리겠고 유다 집은 그들 중에서 뽑아내리라 내가 그들을 뽑아낸 후에 내가 돌이켜 그들을 긍휼히 여겨서 각 사람을 그 산업으로, 각 사람을 그 땅으로 다시 인도하리니 그들이 내 백성의 도를 부지런히 배우며 사는 여호와 내 이름으로 맹세하기를 자기들이 내 백성을 가리켜 바알로 맹세하게 한것 같이 하면 그들이 내 백성 중에 세움을 입으려니와 그들이 그리하지 아니하면 내가 반드시 그 나라를 뽑으리라 뽑아 멸하리라 여호와의 말이니라"(렘12:14-17)

4. 천년왕국은 어디에서 이루어지는가?

새로운 피조 세계에서 이루어진다

지금 우리는 아담이 타락한 이후 시간과 공간에 갇혀 있는 3차원의 세상에서 살고 있다. 하나님께서 예수님이 오실 때 세우셔서 유업으로 주실 천년왕국은 시간과 공간에 갇혀 있는 3차원의 세계가 아니다. 시간과 공간에서 해방된 4차원 이상의 세상이다. 그러나 그런 새로운 세상이라도 하나님께서 지으신 피조세계인 것이다. 다시 말해서 천년왕국은 영원한 천국이 아니라는 것이다. 천년왕국을 통치할 새 예루살렘은 영원한 천국이다. 그러나 새 예루살렘이 통치할 천년왕국은 영원한 천국의 모형이다. 천년왕국에서 구원 받은 성도들이 백보좌 심판에서 구원을 받으면 그 사람들이 영원한 천국으로 들어가고 피조 세계는 불에 태워져서 영원히 없어지게 된다.

하나님께서 인간 창조와 구속을 계획하실 때 구속의 대상을 인간으로 한정하셨다. 다시 말해서 다른 피조 세계는 인간 구속의 장소로 사용하신 것이다. 그러기 때문에 그 목적이 이루어지면 모든 피조 세계는 불에 타서 사라진다.

구약에서는 모든 선지자들에 의해서 유다가 바벨론 포로에서 돌아올 때 예루살렘에서 다윗의 영원한 나라가 세워질 것을 예언하였다. 예루살렘에서 세워질 다윗의 메시아 왕국이 바로 예수님께서 세우실 새 예루살렘과 천년왕국이다.

"나라이 임하옵시며 뜻이 하늘에서 이룬 것 같이 땅에서도 이루어지이다"(마6:10)

"또 내가 새 하늘과 새 땅을 보니 처음 하늘과 처음 땅이 없어졌고 바다도 다시 있지 않더라 보좌에 앉으신 이가 가라사대 보라 내가 만물을 새롭게 하노라 하시고 또 가라사대 이 말은 신실하고 참되니 기록하라 하시고 또 내게 말씀하시되 이루었도다 나는 알파와 오메가요 처음과 나중이라 내가 생명수 샘물로 목 마른 자에게 값 없이 주리니 이기는 자는 이것들을 유업으로 얻으리라 나는 저의 하나님이 되고 그는 내 아들이 되리라"(계21:1,5-7)

사도 요한이 일곱 인으로 봉한 책을 뗄 사람이 없어 울 때에 장로 중 하나가 유다지파 다의 뿌리가 이기었으니 책의 인봉을 떼시리라 할 때에 네 생물과 24장로와 천만천사와 온 만물이 찬양을 하고 있다. 그 중에서도 만물이 찬양을 하는데 하늘 위에와 땅 위에와 땅 아래와 바다 위에 있는 모든 만물이 찬양을 한다.

"새 노래를 노래하여 가로되 책을 가지시고 그 인봉을 떼기에 합당하시도다 일찍 죽임을 당하사 각 족속과 방언과 백성과 나라 가운데서 사람들을 피로 사서 하나님께 드리시고 저희로 우리 하나님 앞에서 나라와 제사장을 삼으셨으니 저희가 땅에서 왕노릇하리로다 하더라 내가 또 보고 들으매 보좌와 생물들과 장로들을 둘러 선 많은 천사의 음성이 있으니 그 수가 만만이요 천천이라 큰 음성으로 가로되 죽임을 당하신 어린 양이 능력과 부와 지혜와 힘과 존귀와 영광과 찬송을 받으시기에 합당하도다 하더라 내가 또 들으니 하늘 위에와 땅 위에와 땅 아래와 바다 위에와 또 그 가운데 모든 만물이 가로되 보좌에 앉으신 이와 어린 양에게 찬송과 존귀와 영광과 능력을 세세토록 돌릴찌어다 하니 네 생물이 가로되 아멘 하고 장로들은 엎드려 경배하더라"(계5:9-14)

스가랴와 이사야 선지자는 예수님 재림 때 지금의 해와 달은 사라지고 새로운 빛이 세상을 비췰 것을 예언하고 있는데 요한 계시록에서는 하나님과 어린 양이 빛이 되신다고 하셨다.

"그 날에 그의 발이 예루살렘 앞 곧 동편 감람산에 서실 것이요 감람산은 그 한가운데가 동서로 갈라져 매우 큰 골짜기가 되어서 산 절반은 북으로, 절반은 남으로 옮기고 그 산 골짜기는 아셀까지 미칠찌라 너희가 그의 산 골짜기로 도망하되 유다 왕 웃시야 때에 지진을 피하여 도망하던 것 같이 하리라 나의 하나님 여호와께서 임하실 것이요 모든 거룩한 자가 주와 함께하리라 그 날에는 빛이 없겠고 광명한 자들이 떠날 것이라 여호와의 아시는 한 날이 있으리니 낮도 아니요 밤도 아니라 어두워 갈 때에 빛이 있으리로다"(슥14:4-7)

"땅이 깨어지고 깨어지며 땅이 갈라지고 땅이 흔들리고 흔들리며 땅이 취한 자 같이 비틀비틀하며 침망 같이 흔들리며 그 위의 죄악이 중하므로 떨어지고 다시 일지 못하리라 그 날에 여호와께서 높은 데서 높은 군대를 벌하시며 땅에서 땅의 왕들을 벌하시리니 그들이 죄수가 깊은 옥에 모임 같이 모음을 입고 옥에 갇혔다가 여러 날 후에 형벌을 받을 것이라 그 때에 달이 무색하고 해가 부끄러워하리니 이는 만군의 여호와께서 시온산과 예루살렘에서 왕이 되시고 그 장로들 앞에서 영광을 나타내실 것임이니라"(사24:19-23)

5. 천년왕국은 영원한 천국인가?

천년왕국은 영원한 천국이 아니다

천년왕국에는 곡과 마곡이 있다. 이 나라들은 무저갱에서 풀려난 용의 미혹을 받고 거룩한 성을 공격하다가 멸망을 당한다. 다시 말해서 천년왕국은 완전한 하나님의 나라가 아니다. 천년동안 예수님과 교회는 아담과 하와가 통치를 실패한 새로운 에덴을 통치하는 것이다. 그 통치의 결론이 무저갱에서 풀려난 용을 제압하는 것이다. 그래서 예수님과 교회는 하늘과 땅과 음부의 권세를 완전히 장악하여 하나님의 영광을 거스린 악한 세력들을 모두 척결하는 과정을 통해 완전한 하나님의 아들들이 되는 것이다.

"천년이 차매 사단이 그 옥에서 놓여 나와서 땅의 사방 백성 곧 곡과 마곡을 미혹하고 모아 싸움을 붙이리니 그 수가 바다 모래 같으리라 저희가 지면에 널리 퍼져 성도들의 진과 사랑하시는 성을 두르매 하늘에서 불이 내려와 저희를 소멸하고 또 저희를 미혹하는 마귀가 불과 유황 못에 던지우니 거기는 그 짐승과 거짓 선지자도 있어 세세토록 밤낮 괴로움을 받으리라"(계20:7-10)

예수님은 천년왕국 끝에 일어날 용과 곡과 마곡의 반역을 불로 심판한 다음 완성된 나라를 하나님 아버지께 바친다. 그리고 피조 세계를 불로 심판한다. 그후 최후의 백보좌 심판이 있다.

"그러나 각각 자기 차례대로 되리니 먼저는 첫 열매인 그리스도요 다음에는 그리스도 강림하실 때에 그에게 붙은 자요 그 후에는 나중이니 저가 모든 정사와 모든 권세와 능력을 멸하시고 나라를 아버지 하나님께 바칠 때라 저가 모든 원수를 그 발아래 둘 때까지 불가불 왕노릇 하시리니 맨 나중에 멸망 받을 원수는 사망이니라"(고전15:23-26)

"또 내가 크고 흰 보좌와 그 위에 앉으신 자를 보니 땅과 하늘이 그 앞에서 피하여 간데 없더라 또 내가 보니 죽은 자들이 무론 대소하고 그 보좌 앞에 섰는데 책들이 펴 있고 또 다른 책이 펴졌으니 곧 생명책이라 죽은 자들이 자기 행위를 따라 책들에 기록된대로 심판을 받으니 바다가 그 가운데서 죽은 자들을 내어주고 또 사망과 음부도 그 가운데서 죽은 자들을 내어주매 각 사람이 자기의 행위대로 심판을 받고 사망과 음부도 불못에 던지우니 이것은 둘째 사망 곧 불못이라 누구든지 생명책에 기록되지 못한 자는 불못에 던지우더라"(계 20:11-15)

6. 천년왕국에서 생육과 번성이 이루어지는가?

천년왕국에서 생육과 번성이 일어 난다

천년왕국에서의 인간의 수명은 나무의 수한과 같이 천년을 살 수 있다. 100세 죽은 자가 어린 아이와 같다. 이리와 어린 양이 함께 먹을 것이며 사자가 소처럼 짚을 먹을 것이며 뱀은 흙으로 식물을 삼을 것이다 나의 성산에서는 해함도 없겠고 상함도 없으리라 여호와의 말이니라.

"보라 내가 새 하늘과 새 땅을 창조하나니 이전 것은 기억되거나 마음에 생각나지 아니할 것이라 너희는 나의 창조하는 것을 인하여 영원히 기뻐하며 즐거워할지니라 보라 내가 예루살렘으로 즐거움을 창조하며 그 백성으로 기쁨을 삼고 내가 예루살렘을 즐거워하며 나의 백성을 기뻐하리니 우는 소리와 부르짖는 소리가 그 가운데서 다시는 들리지 아니할 것이며 거기는 날 수가 많지 못하여 죽는 유아와 수한이 차지 못한 노인이 다시는 없을 것이라 곧 백세에 죽는 자가 아이겠고 백세 못 되어 죽는 자는 저주 받은 것이리라 그들이 가옥을 건축하고 그것에 거하겠고 포도원을 재배하고 열매를 먹을 것이며 그들의 건축한데 타인이 거하지 아니할 것이며 그들의 재배한 것을 타인이 먹지 아니하리니 이는 내 백성의 수한이 나무의 수한과 같겠고 나의 택한 자가 그 손으로 일한 것을 길이 누릴 것임이며 그들의 수고가 헛되지 않겠고 그들의 생산한 것이 재난에 걸리지 아니하리니 그들은 여호와의 복된 자의 자손이요 그 소생도 그들과 함께 될 것임이라 그들이 부르기 전에 내가 응답하겠고 그들이 말을 마치기 전에 내가 들을 것이며 이리와 어린 양이 함께 먹을 것이며 사자가 소처럼 짚을 먹을 것이며 뱀은 흙으로 식물을 삼을 것이니 나의 성산에서는 해함도 없겠고 상함도 없으리라 여호와의 말이니라"(사65:17-25)

하나님께서는 아브라함이 이삭을 번제로 바칠 때 자신을 두고 맹세하시기를 네 자손이 하늘의 별과 같고 땅의 모래와 같을 것이라고 하셨다. 이 약속이 천년왕국에서 이루어진다.

"가라사대 여호와께서 이르시기를 내가 나를 가리켜 맹세하노니 네가 이같이 행하여 네 아들 네 독자를 아끼지 아니하였은즉 내가 네게 큰 복을 주고 네 씨로 크게 성하여 하늘의 별과 같고 바닷가의 모래와 같게 하리니 네 씨가 그 대적의 문을 얻으리라 또 네 씨로 말미암아 천하 만민이 복을 얻으리니 이는 네가 나의 말을 준행하였음이니라 하셨다 하니라"(창22:16-18)

7. 천년왕국의 곡과 마곡의 정체는 누구인가?

곡과 마곡은 가인의 후예들이다.

곡과 마곡은 야벳의 자손들이다. 이들의 혈통은 아리안 족들이다. 아리안 족들은 인도 유럽인들로 모두 야벳의 자손들이다. 이들은 코카셔스 지역에서 출발하여 인도와 이란 이집트와 지중해 연안으로 퍼졌다. 또 한 편은 코카셔스 지역에서 대륙으로 러시아 우크라이나 핀란드 노르웨이 독일 스웨덴으로 퍼졌다. 특히 아리안 족의 적자 혈통은 독일이다. 아스그나스라는 이름으로 오늘날 아쉬케나지이다.

아리안인들은 특별한 혈통으로 모든 인간 중에서 가장 두뇌가 명석하고 똑똑한 인종이다. 이들에 의해서 인류 문명은 발달되어 왔다. 히틀러는 독일의 아리안 혈통의 우수성을 지키기 위해 열등한 유전자를 가진 유대인들을 몰살시켰다.

"야벳의 아들은 고멜과 마곡과 마대와 야완과 두발과 메섹과 디라스요 고멜의 아들은 아스그나스와 리밧과 도갈마요 야완의 아들은 엘리사와 달시스와 깃딤과 도다님이라 이들로부터 여러 나라 백성으

로 나뉘어서 각기 방언과 종족과 나라대로 바닷가의 땅에 머물렀더라"(창10:2-5)

제 13지파 유대인이란 책을 쓴 사람은 아서 쾨스틀러이다. 저자는 이 책에서 오늘날 세계 금융자본을 소유한 유대인들이 카자르(하자르) 유대인들로 모두 아쉬케나지 유대인들이라고 한다. 이들이 13지파 유대인이라고 말한 이유는 가짜 유대인이기 때문이다. 이들을 특별하게 다루는 이유는 노아 홍수 후 야벳이 두발가인의 누이 나아마와 결혼을 해서 나온 자손이란 것이다. 그 증거로 야벳의 아들 중에 두발이라는 이름의 아들이 있다는 것이다. 뿐만 아니라 야벳이 두발가인의 누이 나아마와 결혼한 증거를 13지파 유대인의 책에서 자세하게 설명을 하고 있다. 그래서 아서 쾨스틀러는 야벳의 자손들이 가인의 자손이라고 한다. 하자르 공화국은(618년-1048년) 유대교를 국교로 삼아 이슬람과 비잔틴 사이에 존재하다가 러시아에게 망한 후 독일과 헝거리 등지로 흩어져 아쉬케나지 유대인이 되었다. 이들이 바로 조지 소로스, 로스 차일드 등이다.

곡과 마곡은 아리안인들로 핀란드, 스웨덴, 노르웨이와 같은 북 유럽에 거주한 사람들이다. 이 나라들은 도시보다 산과 호수를 중심으로 많은 사람들이 흩어져 살고 있다. 그래서 신세계질서가 도시를 중심으로 666 짐승의 표인 AI 인공지능 빅 데이터에 의해서 설치될 때 도시의 주민들 보다 깊은 산과 호수를 중심으로 흩어져 살고 있어서 이들은 666 짐승의 표를 받지 않으므로 천년왕국에 들어와 있는 것이다.

8. 왜 용을 천년이 차기까지 결박하는가?

천년왕국을 미혹하기 위해 1000년 동안 준비된 용

에덴동산에 뱀이 있었다. 뱀은 아담과 하와에 의해서 다스려져야 할 존재였다. 왜냐하면 뱀인 루시퍼는 교만하여 하나님을 대적하다가 심판을 받고 쫓겨난 존재이기 때문이다. 이런 대적의 세력을 하나님의 형상을 입은 인간으로 하여금 다스리게 하신 것이다. 그러나 아담과 하와는 도리어 뱀의 유혹을 받고 넘어져 뱀의 종이 되었다.

하나님은 자기의 아들을 인간의 몸을 입혀 보내사 죄의 삯인 사망 권세를 멸하시고 구원 하셔서 예수님의 몸인 신부로 만드셔서 아담이 실패한 새로운 에덴인 천년왕국을 만들어 천년동안 통치하게 하신다. 천년 후에 하나님께서는 다시 용을 풀어 천년왕국 백성들을 시험하게 하신다. 에덴에서는 아담과 하와가 뱀의 유혹을 받고 넘어졌지만 천년왕국 끝에는 예수님과 교회는 용과 함께 타락한 곡과 마곡을 다스리고 심판하여 제압을 한다. 이렇게 해서 하나님을 대적한 루시퍼는 하나님 자신이 아닌 아들을 통해서 통치 심판을 받게 된 것이다. 이런 과정을 통해서 이루어진 구속의 결과가 예수님과 신부인 교회가 온전하게 되는 것이다. 이것이 창세전에 예정하신 하나님의 구속 사역의 비밀이시다.

"천년이 차매 사단이 그 옥에서 놓여 나와서 땅의 사방 백성 곧 곡과 마곡을 미혹하고 모아 싸움을 붙이리니 그 수가 바다 모래 같으리라 저희가 지면에 널리 퍼져 성도들의 진과 사랑하시는 성을 두르매 하늘에서 불이 내려와 저희를 소멸하고 또 저희를 미혹하는 마귀가 불과 유황 못에 던지우니 거기는 그 짐승과 거짓 선지자도 있어 세세토록 밤낮 괴로움을 받으리라"(계20:7-10)

9. 언제 천년왕국이 끝나는가?

하나님의 아들들이 영광을 얻게 되면 끝이 난다

천년왕국은 예수님을 통해 하나님의 아들들이 영광을 얻게 되면 끝이 난다. 이것이 창세전에 하나님께서 예정하신 것이다. 하나님께서 창세전에 인간 구속을 계획하신 목적은 예수 그리스도 안에서 거룩하고 흠이 없는 하나님의 아들들이 되게 하신 것이다. 이것을 위해 하나님은 일을 시작하셨다. 그렇다면 어떻게 하나님의 아들들이 영광을 얻게 될까? 하찮은 흙으로 빚어진 인간이 예수님의 구속의 역사로 예수님과 한 몸을 이룬 교회로서 하나님을 대적했던 루시퍼 사단을 다스리고 통치하여 심판하므로 하나님의 인간 창조의 목적이 이루어질 때 교회는 예수 그리스도 안에서 하나님의 아들들이 되어 영광을 얻게 된다. 그래서 다윗은 시편 8편에서 하나님이 인간을 창조하시고 영광과 존귀로 관을 씌우셔서 루시퍼를 심판하고 다스리는 천년왕국의 영광을 노래하고 있다.

"여호와 우리 주여 주의 이름이 온 땅에 어찌 그리 아름다운지요 주의 영광을 하늘 위에 두셨나이다 주의 대적을 인하여 어린 아이와 젖먹이의 입으로 말미암아 권능을 세우심이여 이는 원수와 보수자로 잠잠케 하려 하심이니이다 주의 손가락으로 만드신 주의 하늘과 주의 베풀어 두신 달과 별들을 내가 보오니 사람이 무엇이관대 주께서 저를 생각하시며 인자가 무엇이관대 주께서 저를 권고하시나이까 저를 천사보다 조금 못하게 하시고 영화와 존귀로 관을 씌우셨나이다 주의 손으로 만드신 것을 다스리게 하시고 만물을 그 발 아래 두셨으니곧 모든 우양과 들짐승이며 공중의 새와 바다의 어족과 해로에 다니는 것이니이다 여호와 우리 주여 주의 이름이 온 땅에 어찌 그리 아름다운지요"(시8:1-9)

10. 왜 천년왕국이 필요한가?

천년왕국을 통치하면서 영화롭게 된 하나님의 아들들

"하나님이 미리 아신 자들로 또한 그 아들의 형상을 본받게 하기 위하여 미리 정하셨으니 이는 그로 많은 형제 중에서 맏아들이 되게 하려 하심이니라 또 미리 정하신 그들을 또한 부르시고 부르신 그들을 또한 의롭다 하시고 의롭다 하신 그들을 또한 영화롭게 하셨느니라"(롬8:29-30)

예수님을 통해 완성되는 하나님의 구원 계획은 단순하게 인간에게 영생을 주어 살게 하는 것이 아니다. 하나님의 진짜 아들들이 되게 하여 아버지의 나라를 유업으로 주셔서 다스리게 하시는 것이다. 하나님의 아들이 된다고 하는 것은 하나님 아버지의 모든 속성을 가지고 있어야 한다. 거룩함과 사랑이시다. 뿐만 아니라 하나님의 통치 행위까지 가져야 하는 것이다. 그때 하나님의 인간 구원이 끝난다. 하나님은 천년왕국 통치를 통해서 완성된 하나님의 아들인 새 예루살렘을 온전하게 하신다. 새 예루살렘은 완성된 하나님의 아들의 모습이다. 왜냐하면 창세전에 하나님께서 인간 창조를 계획하실 때 예수님 안에 있는 교회를 예수님과 한 몸으로 만드셨기 때문이다.

에덴에서 아담을 잠들게 하시고 하와를 지으셨듯이 창세전에 예수님을 잠들게 하시고 영적인 예수님의 신부인 교회를 예정하셨다. 이것이 완성된 새 예루살렘이다. 이제 새 예루살렘이 완성이 되었기 때문에 하나님의 아들인 새 예루살렘을 온전케 하기 위해 새로운 에덴인 천년왕국을 만드셔서 천 년 동안 통치하게 하시는 것이다. 하나님께서 아들을 통해 천년왕국을 통치하게 하시면서 아들을 하나님의 온전하신 것처럼 온전하게 하신다. 그래서 결국 하나님은 아들에게 자기의 나라를 기업으로 주시는 것이다.

남자는 결혼하지 않으면 반쪽에 불과하다. 결혼을 통해서 온전하게 되는 것이다. 이것이 하나님의 뜻이다. 그리고 구속의 비밀이다. 결혼을 통해 한 몸을 이루면 부모를 떠나 독립된 가정을 세우는 것이다. 이와 같이 예수님도 창세 전에는 혼자이셨지만 구속의 역사가 마친 후에는 신부를 얻어 하나님 아버지와 같이 자식들을 가질 수 있는 아버지가 되는 것이다. 이것이 하나님의 아들들이 온전하게 되는 것이다. 아들에 대한 모든 부모들의 마음은 아들이 아름다운 신부를 만나 결혼을 하여 자식들을 낳아 키우는 부모가 되는 것이다. 이렇게 하므로 아들을 가진 부모의 사명은 끝이 난 것이다. 이처럼 예수님 역시 아내인 새 예루살렘과 결혼하여 자식을 낳아 키우는 부모가 되는 과정이 천년왕국 통치를 통해서 이루어진다.

"이러므로 사람이 부모를 떠나 그 아내와 합하여 그 둘이 한 육체가 될찌니 이 비밀이 크도다 내가 그리스도와 교회에 대하여 말하노라"(엡5:31-32)

예수님도 결혼이란 과정을 거쳐서 교회인 자신의 아내를 얻었다. 그리고 그 아내와 결혼하여 온전한 몸을 이루어 하나님 아버지께서 주신 나라를 유업으로 얻어 독립하는 것이다. 다시 말해서 예수님도 자신의 신부를 얻지 못하면 하나님 아버지를 떠나 독립할 수 없는 것이다. 떠난다는 의미는 아버지의 나라를 유업으로 받아 대신 통치하는 것이다. 예수님께서 기도하실 때 아버지께서 예수님에게 하라고 하신 일을 이루었기 때문에 이제 아들을 영화롭게 해달라고 하셨다.

"아버지께서 내게 하라고 주신 일을 내가 이루어 아버지를 이 세상에서 영화롭게 하였사오니 아버지여 창세 전에 내가 아버지와 함께 가졌던 영화로써 지금도 아버지와 함께 나를 영화롭게 하옵소서"(요 17:4-5)

또 예수님께서 기도하실 때 자기의 영광을 제자들에게 주셔서 창세 전에 아버지께서 주신 영광을 얻게 해달라고 하셨다.

"내게 주신 영광을 내가 저희에게 주었사오니 이는 우리가 하나가 된것 같이 저희도 하나가 되게 하려 함이니이다 곧 내가 저희 안에, 아버지께서 내 안에 계셔 저희로 온전함을 이루어 하나가 되게 하려 함은 아버지께서 나를 보내신 것과 또 나를 사랑하심 같이 저희도 사랑하신 것을 세상으로 알게 하려 함이로소이다 아버지여 내게 주신 자도 나 있는 곳에 나와 함께 있어 아버지께서 창세 전부터 나를 사랑하시므로 내게 주신 나의 영광을 저희로 보게 하시기를 원하옵나이다"(요17:22-24)

천년왕국이 왜 필요한가? 하나님의 아들인 예수님께서 재림하셔서 예수님의 신부인 새 예루살렘과 결혼한 후 완전한 한 몸으로 통치 행위를 훈련해야 하기 때문에 필요한 것이다. 이미 에덴에서는 아담과 하와가 이런 통치 행위를 실패 했었다. 그러나 예수님과 교회의 천년 통치는 용과 미혹된 곡과 마곡을 통해 시험을 받지만 승리하여 하나님 아버지께 인정을 받게 되어 영광을 얻게 되는 것이다. 드디어 온전한 하나님의 아들이 되는 것이다. 그래서 영원한 아버지의 나라를 상속 받아 통치하는 것이다.

11. 하나의 원자 속에 있는 우주론과 천년왕국

홀로그램 우주론

불가사리는 아무리 작은 조각으로 떼어 내도 바로 원형으로 복원이 된다. 왜냐하면 작은 조각 속에 원형을 가진 유전자가 있기 때문이다. 그래서 눈에 보이는 불가사리는 진짜가 아닌 가짜인 홀로그램이다. 눈에 보이는 불가사리는 눈에 보이지 않는 불가사리 유전자이기 때문이다. 사람도 보이지 않는 하나의 유전자가 100조 개로 분열되어 보이는 형체가 된 홀로그램이다. 그래서 보이는 사람은 가짜이다. 진짜는 어머니 뱃속에서 처음 만들어진 하나의 유전자이다. 사람의 신체 중 일부를 떼어 내어 체세포 복제를 통해서 똑같은 인간을 복제할 수 있다. 그 인간 역시 가짜 인간인 홀로그램이다. 우주 역시 하나의 원자 속에 있다. 하나의 원자 속에 있는 수많은 원자들이 분열이 되어 지금 우주가 만들어 졌다. 이것을 빅뱅이라고 한다. 그래서 우주는 지금도 팽창하여 커지고 있는 것이다. 아무리 사람이 빛의 속도로 달려가도 우주 끝은 더 멀어진다. 그래서 현대 우주는 그 크기조차 알 수 없는 것이다.

그러나 우주 역시 초양자장으로 이어진 원자들로 가득 차 있기 때문에 아무리 멀고 측량할 수 없는 우주라도 이쪽 끝에서 저 쪽 끝까지는 순식간에 하나의 원자라는 매카니즘 속에서 작동을 한다. 이것을 양자 역학에서 양자 얽힘이라고 한다. 우리의 신체가 100조 개의 세포로 이루어져서 어느 부분을 만져도 동시에 느낌을 받을 수 있는 것처럼 광활한 우주 역시 하나의 원자 속에서 만나고 느끼고 해부될 수도 있는 것이다. 그래서 스티브 호킹 박사는 우주의 갯수를 우주 속에 있는 원자 갯수로 계산하여 10의 500승 보다 많다고 정의하였다.

안개와 같은 이 세상

성경은 세상을 무엇이라고 하는가? 눈에 보이는 우주는 보이는 것으로 만들어진 것이 아니라고 하였다.

“믿음은 바라는 것들의 실상이요 보지 못하는 것들의 증거니 선진들이 이로써 증거를 얻었느니라 믿음으로 모든 세계가 하나님의 말씀으로 지어진 줄을 우리가 아나니 보이는 것은 나타난 것으로 말미암아 된것이 아니니라”(히11:1-3)

2500년 전에 그리스 자연주의 철학자들은 세상의 모든 물체는 운동하는 에너지 덩어리 라고 정의 하였다. 이것이 데모크리토스의 원자론이다. 수소원자의 크기는 1억분의 1㎝이다. 눈으로 볼 수 없다.

“그러므로 우리가 낙심하지 아니하노니 겉사람은 후패하나 우리의 속은 날로 새롭도다 우리의 잠시 받는 환난의 경한 것이 지극히 크고 영원한 영광의 중한 것을 우리에게 이루게 함이니 우리의 돌아보는 것은 보이는 것이 아니요 보이지 않는 것이니 보이는 것은 잠간이요 보이지 않는 것은 영원함이니라”(고후4:16-18)

만약 당신이 눈에 보이는 물질 세상을 의지하고 살고 있다면 당신은 지금 크게 속아서 살고 있는 것이다. 홀로그램은 단순히 그림자에 불과하다. 기독교 신학의 출발은 플라톤 철학이다. 플라톤 철학은 그리스 유물사관 철학이다. 플라톤의 이원론 철학이 아리스토텔레스의 형이상학 철학을 통해 플로티누스에 의해서 뉴 플라톤 철학으로 만들어졌다. 뉴 플라톤 철학을 통해서 오리겐은 우주의 음양오행의 태양종교 원리인 로고스 신학을 만들었다. 이것이 오늘날 바알 기독교인 번영신학이 되었다. 플라톤 철학은 역사적 변증법을 통해 헤겔의 정반합 역사 통합 철학으로 만들어 졌다. 플라톤 철학은 철학적 변증법을 통해 클레멘트와 오리겐의 가짜 기독교 신학으로 만들어 졌다. 플라톤 철학은 유물론적 변증법을 통해 칼 마르크스의 자본론으로 만들어졌다. 헤겔의 역사 통합의 법칙으로 정치가 통합이 되고 있다. 오리겐의 뉴 플라톤 철학으로 종교가 통합이 되고 있다. 칼 마르크스의 유물론 변증법을 통해 공산주의 세계정부가 만들어지고 있다.

많은 사람들은 눈에 보이는 세상이 전부인줄 알고 있다. 성경에서 말하고 있는 안개와 같은 세상은 안중에도 없다 오로지 눈에 보이는 물질을 얻고 그 안에서 천만년 살고자 한다. 꿈을 깨시라. 세상에 보이는 것은 홀로그램에 불과하다. 그림자에 불과하다. 곧 눈에 보이는 세상은 순식간에 사라진다. 그때 당신이 어떤 사람인가를 진정 알게 될 것이다. 세상은 없어져도 하나님의 말씀은 영원하다. 그 말씀을 가지고 사는 사람은 영원하다.

당신은 천년왕국을 얼마나 알고 있는가? 영원한 나라의 모형인 이 나라에서 당신은 어떤 기업을 얻을 것인가? 남의 이야기처럼 들리는가? 지금 상태 그대로 구원을 받을 수 있다고 생각하는가? 꿈에서 깨어나시라! 절대로 그런 어리석은 일은 일어나지 않을 것이다. 왜냐하면 지금 당신의 귀에 들리는 기독교 구원은 모두 거짓인 것이다. 희생제물로 33년을 한결같이 자신을 생축으로 드린 예수가 당신 안에서 사시지 않으면 당신은 예수와 관계가 없는 것이다. 썩고 불타버릴 세상 것들 속에 들어가 살고 있는 당신은 그것들과 함께 썩고 불태움을 받을 것이다.

"누가 손바닥으로 바닷물을 헤아렸으며 뼘으로 하늘을 쟀으며 땅의 티끌을 되에 담아 보았으며 접시저울로 산들을, 막대 저울로 언덕들을 달아 보았으랴 누가 여호와의 영을 지도하였으며 그의 모사가 되어 그를 가르쳤으랴 그가 누구와 더불어 의논하셨으며 누가 그를 교훈하였으며 그에게 정의의 길로 가르쳤으며 지식을 가르쳤으며 통달의 도를 보여 주었느냐보라 그에게는 열방이 통의 한 방울 물과 같고 저울의 작은 티끌 같으며 섬들은 떠오르는 먼지 같으리니"(사40:12-15)

이사야 선지자는 예수님께서 재림 하셔서 세상을 심판하실 때 물질을 우상으로 섬기는 자들이 받을 심판에 대하여 경고하면서 하나님의 위대하심을 찬양하고 있다. 아직도 당신은 당신의 지혜와 지식으로 하나님의 말씀을 무시하고 멸시를 하는가? 이는 손바닥으로 바닷물을 헤아리고, 손 뼘으로 하늘을 재고, 티끌을 되에 담아 셈하려 하는 것과 같이 어리석은 행위이다.

12. 세 번 창조의 비밀

첫 번째 창조

"만물이 그에게 창조되되 하늘과 땅에서 보이는 것들과 보이지 않는 것들과 혹은 보좌들이나 주관들이나 정사들이나 권세들이나 만물이 다 그로 말미암고 그를 위하여 창조되었고 또한 그가 만물보다 먼저 계시고 만물이 그 안에 함께 섰느니라"(골1:16-17)

"우리의 씨름은 혈과 육에 대한 것이 아니요 정사와 권세와 이 어두움의 세상 주관자들과 하늘에 있는 악의 영들에게 대함이라"(엡6:12)

골로새서 1장에는 하나님의 첫 번째 창조가 기록되어 있다. 보이는 것과 보이지 않는 것들을 창조하셨다. 보이는 것들은 물질이다. 보이지 않는 것들은 천사 창조이다. 피조된 천사들의 계급이 보좌, 권세, 정사, 주관자로 기록이 되어 있다. 이때만 하여도 천사장 루시엘은 타락하기 전이었다. 그러나 그가 너무나 영화롭게 창조되어 하나님의 비밀인 교회의 영광을 알고 시기심이 일어나 하나님을 대적하다가 심판을 받아 물질 세상인 땅에 찍히고 말았다. 그래서 땅이 혼돈하고 공허하고 흑암이 깊음 위에 있게 된 것이다.

"너 아침의 아들 계명성이여 어찌 그리 하늘에서 떨어졌으며 너 열국을 엎은 자여 어찌 그리 땅에 찍혔는고 네가 네 마음에 이르기를 내가 하늘에 올라 하나님의 뭇별 위에 나의 보좌를 높이리라 내가 북극 집회의 산 위에 좌정하리라 가장 높은 구름에 올라 지극히 높은 자와 비기리라 하도다 그러나 이제 네가 음부 곧 구덩이의 맨밑에 빠치우리로다"(사14:12-15)

"인자야 두로 왕을 위하여 애가를 지어 그에게 이르기를 주 여호와의 말씀에 너는 완전한 인이었고 지혜가 충족하며 온전히 아름다왔도다 네가 옛적에 하나님의 동산 에덴에 있어서 각종 보석 곧 홍보석과 황보석과 금강석과 황옥과 홍마노와 창옥과 청보석과 남보석과 홍옥과 황금으로 단장하였었음이여 네가 지음을 받던 날에 너를 위하여 소고와 비파가 예비되었었도다 너는 기름 부음을 받은 덮는 그룹임이여 내가 너를 세우매 네가 하나님의 성산에 있어서 화광석 사이에 왕래하였었도다 네가 지음을 받던 날로부터 네 모든 길에 완전하더니 마침내 불의가 드러났도다 네 무역이 풍성하므로 네 가운데 강포가 가득하여 네가 범죄하였도다 너 덮는 그룹아 그러므로 내가 너를 더럽게 여겨 하나님의 산에서 쫓아 내었고 화광석 사이에서 멸하였도다 네가 아름다우므로 마음이 교만하였으며 네가 영화로우므로 네 지혜를 더럽혔음이여 내가 너를 땅에 던져 열왕 앞에 두어 그들의 구경거리가 되게 하였도다 네가 죄악이 많고 무역이 불의하므로 네 모든 성소를 더럽혔음이여 내가 네 가운데서 불을 내어 너를 사르게 하고 너를 목도하는 모든 자 앞에서 너로 땅 위에 재가 되게 하였도다"(겔 28:12-18)

두 번째 창조

"태초에 하나님이 천지를 창조하시니라 땅이 혼돈하고 공허하며 흑암이 깊음 위에 있고 하나님의 신은 수면에 운행하시니라 하나님이 가라사대 빛이 있으라 하시매 빛이 있었고 그 빛이 하나님의 보시기에 좋았더라"(창1:1-4)

이사야 14장에서는 루시퍼가 타락하여 하나님께 심판을 받아 땅에 찍힌 것에 대하여 기록하고 있다. 여기에서 땅을 음부라고 하였다. 창세기 1장 2절에서 땅이 혼돈하고 공허하고 흑암이 깊음 위에 있고 하나님의 신은 수면위에 운행 하신다. 하나님께서 6일 동안 우주를 창조하신다. 이것이 두 번째 창조이다. 하나님께서 에덴을 지으시고 아담과 하와에게 통치하도록 하셨다.

"하나님이 자기 형상 곧 하나님의 형상대로 사람을 창조하시되 남자와 여자를 창조하시고 하나님이 그들에게 복을 주시며 그들에게 이르시되 생육하고 번성하여 땅에 충만하라, 땅을 정복하라, 바다의 고기와 공중의 새와 땅에 움직이는 모든 생물을 다스리라 하시니라"(창 1:27-28)

하나님께서 통치 하라고 하신 에덴에는 이미 사단인 뱀이 있다. 옛 뱀은 용, 마귀, 온 천하를 꾀는 자, 루시퍼이다.

"큰 용이 내어 쫓기니 옛 뱀 곧 마귀라고도 하고 사단이라고도 하는 온 천하를 꾀는 자라 땅으로 내어 쫓기니 그의 사자들도 저와 함께 내어 쫓기니라 내가 또 들으니 하늘에 큰 음성이 있어 가로되 이제 우리 하나님의 구원과 능력과 나라와 또 그의 그리스도의 권세가 이루었으니 우리 형제들을 참소하던 자 곧 우리 하나님 앞에서 밤낮 참소하던 자가 쫓겨 났고"(계12:9-10)

아담은 뱀을 다스리고 통치해야 했는데 오히려 뱀에게 미혹되어 죄를 짓고 사망의 노예가 되어 버렸다. 이런 인간을 구원하시기 위해 예수님께서 육체를 가지고 오신 것이다.

"자녀들은 혈육에 함께 속하였으매 그도 또한 한 모양으로 혈육에 함께 속하심은 사망으로 말미암아 사망의 세력을 잡은 자 곧 마귀를 없이 하시며 또 죽기를 무서워하므로 일생에 매여 종노릇하는 모든 자들을 놓아 주려 하심이니 이는 실로 천사들을 붙들어 주려 하심이 아니요 오직 아브라함의 자손을 붙들어 주려 하심이라"(히2:14-16)

세 번째 창조

이사야 선지자는 이사야 24장에서 두 번째 창조 세계가 망가져서 공허하게 되고 황무하게 되어서 예수님께서 오셔서 모두 심판하여 없게 하신다. 예루살렘을 새롭게 하시고 그곳에서 왕이 되신다. 새 하늘과 새 땅을 다시 창조 하셔서 다스릴 것을 예언하고 있다. 이것이 세 번째 창조인 천년왕국이다.

"여호와께서 땅을 공허하게 하시며 황무하게 하시며 뒤집어 엎으시고 그 거민을 흩으시리니 백성과 제사장이 일반일 것이며 종과 상전이 일반일 것이며 비자와 가모가 일반일 것이며 사는 자와 파는 자가 일반일 것이며 채급하는 자와 채용하는 자가 일반일 것이며 이자를 받는 자와 이자를 내는 자가 일반일 것이라 땅이 온전히 공허하게 되고 온전히 황무하게 되리라 여호와께서 이 말씀을 하셨느니라 그 때에 달이 무색하고 해가 부끄러워하리니 이는 만군의 여호와께서 시

온산과 예루살렘에서 왕이 되시고 그 장로들 앞에서 영광을 나타내실 것임이니라"(사24:1-3,23)

"또 내가 새 하늘과 새 땅을 보니 처음 하늘과 처음 땅이 없어졌고 바다도 다시 있지 않더라 또 내가 보매 거룩한 성 새 예루살렘이 하나님께로부터 하늘에서 내려오니 그 예비한 것이 신부가 남편을 위하여 단장한 것 같더라 보좌에 앉으신 이가 가라사대 보라 내가 만물을 새롭게 하노라 하시고 또 가라사대 이 말은 신실하고 참되니 기록하라 하시고"(계21:1-2,5)

지금 우리가 살고 있는 이 세상은 두 번째 창조의 세계이다. 예수님은 복음이 땅 끝까지 전파되고 이방인의 때가 차면 이스라엘과 예루살렘이 회복되고 성전이 건축되어 배도자가 나타나 거룩한 성전에 멸망의 가증한 우상을 세우고 자기가 하나님이라고 할 때 예수님께서 오셔서 심판하시고 교회와 함께 새 하늘과 새 땅을 지으시고 통치하신다고 하셨다. 이때 세워지는 천년왕국이 세 번째 나라이다.

"생각건대 현재의 고난은 장차 우리에게 나타날 영광과 족히 비교할 수 없도다 피조물의 고대하는 바는 하나님의 아들들의 나타나는 것이니 피조물이 허무한데 굴복하는 것은 자기 뜻이 아니요 오직 굴복케 하시는 이로 말미암음이라 그 바라는 것은 피조물도 썩어짐의 종노릇 한데서 해방되어 하나님의 자녀들의 영광의 자유에 이르는 것이니라 피조물이 다 이제까지 함께 탄식하며 함께 고통하는 것을 우리가 아나니 이뿐 아니라 또한 우리 곧 성령의 처음 익은 열매를 받은 우리까지도 속으로 탄식하여 양자 될것 곧 우리 몸의 구속을 기다리느니라"(롬8:18-23)

바울도 세 번째 창조된 천년왕국을 기다리고 있다.

"어린 양이 나아와서 보좌에 앉으신 이의 오른손에서 책을 취하시니라 책을 취하시매 네 생물과 이십 사 장로들이 어린 양 앞에 엎드려 각각 거문고와 향이 가득한 금 대접을 가졌으니 이 향은 성도의 기도들이라 새 노래를 노래하여 가로되 책을 가지시고 그 인봉을 떼기에 합당하시도다 일찍 죽임을 당하사 각 족속과 방언과 백성과 나라 가운데서 사람들을 피로 사서 하나님께 드리시고 저희로 우리 하나님 앞에서 나라와 제사장을 삼으셨으니 저희가 땅에서 왕노릇하리로다 하더라 내가 또 보고 들으매 보좌와 생물들과 장로들을 둘러 선 많은 천사의 음성이 있으니 그 수가 만만이요 천천이라 큰 음성으로 가로되 죽임을 당하신 어린 양이 능력과 부와 지혜와 힘과 존귀와 영광과 찬송을 받으시기에 합당하도다 하더라 내가 또 들으니 하늘 위에와 땅 위에와 땅 아래와 바다 위에와 또 그 가운데 모든 만물이 가로되 보좌에 앉으신 이와 어린 양에게 찬송과 존귀와 영광과 능력을 세세토록 돌릴찌어다 하니 네 생물이 가로되 아멘 하고 장로들은 엎드려 경배하더라"(계5:7-14)

요한 계시록 5장에서는 다니엘이 기록하여 인봉한 심판의 두루마리를 예수님께서 떼시면서 심판이 시작된다. 그때 새로운 천년왕국에서의 만물의 회복을 기다리는 네 생물, 24 장로, 천만 천사, 만물들이 찬양을 하고 있다.

제3장 신학적 천년왕국의 교리들

1. 무천년주의(無千年主義, A-Millenenialism) 신학의 비밀

1) 종말론 신학의 중요성

기독교의 본질을 알아보는 방법 중에서 가장 중요한 것은 종말론이다. 종말론에 대한 태도는 신앙의 가치관을 알아 볼 수 있는 척도와 기준이 되기 때문이다. 그가 가진 종말론의 신앙을 보면 그 사람의 신앙의 뿌리를 알아 볼 수 있다. 어떤 종말론을 가지고 있는가에 따라서 세상을 평가하는 기준이 다르다. 미래를 예측하는 방향도 달라진다. 이것은 결코 신학적인 요소만 아니다. 신앙의 가치관이자 목적이기도 하다.

기독교 역사 2000년 동안 가장 큰 파장을 일으킨 신학 중의 하나가 무천년주의이다. 신비주의 유대 카발라가 탄생한 알렉산드리아 학파로부터 시작된 무천년주의는 오리겐, 어거스틴, 칼빈, 아브라함 카이퍼를 통해 오늘에 이르렀다. 오늘의 모든 세계 교회는 무천년주의라는 신학을 통해 배도의 길을 가고 있다. 무천년주의 교리 안에 감춰져 있는 비밀은 구약성경의 다윗의 메시아 신국(神國) 사상이다. 이것은 메시아 대망론에 빠진 바리새파 유대인들이 바벨론 포로 이후에 줄기차게 추구해온 세계주의 사상이다.

지상에서 유일하게 지켜온 이 세계주의 사상은 바벨론 탈무드를 가진 알렉산드리아 학파를 통해 로마 가톨릭이 세워지고 어거스틴의 신국론을 통해 개혁교회에 전달된 후 아브라함 카이퍼에 의해 오늘날 신사도 운동의 주된 교리가 되었다.

2) 무천년주의가 탄생하게 된 배경

무천년주의 비밀을 알아보는 가장 좋은 방법은 탄생의 비밀을 알아보는 것이다. 무천년주의는 알렉산드리아 학파 클레멘트(Clement) 오리겐(Origen), 디오니시우스(Dionysius)가 요한 계시록은 요한이 쓴 것이 아니며 문자적으로 이해해서는 안된다고 주장하면서 교회를 통해 이루어지는 지상의 천년왕국을 부인하고 유대주의 신국을 세우기 위해 전천년주의를 반대한 것이다. 이것은 사단이 하나님 나라를 훼방하고 도리어 사단의 배도의 나라를 지상에 세우기 위한 음모였다. 알렉산드리아 학파를 제외한 초대교회 모든 교부들은 전천년주의를 따라서 경건한 삶을 살았다.

3) 무천년주의 사상

알렉산드리아 유대인 공동체는 유대교와 초기 기독교를 이해하는데 매우 중요하다. 제 2 성전시대 가장 큰 디아스포라 집단이었던 이 공동체는 그리스-로마 문화를 그들의 바벨론 탈무드라고 하는 전승에 접목시키면서 헬라주의적 유대교를 형성시켰고, 예루살렘을 중심으로 한 팔레스틴 유대교(Palestinian Judaism)와 함께 당시 유대교의 두 축을 이루었다. 이들의 사상은 초기 기독교 교부들에게 영향을 주어 알렉산드리아 학파의 형성을 가능케 했다. 알렉산드리아 학파 사람들은 플라톤주의 철학과 영지주의 철학과 바리새파 유대인들의 바벨론 탈무드라는 비전(祕傳)에 나타난 신비주의를 추구한 학파였다.

특히 이들은 바벨론 포로 이후 유대인 디아스포라를 형성하면서 집약된 헬라문화를 유대의 종교와 문화에 종속시키면서, 유대화를 시도했다. 그래서 그들은 하나님을 형이상학적으로 이해했다. 초월적 존재로서의 하나님에 대한 개념은 중기 플라톤주의와 신피타고라스학파(Neopythagoreanism)의 신인동형론적(anthropomorphic)으로 이해했으며, 유대교를 헬라주의적 신비종교로 변형시켰다. 헬라주의적 유대교는 이집트의 유대교에서 시도 되었던 것이다. 그러나 실상은 태양신 루시퍼를 섬기는 사단종교였다.

그들이 이렇게 유대주의를 헬라화 한 이유는 바리새파 유대인들이 추구하고 있었던 구약에서 예언하고 있는 다윗의 메시아 신국론(神國論)을 대망했기 때문이다. 메시아 신국론은 다윗의 후손이 나타나서 지상의 유토피아 즉 우주를 회복한다는 개념이다. 이것이 바리새파 유대인들의 세계주의이다. 지상에서 유일하게 소유하고 있는 세계관이다.

이들에게 있어서 이런 유대주의 메시아 신국론은 수많은 전쟁과 포로생활, 방랑과 핍박 등을 받으면서 더욱 더 구체화 되었던 것이다. 특히 바벨론 포로생활과 페르시아 제국을 거치면서 바리새파 유대교는 바벨론의 태양신인 조로아스터교를 흡수한다. 그 후 그리스 제국을 거치면서 플라톤 철학과 그리스와 이집트의 비밀종교인 영지주의와 결합한다. 알렉산드리아 바리새파 유대인들은 당시 헬라문화가 지배하고 있는 세계를 정복하기 위해 헬라문화를 유대문화에 흡수해서 유대주의 세계화를 추구했던 것이다.

알렉산드리아 학파인 바리새파 유대인들의 헬라 문화의 세계화는 오리겐의 성경 번역작업과 비유, 상징, 알레고리적인 성경해석을 통해 기독교와 접목을 시켰다. 그래서 탄생한 것이 로마 가톨릭이다. 로마 가톨릭을 공인한 콘스탄틴은 알렉산드리아 학파이며 교회 역사가인 유세비우스의 친한 친구로서 태양신인 조로아스터교 즉 미트라교를 믿고 있었는데 유세비우스를 통해 알렉산드리아 학파에서 흡수한 유대주의 기독교를 받아들이고 밀라노 칙령을 통해 미트라 기독교를 세계종교로 공인하게 된 것이다.

바리새파 유대인 알렉산드리아 학파는 그들이 만든 유대교화 된 로마 가톨릭을 통해 그들이 추구한 구약 메시아 신국 건설을 하려 했던 것이다. 유세비우스는 콘스탄틴을 페르시아 제국을 건설하고 유대인들을 포로에서 해방시킨 고레스(사이러스)대왕이라고 추켜 세웠다.

그리고 그가 선포한 세계평화헌장을 모델로 하여 주후 313년 팍스 로마를 건국하기 위해 밀라노 칙령을 발표하게 한 것이다.

유세비우스는 콘스탄틴 대왕의 로마 신국 통치를 위해 오리겐의 70인 성경을 차용해서 50권의 성경을 새롭게 번역하여 황실에 헌정을 했다. 제롬도 역시 로마 가톨릭을 통한 유대주의 세계 신국을 건설하기 위해 벌게이트 라틴어 성경을 번역해서 1000년 동안 사용하게 했다. 암브로스와 어거스틴도 로마 가톨릭을 지상의 천년왕국으로 세우기 위해 철학과 신학의 논리를 세웠다. 이것이 어거스틴의 하나님의 도성이란 신국론이다. 이 책을 통해 그레고리 1세는 1000년의 중세 교황시대를 열었다.

4) 무천년주의 교회관

무천년주의 교회관은 어거스틴의 신국론을 통해 최초로 교리화 되었다. 어거스틴이 신국론(神國論)을 쓰게 된 배경은 주후 410년 고트족의 로마 점령 사건이다. 당시 모든 사람들은 로마 제국이 지상의 유토피아 천년왕국 신국(神國)으로 이해를 했다. 그러나 고트족에 의해서 로마가 점령 당하자 큰 충격에 빠졌다. 그래서 로마는 흔들리기 시작했다.

그리고 신국인 로마가 망해가는 원인을 찾기 위해 수많은 주장들이 나오게 되었다. 그중에 가장 큰 목소리는 로마가 태양신 미트라교를 버리고 기독교를 받아 들였기 때문이라는 주장이 나왔다. 결국 기독교가 로마를 망하게 하였다는 기독교 실패론이 등장하게 된 것이다. 이때 어거스틴은 신국론(하나님의 도성)이라는 책을 써서 기독교를 변호했던 것이다.

신국론에서 어거스틴은 두 개의 신국을 설명한다. 현재 보이는 신국과 보이지 않는 신국으로 나누었다. 보이는 가시적인 신국은 현재 불안한 로마제국이다. 그리고 보이지 않은 불가시적인 신국은 미래의 로마제국이다. 그는 현재 불안한 로마 제국은 잠시 현상일 뿐 보이지 않는 로마 제국은 영원하다는 사실을 강조하고 있는 내용이다.

어거스틴의 신국론은 칼빈에 의해서 구체화 되었다. 칼빈도 제네바 종교 개혁을 통해서 이룩하고자 한 것은 제네바를 신국 모델로 세우는 것이었다. 그리고 제네바 아카데미를 통해서 세계로 퍼져 나간 칼빈의 개혁주의 교회도 역시 신국(神國)을 세우기 위한 국가교회주의였다.

무천년주의자들의 교회론은 교회와 국가를 하나의 체제로 보는 보편적 교회이다. 이것은 구약 이스라엘의 신정정치 이론이다. 이것을 제국주의 기독교라고 한다. 군함과 대포를 통해 무력으로 세계를 선교하려고 했던 무리들이 모두 다 지상의 메시아 신국(神國)을 세우려 했던 바리새파 유대인들이었다.

보편적 교회론을 통해 세워진 국가교회의 신정정치의 산물 중에는 유아 세례 제도가 있다. 국가가 법으로 정해서 모든 유아는 세례를 받도록 했다. 그 이유는 태어난 어린 아이는 신국의 국민이기 때문이다. 구약의 할례 제도를 세례라는 명칭으로 대체시켜 메시아 신국을 세우려 했던 것이다. 구약의 할례 제도를 유아 세례로 제정한 사람이 오리겐이다. 이런 유아 세례를 통한 신국제도는 어거스틴의 로마 가톨릭 국가 교회와 아브라함 카이퍼에 의해서 더욱 더 견고해 졌다. 아브라함 카이퍼는 어린 아이는 태어날 때부터 중생한 상태로 태어난 것이라고 주장했다.

5) 무천년주의 복음

무천년주의자들은 세상을 타락한 심판의 대상으로 보지 않는다. 고쳐서 회복시키면 다시 살만한 세상이 될 수 있다고 생각한다. 이것이 아브라함 카이퍼의 일반은총론이다. 그래서 무천년주의 복음은 예수를 믿고 구원을 받아서 세상에서 성경에서 말하고 있는 모든 복을 누리고 살다가 죽어서 천국에 들어가는 것이다. 구원 받은 성도들이 살고 있는 세상이 바로 천국이 되기 때문이다. 전천년주의자들은 세상을 타락한 심판의 대상으로 본다. 그래서 세상의 것들을 사랑하지 않고 무시한다. 재물이나 명예나 그 어떤 높은 지위도 전천년주의자들의 눈에는 헛된 것들로 보인다. 구원 받은 성도가 사는 유일한 목적은 자기 속에 살아계신 예수님이 사시도록 자신을 부인하고 하나님의 말씀에 순종해서 살아가는 것이다. 예수님 한 분 만으로 만족하고 사는 것이다. 전천년주의자들은 예수님이 오셔서 세우시는 천년왕국이 바로 자신들이 통치할 나라이기 때문에 구원 받은 성도는 물질 세상에서 나그네와 행인 같이 살면서 예수님이 가져 오실 그 나라를 사모하고 사는 것이다. 그러나 무천년주의 복음은 예수님이 재림하실 때 세우시는 천년왕국을 부인하고 지금 내가 살고 있는 교회시대가 천년왕국시대라고 여기기 때문에 세상에서의 부흥과 번영을 추구하게 되는 것이다. 이것을 바알 기독교라고 한다. 즉 물질 중심의 기독교라는 것이다.

똑같이 예수를 믿고 구원을 받아도 자신들이 받은 구원의 의미가 다르다. 무천년주의자들이 말한 구원은 예수 믿고 건강해져서 잘 먹고 잘 사는 것이다. 왜냐하면 지금 교회시대가 천년왕국 시대이기 때문이다. 그러나 전천년주의자들이 말한 구원은 철저하게 타락한 세상에서 구별된 것이다.

무천년주의자들은 보편적 구원을 주장 한다. 이것은 만인 구원설이다. 누구든지 주의 이름을 부르는 자들은 구원을 얻는다. 사영리나 브릿지를 통해서 예수를 영접하면 모두 구원을 얻는다. 사회복음인 미쇼 데이를 통해서 국가나 사회가 복음화 되어 반기독교 문화가 사라지면 모두 구원을 얻게 되고 하나님의 나라가 세워지게 된다. 그래서 성시화 운동을 하고 성국화 운동을 하는 것이다. 이것이 무천년주의를 통해 실현되고 있는 신사도 운동이다. 오리겐, 칼 바르트, 존 스토트, 아브라함 카이퍼, 빌리 그래함이 주장한 우주교회이다. 헬라 영지주의 철학과 독일의 관념주의 철학에서 나온 유기체 철학은 우주를 하나의 생명으로 이해한다. 이것이 그들이 본 우주관이고 교회관이다. 도예베르트가 우주법 철학에서 주장한 우주 교회론이다.

아브라함 카이퍼는 예수님의 십자가 구속의 목적은 타락한 인간 만을 위한 구속이 아니라 우주적인 회복을 위한 대속이라고 한다. 이것이 그가 주장한 문화대명령이다. 그래서 결국은 예수님의 대속의 은총으로 온 만물이 다 회복 된다는 구원론이다. 여기에는 종교의 차별이 없다. 민족의 차별도 없다. 여기에는 자연도 포함된다. 우주의 해와 달과 별들도 포함된다. 심지어 사탄의 세력들까지 예수님의 구속에 포함된다. 그래서 악의 뿌리가 사라지는 영원한 신국이 세워지는 것이다. 이것은 예수님께서 재림하셔서 세우실 천년왕국이다. 그러나 무천년주의자들은 지금 이 세상에서 이런 일들이 일어나게 하는 것이다. 이것이 에큐메니컬 종교통합으로 세워진 우주교회이다.

그래서 그들은 우주를 포함한 자연을 구원의 대상으로 이해한다. 정치구조나 경제구조도 구원의 대상으로 포함한다. 범신론적인 구원론이다. 무천년주의 신학은 오리겐이 뉴 플라톤 철학을 통해 만든 교리이다. 뉴 플라톤 철학에서는 악의 개념이 없다. 악이란 선의 결핍일 뿐이다. 결국 선이 채워지면 모든 악이 사라지는 것이다. '일자'라는 절대적인 존재로 우주가 탄생했다. 그리고 다시 '일자'라는 절대적인 존재로 돌아간다. 그렇게 되면 우주는 회복되어 모든 악이 사라지고 자유롭게 된다. 이것이 뉴 플라톤 철학에서 말한 윤회사상인 영겁회귀 영혼 상승구원이다.

그들이 주장한 최종구원은 절대적인 신에게 복귀하는 것이다. 영겁회귀이다. 영원히 더 나은 신적존재로 신인합일을 통해 복귀하는 과정을 영겁회귀라고 한다. 그래서 지옥은 없는 것이다. 자연주의 철학은 사람과 자연을 하나로 이해한 헬라철학에서 나온 철학이다. 현대 최고의 영성가 유진 피터슨이 말하고 있는 기독교 영성은 사기이다. 그는 관상기도를 통해 자연의 영성을 경험하고 기독교 영성인 것처럼 속이고 있는 것이다.

6) 무천년주의 세계관

무천년주의가 바라보는 세상과 인간은 어떤 존재인가? 전천년주의와 무천년주의는 세상을 바라보는 신학의 관점이 전혀 다르다. 인간을 평가하는 관점도 전혀 다르다. 미래를 예측하는 방법도 전혀 다르다. 얼마만큼 다른가? 하늘과 땅만큼 다르다.

무천년주의는 세상을 긍정적으로 본다. 그래서 항상 일으켜 세워서 지상의 신국을 세울 수 있는 재료들로 가득한 세상으로 본다. 정치, 경제, 사회, 가정, 교육, 미디어, 예술 등의 세계를 변화시켜 신국으로 만들 수 있다고 생각한다. 이것이 아브라함 카이퍼의 일반은총과 빌 브라이트와 로렌 커닝햄이 주장한 7개 정복할 산이다. 인간에 대한 평가도 아주 후하다. 인간 속에 스스로를 살릴 수 있는 신의 영성이 많이 존재 한다고 믿는다. 그래서 기도운동을 통해서 수많은 영성 훈련을 하는 것이다. 이것이 신사도 운동이다. 플라톤 철학에서 원래 인간은 신인동격체(神人同格體)였다. 그래서 마음을 비운 관상기도를 통해서 신의 형상을 채워 나가는 것이다.

무천년주의가 탄생한 동기는 구약 바리새파 유대인들의 메시아 신국이론이다. 그리고 그들이 세웠던 신학이 뉴플라톤주의 우주론이다. 그래서 그들의 주장은 성경과 정 반대가 되는 것이다. 성경은 인간이 완전히 타락해서 일으켜 세울 것이 전혀 없기 때문에 예수님이 죽으셔야 한다는 사실을 강조하고 있다. 성경은 이 세상이 비록 하나님께서 세우신 제도이지만 동일한 말씀으로 불태워 버릴 타락한 존재로 말씀을 하고 있다. 세상에 있는 모든 것이 육신의 정욕과 안목의 정욕과 이생의 자랑이라고 했다. 예수님도 세상이 악한 자에게 처해 있다고 정죄하셨다, 세상을 사랑하지 말라고 했고, 세상을 사랑하는 자들은 간음하는 자들이라고 했다. 그래서 사단주의자들은 야고보서를 성경에서 제외시켰다.

7) 무천년주의 종말관

전천년주의와 무천년주의는 종말을 이해하는 관점이 전혀 다르다. 무천년주의는 종말을 아주 밝게 본다. 세상의 정치, 경제, 교육, 과학의 힘으로 세상에 신국이 세워질 것을 교육한다. 그리고 그 신국의 주인공들이 자신들이 될 것을 기대한다. 그래서 칼빈은 제네바에서, 아브라함 카이퍼는 암스텔담에서 성시화 운동을 했다. 그러나 전천년주의는 성경에 기록된 종말을 비관적으로 본다. 세상은 종말이 다가올

수록 더욱 더 타락하고, 부패하고, 결국은 온 세상이 바벨론 음녀에게 미혹되어 하나님을 배도할 세상으로 본다. 그래서 종말의 세상을 심판의 대상으로 보는 것이다.

천국의 개념도 다르다. 무천년주의는 전천년주의 반대로 이 세상에 천년왕국이 세워질 것을 주장한다. 그러나 전천년주의는 진정한 천년왕국은 예수님이 오셔서 새로운 나라에서 세워질 것을 강조한다. 무천년주의는 눈에 보이는 정치나 경제나 체제 속에 하나님의 나라가 임한다고 한다. 그러나 전천년주의는 사람들의 마음속에 하나님의 나라가 임한다고 본다. 존 스토트와 빌리 그래함은 로잔 선언을 통해서 세상에 세워질 하나님의 나라를 선포했다. 그리스도인들의 사회참여를 강조했다. 무천년주의자들은 세상을 변화시키려고 한다. 이것이 그들의 기독교 세계관이다. 그러나 전천년주의자들은 사람을 변화시키려고 한다. 이것이 그들의 내세관이다.

8) 무천년주의와 신세계질서

이상에서 정리해 보았듯이 전천년주의와 무천년주의는 정반대이다. 지상이냐 천국이냐, 사람이냐 제도냐, 하늘이냐 땅이냐, 물질이냐 영이냐, 십자가 복음이냐 영지주의 철학이냐, 하나님의 능력이냐 사람의 힘이냐 ---

처음부터 전천년주의를 반대한 무천년주의는 지상의 유토피아 신국론이다. 이것은 바리새파 유대인들의 메시아 나라이다. 이것을 보편적 교회라고 사기를 친 것이다. 이 사람들이 오리겐을 중심으로 한 알렉산드리아 학파이다. 곧 바리새파 유대인들이다. 그들은 가짜 유대인들이다. 바벨론 탈무드를 가지고 사탄을 숭배하는 루시퍼 태양신 숭배자들이다. 그들이 2000년 동안 로마 가톨릭을 통해 세계를 지배해 온 것이다. 세상에서 세워지고 있는 하나님의 나라인 교회의 비밀을 알고 훼방할 수 있는 자는 오직 사단 밖에 없다. 그 유일한 세력이 바로 바리새파 유대인들이다. 성경은 이들을 사단의 회라고 하였다.

그들은 엘리트 아리안주의 기독교를 만들었다. 유럽의 최초의 왕국 프랑크 왕국의 친 유대 왕조인 메로빙거 왕조를 세웠다. 알렉산드리아 바벨론 탈무드 유대인으로부터 시작해서 오르므즈 영지주의, 시온 수도회, 템플 기사단, 장미 십자단, 르네상스, 종교개혁, 예수회, 일루미나티, 프리메이슨, 오늘날 네오콘에 이르기까지 전 세계 정치, 경제, 종교를 통해 세계를 그들의 신국으로 만들어가는 자들이 바로 바리새파 유대인들이다. 그들의 세계정복의 시나리오가 신세계질서이다. 기독교 무천년주의 종말론은 그들이 사용하고 있는 최고의 무기이다.

전천년주의(前千年主義,Pre-Millenenialism)는 초대교회 교부들이 순교의 피를 흘려 지켜왔던 십자가 복음이다. 후천년주의(後千年主義, Post-Millenenialism)나 무천년주의(無千年主義,A-Millenenialism)라는 교리는 처음부터 없었다. 오리겐과 종교 개혁자들이 소수 광신적인 시한부 종말론자들을 빌미로 해서 자신의 신국을 완성하기 위해 만든 성경적인 교회를 말살시키는 도구로 사용했던 이론이다.

지금도 사단의 세력들은 무천년주의를 참 진리라고 주장하면서 전천년주의를 세대주의로 몰아서 이단시하고 있다. 특히 네덜란드 개혁파 신학의 줄기가 그 본류이다. 네덜란드 암스텔담의 아브라함 카이퍼가 세운 자유대학, 네덜란드 사람들이 미국으로 이민 가서 세운 친네덜란드 신학교 칼빈 대학, 웨스트민스터 신학교, 풀러신학교 등이 주장하고 있다. 신학자는 아브라함 카이퍼, 헤르만 바빙크, 벌까우어, 도예 베르트, 프란시스 쉐퍼, 루이스 벌코프 등이다. 전천년주의를 지켰던 교부들은 순교자 이레니우스, 터툴리안, 바나바, 메쏘 디우스, 락탄 티누스 등이다.

9) 무천년주의와 적그리스도의 배도의 기독교

사단의 세력들은 오리겐과 어거스틴의 무천년주의 신학을 통해서 로마 가톨릭을 세웠다. 루터, 칼빈, 쯔빙글리를 통해 독일, 제네바, 취리히에서 성국화 운동을 했다. 아브라함 카이퍼의 일반은총과 문화대명령을 통해 존 스토트, 빌리 그래함, 빌 브라이트, 로렌 커닝햄 등은 정부, 기업, 학교, 교회, 매스컴, 예술, 가정을 정복하는 운동을 하고 있다.

WCC와 WEA를 통해서 종교다원주의 운동과 종교 통합 운동을 하고 있다. 이제 세계는 지구촌의 위기라는 거대한 명제 앞에서 통합과 융합이라는 물리적 화학적 결합을 통해서 하나의 세계정부를 행하여 매진하고 있다. 이 나라가 2030년에 세워질 적그리스도의 배도의 나라이다. 오늘날 현대교회는 교회. 복음, 영생, 십자가와 같은 이름만 가지고 있는 기독교가 되었다. 이제부터 몰아닥친 거대한 배도의 물결은 심각한 경제공황과 세계 전쟁을 통해서 이루어진 인종 청소를 통해서 쓰나미와 같이 남은 자들에게 몰려 올 것이다. 이것을 미리 알고 준비하지 않는 성도들은 세상을 사랑하고 가까이 한 혹독한 댓가를 치루게 될 것이다.

2. 무천년(無千年)(Amillennialism) 종말론의 음모

아브라함 카이퍼의 무천년주의 주권영역신학은 신사도운동의 사단신학의 뿌리

우리 인간 삶의 모든 영역에서 만유의 주재이신 그리스도께서 “나의 것이다” 라고 외치지 않은 영역은 한 치도 없다. 이 말은 1880년 10월20일 암스텔담 새 교회에서 있었던 신설 자유대학 개교 설교에서 아브라함 카이퍼가 주장한 영역주권신학이다.

이렇게 아브라함 카이퍼에 의해 시작된 화란의 자유대학을 통해서 전 세계교회로 퍼진 종말론이 무천년주의이다. 한국 모든 장로교 신학교가 따르는 무천년기 종말론은 화란의 자유대학과 네덜란드 이민자들이 세운 미국 칼빈 대학교에서 배출된 신학자들에 의해서 한국교회와 전세계 신학교를 점령해 버리고 말았다.

그런데 사단의 신학 중에서 가장 무서운 신학이 바로 무천년주의 종말론이란 사실을 간과해서는 안 될 것이다. 왜냐하면 신세계질서 세계 기독교 제국주의 신사도 운동의 사단신학의 교리가 무천년주의를 주장한 아브라함 카이퍼의 주권영역 신학에서부터 출발했기 때문이다.

프란시스 쉐퍼의 기독교 세계관, 헤르만 도예베르트의 우주법 철학

아브라함 카이퍼가 이런 주장을 하게 된 원리는 화이트 헤드의 유기체 철학이다. 모든 우주의 존재가 하나님의 주권으로부터 시작되어 서로 떨어져 있지 않고 연결되어 있다는 철학이다. 아브라함 카이퍼는 이런 하나님의 일반은총의 주권적인 역사로 말미암아 세상은 점점 좋아지는데 그것을 문화적인 진화로 보았다. 이것 또한 유기체 철학이고 다윈의 진화론이다. 이런 아브라함 카이퍼의 일반은총의 주권신학을 프란시스 쉐퍼는 기독교 세계관으로 정리를 했고, 헤르만 도예베르트는 우주법 철학체계를 세워 아브라함 카이퍼의 영역주권신학을 우주교회론으로 정리했다. 이것이 빌리 그래함이 주장한 우주교회이다. 무천년주의는 천년왕국이 지금 교회의 연장선이며 지상의 교회가 완성이 되면 예수님이 오신다는 종말론이다.

아브라함 카이퍼는 창1:27에 나타난 문화 대명령은 하나님께서 창세전에 예수 그리스도 은혜 언약 속에서 예정하신 주권적인 역사로 이 땅에 있는 구원받은 성도와 교회라는 도구를 통해서 정치, 경제, 사회, 문화 등 모든 영역에서 하나님의 나라가 임하게 되는데 자연까지도 포함 된다고 말한다.

신사도운동의 주권운동은 킹덤 나우 무천년주의 신학

신사도 운동 중에 미국에서 지난 수 십 년간 사회 각층에 파고 들어온 주권신학(dominion theology) 또는 주권주의 또는 기독교 주권운동(dominionism)이 요즘 전 세계적으로 활발하게 진행되어지고 있다. 그러나 주권운동의 실체가 무엇인지를 알지 못하고 단지 교회 부흥에만 초점을 맞춰놓고 있다.

주권운동은 새러 레즐리의 표현을 빌자면 "세계 기독교 제국주의"

이다. 이것을 "킹덤 나우"라고 한다. 주권운동은 네덜란드의 신학자/정치가 아브라함 카이퍼의 무천년주의 운동으로 이는 어거스틴의 무천년, 칼빈의 무천년으로 이어지는 킹덤 나우(현재적인 천국) 사상이다.

신 칼빈주의(neo-Calvinism)에서 말한 킹덤나우 주권 운동의 옛 뿌리는 로마 가톨릭 신학의 대부인 어거스틴이 로마 가톨릭을 통해서 교황권 중심으로 신정정치(神政政治)를 했다.

제네바 신국화를 시도했던 칼빈에게서도 찾을 수 있다. 무천년주의자였던 아브라함 카이퍼는 세상의 영역 내지 권역(圈域)들을 신국적/신정적으로 주권화 해야 한다는 소위 '권역'론 신학(spheres theology)을 주장했다. 그러나 그가 수상으로서 '신정(神政)'을 시도한 네덜란드가 현재 세계에서 가장 성적으로 타락한 나라가 되었다. 뿐만 아니라 칼빈이 신정(神政)을 시도한 제네바는 세계적인 진보주의의 온상이 되었다.

그렇다면 그들이 꿈꾸면서 이루기 원했던 킹덤의 정체는 무엇인가? 지상에 세워진 물질 왕국이다. 2030년에 세워질 신세계질서 공산주의 세계정부 유토피아가 그들이 꿈꾸는 킹덤의 마지막 종착역이다. 적그리스도의 배도의 기독교 운동이다.

최초의 무천년주의자 알렉산드리아 학파 오리겐의 정체

알렉산드리아는 유대 디아스포라 도시로 아리스토텔레스 제자 알렉산더 대왕이 유대인들을 위해 세운 도시이다. 이곳에서 주전 3세기 70인 구약성경이 만들어졌다. 예수님 당시 살았던 필로는 알렉산드리아 학파 시조이다. 알렉산드리아 학파는 필로 -판테누스-클레멘트-오리겐-아리우스-유세비우스-암브로스-어거스틴-제롬 등으로 이어지는 계보를 통해서 유대교와 기독교와 바벨론과 이집트 태양신 종교가 헬라철학의 옷을 입고 혼합종교로 태어난 장소이다. 여기에서 탄생한 혼합종교가 태양신 유대 메시아 신국이란 종교이다. 이는 태양신과 기독교와 구약의 여호와 유대종교를 헬라 일원론 종교로 통합한 영지주의 사단종교이다. 이 종교가 추구하고 있는 이상이 킹덤 나우이다. 이는 지상의 유토피아 개념인데 교리적으로 보면 유대 메시아 신국개념이다. 이렇게 탄생한 오리겐의 영지주의 사단종교는 혼합주의 종교철학인 뉴플라톤주의 철학의 옷을 입고 어거스틴에 의해서 정리가 되어 로마 가톨릭이 되었다.

미트라교와 기독교를 혼합하여 태양신 기독교 로마 가톨릭을 만든 어거스틴

유세비우스는 미트라교를 믿었던 콘스탄틴 대제를 설득하여 기독교를 공인하게 했다. 그리고 기독교를 태양신과 유대교의 혼합종교인 미트라교에 편입을 시켰다. 이것이 콘스탄틴의 밀라노 칙령의 진실이다. 이때 기독교는 로마의 국교가 아닌 박해를 받은 종교에서 단지 자유를 얻은 종교로 인정을 받아 로마의 미트라교에 편입이 된 것이다.

이렇게 로마 미트라교에 편입된 기독교를 뉴플라톤 철학으로 재편하고 로마 국교인 미트라교와 기독교를 혼합시켜 짝퉁 기독교인 로마 가톨릭을 만든 사람이 바로 어거스틴이다.

사단은 끊임없이 이 땅에 제 2의 니므롯을 세워 하나님을 대적하고 하나님의 뜻을 방해하는 일들을 해왔다. 그것이 바로 적그리스도의 혈통들이다. 적그리스도의 혈통들은 6000년 동안 똑같은 사단 종교, 사단 문화, 사단의 제국을 세워 왔다. 그러므로 조금만 관심을 가지고 자료를 찾으면 그들의 정체를 파악할 수 있다.

현실 속에서 이루어지는 무천년주의 킹덤 나우의 진실

무천년주의 천년왕국의 진실은 킹덤 나우 신학이다. 현재 그들만을 위해 이루어진 천국의 개념이다. 바리새파 유대인들에 의해서 지금까지 킹덤 나우 신학은 계속되고 있다. 그들은 가축인간인 우리에게 미래의 킹덤을 약속하지만 그들은 이미 킹덤 속에서 살고 있다. 그들이 우리에게 약속한 킹덤은 거짓말이다.

킹덤 나우는 언제나 그들만의 킹덤이었다. 지난 6000년 동안 사단의 세력들은 온갖 속임수와 폭력과 무력과 전쟁을 통해서 약탈을 했다. 그들은 항상 배부르고, 그들은 항상 이긴자였다, 오직 가축 인간들만이 그들에게 속아 노예로 살 뿐이었다. 이것이 바알종교의 신학이다. 오늘도 역시 세계 정치, 경제를 장악하고 이 시대 자신들 만의 천국을 누리고 있는 사람들이 또 다른 킹덤을 세우려 한다. 그들이 바로 바리새파 유대인들 즉 프리메이슨들이다.

그들은 지금까지 철학을 지배하고, 종교를 지배하고, 정치를 지배하고, 경제를 지배하고, 우리 인간을 가축처럼 부려 먹고 살아 왔다. 그리고 지금도 앞으로도 그들은 우리를 속이면서 끊임없이 자신들을 위해서 그들이 원하는 킹덤을 가축 인간들을 통해 세워 나가게 할 것이다. 이것이 지상의 유토피아 교리인 무천년주의 킹덤 나우 신학의 진실이다. 예수님 안에서만 천국을 누릴 수 있다.

유대 메시아 왕국은 거짓말, 배도의 기독교

신사도 운동가들이 집중적으로 강조한 단어들이 있다. 킹덤, 요엘의 군대, 다윗의 장막, 예루살렘 회복, 시오니즘, 토라회복, 예수아 크리스토 등이다. 이미 앞부분에서 말씀을 드렸지만 지금 전 세계 정치, 경제, 종교 권력을 잡은 사람들이 일으키는 신사도 운동은 예루살렘 회복운동 즉 구약 다윗의 장막을 세우는 일이다. 그러나 그것은 이름뿐이다. 그 속에 있는 비밀은 사단 종교 태양신 유대교이다. 즉 분리주의 바리새파 사단 종교이다. 그들은 가짜 유대인들이다.

무천년주의 주권신학도 역시 그들의 신세계질서를 세우는 사단 종교의 교리이다. 그들이 말한 새 사람, 새로운 기독교, 새 영 등은 모두 신인간들이 이미 가지고 있는 그들만의 종교적 이름이다. 이런 종교를 우리 인류에게 심어서 예수님의 십자가 복음과 거룩한 교회를 무너뜨리기 위한 전략이다. 릭 워렌의 P.E.A.C.E는 기독교 좌파 운동이다.

무천년주의 주권 운동들을 통한 기독교 파괴운동의 전략

주권운동은 '재건운동/재편운동'(Reconstructionism), '약속지킴

이들'(Promise Keepers) 운동, '성시화운동' 등등 뿐 아니라 와그너의 '신사도운동', 릭 조이너 등의 '현대 대언자 학교 운동', 신디 제이콥스의 '중보기도운동', 그리고 릭 워렌의 P.E.A.C.E., 네오콘과도 관련 있는 기독교 시온주의, '신종'(New Breed) 차세대를 위한 일종의 어린이 십자군 운동인 '요엘 군대 운동'(참고: 영화 '예수 캠프') 등을 통해서 광범위하게 펼쳐지고 있다. 피터 와그너는 빌 브라이트와 로렌 커닝햄의 권역 개념과 입을 맞추면서 '7개 권역', '7개 산들', '7 대 문들' 등 사회의 각 분야가 '변화'돼야 한다고 강조한다.

주권 영역을 정복하기 위해 영적 전쟁도 불사한 신사도 운동

성경에 나타난 영적 전쟁 개념을 신사도 운동에 적극 도입한 사람이 피터 와그너이다. 물론 영적 싸움 자체는 성경적이다. 그러나 지금 주권운동권 사람들은 이 영적 전쟁 개념을 세상 시스템과 연계시켜 적용하고 있다. 쉽게 말하면, 성경 진리를 세상 시스템 강화에 교묘히 이용하고 있다는 것이다. 그들은 영적 전쟁의 기치 아래 호전적으로 세상 각 분야에 파고 들어 교계를 세속과 연결고리를 이뤄가고 있으며 심지어 기독교를 '십자군화' 하고 있다.

주권 운동권 사람들은 정복주의, 식민지주의 냄새를 풍기는 군사적 개념을 적극 도입하고 있다. 신디 제이콥스는 중보기도 운동가들을 '장군'들로 묘사하고 있는데, 흥미로운 것은 로마 가톨릭 예수회의 설립자 이그나티우스 로욜라도 이미 '장군' 개념을 앞서 사용했다. 신디 제이콥스는 스스로 '여장군'으로 자임해 왔다.

그들은 주권적인 하나님의 역사로 전투 기도를 하면 하나님의 나라가 임한다고 한다. 사실 "영적 전투" 그룹들이 사용하는 전술들을 발명했는데, 여기에는 "기도조(組)"prayer gangs와 "기름 부어 도시정복 영역표시하기"territorial marking 등이 포함된다.

히틀러가 속해 있었던 말타 기사단인 릭 조이너는 "땅 차지 하기 : 우리는 이 땅에 영원한 장소와 위치(place and position)를 세우고 있다!" "우리의 약속된 땅은 하나님의 왕국을 땅으로 이끌어 들이는 것과 다름 아니다. 우리는 지금 그 길을 준비하고 있다. 그분의 왕국은 땅을 정복할 뿐더러 회복하려고 오고 있다." ('땅 차지하기'에서).

'캔자스시티 예언자들' 그룹을 이끌면서 와그너의 신사도 운동에 적극 협력해 온 릭 조이너는 그의 글 '그 땅을 차지하기'에서 "우리는 수동적인 기독교와 수동적 신자들이 생존을 멎게 되는 시대에 다가가고 있다"며 '군사적 하나님', '만군의 주님', '전쟁에 능하신 주님'의 이름을 빌려가며 적극적, 호전적인 기독교를 부채질 했다.

릭 조이너는 중세 십자군의 정신을 이어받은 세속 비밀 집단의 멤버인 기사이며 그 자신 미국에서 각계에 '기사'를 임명하는 기사 임명권을 수여 받은 '말타 기사단장'의 한 명이다.

그레고리 1세부터 시작된 1000년의 로마 가톨릭

특히 그레고리 1세가 교황이 되어 교회 국가를 시작할 때 어거스틴의 하나님의 도성에서 말한 교황제를 도입했다는 사실을 그의 고백을 통해서 알 수 있다. 무천년주의는 성시화운동과 이스라엘 회복운동으로 발전하고 있다. 아브라함 카이퍼의 암스텔담에서 시도된 성국화 운동, 존 웨슬레의 홀리 랜드 운동, 조나단 에드워드의 뉴 잉글랜드 대각성 운동, 진젠도르프의 선교운동 등이 모두 지상에 하나님의 나라를 세우려 했던 무천년기 운동들이었다. 오늘날 가장 크게 대두 되고 있는 무천년주의 지상왕국 건설은 예루살렘 회복운동으로 시작된 신세계질서 우주회복 지상유토피아 운동이다. 이 운동을 강력하게 추진하면서 세계 한 정부 운동을 하고 있는 세력들은 탈무드와 유대 카발라 종교를 따르는 가짜 유대인 바리새파 프리메이슨들이다. 이들이 지상의 모든 종교를 하나로 통합하고 마지막 예루살렘 성전에서 배도를 선포할 사단의 세력들이다. 그러므로 무천년기 종말론은 사단의 신학이론이다.

유엔을 중심으로 이루어지고 있는 피스(p,e,a,c,e) 종교통합운동

현재 유엔 안보리 회의장 벽에 그려진 벽화 그림이 뱀과 루시퍼를 하나님으로 섬기는 프리메이슨 바리새파 유대인들의 사단 종교이다. 유엔을 중심으로 일어나고 있는 릭 워렌의 피스(p.e.a.c.e)운동도 사단종교통합운동이다. 지금 예루살렘 회복운동을 주관하는 신사도 운동의 중심 세력들이 바로 유엔을 중심으로 종교통합을 하고 있는 프리메이슨 바리새파 유대인들이다. 이들은 지난 2000년 동안 지상의 유토피아를 꿈꾸면서 무천년주의 종말관을 일관성 있게 주장 하면서 십자가 대속의 복음과 거룩한 하나님의 교회를 통해 이루어지는 영원한 하나님의 나라를 사람들에게서 멀어지게 했다. 그리고 오로지 이 땅에서의 풍요로운 삶을 가르쳤다. 이것이 금송아지 바알 종교이다.

참고로 릭 워렌이 토니 블레어 전 영국총리와 함께 유엔 중심으로 벌이고 있는 종교통합운동인 피스플랜(P.E.A.C.E. Plan)은 1) 화해조성(Promote reconciliation), 2) 섬기는 리더십 육성(Equip servant leaders), 3) 가난한 사람들에 대한 지원(Assist the poor), 4) 환자들에 대한 돌봄(Care for the sick), 5) 다음 세대를 위한 교육(Educate the next generation)의 각 머리글자를 딴 피스 플랜은 세계의 5대 거대 현안(Global Giants)을 종교통합으로 해결하기 위해 시작되었다. 피스운동을 통해서 태어난 종교가 기독교와 이슬람교의 통합종교인 크리슬람이다.

3. 무천년주의자 존 스토트의 정체

세상을 향한 존 스토트의 선전 포고, 로잔 선언

존 스토트는 빌리 그래함과 함께 로잔 선언을 주도한 인물이다. 그는 세상이 변하지 않고 타락하고 있는 이유를 전천년주의자들의 현실도피적인 내세관 신앙으로 돌렸다. 그는 전천년주의자들이 세상을 변화 시키려고 하지 않고 죽어서 천국에 가서 사는 신앙만을 가지고 현실의 문제를 외면하고 있다는 것이다. 기독교를 죽어서 영생을 얻는 종교로만 믿고 있다는 것이다. 그러면서 그는 참다운 기독교는 죽어서 영생을 얻는 것 보다 지금 살고 있는 세상을 더 중요시 해야 한다는 것이다. 그러면서 그는 세상을 변화시키지 못하는 기독교를 잘못된 병든 기독교로 정죄를 했다.

그리스도인들이 세상을 변화시킬 수 있는가?

그리스도인들이 세상을 변화 시킬 수 있는가? 성경은 한 번도 성도들에게 세상을 변화시키라고 명령하지 않았다. 오히려 세상에서 그리스도인의 정체성을 확실하게 하라고 하셨다. 세상에서 빛과 소금의 직분을 감당하라고 하신 것이다. 성경은 성도들에게 세상 권세자들에게 복종하고 순종하라고 하였다. 세상의 모든 제도를 주를 위해 순복하라고 하였다. 베드로 사도시대는 로마 황제들이 그리스도인들을 불에 태워 죽였다. 그럼에도 불구하고 베드로 사도는 선으로 악을 이기라고 하면서 모든 제도를 주를 위해 순복하라고 하였다. 그 어떤 핍박과 박해에서도 그리스도인의 정체성을 잃어버리지 말라고 부탁한 것이다.

"사랑하는 자들아 나그네와 행인 같은 너희를 권하노니 영혼을 거스려 싸우는 육체의 정욕을 제어하라 너희가 이방인 중에서 행실을 선하게 가져 너희를 악행한다고 비방하는 자들로 하여금 너희 선한 일을 보고 권고하시는 날에 하나님께 영광을 돌리게 하려 함이라 인간에 세운 모든 제도를 주를 위하여 순복하되 혹은 위에 있는 왕이나 혹은 악행하는 자를 징벌하고 선행하는 자를 포장하기 위하여 그의 보낸 방백에게 하라 곧 선행으로 어리석은 사람들의 무식한 말을 막으시는 것이라 자유하나 그 자유로 악을 가리우는 데 쓰지 말고 오직 하나님의 종과 같이 하라 뭇사람을 공경하며 형제를 사랑하며 하나님을 두려워하며 왕을 공경하라"(벧전2:11-17)

"각 사람은 위에 있는 권세들에게 굴복하라 권세는 하나님께로 나지 않음이 없나니 모든 권세는 다 하나님의 정하신바라 그러므로 권세를 거스리는 자는 하나님의 명을 거스림이니 거스리는 자들은 심판을 자취하리라 관원들은 선한 일에 대하여 두려움이 되지 않고 악한 일에 대하여 되나니 네가 권세를 두려워하지 아니하려느냐 선을 행하라 그리하면 그에게 칭찬을 받으리라 그는 하나님의 사자가 되어 네게 선을 이루는 자니라 그러나 네가 악을 행하거든 두려워하라 그가 공연히 칼을 가지지 아니하였으니 곧 하나님의 사자가 되어 악을 행하는 자에게 진노하심을 위하여 보응하는 자니라 그러므로 굴복하지 아니할 수 없으니 노를 인하여만 할 것이 아니요 또한 양심을 인하여 할 것이라"(롬13:1-5)

사도 바울은 국가 권세자들에게 복종하는 것은 진노 때문이 아니라 성도들의 양심을 따라서 하는 것이라 하였다. 이는 땅에서 사는 그리스도인들의 삶이 불신자들 보다 높은 도덕심과 윤리성을 가지고 있어야 한다는 사실을 강조한 것이다.

예수님이 오신 목적은 세상 구원인가? 인간 구원인가?

예수님은 자신이 세상에 오신 것은 세상을 변화시키려고 하신 것이 아니라 죄인을 구원하려 오셨다고 하셨다. 그러면서 예수님께서 세우시는 나라는 이 세상 나라가 아니라고 하셨다.

"인자의 온 것은 섬김을 받으려 함이 아니라 도리어 섬기려 하고 자기 목숨을 많은 사람의 대속물로 주려 함이니라"(막10:45)

"예수께서 이르시되 오늘 구원이 이 집에 이르렀으니 이 사람도 아브라함의 자손임이로다 인자가 온 것은 잃어버린 자를 찾아 구원하려 함이니라"(눅19:9-10)

"예수께서 대답하시되 내 나라는 이 세상에 속한 것이 아니라 만일 내 나라가 이 세상에 속한 것이었더면 내 종들이 싸워 나로 유대인들에게 넘기우지 않게 하였으리라 이제 내 나라는 여기에 속한 것이 아니니라 빌라도가 가로되 그러면 네가 왕이 아니냐 예수께서 대답하시되 네 말과 같이 내가 왕이니라 내가 이를 위하여 났으며 이를 위하여 세상에 왔나니 곧 진리에 대하여 증거하려 함이로라 무릇 진리에 속

한 자는 내 소리를 듣느니라 하신대"(요18:36-37)

예수님은 자신이 세상에 속하지 않는 것처럼 제자들도 세상에 속하지 않았기 때문에 세상이 예수님과 제자들을 미워한다고 하셨다.

"내가 아버지의 말씀을 저희에게 주었사오매 세상이 저희를 미워하였사오니 이는 내가 세상에 속하지 아니함 같이 저희도 세상에 속하지 아니함을 인함이니이다 내가 비옵는 것은 저희를 세상에서 데려 가시기를 위함이 아니요 오직 악에 빠지지 않게 보전하시기를 위함이니이다 내가 세상에 속하지 아니함 같이 저희도 세상에 속하지 아니하였삽나이다 저희를 진리로 거룩하게 하옵소서 아버지의 말씀은 진리니이다 아버지께서 나를 세상에 보내신 것 같이 나도 저희를 세상에 보내었고 또 저희를 위하여 내가 나를 거룩하게 하오니 이는 저희도 진리로 거룩함을 얻게 하려 함이니이다"(요17:14-19)

성경에서 말한 세상은 무엇인가?

성경은 세상이 아담이 타락함으로 정죄를 받아 심판의 대상이 되었다고 한다. 이런 세상에 예수님이 오셔서 구원하시는 대상이 세상이 아니라 사람이다. 그래서 예수님은 십자가에 돌아가신 것이다. 그리고 교회가 완성되면 다시 오신 것이다.

성경은 세상을 악하다 하였다. 세상을 통치하는 사단을 세상 임금이라고 하였다. 세상은 공중의 권세 잡은 자들이 죽기를 무서워하는 인간들을 겁박하여 지옥으로 끌고 가는 곳이라 하였다. 세상은 하나님의 구속사역이 끝나면 불로 심판하실 장소이다.

"마귀가 또 예수를 이끌고 올라가서 순식간에 천하만국을 보이며 가로되 이 모든 권세와 그 영광을 내가 네게 주리라 이것은 내게 넘겨준 것이므로 나의 원하는 자에게 주노라 그러므로 네가 만일 내게 절하면 다 네 것이 되리라"(눅4:5-7)

"너희의 허물과 죄로 죽었던 너희를 살리셨도다 그 때에 너희가 그 가운데서 행하여 이 세상 풍속을 좇고 공중의 권세 잡은 자를 따랐으니 곧 지금 불순종의 아들들 가운데서 역사하는 영이라 전에는 우리도 다 그 가운데서 우리 육체의 욕심을 따라 지내며 육체와 마음의 원하는 것을 하여 다른이들과 같이 본질상 진노의 자녀이었더니"(엡 2:1-3)

"이제 하늘과 땅은 그 동일한 말씀으로 불사르기 위하여 간수하신 바 되어 경건치 아니한 사람들의 심판과 멸망의 날까지 보존하여 두신 것이니라"(벧후3:7)

"이 세상이나 세상에 있는 것들을 사랑치 말라 누구든지 세상을 사랑하면 아버지의 사랑이 그 속에 있지 아니하니 이는 세상에 있는 모든 것이 육신의 정욕과 안목의 정욕과 이생의 자랑이니 다 아버지께로 좇아 온 것이 아니요 세상으로 좇아 온 것이라"(요일2:15-16)

"간음하는 여자들이여 세상과 벗된 것이 하나님의 원수임을 알지 못하느뇨 그런즉 누구든지 세상과 벗이 되고자 하는 자는 스스로 하나님과 원수되게 하는 것이니라"(약4:4)

왜 예수님께서 다시 오시는가?

예수님께서 다시 오신 이유는 우리의 처소를 다 만드셨기 때문이다. 요한 계시록 21장에 기록된 새 예루살렘이 예수님께서 우리를 위해 만드신 거처이다. 예수님께서 재림하셔서 아담과 함께 타락한 세상을 심판하시고 새 하늘과 새 땅을 새 예루살렘을 통해서 다스리시는 것이다. 이것이 첫째 아담과 하와가 실패한 새 에덴의 회복인 천년 왕국이다.

"너희는 마음에 근심하지 말라 하나님을 믿으니 또 나를 믿으라 내 아버지 집에 거할 곳이 많도다 그렇지 않으면 너희에게 일렀으리라 내가 너희를 위하여 처소를 예비하러 가노니 가서 너희를 위하여 처소를 예비하면 내가 다시 와서 너희를 내게로 영접하여 나 있는 곳에 너희도 있게 하리라"(요14:1-3)

뜻이 하늘에서 이룬 것 같이 땅에서도 이루어지이다

예수님은 주기도문을 가르쳐 주시면서 "나라이 임하옵시며 뜻이 하늘에서 이룬 것 같이 땅에서도 이루어지이다" 하셨다. 그렇다면 하나님의 나라가 이루어진 땅은 어디인가? 무천년주의자들은 지금의 세상이라고 한다. 그러나 성경은 예수님이 재림하셔서 세우실 새 하늘과 새 땅이라 하였다. 즉 천년왕국인 것이다.

4. 세대주의 전천년주의(Dispensationalism Premillennialism)

세대주의 전천년주의는 영국에서 존 넬스 다비가 플리머스 형제단과 함께 시작한 종말론이다. 미국으로 건너가서 스코필드 목사와 연합하여 킹 제임스 스코필드 성경을 통해서 전세계로 퍼져 나갔다. 한국의 박윤선 박사도 미국에서 유학을 하는 동안 세대주의 전천년주의를 접하게 되었다. 그러나 미국의 근본주의 신학자들은 세대주의 전천년주의를 따르지 않고 역사적 전천년주의를 따로 세우게 된다. 존 넬슨 다비가 참가하여 활동한 플리머스 형제단은 얀 후스의 체코 형제단, 보헤미야 형제단, 모라비아 형제단, 진젠도르프의 헤른 후트 형제단을 거치면서 만들어졌다. 수많은 형제단 중에서 플리머스 형제단은 진젠도르프의 헤른후트 형제단의 영향을 받아서 유대적 기독교 메시아 왕국을 추구하였다. 즉 이스라엘 중심의 메시아적인 왕국을 세우는 일에 모든 힘을 쏟았다. 이것이 진젠도르프의 선교운동이다. 그런데 경건주의 운동의 기초가 되었던 스페너와 프랑케의 기도운동이 유대 카발라 종교 운동이었다. 이 또한 구약의 유대주의 메시아 왕국을 세우는 유대주의 기독교 운동이다.

스페너와 프랑케의 경건주의 운동을 이어받은 진젠도르프의 기도운동은 헤른후트 형제단을 통해서 플리머스 형제단으로 넘어갔다.

그래서 세대주의 전천년주의 목적은 이 땅에서 유대주의 기독교 왕국을 세우는 것이다. 세대주의 전천년주의는 1537년 예수회 신부 리베라에 의해서 만들어 졌는데 예수회는 가짜 유대인들의 집단으로 사단을 숭배하는 그룹이다. 세대주의 전천년주의는 가짜 유대인들의 시오니즘 운동인 것이다. 겉으로는 유대주의 기독교 왕국을 세우는 것처럼 위장을 하지만 실제로는 배도의 적그리스도의 왕국을 세우고 있는 것이다.

세대주의 전천년주의는 모든 성도들의 휴거를 주장한다. 7년 환난 후 예수님이 재림하신 후에 이 땅에 천년왕국이 세워져서 이스라엘이 예루살렘 성전을 통해 세계를 통치한다. 예수님이 재림하시기 전에 일어나는 일들이 있다. 예루살렘이 회복된다. 제 3성전이 건축된다. 모든 유대인들이 돌아온다. 이스라엘은 모든 나라와의 전쟁을 이기게 된다. 이런 일들이 신사도 운동, 늦은 비 운동, 24시간 기도 운동, 메시아 닉 쥬 운동, 한 새 사람 운동, 원띵 운동, 예수 신부 운동, 킹덤 아미 운동, 킹덤 나우 운동, 요엘 군대 운동, 릭 워렌의 피스 운동 등을 통해서 이루어진다.

5. 무천년주의와 세대주의 전천년주의 차이점

무천년주의는 구약의 이스라엘과 신약의 교회를 하나로 해석한 종말론이다. 즉 구약의 이스라엘이 신약의 교회라는 것이다. 이것을 대체 신학이라고 한다. 그러나 세대주의 전천년주의는 교회와 이스라엘을 구분한다. 그러나 동일한 것은 이스라엘이 역사의 주인공이 되는 것은 동일하다. 무천년주의는 교회를 이스라엘로 해석을 해서 만든 신학이고, 세대주의 전천년주의도 교회를 이스라엘의 일부로 해석을 한다. 그런데 사단의 세력들이 이렇게 다른 두 개의 종말론을 만든 이유는 무천년주의는 2000년 교회시대를 이스라엘 중심의 교회로 만드는 것이고, 세대주의 전천년주의는 교회시대 이후 천년왕국을 이스라엘 중심의 종말 신앙을 주도적으로 가르치게 하여 하나님의 교회가 성경에 기록된 바른 구원의 길로 가지 못하게 훼방하기 위함이다.

6. 사단의 세력들이 만든 대체신학은 무엇인가?

오리겐, 어거스틴, 제롬 등 알렉산드리아 학파에서는 유대주의 기독교를 만들기 위해 대체신학을 만들었다. 이것은 교회시대를 구약의 이스라엘의 연장으로 보는 해석이다. 성인세례를 유아세례(할례)로 대체했다. 이방인의 교회를 유대인들의 교회로 대체했다. 새 계명을 율법으로 대체했다. 주일을 안식일로 대체했다. 마음의 성전을 건물 성전으로 대체했다. 전천년주의를 무천년주의로 대체했다. 성경을 철학으로 대체했다. 구 라틴성경을 제롬의 벌 게이트 성경으로 대체했다. 비잔틴 성경을 바티칸 성경으로 대체했다. 거룩한 사람 교회를 보편적 국가교회로 대체했다. 히브리 성경을 70인 성경으로 대체했다.

7. 역사적 전천년주의(Historic Premillennialism)

세대주의 전천년주의를 반대하여 근본주의자들이 만든 종말론이다. 특징은 7년 대환난이 전 삼년 반과 후 삼년 반 기간이 지난 후에 예수님의 재림 때 휴거가 일어난다는 것이다. 천년왕국은 세대주의 전천년주의가 이스라엘 중심의 통치를 말하고 있다면 역사적 전천년주의는 예수님과 교회가 천년왕국을 통치하는 것이다. 천년왕국 끝에 곡과 마곡의 전쟁이 있다. 최후의 심판을 통해서 영생과 영벌로 들어간다. 구원을 얻는 자들은 새 하늘과 새 땅에 들어가고 구원을 받지 못한 자들은 지옥 형벌을 받게 된다.

제4장 구약에서 말한 천년왕국

1. 이사야가 기록한 천년왕국

1) 이사야의 예언은 성자 예수님의 신부인 교회의 구속 사역

이사야서의 주제는 성자 예수님의 구속사이다. 총 66장으로 이루어져 있다. 그 이유는 구약 39권과 신약 27권을 합한 미니 성경책이기 때문이다. 이사야 1장부터 39장까지는 구약의 역사이다. 타락한 여호와의 딸(신부,예루살렘,유다)이 바벨론으로 팔려가기 직전까지의 역사이다. 40장부터 66장은 신약의 역사이다. 바벨론으로 팔려간 딸(신부,예루살렘,유다)을 여호와께서 70년 동안 죄 값을 갚아 주시고 다시 사오는 역사이다. 여호와의 신부인 유다가 바벨론 포로로 끌려갈 때는 죄인으로 끌려 가지만 여호와께서 70년 동안 죄 값을 갚아 주시고 전혀 새로운 신부로 단장 시키셔서 바벨론 포로 생활을 마치고 돌아올 때는 헵시바 뿔라, 결혼한 부부로 돌아온다. 바벨론 포로에서 해방시킨 고레스 왕은 예수님으로, 돌아온 유다는 예수님의 신부인 교회로 예언이 되어 있다.

바벨론 포로 귀환 후 예루살렘에서는 새로운 신천 신지가 이루어진다. 이것이 다윗의 메시아 왕국이다. 사막에 샘이 넘쳐 흐른다. 광야에 꽃이 피고, 독사들이 어린 아이와 장난을 친다. 새롭게 변한 예루살렘은 다시는 이방인들에게 괴롭힘을 당하지 않는다. 바벨론 포로에서 돌아와 지은 성전은 새 예루살렘이고 새롭게 변한 예루살렘은 천년왕국이다.

그러므로 이사야를 이해하면 성경 66권 전체에 흐르는 예수님의 구속사를 이해할 수 있다. 이사야 선지자는 유다 왕 웃시야, 요담, 아하스, 히스기야 시대 예언자로 주전 740년-680년까지 60년 동안 사역을 했다. 이사야는 150년 전에 고레스 왕의 출현을 예언을 했다. 이사야 선지자는 히스기야 왕이 통치한 시기에 유다가 바벨론에 완전히 멸망하고 포로로 끌려갈 것을 예언했다. 유다 멸망 115년 전이다.

2) 이사야 66장은 유다를 통한 우주적이고 종말론적인 예언

이사야 선지자의 예언의 특징은 우주적이며 종말론적인 예언이다. 유다를 침공한 앗수르와 바벨론에 대한 심판을 영원한 심판을 받고 사라질 적그리스도의 나라로 예언을 하고 있다. 이는 요한 계시록에 기록되어 있는 바벨론의 영원한 심판과 연결되어 있다. 이사야 선지자는 여호와의 이름을 만군의 여호와라고 불렀다. 이는 유다 왕국에 속한 여호와가 아니라 우주와 만물을 창조하시고 앗수르와 바벨론과 같은 열방들을 세우시고 통치하시는 우주적인 전능자로 소개를 하고 있다. 뿐만 아니라 유다 왕국의 주변 국가인 에돔, 모압, 암몬, 블레셋과 같은 나라가 받을 심판을 마지막 예수님이 재림하셔서 심판하실 열국의 모습으로 예언을 하고 있다.

특히 유다가 망할 때 일어나는 현상은 예수님이 재림하셔서 바벨론을 심판하실 때 일어나는 현상과 동일하다. 지진이 일어난다. 하늘의 별들이 떨어지고 우주 만상이 깨어진다. 또 고레스 왕을 통해서 바벨론이 망할 때에도 역시 요한 계시록의 내용과 동일하다. 사실은 유다가 망할 때 하늘의 만상이 사라지고, 별들이 떨어지고, 지진이 일어나 불구덩이가 되지는 않았다. 그럼에도 불구하고 이사야가 그런 예언을 했던 이유는 마지막 예수님께서 재림 하셔서 최후의 심판을 하실 때 그런 일이 일어난다고 하는 예언이다. 이것을 우주론적이고 종말론적인 예언이라고 한다.

3) 고레스 왕을 통한 메시아 예언의 성취

심판주로 재림하신 그리스도의 모형인 고레스 왕

"에돔에서 오는 이 누구며 붉은 옷을 입고 보스라에서 오는 이 누구냐 그의 화려한 의복 큰 능력으로 걷는 이가 누구냐 그는 나이니 공의를 말하는 이요 구원하는 능력을 가진 이니라 어찌하여 네 의복이 붉으며 네 옷이 포도즙틀을 밟는 자 같으냐 만민 가운데 나와 함께 한 자가 없이 내가 홀로 포도즙틀을 밟았는데 내가 노함으로 말미암아 무리를 밟았고 분함으로 말미암아 짓밟았으므로 그들의 선혈이 내 옷에 튀어 내 의복을 다 더럽혔음이니 이는 내 원수 갚는 날이 내 마음에 있고 내가 구속할 해가 왔으나 내가 본즉 도와 주는 자도 없고 붙들어 주는 자도 없으므로 이상하게 여겨 내 팔이 나를 구원하며 내 분이 나를 붙들었음이라 내가 노함으로 말미암아 만민을 밟았으며 내가 분함으로 말미암아 그들을 취하게 하고 그들의 선혈이 땅에 쏟아지게 하였느니라"(사63:1-6)

"원하건대 주는 하늘을 가르고 강림하시고 주 앞에서 산들이 진동하기를 불이 섶을 사르며 불이 물을 끓임 같게 하사 주의 원수들이 주의 이름을 알게 하시며 이방 나라들로 주 앞에서 떨게 하옵소서 주께서 강림하사 우리가 생각하지 못한 두려운 일을 행하시던 그 때에 산들이 주 앞에서 진동하였사오니 주 외에는 자기를 앙망하는 자를 위하여 이런 일을 행한 신을 옛부터 들은 자도 없고 귀로 들은 자도 없고 눈으로 본 자도 없었나이다"(사64:1-4)

시온(교회)의 송사를 보수하신 예수님으로 묘사된 고레스

"열국이여 너희는 나아와 들을지어다 민족들이여 귀를 기울일지어다 땅과 땅에 충만한 것, 세계와 세계에서 나는 모든 것이여 들을지어다 대저 여호와께서 열방을 향하여 진노하시며 그들의 만군을 향하여 분내사 그들을 진멸하시며 살륙 당하게 하셨은즉 그 살륙 당한 자는 내던진 바 되며 그 사체의 악취가 솟아오르고 그 피에 산들이 녹을 것이며 하늘의 만상이 사라지고 하늘들이 두루마리 같이 말리되 그 만상의 쇠잔함이 포도나무 잎이 마름 같고 무화과나무 잎이 마름 같으리라 여호와의 칼이 하늘에서 족하게 마셨은즉 보라 이것이 에돔 위에 내리며 진멸하시기로 한 백성 위에 내려 그를 심판할 것이라 여호와의 칼이 피 곧 어린 양과 염소의 피에 만족하고 기름 곧 숫양의 콩팥 기름으로 윤택하니 이는 여호와를 위한 희생이 보스라에 있고 큰 살륙이 에돔 땅에 있음이라 들소와 송아지와 수소가 함께 도살장에 내려가니 그들의 땅이 피에 취하며 흙이 기름으로 윤택하리라 이것은 여호와께서 보복하시는 날이요 시온의 송사를 위하여 신원하시는 해라 에돔의 시내들은 변하여 역청이 되고 그 티끌은 유황이 되고 그 땅은 불 붙는 역청이 되며 낮에나 밤에나 꺼지지 아니하고 그 연기가 끊임없이 떠오를 것이며 세세에 황무하여 그리로 지날 자가 영영히 없겠고"(사34:1-10)

"일곱째 인을 떼실 때에 하늘이 반시 동안쯤 고요하더니 내가 보매 하나님 앞에 시위한 일곱 천사가 있어 일곱 나팔을 받았더라 또 다른 천사가 와서 제단 곁에 서서 금 향로를 가지고 많은 향을 받았으니 이는 모든 성도의 기도들과 합하여 보좌 앞 금단에 드리고자 함이라 향연이 성도의 기도와 함께 천사의 손으로부터 하나님 앞으로 올라가는지라 천사가 향로를 가지고 단 위의 불을 담아다가 땅에 쏟으매 뇌성과 음성과 번개와 지진이 나더라"(계8:1-5)

바벨론을 멸망시킨 고레스와 예수님의 재림 후 열국심판과 천년왕국

"나 여호와는 나의 기름 받은 고레스의 오른손을 잡고 열국으로 그 앞에 항복하게 하며 열왕의 허리를 풀며 성 문을 그 앞에 열어서 닫지 못하게 하리라 내가 고레스에게 이르기를 내가 네 앞서 가서 험한 곳을 평탄케 하며 놋문을 쳐서 부수며 쇠빗장을 꺾고 네게 흑암 중의 보화와 은밀한 곳에 숨은 재물을 주어서 너로 너를 지명하여 부른 자가 나 여호와 이스라엘의 하나님인줄 알게 하리라 내가 나의 종 야곱, 나의 택한 이스라엘을 위하여 너를 지명하여 불렀나니 너는 나를 알지 못하였을찌라도 나는 네게 칭호를 주었노라 나는 여호와라 나 외에 다른이가 없나니 나 밖에 신이 없느니라 너는 나를 알지 못하였을찌라도 나는 네 띠를 동일 것이요 해 뜨는 곳에서든지 지는 곳에서든지 나 밖에 다른이가 없는줄을 무리로 알게 하리라 나는 여호와라 다른 이가 없느니라 나는 빛도 짓고 어두움도 창조하며 나는 평안도 짓고 환난도 창조하나니 나는 여호와라 이 모든 일을 행하는 자니라 하였노라 너 하늘이여 위에서부터 의로움을 비 같이 듣게 할찌어다 궁창이여 의를 부어 내릴찌어다 땅이여 열려서 구원을 내고 의도 함께 움돋게 할찌어다 나 여호와가 이 일을 창조하였느니라"(사45:1-8)

4) 바벨론 포로 귀환 후 이루어질 새 예루살렘

바벨론 포로에서 돌아온 후 예루살렘에서 이루어질 어린양 혼인 잔치

"만군의 여호와께서 이 산에서 만민을 위하여 기름진 것과 오래 저장하였던 포도주로 연회를 베푸시리니 곧 골수가 가득한 기름진 것과 오래 저장하였던 맑은 포도주로 하실 것이며 또 이 산에서 모든 민족의 그 가리워진 면박과 열방의 그 덮인 휘장을 제하시며 사망을 영원히 멸하실 것이라 주 여호와께서 모든 얼굴에서 눈물을 씻기시며 그 백성의 수치를 온 천하에서 제하시리라 여호와께서 이같이 말씀하셨느니라"(사25:6-8)

"이르시되 내가 고난을 받기 전에 너희와 함께 이 유월절 먹기를 원하고 원하였노라 내가 너희에게 이르노니 이 유월절이 하나님의 나라에서 이루기까지 다시 먹지 아니하리라 하시고 이에 잔을 받으사 감사 기도 하시고 이르시되 이것을 갖다가 너희끼리 나누라 내가 너희에게 이르노니 내가 이제부터 하나님의 나라가 임할 때까지 포도나무에서 난 것을 다시 마시지 아니하리라 하시고"(눅22:15-18)

햇빛과 달빛이 필요 없는 새롭게 된 예루살렘

"네가 땅에 뿌린 종자에 주께서 비를 주사 땅 소산의 곡식으로 살찌

고 풍성케 하실 것이며 그 날에 너의 가축이 광활한 목장에서 먹을 것이요 밭 가는 소와 어린 나귀도 키와 육지창으로 까부르고 맛있게 한 먹이를 먹을 것이며 크게 살륙하는 날 망대가 무너질 때에 각 고산, 각 준령에 개울과 시냇물이 흐를 것이며 여호와께서 그 백성의 상처를 싸매시며 그들의 맞은 자리를 고치시는 날에는 달빛은 햇빛 같겠고 햇빛은 칠배가 되어 일곱날의 빛과 같으리라"(사30:23-26)

"네 성문을 찬송이라 칭할 것이라 다시는 낮에 해가 네 빛이 되지 아니하며 달도 네게 빛을 비취지 않을 것이요 오직 여호와가 네게 영영한 빛이 되며 네 하나님이 네 영광이 되리니 다시는 네 해가 지지 아니하며 네 달이 물러가지 아니할 것은 여호와가 네 영영한 빛이 되고 네 슬픔의 날이 마칠 것임이니라 네 백성이 다 의롭게 되어 영영히 땅을 차지하리니 그들은 나의 심은 가지요 나의 손으로 만든 것으로서 나의 영광을 나타낼 것인즉 그 작은 자가 천을 이루겠고 그 약한 자가 강국을 이룰 것이라 때가 되면 나 여호와가 속히 이루리라"(사60:18-22)

"그 성은 해나 달의 비췸이 쓸데 없으니 이는 하나님의 영광이 비취고 어린 양이 그 등이 되심이라"(계21:23)

천년왕국에서 받을 상급과 칭찬

"성문으로 나아가라 나아가라 백성이 올 길을 닦으라 큰 길을 수축하고 수축하라 돌을 제하라 만민을 위하여 기치를 들라 여호와께서 땅 끝까지 선포하시되 너희는 딸 시온에게 이르라 보라 네 구원이 이르렀느니라 보라 상급이 그에게 있고 보응이 그 앞에 있느니라 하셨느니라 사람들이 너를 일컬어 거룩한 백성이라 여호와께서 구속하신 자라 하겠고 또 너를 일컬어 찾은 바 된 자요 버림 받지 아니한 성읍이라 하리라"(사62:10-12)

바벨론 포로 귀환 후 하나님의 나라와 제사장이 된 교회

"오직 너희는 여호와의 제사장이라 일컬음을 받을 것이라 사람들이 너희를 우리 하나님의 봉사자라 할 것이며 너희가 이방 나라들의 재물을 먹으며 그들의 영광을 얻어 자랑할 것이니라 너희가 수치 대신에 보상을 배나 얻으며 능욕 대신에 몫으로 말미암아 즐거워할 것이라 그리하여 그들의 땅에서 갑절이나 얻고 영원한 기쁨이 있으리라 무릇 나 여호와는 정의를 사랑하며 불의의 강탈을 미워하여 성실히 그들에게 갚아 주고 그들과 영원한 언약을 맺을 것이라 그들의 자손을 뭇 나라 가운데에, 그들의 후손을 만민 가운데에 알리리니 무릇 이를 보는 자가 그들은 여호와께 복 받은 자손이라 인정하리라"(사 61:6-9)

"우리를 사랑하사 그의 피로 우리 죄에서 우리를 해방하시고 그 아버지 하나님을 위하여 우리를 나라와 제사장으로 삼으신 그에게 영광과 능력이 세세토록 있기를 원하노라 아멘"(계1:5-6)

처음 하늘과 땅이 없어지고 새로운 하늘과 땅이 다시 창조됨

"보라 내가 새 하늘과 새 땅을 창조하나니 이전 것은 기억되거나 마음에 생각나지 아니할 것이라 너희는 나의 창조하는 것을 인하여 영원히 기뻐하며 즐거워할지니라 보라 내가 예루살렘으로 즐거움을 창조하며 그 백성으로 기쁨을 삼고"(사65:17-18)

"또 내가 새 하늘과 새 땅을 보니 처음 하늘과 처음 땅이 없어졌고 바다도 다시 있지 않더라 또 내가 보매 거룩한 성 새 예루살렘이 하나님께로부터 하늘에서 내려오니 그 예비한 것이 신부가 남편을 위하여 단장한 것 같더라"(계21:1-2)

사람의 수명이 나무와 같이 천년을 살게 됨

"내가 예루살렘을 즐거워하며 나의 백성을 기뻐하리니 우는 소리와 부르짖는 소리가 그 가운데서 다시는 들리지 아니할 것이며 거기는 날 수가 많지 못하여 죽는 유아와 수한이 차지 못한 노인이 다시는 없을 것이라 곧 백세에 죽는 자가 아이겠고 백세 못되어 죽는 자는 저주 받은 것이리라 그들이 가옥을 건축하고 그것에 거하겠고 포도원을 재배하고 열매를 먹을 것이며 그들의 건축한데 타인이 거하지 아니할 것이며 그들의 재배한 것을 타인이 먹지 아니하리니 이는 내 백성의 수한이 나무의 수한과 같겠고 나의 택한 자가 그 손으로 일한 것을 길이 누릴 것임이며 그들의 수고가 헛되지 않겠고 그들의 생산한 것이 재난에 걸리지 아니하리니 그들은 여호와의 복된 자의 자손이요 그 소생도 그들과 함께 될 것임이라"(사65:19-23)

모든 짐승들도 해방되어 자유를 얻는다

"그들이 부르기 전에 내가 응답하겠고 그들이 말을 마치기 전에 내가 들을 것이며 이리와 어린 양이 함께 먹을 것이며 사자가 소처럼 짚을 먹을 것이며 뱀은 흙으로 식물을 삼을 것이니 나의 성산에서는 해함도 없겠고 상함도 없으리라 여호와의 말이니라"(사65:24-25)

"생각건대 현재의 고난은 장차 우리에게 나타날 영광과 족히 비교할 수 없도다 피조물의 고대하는 바는 하나님의 아들들의 나타나는 것이니 피조물이 허무한데 굴복하는 것은 자기 뜻이 아니요 오직 굴복케 하시는 이로 말미암음이라 그 바라는 것은 피조물도 썩어짐의 종노릇 한데서 해방되어 하나님의 자녀들의 영광의 자유에 이르는 것이니라 피조물이 다 이제까지 함께 탄식하며 함께 고통하는 것을 우리가 아나니 이뿐 아니라 또한 우리 곧 성령의 처음 익은 열매를 받은 우리까지도 속으로 탄식하여 양자 될것 곧 우리 몸의 구속을 기다리느니라"(롬8:18-23)

외롭고 쓸쓸한 짐승들이 제국들을 대신하여 기업을 받는 천년왕국

"당아새와 고슴도치가 그 땅을 차지하며 부엉이와 까마귀가 거기에 살 것이라 여호와께서 그 위에 혼란의 줄과 공허의 추를 드리우실 것인즉 그들이 국가를 이으려 하여 귀인들을 부르되 아무도 없겠고 그 모든 방백도 없게 될 것이요 그 궁궐에는 가시나무가 나며 그 견고한 성에는 엉겅퀴와 새품이 자라서 승냥이의 굴과 타조의 처소가 될 것이니 들짐승이 이리와 만나며 숫염소가 그 동류를 부르며 올빼미가 거기에 살면서 쉬는 처소로 삼으며 부엉이가 거기에 깃들이고 알을 낳아 까서 그 그늘에 모으며 솔개들도 각각 제 짝과 함께 거기에 모이리라 너희는 여호와의 책에서 찾아 읽어보라 이것들 가운데서 빠진 것이 하나도 없고 제 짝이 없는 것이 없으리니 이는 여호와의 입이 이를 명령하셨고 그의 영이 이것들을 모으셨음이라 여호와께서 그것들을 위하여 제비를 뽑으시며 그의 손으로 줄을 띠어 그 땅을 그것들에게 나누어 주셨으니 그들이 영원히 차지하며 대대로 거기에 살리라"(사34:11-17)

만물에게 평화의 나라가 도래한 천년왕국

"이새의 줄기에서 한 싹이 나며 그 뿌리에서 한 가지가 나서 결실할 것이요 여호와의 신 곧 지혜와 총명의 신이요 모략과 재능의 신이요 지식과 여호와를 경외하는 신이 그 위에 강림하시리니 그가 여호와를 경외함으로 즐거움을 삼을 것이며 그 눈에 보이는대로 심판치 아니하며 귀에 들리는대로 판단치 아니하며 공의로 빈핍한 자를 심판하며 정직으로 세상의 겸손한 자를 판단할 것이며 그 입의 막대기로 세상을 치며 입술의 기운으로 악인을 죽일 것이며 공의로 그 허리띠를 삼으며 성실로 몸의 띠를 삼으리라 그 때에 이리가 어린 양과 함께 거하며 표범이 어린 염소와 함께 누우며 송아지와 어린 사자와 살찐 짐승이 함께 있어 어린 아이에게 끌리며 암소와 곰이 함께 먹으며 그것들의 새끼가 함께 엎드리며 사자가 소처럼 풀을 먹을 것이며 젖먹는 아이가 독사의 구멍에서 장난하며 젖뗀 어린 아이가 독사의 굴에 손을 넣을 것이라 나의 거룩한 산 모든 곳에서 해됨도 없고 상함도 없을 것이니 이는 물이 바다를 덮음 같이 여호와를 아는 지식이 세상에 충만할 것임이니라"(사11:1-9)

예수님이 맹렬한 화염으로 재림하셔서 순식간에 완성하는 천년왕국

"시온은 진통을 하기 전에 해산하며 고통을 당하기 전에 남아를 낳았으니 이러한 일을 들은 자가 누구이며 이러한 일을 본 자가 누구이냐 나라가 어찌 하루에 생기겠으며 민족이 어찌 한 순간에 태어나겠느냐 그러나 시온은 진통하는 즉시 그 아들을 순산하였도다 여호와께서 이르시되 내가 아이를 갖도록 하였은즉 해산하게 하지 아니하겠느냐 네 하나님이 이르시되 나는 해산하게 하는 이인즉 어찌 태를 닫겠느냐 하시니라 예루살렘을 사랑하는 자들이여 다 그 성읍과 함께 기뻐하라 다 그 성읍과 함께 즐거워하라 그 성을 위하여 슬퍼하는 자들이여 다 그 성의 기쁨으로 말미암아 그 성과 함께 기뻐하라 너희가 젖을 빠는 것 같이 그 위로하는 품에서 만족하겠고 젖을 넉넉히 빤 것 같이 그 영광의 풍성함으로 말미암아 즐거워하리라 여호와께서 이와 같이 말씀하시되 보라 내가 그에게 평강을 강 같이, 그에게 뭇 나라의 영광을 넘치는 시내 같이 주리니 너희가 그 성읍의 젖을 빨 것이며 너희가 옆에 안기며 그 무릎에서 놀 것이라 어머니가 자식을 위로함 같이 내가 너희를 위로할 것인즉 너희가 예루살렘에서 위로를 받으리니 너희가 이를 보고 마음이 기뻐서 너희 뼈가 연한 풀의 무성함 같으리라 여호와의 손은 그의 종들에게 나타나겠고 그의 진노는 그의 원수에게 더하리라 보라 여호와께서 불에 둘러싸여 강림하시리니 그의 수레들은 회오리바람 같으리로다 그가 혁혁한 위세로 노여움을 나타내시며 맹렬한 화염으로 책망하실 것이라"(사66:7-15)

2. 예레미야가 기록한 천년왕국

1) 예레미야의 예언은 성부 하나님의 아들의 구속의 사역

예레미야 선지자는 유다 예루살렘을 여호와의 딸(아들)이라고 하였다. 여호와의 딸이란 의미는 여호와의 자녀라는 뜻이다. 기독교 삼위일체 교리는 구속 사역의 원리이다. 창세전에 예정하신 교회의 비밀은 아버지 하나님께서 아들의 신부인 교회를 얻기 위해 시작하신 것이다. 그래서 교회가 예수님과 한 몸을 이룬 신부가 되기 위해서는 반드시 교회는 하나님의 아들이 되어야 하고, 거룩한 성령의 전이 되어야 한다. 이사야 예언은 성자 예수님의 신부를 얻기 위한 것이다. 예레미야의 예언은 하나님의 아들이면서 예수님의 신부인 교회를 얻기 위한 것이다. 에스겔의 예언은 거룩한 성령의 전인 교회를 얻기 위한 것이다.

예레미야가 예루살렘을 여호와의 딸이라고 부른 것은 예루살렘을 자녀임과 동시에 여호와의 신부로 부른 것이다. 그래서 예레미야는 시내 산에서 맺은 언약을 여호와와 이스라엘이 맺은 혼인 언약이라 했다. 그런데 이스라엘이 여호와 남편을 배반해서 그 언약을 파했다고 하였다. 여호와의 아내로서 자격을 상실한 유다 예루살렘은 죄인이 되어 죄의 삯인 사망의 값을 지불해야 하기 때문에 바벨론으로 끌려가 70년 동안 포로생활을 하면서 죽어야 하는 신세가 되었다. 그리고 바벨론 포로 70년이 끝난 후에는 새로운 피조물이 되어 예루살렘으로 돌아 올 때는 여호와와 새로운 부부언약을 맺게 된다. 이것이 새 언약인 은혜의 언약이다.

애굽에서 나온 후 시내 산에서 맺은 언약은 육신적인 부부였지만 바벨론에서 나올 때 맺은 언약은 마음으로 하나 된 진정한 영적인 부부가 된다. 이것을 성령의 인침 또는 성령의 기름부음이라고 한다. 성령께서 구원받은 성도 마음속에서 영원히 함께 사시는 약속이다.

2) 예레미야의 예언을 통해 이루어지는 새 언약

바벨론 포로에서 돌아 올 때 이루어지는 새 언약, 새로운 부부

"나 여호와가 말하노라 보라 날이 이르리니 내가 이스라엘 집과 유다 집에 새 언약을 세우리라 나 여호와가 말하노라 이 언약은 내가 그들의 열조의 손을 잡고 애굽 땅에서 인도하여 내던 날에 세운것과 같지 아니할 것은 내가 그들의 남편이 되었어도 그들이 내 언약을 파하였음이니라 나 여호와가 말하노라 그러나 그 날 후에 내가 이스라엘 집에 세울 언약은 이러하니 곧 내가 나의 법을 그들의 속에 두며 그 마음에 기록하여 나는 그들의 하나님이 되고 그들은 내 백성이 될 것이라 그들이 다시는 각기 이웃과 형제를 가리켜 이르기를 너는 여호와를 알라 하지 아니하리니 이는 작은 자로부터 큰 자까지 다 나를 앎이니라 내가 그들의 죄악을 사하고 다시는 그 죄를 기억지 아니하리라 여호와의 말이니라 나 여호와는 해를 낮의 빛으로 주었고 달과 별들을 밤의 빛으로 규정하였고 바다를 격동시켜 그 파도로 소리치게 하나니 내 이름은 만군의 여호와니라 내가 말하노라 이 규정이 내 앞에서 폐할찐대 이스라엘 자손도 내 앞에서 폐함을 입어 영영히 나라가 되지 못하리라 나 여호와가 이같이 말하노라 위로 하늘을 측량할 수 있으며 아래로 땅의 기초를 탐지할 수 있다면 내가 이스라엘 자손의 행한 모든 일을 인하여 그들을 다 버리리라 여호와의 말이니라 나 여호와가 말하노라 보라, 날이 이르리니 이 성을 하나넬 망대에서부터 모퉁이 문까지 여호와를 위하여 건축할 것이라"(렘31:31-38)

다윗에게서 의로운 가지가 나와 통치하는 영원한 나라

"만군의 여호와께서 이와 같이 말씀하시니라 황폐하여 사람도 없고 짐승도 없던 이 곳과 그 모든 성읍에 다시 목자가 살 곳이 있으리니 그의 양 떼를 눕게 할 것이라 산지 성읍들과 평지 성읍들과 네겝의 성읍들과 베냐민 땅과 예루살렘 사면과 유다 성읍들에서 양 떼가 다시 계수하는 자의 손 아래로 지나리라 여호와께서 말씀하시니라 여호와의 말씀이니라 보라 내가 이스라엘 집과 유다 집에 대하여 일러 준 선한 말을 성취할 날이 이르리라 그 날 그 때에 내가 다윗에게서 한 공의로운 가지가 나게 하리니 그가 이 땅에 정의와 공의를 실행할 것이라 그 날에 유다가 구원을 받겠고 예루살렘이 안전히 살 것이며 이 성은 여호와는 우리의 의라는 이름을 얻으리라 여호와께서 이와 같이 말씀하시니라 이스라엘 집의 왕위에 앉을 사람이 다윗에게 영원히 끊어지지 아니할 것이며 내 앞에서 번제를 드리며 소제를 사르며 다른 제사를 항상 드릴 레위 사람 제사장들도 끊어지지 아니하리라 하시니라"(렘33:12-18)

예수님을 통해 이루어질 정의와 공의의 나라 천년왕국

"내가 내 양 떼의 남은 것을 그 몰려 갔던 모든 지방에서 모아 다시 그 우리로 돌아오게 하리니 그들의 생육이 번성할 것이며 내가 그들을 기르는 목자들을 그들 위에 세우리니 그들이 다시는 두려워하거나 놀라거나 잃어 버리지 아니하리라 여호와의 말씀이니라 여호와의 말씀이니라 보라 때가 이르리니 내가 다윗에게 한 의로운 가지를 일으킬 것이라 그가 왕이 되어 지혜롭게 다스리며 세상에서 정의와 공의를 행할 것이며 그의 날에 유다는 구원을 받겠고 이스라엘은 평안히 살 것이며 그의 이름은 여호와 우리의 공의라 일컬음을 받으리라 그러므로 여호와의 말씀이니라 보라 날이 이르리니 그들이 다시는 이스라엘 자손을 애굽 땅에서 인도하여 내신 여호와의 사심으로 맹세하지 아니하고 이스라엘 집 자손을 북쪽 땅, 그 모든 쫓겨났던 나라에서 인도하여 내신 여호와의 사심으로 맹세할 것이며 그들이 자기 땅에 살리라 하시니라"(렘23:3-8)

이스라엘과 유다 사람들이 돌아와 메시아이신 다윗 왕을 섬길 것이라

"여호와의 말씀이니라 보라 내가 내 백성 이스라엘과 유다의 포로를 돌아가게 할 날이 오리니 내가 그들을 그 조상들에게 준 땅으로 돌아오게 할 것이니 그들이 그 땅을 차지하리라 여호와께서 말씀하시니라 여호와께서 이스라엘과 유다에 대하여 하신 말씀이 이러하니라 여호와께서 이와 같이 말씀하시되 우리가 무서워 떠는 자의 소리를 들으니 두려움이요 평안함이 아니로다 너희는 자식을 해산하는 남자가 있는가 물어보라 어찌하여 모든 남자가 해산하는 여자 같이 손을 자기 허리에 대고 모든 얼굴이 겁에 질려 새파래졌는가 슬프다 그 날이여 그와 같이 엄청난 날이 없으리라 그 날은 야곱의 환난의 때가 됨이로다 그러나 그가 환난에서 구하여 냄을 얻으리로다 만군의 여호와의 말씀이라 그 날에 내가 네 목에서 그 멍에를 꺾어 버리며 네 포박을 끊으리니 다시는 이방인을 섬기지 않으리라 그들은 그들의 하나님 여호와를 섬기며 내가 그들을 위하여 세울 그들의 왕 다윗을 섬기리라"(렘30:3-9)

마지막 심판 때 다 멸하지 아니하시고 다시 회복 하신다

"보라 내가 땅을 본즉 혼돈하고 공허하며 하늘에는 빛이 없으며 내가 산들을 본즉 다 진동하며 작은 산들도 요동하며 내가 본즉 사람이 없으며 공중의 새가 다 날아갔으며 보라 내가 본즉 좋은 땅이 황무지가 되었으며 그 모든 성읍이 여호와의 앞 그의 맹렬한 진노 앞에 무너졌으니 여호와께서 이와 같이 말씀하시길 이 온 땅이 황폐할 것이나 내가 진멸하지는 아니할 것이며"(렘4:23-27)

바벨론 포로 이후 바벨론의 남은 자들이 천년왕국 백성이 된다

"내가 내 백성 이스라엘에게 산업으로 준 산업을 다치는 나의 모든 악한 이웃에게 대하여 나 여호와가 이같이 말하노라 보라 내가 그들을 그 땅에서 뽑아버리겠고 유다 집은 그들 중에서 뽑아내리라 내가 그들을 뽑아낸 후에 내가 돌이켜 그들을 긍휼히 여겨서 각 사람을 그 산업으로, 각 사람을 그 땅으로 다시 인도하리니 그들이 내 백성의 도를 부지런히 배우며 사는 여호와 내 이름으로 맹세하기를 자기들이 내 백성을 가리켜 바알로 맹세하게 한것 같이 하면 그들이 내 백성 중에 세움을 입으려니와 그들이 그리하지 아니하면 내가 반드시 그 나라를 뽑으리라 뽑아 멸하리라 여호와의 말이니라"(렘12:14-17)

3. 에스겔이 기록한 천년왕국

1) 에스겔은 성령 하나님의 영원한 성전인 교회의 구속 사역

에스겔은 바벨론 포로 기간 동안 바벨론에서 사역한 선지자이다. 바벨론 포로 기간은 신약 시대 예수님의 초림과 재림 사이에 세상에서 지어져 가는 성령의 전인 교회를 상징한다. 그래서 에스겔은 바벨론 포로 이후에 세워질 영원한 성전에 대하여 기록하고 있다. 이 성전이 바로 예수님이 오실 때 세워지는 새 예루살렘이다. 에스겔은 이 성전을 영원한 성전이라고 하였다. 거룩한 성전이라고 하였다. 구약에서의 성전 개념은 장막이나 건물 개념으로 영원하지 않았다. 그러나 에스겔 선지자가 말한 영원한 성전은 장막이나 건물 개념으로 말하지 않고 사람들 속에 이루어지는 성전을 말한다. 즉 신약에서 이루어질 새 예루살렘 성전 교회인 것이다.

2) 다윗과 같은 목자를 세워 화평의 언약을 맺고 다스릴 예루살렘 성전

"내가 한 목자를 그들 위에 세워 먹이게 하리니 그는 내 종 다윗이라 그가 그들을 먹이고 그들의 목자가 될지라 나 여호와는 그들의 하나님이 되고 내 종 다윗은 그들 중에 왕이 되리라 나 여호와의 말이니라 내가 또 그들과 화평의 언약을 맺고 악한 짐승을 그 땅에서 그치게 하리니 그들이 빈 들에 평안히 거하며 수풀 가운데에서 잘지라 내가 그들에게 복을 내리고 내 산 사방에 복을 내리며 때를 따라 소낙비를 내리되 복된 소낙비를 내리리라"(겔34:23-26)

3) 마른 뼈들이 살아나서 약속의 땅으로 돌아옴

"여호와께서 권능으로 내게 임재하시고 그의 영으로 나를 데리고 가서 골짜기 가운데 두셨는데 거기 뼈가 가득하더라 나를 그 뼈 사방으로 지나가게 하시기로 본즉 그 골짜기 지면에 뼈가 심히 많고 아주 말랐더라 그가 내게 이르시되 인자야 이 뼈들이 능히 살 수 있겠느냐 하시기로 내가 대답하되 주 여호와여 주께서 아시나이다 또 내게 이르시되 너는 이 모든 뼈에게 대언하여 이르기를 너희 마른 뼈들아 여호와의 말씀을 들을지어다 주 여호와께서 이 뼈들에게 이같이 말씀하시기를 내가 생기를 너희에게 들어가게 하리니 너희가 살아나리라 너희 위에 힘줄을 두고 살을 입히고 가죽으로 덮고 너희 속에 생기를 넣으리니 너희가 살아나리라 또 내가 여호와인 줄 너희가 알리라 하셨다 하라 이에 내가 명령을 따라 대언하니 대언할 때에 소리가 나고 움직이며 이 뼈, 저 뼈가 들어 맞아 뼈들이 서로 연결되더라 내가 또 보니 그 뼈에 힘줄이 생기고 살이 오르며 그 위에 가죽이 덮이나 그 속에 생기는 없더라 또 내게 이르시되 인자야 너는 생기를 향하여 대언하라 생기에게 대언하여 이르기를 주 여호와께서 이같이 말씀하시기를 생기야 사방에서부터 와서 이 죽음을 당한 자에게 불어서 살아나게 하라 하셨다 하라 이에 내가 그 명령대로 대언하였더니 생기가 그들에게 들어가매 그들이 곧 살아나서 일어나 서는데 극히 큰 군대더라 또 내게 이르시되 인자야 이 뼈들은 이스라엘 온 족속이라 그들이 이르기를 우리의 뼈들이 말랐고 우리의 소망이 없어졌으니 우리는 다 멸절되었다 하느니라 그러므로 너는 대언하여 그들에게 이르기를 주 여호와께서 이같이 말씀하시기를 내 백성들아 내가 너희 무덤을 열고 너희로 거기에서 나오게 하고 이스라엘 땅으로 들어가게 하리라 내 백성들아 내가 너희 무덤을 열고 너희로 거기에서 나오게 한즉 너희는 내가 여호와인 줄을 알리라 내가 또 내 영을 너희 속에 두어 너희가 살아나게 하고 내가 또 너희를 너희 고국 땅에 두리니 나 여호와가 이 일을 말하고 이룬 줄을 너희가 알리라 여호와의 말씀이니라"(겔37:1-14)

"무화과나무의 비유를 배우라 그 가지가 연하여지고 잎사귀를 내면 여름이 가까운 줄을 아나니 이와 같이 너희도 이 모든 일을 보거든 인자가 가까이 곧 문앞에 이른줄 알라 내가 진실로 너희에게 말하노니 이 세대가 지나가기 전에 이 일이 다 이루리라 천지는 없어지겠으나 내 말은 없어지지 아니하리라"(마24:32-35)

4) 남북 왕조가 다시 회복 되는 천년왕국

"여호와의 말씀이 또 내게 임하여 가라사대 인자야 너는 막대기 하나를 취하여 그 위에 유다와 그 짝 이스라엘 자손이라 쓰고 또 다른 막대기 하나를 취하여 그 위에 에브라임의 막대기 곧 요셉과 그 짝 이스라엘 온 족속이라 쓰고 그 막대기들을 서로 연합하여 하나가 되게 하라 네 손에서 둘이 하나가 되리라 네 민족이 네게 말하여 이르기를 이것이 무슨 뜻인지 우리에게 고하지 아니하겠느냐 하거든 너는 곧 이르기를 주 여호와의 말씀에 내가 에브라임의 손에 있는바 요셉과 그 짝 이스라엘 지파들의 막대기를 취하여 유다의 막대기에 붙여서 한 막대기가 되게 한즉 내 손에서 하나가 되리라 하셨다 하고 너는 그 글 쓴 막대기들을 무리의 목전에서 손에 잡고 그들에게 이르기를 주 여호와의 말씀에 내가 이스라엘 자손을 그 간바 열국에서 취하며 그 사면에서 모아서 그 고토로 돌아가게 하고 그 땅 이스라엘 모든 산에서 그들로 한 나라를 이루어서 한 임금이 모두 다스리게 하리니 그들이 다시는 두 민족이 되지 아니하며 두 나라로 나누이지 아니할찌라 그들이 그 우상들과 가증한 물건과 그 모든 죄악으로 스스로 더럽히지 아니하리라 내가 그들을 그 범죄한 모든 처소에서 구원하여 정결케 한즉 그들은 내 백성이 되고 나는 그들의 하나님이 되리라 내 종 다윗이 그들의 왕이 되리니 그들에게 다 한 목자가 있을 것이라 그들이 내 규례를 준행하고 내 율례를 지켜 행하며 내가 내 종 야곱에게 준 땅 곧 그 열조가 거하던 땅에 그들이 거하되 그들과 그 자자 손손이 영원히 거기 거할 것이요 내 종 다윗이 영원히 그 왕이 되리라 내가 그들과 화평의 언약을 세워서 영원한 언약이 되게 하고 또 그들을 견고하고 번성케 하며 내 성소를 그 가운데 세워서 영원히 이르게 하리니 내 처소가 그들의 가운데 있을 것이며 나는 그들의 하나님이 되고 그들은 내 백성이 되리라 내 성소가 영원토록 그들의 가운데 있으리니 열국이 나를 이스라엘을 거룩케 하는 여호와인줄 알리라 하셨다 하라"(겔37:15-28)

"이제는 전에 멀리 있던 너희가 그리스도 예수 안에서 그리스도의 피로 가까와졌느니라 그는 우리의 화평이신지라 둘로 하나를 만드사 중간에 막힌 담을 허시고 원수 된 것 곧 의문에 속한 계명의 율법을 자기 육체로 폐하셨으니 이는 이 둘로 자기의 안에서 한 새 사람을 지어 화평하게 하시고 또 십자가로 이 둘을 한 몸으로 하나님과 화목하게 하려 하심이라 원수 된것을 십자가로 소멸하시고 또 오셔서 먼데 있는 너희에게 평안을 전하고 가까운데 있는 자들에게 평안을 전하셨으니 이는 저로 말미암아 우리 둘이 한 성령 안에서 아버지께 나아감을 얻게 하려 하심이라"(엡2:13-18)

구약에서는 야곱을 통해 육적인 아브라함의 자손으로 에브라임이

복을 받았다. 영적인 아브라함의 자손으로 유다 자손이 복을 받았다. 이것이 신약에서는 육적인 이스라엘과 영적인 교회로 나누어진다. 먼저 육적인 이스라엘과 이방인들 중에서 구원 받은 성도는 함께 영적인 예수님의 신부인 새 예루살렘이 된다. 구원 받지 못한 이스라엘과 이방인들 중에서 666 짐승의 표를 받지 않는 사람들은 천년왕국 백성으로 하나가 된다. 이것이 바벨론 포로에서 돌아올 때 유다와 에브라임이 하나 되는 원리이다.

5) 마지막 때 이스라엘의 원수들을 심판하시는 하나님

"그 날에 곡이 이스라엘 땅을 치러 오면 내 노여움이 내 얼굴에 나타나리라 주 여호와의 말씀이니라 내가 질투와 맹렬한 노여움으로 말하였거니와 그 날에 큰 지진이 이스라엘 땅에 일어나서 바다의 고기들과 공중의 새들과 들의 짐승들과 땅에 기는 모든 벌레와 지면에 있는 모든 사람이 내 앞에서 떨 것이며 모든 산이 무너지며 절벽이 떨어지며 모든 성벽이 땅에 무너지리라 주 여호와의 말씀이니라 내가 내 모든 산 중에서 그를 칠 칼을 부르리니 각 사람이 칼로 그 형제를 칠 것이며 내가 또 전염병과 피로 그를 심판하며 쏟아지는 폭우와 큰 우박덩이와 불과 유황으로 그와 그 모든 무리와 그와 함께 있는 많은 백성에게 비를 내리듯 하리라 이같이 내가 여러 나라의 눈에 내 위대함과 내 거룩함을 나타내어 나를 알게 하리니 내가 여호와인 줄을 그들이 알리라"(겔38:18-23)

6) 한 사람도 이방인의 땅에 남기지 아니 하시고 돌아오게 하시는 여호와

"내가 내 영광을 여러 민족 가운데에 나타내어 모든 민족이 내가 행한 심판과 내가 그 위에 나타낸 권능을 보게 하리니 그 날 이후에 이스라엘 족속은 내가 여호와 자기들의 하나님인 줄을 알겠고 여러 민족은 이스라엘 족속이 그 죄악으로 말미암아 사로잡혀 갔던 줄을 알지라 그들이 내게 범죄하였으므로 내 얼굴을 그들에게 가리고 그들을 그 원수의 손에 넘겨 다 칼에 엎드러지게 하였으되 내가 그들의 더러움과 그들의 범죄한 대로 행하여 그들에게 내 얼굴을 가리었었느니라 그러므로 주 여호와께서 이같이 말씀하셨느니라 내가 이제 내 거룩한 이름을 위하여 열심을 내어 야곱의 사로잡힌 자를 돌아오게 하며 이스라엘 온 족속에게 사랑을 베풀지라 그들이 그 땅에 평안히 거주하고 두렵게 할 자가 없게 될 때에 부끄러움을 품고 내게 범한 죄를 뉘우치리니 내가 그들을 만민 중에서 돌아오게 하고 적국 중에서 모아 내어 많은 민족이 보는 데에서 그들로 말미암아 나의 거룩함을 나타낼 때라 전에는 내가 그들이 사로잡혀 여러 나라에 이르게 하였거니와 후에는 내가 그들을 모아 고국 땅으로 돌아오게 하고 그 한 사람도 이방에 남기지 아니하리니 그들이 내가 여호와 자기들의 하나님인 줄을 알리라 내가 다시는 내 얼굴을 그들에게 가리지 아니하리니 이는 내가 내 영을 이스라엘 족속에게 쏟았음이라 주 여호와의 말씀이니라"(겔39:21-29)

7) 에스겔에게 보여준 새 예루살렘의 영광

"우리가 사로잡힌 지 스물다섯째 해, 성이 함락된 후 열넷째 해 첫째 달 열째 날에 곧 그 날에 여호와의 권능이 내게 임하여 나를 데리고 이스라엘 땅으로 가시되 하나님의 이상 중에 나를 데리고 이스라엘 땅에 이르러 나를 배우 높은 산 위에 내려놓으시는데 거기에서 남으로 향하여 성읍 형상 같은 것이 있더라 나를 데리시고 거기에 이르시니 모양이 놋 같이 빛난 사람 하나가 손에 삼줄과 측량하는 장대를 가지고 문에 서 있더니 그 사람이 내게 이르되 인자야 내가 네게 보이는 그것을 눈으로 보고 귀로 들으며 네 마음으로 생각할지어다 내가 이것을 네게 보이려고 이리로 데리고 왔나니 너는 본 것을 다 이스라엘 족속에게 전할지어다 하더라"(겔40:1-4)

새 예루살렘으로 돌아오신 하나님의 영광의 보좌

"그 후에 그가 나를 데리고 문에 이르니 곧 동쪽을 향한 문이라 이스라엘 하나님의 영광이 동쪽에서부터 오는데 하나님의 음성이 많은 물 소리 같고 땅은 그 영광으로 말미암아 빛나니 그 모양이 내가 본 환상 곧 전에 성읍을 멸하러 올 때에 보던 환상 같고 그발 강 가에서 보던 환상과도 같기로 내가 곧 얼굴을 땅에 대고 엎드렸더니 여호와의 영광이 동문을 통하여 성전으로 들어가고 영이 나를 들어 데리고 안뜰에 들어가시기로 내가 보니 여호와의 영광이 성전에 가득하더라 성전에서 내게 하는 말을 내가 듣고 있을 때에 어떤 사람이 내 곁에 서 있더라 그가 내게 이르시되 인자야 이는 내 보좌의 처소, 내 발을 두는 처소, 내가 이스라엘 족속 가운데에 영원히 있을 곳이라 이스라엘 족속 곧 그들과 그들의 왕들이 음행하며 그 죽은 왕들의 시체로 다시는 내 거룩한 이름을 더럽히지 아니하리라"(겔43:1-7)

예루살렘이 망할 때 여호와의 성령은 예루살렘 성전을 떠나 동편산을 통해 바벨론 포로로 끌려간 이스라엘 백성들에게 들어 가셨다. 그리고 바벨론이 망하고 유다가 포로에서 돌아올 때 여호와의 성령도 함께 돌아오신다. 이것이 에스겔의 영원한 성전이다.

마가의 다락방에 성령이 강림하셨다. 그리고 땅 끝까지 복음이 증거되는 동안 이방인의 충만한 수가 차서 예수님의 신부인 교회가 완성이 된다. 그때 다시 마가의 다락방에 강림하셨던 성령께서 구원 받은 모든 성도들을 데리고 세상을 떠나 공중으로 강림하신 예수님과 만난다. 이것이 휴거이다. 그때 살아 있는 성도들 중에서 두루마기를 더럽혀 예수님을 직접 만날 수 없는 구원 받은 성도들은 이마에 하나님과 어린양의 표를 받고 7년 환난을 통과하면서 일부는 순교를 통해서 일부는 광야 공동체 교회를 통해서 양육을 받고 예수님의 지상 재림 때 만나 어린양 혼인 잔치인 첫째 부활에 참여를 한다. 그후에 천년왕국을 천년동안 다스리게 된다. 에스겔 선지자는 이와 같이 신약에서 완성되는 하나님의 성전에 대하여 기록을 하였다.

생명수 샘물이 흐르는 약속의 땅을 기업으로 주사 통치하게 하심

"그가 나를 데리고 성전 문에 이르시니 성전의 앞면이 동쪽을 향하였는데 그 문지방 밑에서 물이 나와 동쪽으로 흐르다가 성전 오른쪽

제단 남쪽으로 흘러 내리더라 그가 또 나를 데리고 북문으로 나가서 바깥 길로 꺾여 동쪽을 향한 바깥 문에 이르시기로 본즉 물이 그 오른쪽에서 스며 나오더라 그 사람이 손에 줄을 잡고 동쪽으로 나아가며 천 척을 측량한 후에 내게 그 물을 건너게 하시니 물이 발목에 오르더니 다시 천 척을 측량하고 내게 물을 건너게 하시니 물이 무릎에 오르고 다시 천 척을 측량하고 내게 물을 건너게 하시니 물이 허리에 오르고 다시 천 척을 측량하시니 물이 내가 건너지 못할 강이 된지라 그 물이 가득하여 헤엄칠 만한 물이요 사람이 능히 건너지 못할 강이더라 그가 내게 이르시되 인자야 네가 이것을 보았느냐 하시고 나를 인도하여 강 가로 돌아가게 하시기로 내가 돌아가니 강 좌우편에 나무가 심히 많더라 그가 내게 이르시되 이 물이 동쪽으로 향하여 흘러 아라바로 내려가서 바다에 이르리니 이 흘러 내리는 물로 그 바다의 물이 되살아나리라 이 강물이 이르는 곳마다 번성하는 모든 생물이 살고 또 고기가 심히 많으리니 이 물이 흘러 들어가므로 바닷물이 되살아나겠고 이 강이 이르는 각처에 모든 것이 살 것이며 또 이 강 가에 어부가 설 것이니 엔게디에서부터 에네글라임까지 그물 치는 곳이 될 것이라 그 고기가 각기 종류를 따라 큰 바다의 고기 같이 심히 많으려니와 그 진펄과 개펄은 되살아나지 못하고 소금 땅이 될 것이며 강 좌우 가에는 각종 먹을 과실나무가 자라서 그 잎이 시들지 아니하며 열매가 끊이지 아니하고 달마다 새 열매를 맺으리니 그 물이 성소를 통하여 나옴이라 그 열매는 먹을 만하고 그 잎사귀는 약 재료가 되리라 주 여호와께서 이같이 말씀하셨느니라 너희는 이 경계선대로 이스라엘 열두 지파에게 이 땅을 나누어 기업이 되게 하되 요셉에게는 두 몫이니라"(겔47:1-13)

여호와 삼마, 여호와께서 함께 계시는 천년왕국

"그 사방의 합계는 만 팔천 척이라 그 날 후로는 그 성읍의 이름을 여호와삼마라 하리라"(겔48:35)

에스겔이 예언한 천년왕국에서의 곡과 마곡과 같은 진펄과 개펄

"이 강물이 이르는 곳마다 번성하는 모든 생물이 살고 또 고기가 심히 많으리니 이 물이 흘러 들어가므로 바닷물이 되살아나겠고 이 강이 이르는 각처에 모든 것이 살 것이며 또 이 강 가에 어부가 설 것이니 엔게디에서부터 에네글라임까지 그물 치는 곳이 될 것이라 그 고기가 각기 종류를 따라 큰 바다의 고기 같이 심히 많으려니와 그 진펄과 개펄은 되살아나지 못하고 소금 땅이 될 것이며 강 좌우 가에는 각종 먹을 과실나무가 자라서 그 잎이 시들지 아니하며 열매가 끊이지 아니하고 달마다 새 열매를 맺으리니 그 물이 성소를 통하여 나옴이라 그 열매는 먹을 만하고 그 잎사귀는 약 재료가 되리라"(겔47:9-12)

"천년이 차매 사단이 그 옥에서 놓여 나와서 땅의 사방 백성 곧 곡과 마곡을 미혹하고 모아 싸움을 붙이리니 그 수가 바다 모래 같으리라 저희가 지면에 널리 퍼져 성도들의 진과 사랑하시는 성을 두르매 하늘에서 불이 내려와 저희를 소멸하고 또 저희를 미혹하는 마귀가 불과 유황 못에 던지우니 거기는 그 짐승과 거짓 선지자도 있어 세세토록 밤낮 괴로움을 받으리라"(계20:7-10)

바벨론 포로 이후 소돔과 사마리아 사람들이 천년왕국 백성이 된다

"네 아우 소돔과 그 딸들이 옛 지위를 회복할 것이요 사마리아와 그 딸들도 그 옛 지위를 회복할 것이며 너와 네 딸들도 너희 옛 지위를 회복할 것이니라 네가 네 형과 아우를 접대할 때에 네 행위를 기억하고 부끄러워할 것이라 내가 그들을 네게 딸로 주려니와 네 언약으로 말미암음이 아니니라"(겔16:55,61)

4. 다니엘이 기록한 천년왕국

다니엘서는 삼위일체 하나님의 구속사가 종합적으로 이루어지는 예언

"네 백성과 네 거룩한 성을 위하여 칠십 이레로 기한을 정하였나니 허물이 마치며 죄가 끝나며 죄악이 영속되며 영원한 의가 드러나며 이상과 예언이 응하며 또 지극히 거룩한 자가 기름부음을 받으리라 그러므로 너는 깨달아 알찌니라 예루살렘을 중건하라는 영이 날 때부터 기름부음을 받은 자 곧 왕이 일어나기까지 일곱 이레와 육십 이 이레가 지날 것이요 그 때 곤란한 동안에 성이 중건되어 거리와 해자가 이룰 것이며 육십 이 이레 후에 기름부음을 받은 자가 끊어져 없어질 것이며 장차 한 왕의 백성이 와서 그 성읍과 성소를 훼파하려니와 그의 종말은 홍수에 엄몰됨 같을 것이며 또 끝까지 전쟁이 있으리니 황폐할 것이 작정되었느니라 그가 장차 많은 사람으로 더불어 한 이레 동안의 언약을 굳게 정하겠고 그가 그 이레의 절반에 제사와 예물을 금지할 것이며 또 잔포하여 미운 물건이 날개를 의지하여 설 것이며 또 이미 정한 종말까지 진노가 황폐케 하는 자에게 쏟아지리라 하였느니라"(단9:24-27)

다니엘의 70이레 비밀은 다니엘서에서 삼위일체 하나님의 구속사가 종합적으로 이루어지고 있는 모습을 볼 수 있다. 이미 이사야와 예레미야를 통해서 70년 바벨론 포로생활이 예언이 되어 있다. 그리고 그 예언이 이루어지는 날에 예루살렘이 새롭게 되어 이새의 줄기에서 나온 다윗의 자손이 새롭게 된 예루살렘에서 사자가 풀을 뜯고 독사들과 어린 아이가 함께 노는 새 하늘과 새 땅을 통치하시는 내용이 예언되어 있다. 그러나 바벨론 포로 귀환 시 새 언약으로만 이루어졌지 실제로는 이런 일들이 예루살렘에서 이루어지지 않았다. 그 이유는 바벨론 포로 귀환 이후에 이루어질 새 예루살렘 시대는 이새의 줄기에서 나온 예수님께서 재림 하셔서 세우실 천년왕국에 대한 예언이었기 때문이다.

이것을 자세하게 설명해 주는 것이 다니엘 70이레 비밀이다. 다니엘 역시 예레미야의 예언대로 70년 포로 생활이 끝나면 새로운 예루살렘 시대가 올 줄 알고 기대 하였다. 그러나 실상의 역사는 그렇게 되어지지 않았다. 그래서 다니엘은 21일 금식을 통해서 하나님의 뜻을 물었다. 그 응답의 주요 내용이 70이레 비밀이다. 그 내용의 주제는 바벨론 포로 귀환으로 바로 새 예루살렘 시대가 이루어지지 않고

70이레 기간이 끝난 후에 이루어질 것이란 내용이다.

70이레는 490일이고 년 수는 490년이다. 먼저 예루살렘 성을 중건하라는 영이 나고 기름 부음을 받은 예수님이 십자가에 돌아가실 때까지 7이레와 62이레 즉 69이레, 483년이 지난다. 그 후 예루살렘이 망하고 성전이 파괴된다. 나머지 1이레 즉 7년은 마지막 심판의 때로 넘어간다. 마지막 7년의 시작은 예루살렘 성전을 건축하고 구약 제사를 드리게 하는 평화조약으로부터 시작된다. 성전이 건축되고 구약제사를 드리다가 7년의 절반이 지날 때 적그리스도는 언약을 파괴하고 성전에 우상을 세우고 자기가 하나님이라고 선포를 한다. 이것을 적그리스도의 배도라고 한다. 7년 마지막에 예수님께서 재림하셔서 적그리스도와 그에게 경배한 자들을 심판 하시고 새 예루살렘을 통해서 새 하늘과 새 땅을 통치하신다. 이 나라가 천년왕국이다. 놀랍게도 다니엘의 70이레 비밀은 그대로 이루어지고 있다. 이제 마지막 7년이 시작되는 평화조약과 성전 건축만 남겨 두고 있다. 그래서 요한 계시록의 주요 내용은 전 삼년 반과 후 삼년 반에 일어날 일들이 자세하게 기록되어 있다.

영원히 망하지 아니하게 세워질 마지막 열 왕의 시대 천년왕국

"이 열 왕의 때에 하늘의 하나님이 한 나라를 세우시리니 이것은 영원히 망하지도 아니할 것이요 그 국권이 다른 백성에게로 돌아가지도 아니할 것이요 도리어 이 모든 나라를 쳐서 멸망시키고 영원히 설 것이라 손대지 아니한 돌이 산에서 나와서 쇠와 놋과 진흙과 은과 금을 부서뜨린 것을 왕께서 보신 것은 크신 하나님이 장래 일을 왕께 알게 하신 것이라 이 꿈은 참되고 이 해석은 확실하니이다 하니 이에 느부갓네살 왕이 엎드려 다니엘에게 절하고 명하여 예물과 향품을 그에게 주게 하니라"(단2:44-46)

"또 일곱 왕이라 다섯은 망하였고 하나는 있고 다른이는 아직 이르지 아니하였으나 이르면 반드시 잠간 동안 계속하리라 전에 있었다가 시방 없어진 짐승은 여덟째 왕이니 일곱 중에 속한 자라 저가 멸망으로 들어가리라 네가 보던 열 뿔은 열 왕이니 아직 나라를 얻지 못하였으나 다만 짐승으로 더불어 임금처럼 권세를 일시 동안 받으리라 저희가 한 뜻을 가지고 자기의 능력과 권세를 짐승에게 주더라 저희가 어린 양으로 더불어 싸우려니와 어린 양은 만주의 주시요 만왕의 왕이시므로 저희를 이기실터이요 또 그와 함께 있는 자들 곧 부르심을 입고 빼내심을 얻고 진실한 자들은 이기리로다"(계17:10-14)

다니엘은 느부갓네살 왕에게 네 번째 나라 다음인 열 발가락 시대에 하늘의 하나님이 영원히 망하지 아니할 나라를 세우실 것을 말하고 있다. 이 나라가 예수님이 재림하셔서 세우실 천년왕국이다. 느부갓네살 꿈에 나타난 신상은 다섯 개 나라가 있다. 머리인 바벨론, 가슴인 페르시아, 배와 넙적 다리인 그리스, 종아리인 로마, 열 발가락인 적그리스도의 나라이다. 요한 계시록 17장에서는 다니엘이 언급한 마지막 나라에 대하여 언급을 하고 있다. 다섯은 망하였다. 애굽, 앗수르, 바벨론, 페르시아, 그리스는 망했다. 로마제국은 요한 당시에 있는 여섯 번째 제국이다. 일곱 번째 적그리스도의 나라는 여덟 번째 나라에서 나온다. 이때 예수님께서 재림하셔서 심판하시고 영원한 나라를 세우신다. 이 나라가 새 예루살렘이 통치할 천년왕국이다.

휴거 후에 있을 마지막 7년 대환난과 천년왕국의 상급심판

"그 때에 네 민족을 호위하는 큰 군주 미가엘이 일어날 것이요 또 환난이 있으리니 이는 개국 이래로 그 때까지 없던 환난일 것이며 그 때에 네 백성 중 책에 기록된 모든 자가 구원을 받을 것이라 땅의 티끌 가운데에서 자는 자 중에서 많은 사람이 깨어나 영생을 받는 자도 있겠고 수치를 당하여서 영원히 부끄러움을 당할 자도 있을 것이며 지혜 있는 자는 궁창의 빛과 같이 빛날 것이요 많은 사람을 옳은 데로 돌아오게 한 자는 별과 같이 영원토록 빛나리라"(단12:1-3)

마지막 7년으로 넘어간 인봉한 심판의 두루마리

"다니엘아 마지막 때까지 이 말을 간수하고 이 글을 봉함하라 많은 사람이 빨리 왕래하며 지식이 더하리라 나 다니엘이 본즉 다른 두 사람이 있어 하나는 강 이편 언덕에 섰고 하나는 강 저편 언덕에 섰더니 그중에 하나가 세마포 옷을 입은 자 곧 강물 위에 있는 자에게 이르되 이 기사의 끝이 어느 때까지냐 하기로 내가 들은즉 그 세마포 옷을 입고 강물 위에 있는 자가 그 좌우 손을 들어 하늘을 향하여 영생하시는 자를 가리켜 맹세하여 가로되 반드시 한때 두때 반때를 지나서 성도의 권세가 다 깨어지기까지니 그렇게 되면 이 모든 일이 다 끝나리라 하더라 내가 듣고도 깨닫지 못한지라 내가 가로되 내 주여 이 모든 일의 결국이 어떠하겠삽나이까 그가 가로되 다니엘아 갈찌어다 대저 이 말은 마지막 때까지 간수하고 봉함할 것임이니라"(단9:4-9)

"장로 중에 하나가 내게 말하되 울지 말라 유대 지파의 사자 다윗의 뿌리가 이기었으니 이 책과 그 일곱 인을 떼시리라 하더라 내가 또 보니 보좌와 네 생물과 장로들 사이에 어린 양이 섰는데 일찍 죽임을 당한것 같더라 일곱 뿔과 일곱 눈이 있으니 이 눈은 온 땅에 보내심을 입은 하나님의 일곱 영이더라 어린 양이 나아와서 보좌에 앉으신 이의 오른손에서 책을 취하시니라"(계5:5-7)

"또 짐승이 큰 말과 참람된 말 하는 입을 받고 또 마흔 두달 일할 권세를 받으니라 짐승이 입을 벌려 하나님을 향하여 훼방하되 그의 이름과 그의 장막 곧 하늘에 거하는 자들을 훼방하더라 또 권세를 받아 성도들과 싸워 이기게 되고 각 족속과 백성과 방언과 나라를 다스리는 권세를 받으니 죽임을 당한 어린 양의 생명책에 창세 이후로 녹명되지 못하고 이 땅에 사는 자들은 다 짐승에게 경배하리라"(계13:5-8)

하나님께서는 다니엘에게 바벨론 제국 이후에 일어날 4개 제국의 역사를 기록하고 그 마지막 제국의 나라가 망할 때 일어날 최후의 심판에 대한 책을 써서 인봉한 후에 간수하라고 명하셨다. 그리고 그 인봉한 두루마리가 펼쳐저서 심판이 일어날 때 영원히 망하지 않는 나라가 세워질 것이라 하셨다. 그때가 바로 많은 사람이 빨리 왕래하고 지식이

더한 세상이라 하셨다. 오늘과 같은 지식과 정보화 시대인 것이다.

요한 계시록 5장에서는 7인으로 봉한 심판의 두루마리를 예수님께서 떼실 때 심판이 시작된다. 이 심판이 다니엘이 기록하여 인봉한 두루마리이다. 요한 계시록에서도 다니엘이 기록한 대로 한때 두때 반 즉 후 삼년 반에 일어날 야곱의 환난을 기록하고 있다. 이때 성도들의 권세가 깨어진다. 즉 적그리스도에 의해서 성도들이 목 베임을 받아 순교를 하게 된다. 이것이 하나님의 뜻이다. 왜냐하면 예수님께서 입혀 주신 거룩한 세마포 옷을 지키지 못하고 더럽혔기 때문에 자기가 죽어서 세마포 옷을 빨아 신부로 단장을 해야 하는 것이다. "나는 알파와 오메가요 처음과 나중이요 시작과 끝이라 그 두루마기를 빠는 자들은 복이 있으니 이는 저희가 생명 나무에 나아가며 문들을 통하여 성에 들어갈 권세를 얻으려 함이로다"(계22:13-14)

후 삼년 반 적그리스도의 배도와 예수님의 재림과 어린양 혼인잔치

"내가 들은즉 한 거룩한 이가 말하더니 다른 거룩한 이가 그 말하는 이에게 묻되 환상에 나타난 바 매일 드리는 제사와 망하게 하는 죄악에 대한 일과 성소와 백성이 내준 바 되며 짓밟힐 일이 어느 때까지 이를꼬 하매 그가 내게 이르되 이천삼백 주야까지니 그 때에 성소가 정결하게 되리라 하였느니라"(단8:13-14)

다니엘은 매일 드리는 제사가 시작된 후 적그리스도에 의해서 성전이 더럽힐 일이 끝날 때를 2300주야라고 하였다. 7년은 2520일이다. 2520일에서 2300일을 빼면 220일이 나온다. 마지막 1이레인 7년이 시작될 때 성전을 건축하고 220일이 지난 후부터 구약 제사가 드려진다. 그래서 성전 건축 기간이 220일이 된다. 전 삼년 반 1260일 중 남은 기간인 1040일 동안 성전제사가 드려진다. 후 삼년 반이 시작될 때 적그리스도가 배도를 하여 성전을 더럽힌다. 예수님이 재림하셔서 적그리스도를 심판하고 성전을 정결케 하신다. 그래서 매일 드리는 제사가 시작된 후 성전이 정결함을 입은 기간이 2300일이 지난 후에 일어나는 것이다.

"매일 드리는 제사를 폐하며 멸망하게 할 가증한 것을 세울 때부터 천이백구십 일을 지낼 것이요 기다려서 천삼백삼십오 일까지 이르는 그 사람은 복이 있으리라 너는 가서 마지막을 기다리라 이는 네가 평안히 쉬다가 끝날에는 네 몫을 누릴 것임이라"(단12:11-12)

적그리스도가 후 삼년 반이 시작될 때 배도를 한다. 예수님께서 재림하셔서 적그리스도를 심판 하신다. 1290일은 1260일에 30일이 더해진 것이다. 1335일은 1290일에 45일이 더해진 것이다. 예수님께서 감람산에 재림하실 때 짐승의 표를 받지 않았던 이스라엘 민족이 재림하시는 예수님을 보고 회개하고 돌아온다. 30일은 이스라엘 백성들이 통곡하면서 회개하고 예수님을 맞이하는 애곡하는 기간이다. 45일은 어린양 혼인잔치 기간이다. 성경은 이것을 첫째 부활이라고 하였다. 이때 열 므나를 남긴 성도는 열 나라를 다스리게 된다. 다섯 므나를 남긴 성도는 다섯 나라를 다스리게 된다. 성도들이 예수님으로부터 상급 심판을 받는 기간이다. 그후에 천년왕국이 시작된다.

5. 호세아가 기록한 천년왕국

바벨론 포로 이후에 장가 오시는 여호와

"그러므로 내가 저를 개유하여 거친 들로 데리고 가서 말로 위로하고 거기서 비로소 저의 포도원을 저에게 주고 아골 골짜기로 소망의 문을 삼아 주리니 저가 거기서 응대하기를 어렸을 때와 애굽 땅에서 올라 오던 날과 같이 하리라 여호와께서 이르시되 그 날에 네가 나를 내 남편이라 일컫고 다시는 내 바알이라 일컫지 아니하리라 내가 바알들의 이름을 저의 입에서 제하여 다시는 그 이름을 기억하여 일컬음이 없게 하리라 그 날에는 내가 저희를 위하여 들짐승과 공중의 새와 땅의 곤충으로 더불어 언약을 세우며 또 이 땅에서 활과 칼을 꺾어 전쟁을 없이 하고 저희로 평안히 눕게 하리라 내가 네게 장가들어 영원히 살되 의와 공변됨과 은총과 긍휼히 여김으로 네게 장가들며 진실함으로 네게 장가들리니 네가 여호와를 알리라 여호와께서 가라사대 그 날에 내가 응하리라 나는 하늘에 응하고 하늘은 땅에 응하고 땅은 곡식과 포도주와 기름에 응하고 또 이것들은 이스르엘에 응하리라 내가 나를 위하여 저를 이 땅에 심고 긍휼히 여김을 받지 못하였던 자를 긍휼히 여기며 내 백성 아니었던 자에게 향하여 이르기를 너는 내 백성이라 하리니 저희는 이르기를 주는 내 하나님이시라 하리라"(호2:14-23)

여호와께서는 호세아 선지자에게 창녀인 고멜을 아내로 맞이하게 하셨다. 그러나 고멜은 자식을 낳고도 바람이 나서 남편의 품을 떠났다. 그럼에도 불구하고 하나님은 호세아에게 다시 아내를 사랑하라고 하셨다. 이것은 바벨론이란 외인에게 몸을 팔아버린 유다에 대한 예언이다. 결국 유다는 바벨론이란 사랑하는 남자를 따라서 여호와의 품을 떠났다. 그러나 그가 70년 동안 살면서 버림받고 병들어 죽게 될 때 여호와께서 사랑하는 아내 유다를 다시 새롭게 살려서 장가드시는 내용이 호세아서이다.

죄인의 신분을 바꾸어 살아계신 하나님의 아들들이 되게 하시는 은총의 나라

"여호와께서 이르시되 그의 이름을 로암미라 하라 너희는 내 백성이 아니요 나는 너희 하나님이 되지 아니할 것임이니라 그러나 이스라엘 자손의 수가 바닷가의 모래 같이 되어서 헤아릴 수도 없고 셀 수도 없을 것이며 전에 그들에게 이르기를 너희는 내 백성이 아니라 한 그 곳에서 그들에게 이르기를 너희는 살아 계신 하나님의 아들들이라 할 것이라 이에 유다 자손과 이스라엘 자손이 함께 모여 한 우두머리를 세우고 그 땅에서부터 올라오리니 이스르엘의 날이 클 것임이로다"(호1:9-11)

여호와께서는 병든 이스라엘과 유다를 바벨론 70년이란 바벨론 포로 기간 동안 고치셔서 자기의 아들들이 되게 하사 돌아오게 하신다. 이는 2000년 교회시대를 통해 구원 받은 이스라엘과 이방인들을 하나님의 아들로, 거룩한 성령의 전으로, 예수님의 신부인 새 예루살렘으로 만드신 것이다.

어린양 혼인잔치와 동물과 곤충들에게도 기업을 주시는 천년왕국

"그러므로 보라 내가 그를 타일러 거친 들로 데리고 가서 말로 위로하고 거기서 비로소 그의 포도원을 그에게 주고 아골 골짜기로 소망의 문을 삼아 주리니 그가 거기서 응대하기를 어렸을 때와 애굽 땅에서 올라오던 날과 같이 하리라 여호와께서 이르시되 그 날에 네가 나를 내 남편이라 일컫고 다시는 내 바알이라 일컫지 아니하리라 내가 바알들의 이름을 그의 입에서 제거하여 다시는 그의 이름을 기억하여 부르는 일이 없게 하리라 그 날에는 내가 그들을 위하여 들짐승과 공중의 새와 땅의 곤충과 더불어 언약을 맺으며 또 이 땅에서 활과 칼을 꺾어 전쟁을 없이하고 그들로 평안히 눕게 하리라 내가 네게 장가 들어 영원히 살되 공의와 정의와 은총과 긍휼히 여김으로 네게 장가 들며 진실함으로 네게 장가 들리니 네가 여호와를 알리라"(호2:14-20)

하나님께서 장가 오실 때 동물과 곤충들과도 언약을 맺으신다. 이는 그들에게도 천년왕국의 기업을 주신다는 것이다. 이것이 피조물들이 지금까지 고대하고 기다리고 있는 소망이다.

"피조물의 고대하는 바는 하나님의 아들들의 나타나는 것이니 피조물이 허무한데 굴복하는 것은 자기 뜻이 아니요 오직 굴복케 하시는 이로 말미암음이라 그 바라는 것은 피조물도 썩어짐의 종노릇 한데서 해방되어 하나님의 자녀들의 영광의 자유에 이르는 것이니라 피조물이 다 이제까지 함께 탄식하며 함께 고통하는 것을 우리가 아나니 이뿐 아니라 또한 우리 곧 성령의 처음 익은 열매를 받은 우리까지도 속으로 탄식하여 양자 될것 곧 우리 몸의 구속을 기다리느니라"(롬8:20-23)

하늘과 땅을 통일시키는 새로운 나라 천년왕국

"여호와께서 이르시되 그 날에 내가 응답하리라 나는 하늘에 응답하고 하늘은 땅에 응답하고 땅은 곡식과 포도주와 기름에 응답하고 또 이것들은 이스르엘에 응답하리라 내가 나를 위하여 그를 이 땅에 심고 긍휼히 여김을 받지 못하였던 자를 긍휼히 여기며 내 백성 아니었던 자에게 향하여 이르기를 너는 내 백성이라 하리니 그들은 이르기를 주는 내 하나님이시라 하리라 하시니라"(호1:21-23)

"우리가 그리스도 안에서 그의 은혜의 풍성함을 따라 그의 피로 말미암아 구속 곧 죄 사함을 받았으니 이는 그가 모든 지혜와 총명으로 우리에게 넘치게 하사 그 뜻의 비밀을 우리에게 알리셨으니 곧 그 기쁘심을 따라 그리스도 안에서 때가 찬 경륜을 위하여 예정하신 것이니 하늘에 있는 것이나 땅에 있는 것이 다 그리스도 안에서 통일되게 하려 하심이라"(엡1:7-10)

오랜 기간 동안 바벨론에서 방황하다가 다윗 왕을 찾고 은총을 받음

"이스라엘 자손들이 많은 날 동안 왕도 없고 지도자도 없고 제사도 없고 주상도 없고 에봇도 없고 드라빔도 없이 지내다가 그 후에 이스라엘 자손이 돌아와서 그들의 하나님 여호와와 그들의 왕 다윗을 찾고 마지막 날에는 여호와를 경외하므로 여호와와 그의 은총으로 나아가리라"(호3:4-5)

바벨론 포로 귀환 시 모든 상처를 싸매시며 치료하시는 여호와

"오라 우리가 여호와께로 돌아가자 여호와께서 우리를 찢으셨으나 도로 낫게 하실 것이요 우리를 치셨으나 싸매어 주실 것임이라 여호와께서 이틀 후에 우리를 살리시며 셋째 날에 우리를 일으키시리니 우리가 그의 앞에서 살리라 그러므로 우리가 여호와를 알자 힘써 여호와를 알자 그의 나타나심은 새벽 빛 같이 어김없나니 비와 같이, 땅을 적시는 늦은 비와 같이 우리에게 임하시리라 하니라"(호6:1-3)

바벨론 포로 귀환 시 에브라임을 용서하시고 회복시키신 여호와

"에브라임이여 내가 어찌 너를 놓겠느냐 이스라엘이여 내가 어찌 너를 버리겠느냐 내가 어찌 너를 아드마 같이 놓겠느냐 어찌 너를 스보임 같이 두겠느냐 내 마음이 내 속에서 돌이키어 나의 긍휼이 온전히 불붙듯 하도다 내가 나의 맹렬한 진노를 나타내지 아니하며 내가 다시는 에브라임을 멸하지 아니하리니 이는 내가 하나님이요 사람이 아님이라 네 가운데 있는 거룩한 자이니 진노함으로 네게 임하지 아니하리라 그들은 사자처럼 소리를 내시는 여호와를 따를 것이라 여호와께서 소리를 내시면 자손들이 서쪽에서부터 떨며 오되 그들은 애굽에서부터 새 같이, 앗수르에서부터 비둘기 같이 떨며 오리니 내가 그들을 그들의 집에 머물게 하리라 나 여호와의 말이니라"(호11:8-11)

에브라임은 야곱으로부터 이스라엘의 장자의 복을 받은 지파이다. 아브라함의 육적인 자손으로 이스라엘을 대표하는 지파이다. 하나님은 아브라함에게 약속하실 때 땅의 모래와 같이 자손을 많게 하겠다고 하셨다. 이 약속이 천년왕국에서 이루어진다. 666 짐승의 표를 받지 않는 이스라엘 민족들이 천년왕국 백성으로 들어가서 구원을 받게 된다.

음녀 같은 에브라임을 사랑하사 회복하신 평화로운 왕국

"우리가 앗수르의 구원을 의지하지 아니하며 말을 타지 아니하며 다시는 우리의 손으로 만든 것을 향하여 너희는 우리의 신이라 하지 아니하오리니 이는 고아가 주로 말미암아 긍휼을 얻음이니이다 할지니라 내가 그들의 반역을 고치고 기쁘게 그들을 사랑하리니 나의 진노가 그에게서 떠났음이니라 내가 이스라엘에게 이슬과 같으리니 그가 백합화 같이 피겠고 레바논 백향목 같이 뿌리가 박힐 것이라 그의 가지는 퍼지며 그의 아름다움은 감람나무와 같고 그의 향기는 레바논 백향목 같으리니 그 그늘 아래에 거주하는 자가 돌아올지라 그들은 곡식 같이 풍성할 것이며 포도나무 같이 꽃이 필 것이며 그 향기는 레바논의 포도주 같이 되리라"(호14:3-7)

예수님께서 오셔서 천년왕국을 세우실 때 이스라엘의 12지파가 백성이 된다.

6. 요엘이 기록한 천년왕국

예수님의 재림과 최후의 심판

"시온에서 나팔을 불며 나의 거룩한 산에서 경고의 소리를 질러 이 땅 주민들로 다 떨게 할지니 이는 여호와의 날이 이르게 됨이니라 이제 임박하였으니 곧 어둡고 캄캄한 날이요 짙은 구름이 덮인 날이라 새벽 빛이 산 꼭대기에 덮인 것과 같으니 이는 많고 강한 백성이 이르렀음이라 이와 같은 것이 옛날에도 없었고 이후에도 대대에 없으리로다 불이 그들의 앞을 사르며 불꽃이 그들의 뒤를 태우니 그들의 예전의 땅은 에덴 동산 같았으나 그들의 나중의 땅은 황폐한 들 같으니 그것을 피한 자가 없도다 그의 모양은 말 같고 그 달리는 것은 기병 같으며 그들이 산 꼭대기에서 뛰는 소리는 병거 소리와도 같고 불꽃이 검불을 사르는 소리와도 같으며 강한 군사가 줄을 벌이고 싸우는 것 같으니 그 앞에서 백성들이 질리고, 무리의 낯빛이 하얘졌도다 그들이 용사 같이 달리며 무사 같이 성을 기어 오르며 각기 자기의 길로 나아가되 그 줄을 이탈하지 아니하며 피차에 부딪치지 아니하고 각기 자기의 길로 나아가며 무기를 돌파하고 나아가나 상하지 아니하며 성 중에 뛰어 들어가며 성 위에 달리며 집에 기어 오르며 도둑 같이 창으로 들어가니 그 앞에서 땅이 진동하며 하늘이 떨며 해와 달이 캄캄하며 별들이 빛을 거두도다"(욜2:1-10)

요한 계시록 18장에서는 바벨론 음녀가 받을 심판을 기록하고 있다. 바벨론 음녀는 말세에 종교 통합으로 타락한 교회이다. 이미 구약에서도 유다 예루살렘이 영적인 장자의 복을 받고 여호와의 아내가 되었지만 바람이 나서 바벨론 남자를 사랑하므로 심판을 받고 망하는 내용이다.

바벨론 포로 귀환 시 이루어질 천년왕국, 들짐승과 들의 풀들을 즐겁게 하심

"그 때에 여호와께서 자기의 땅을 극진히 사랑하시어 그의 백성을 불쌍히 여기실 것이라 여호와께서 그들에게 응답하여 이르시기를 내가 너희에게 곡식과 새 포도주와 기름을 주리니 너희가 이로 말미암아 흡족하리라 내가 다시는 너희가 나라들 가운데에서 욕을 당하지 않게 할 것이며 내가 북쪽 군대를 너희에게서 멀리 떠나게 하여 메마르고 적막한 땅으로 쫓아내리니 그 앞의 부대는 동해로, 그 뒤의 부대는 서해로 들어갈 것이라 상한 냄새가 일어나고 악취가 오르리니 이는 큰 일을 행하였음이니라 하시리라 땅이여 두려워하지 말고 기뻐하며 즐거워할지어다 여호와께서 큰 일을 행하셨음이로다 들짐승들아 두려워하지 말지어다 들의 풀이 싹이 나며 나무가 열매를 맺으며 무화과나무와 포도나무가 다 힘을 내는도다 시온의 자녀들아 너희는 너희 하나님 여호와로 말미암아 기뻐하며 즐거워할지어다 그가 너희를 위하여 비를 내리시되 이른 비를 너희에게 적당하게 주시리니 이른 비와 늦은 비가 예전과 같을 것이라 마당에는 밀이 가득하고 독에는 새 포도주와 기름이 넘치리로다"(욜2:18-24)

타락한 예루살렘을 바벨론을 통해 심판하셨던 여호와는 바벨론 70년 포로 기간을 통해서 예루살렘을 아름다운 신부로 단장시켜 다시 예루살렘으로 돌아오게 하신다. 그때는 들짐승과 땅의 풀들과 나무들까지 여호와의 은총을 입어서 즐거워 한다. 예수님의 재림 후에 이루어질 천년왕국이다.

예수님의 초림과 재림을 통해 이루어질 구원과 심판

"그 후에 내가 내 영을 만민에게 부어 주리니 너희 자녀들이 장래 일을 말할 것이며 너희 늙은이는 꿈을 꾸며 너희 젊은이는 이상을 볼 것이며 그 때에 내가 또 내 영을 남종과 여종에게 부어 줄 것이며 내가 이적을 하늘과 땅에 베풀리니 곧 피와 불과 연기 기둥이라 여호와의 크고 두려운 날이 이르기 전에 해가 어두워지고 달이 핏빛 같이 변하려니와 누구든지 여호와의 이름을 부르는 자는 구원을 얻으리니 이는 나 여호와의 말대로 시온 산과 예루살렘에서 피할 자가 있을 것임이요 남은 자 중에 나 여호와의 부름을 받을 자가 있을 것임이니라"(욜2:28-32)

오순절 마가의 다락방에서 사도 베드로가 외쳤던 복음이다. 요엘 선지자는 예수님의 초림과 재림의 사건을 하루 동안 함께 일어날 일로 예언을 했다.

마지막 열국의 심판과 천년왕국

"보라 그 날 곧 내가 유다와 예루살렘 가운데에서 사로잡힌 자를 돌아오게 할 그 때에 내가 만국을 모아 데리고 여호사밧 골짜기에 내려가서 내 백성 곧 내 기업인 이스라엘을 위하여 거기에서 그들을 심문하리니 이는 그들이 이스라엘을 나라들 가운데에 흩어 버리고 나의 땅을 나누었음이며 또 제비 뽑아 내 백성을 끌어 가서 소년을 기생과 바꾸며 소녀를 술과 바꾸어 마셨음이니라"(욜3:1-3)

요엘 선지자도 유다 백성들이 바벨론 포로에서 돌아 올 때 여호와께서 세상의 모든 열방 나라들을 여호사밧 골짜기에서 심판하실 것을 예언하고 있다. 예수님께서 교회가 완성된 다음에 세상을 심판하실 것에 대한 예언이다.

시온인 교회의 원수를 갚으시고 세우실 새 예루살렘과 천년왕국

"해와 달이 캄캄하며 별들이 그 빛을 거두도다 여호와께서 시온에서 부르짖고 예루살렘에서 목소리를 내시리니 하늘과 땅이 진동하리로다 그러나 여호와께서 그의 백성의 피난처, 이스라엘 자손의 산성이 되시리로다 그런즉 너희가 나는 내 성산 시온에 사는 너희 하나님 여호와인 줄 알 것이라 예루살렘이 거룩하리니 다시는 이방 사람이 그 가운데로 통행하지 못하리로다 그 날에 산들이 단 포도주를 떨어뜨릴 것이며 작은 산들이 젖을 흘릴 것이며 유다 모든 시내가 물을 흘릴 것이며 여호와의 성전에서 샘이 흘러 나와서 싯딤 골짜기에 대리라 그러나 애굽은 황무지가 되겠고 에돔은 황무한 들이 되리니 이는 그들이 유다 자손에게 포악을 행하여 무죄한 피를 그 땅에서 흘렸음이니라 유다는 영원히 있겠고 예루살렘은 대대로 있으리라 내가 전에는 그들의 피흘림 당한 것을 갚아 주지 아니하였거니와 이제는 갚아 주리니 이는 여호와께서 시온에 거하심이니라"(욜3:15-21)

7. 아모스가 기록한 천년왕국

말세 심판의 때에 여호와의 말씀을 듣지 못하는 기근과 기갈

"주 여호와의 말씀이니라 그 날에 내가 해를 대낮에 지게 하여 백주에 땅을 캄캄하게 하며 너희 절기를 애통으로, 너희 모든 노래를 애곡으로 변하게 하며 모든 사람에게 굵은 베로 허리를 동이게 하며 모든 머리를 대머리가 되게 하며 독자의 죽음으로 말미암아 애통하듯 하게 하며 결국은 곤고한 날과 같게 하리라 주 여호와의 말씀이니라 보라 날이 이를지라 내가 기근을 땅에 보내리니 양식이 없어 주림이 아니며 물이 없어 갈함이 아니요 여호와의 말씀을 듣지 못한 기갈이라 사람이 이 바다에서 저 바다까지, 북쪽에서 동쪽까지 비틀거리며 여호와의 말씀을 구하려고 돌아다녀도 얻지 못하리니 그 날에 아름다운 처녀와 젊은 남자가 다 갈하여 쓰러지리라"(암8:9-13)

반드시 죽어야 새롭게 될 수 있다

"내가 보니 주께서 단 곁에 서서 이르시되 기둥 머리를 쳐서 문지방이 움직이게 하며 그것으로 부숴져서 무리의 머리에 떨어지게 하라 내가 그 남은 자를 칼로 살륙하리니 그 중에서 하나도 도망하지 못하며 그 중에서 하나도 피하지 못하리라 저희가 파고 음부로 들어갈찌라도 내 손이 거기서 취하여 낼 것이요 하늘로 올라갈찌라도 내가 거기서 취하여 내리울 것이며 갈멜산 꼭대기에 숨을찌라도 내가 거기서 찾아낼 것이요 내 눈을 피하여 바다 밑에 숨을찌라도 내가 거기서 뱀을 명하여 물게 할 것이요 그 원수 앞에 사로잡혀 갈찌라도 내가 거기서 칼을 명하여 살륙하게 할 것이라 내가 저희에게 주목하여 화를 내리고 복을 내리지 아니하리라 하시니라"(암9:1-4)

하나님께서 유다를 죽이시는 것은 끝이 아니라 새롭게 살리려 하신 것이다. 순교자들은 목 베임을 받고 첫째 부활에 참여를 한다. 하나님은 적그리스도에게 모든 권세를 몰아 주셔서 휴거하지 못한 성도들이 짐승의 666 표를 받지 못하게 하셔서 죽이신다. 이것이 구원이다. 그래서 마지막 시대에 살아가는 구원 받은 성도들은 반드시 세 가지를 준비해야 한다. 휴거를 준비해야 한다. 순교를 준비해야 한다. 광야 공동체 교회를 준비해야 한다. 이 세가지 중에 한 가지를 준비해야 한다. 성령으로 말미암아 자신에게 주신 믿음의 분량대로 준비해야 한다. 라오디게아 교회는 100% 순교하는 교회이다. 이미 세상에 깊이 빠져서 살고 있기 때문에 빠져 나올 수 없다. 눈이 멀고 교만하여 아무런 분별력이 없는 교회이다. 구원 받은 성도는 피난처나 도피처에 숨으면 안된다. 반드시 살고자 하는 옛 사람이 죽어야 문제가 해결된다. 구원받지 못한 사람들은 도피처나 피난처에서 숨어 666 표를 받지 아니하면 천년왕국 백성으로 들어간다. 그러나 이미 구원을 받은 성도는 피난처나 도피처에 숨어 있어도 그곳에서도 반드시 순교가 일어나게 하신다. 이것이 아모스 9장의 내용이다.

"하나님이 자기 뜻대로 할 마음을 저희에게 주사 한 뜻을 이루게 하시고 저희 나라를 그 짐승에게 주게 하시되 하나님 말씀이 응하기까지 하심이니라"(계17:17)

"또 권세를 받아 성도들과 싸워 이기게 되고 각 족속과 백성과 방언과 나라를 다스리는 권세를 받으니 죽임을 당한 어린 양의 생명책에 창세 이후로 녹명되지 못하고 이 땅에 사는 자들은 다 짐승에게 경배하리라 누구든지 귀가 있거든 들을찌어다"(계13:7-9)

"장로 중에 하나가 응답하여 내게 이르되 이 흰옷 입은 자들이 누구며 또 어디서 왔느뇨 내가 가로되 내 주여 당신이 알리이다 하니 그가 나더러 이르되 이는 큰 환난에서 나오는 자들인데 어린양의 피에 그 옷을 씻어 희게 하였느니라 그러므로 그들이 하나님의 보좌 앞에 있고 또 그의 성전에서 밤낮 하나님을 섬기매 보좌에 앉으신 이가 그들 위에 장막을 치시리니 저희가 다시 주리지도 아니하며 목마르지도 아니하고 해나 아무 뜨거운 기운에 상하지 아니할찌니 이는 보좌 가운데 계신 어린 양이 저희의 목자가 되사 생명수 샘으로 인도하시고 하나님께서 저희 눈에서 모든 눈물을 씻어 주실 것임이러라"(계7:13-17)

휴거하지 못한 성도는 광야교회에서 양육을 받아 옷을 빨든지 아니면 순교를 통해서 자기 옷을 빨아야 한다.

열국 중에 체질하여 다윗의 무너진 장막을 일으켜 세우시는 천년왕국

"주 만군의 여호와는 땅을 만져 녹게 하사 거기 거주하는 자가 애통하게 하시며 그 온 땅이 강의 넘침 같이 솟아 오르며 애굽 강 같이 낮아지게 하시는 이요 그의 궁전을 하늘에 세우시며 그 궁창의 기초를 땅에 두시며 바닷물을 불러 지면에 쏟으시는 이니 그 이름은 여호와시니라 여호와의 말씀이니라 이스라엘 자손들아 너희는 내게 구스 족속 같지 아니하냐 내가 이스라엘을 애굽 땅에서, 블레셋 사람을 갑돌에서, 아람 사람을 기르에서 올라오게 하지 아니하였느냐 보라 주 여호와의 눈이 범죄한 나라를 주목하노니 내가 그것을 지면에서 멸하리라 그러나 야곱의 집은 온전히 멸하지는 아니하리라 여호와의 말씀이니라 보라 내가 명령하여 이스라엘 족속을 만국 중에서 체질하기를 체로 체질함 같이 하려니와 그 한 알갱이도 땅에 떨어지지 아니하리라 내 백성 중에서 말하기를 화가 우리에게 미치지 아니하며 이르지 아니하리라 하는 모든 죄인은 칼에 죽으리라 그 날에 내가 다윗의 무너진 장막을 일으키고 그것들의 틈을 막으며 그 허물어진 것을 일으켜서 옛적과 같이 세우고 그들이 에돔의 남은 자와 내 이름으로 일컫는 만국을 기업으로 얻게 하리라 이 일을 행하시는 여호와의 말씀이니라 여호와의 말씀이니라 보라 날이 이를지라 그 때에 파종하는 자가 곡식 추수하는 자의 뒤를 이으며 포도를 밟는 자가 씨 뿌리는 자의 뒤를 이으며 산들은 단 포도주를 흘리며 작은 산들은 녹으리라 내가 내 백성 이스라엘이 사로잡힌 것을 돌이키리니 그들이 황폐한 성읍을 건축하여 거주하며 포도원들을 가꾸고 그 포도주를 마시며 과원들을 만들고 그 열매를 먹으리라 내가 그들을 그들의 땅에 심으리니 그들이 내가 준 땅에서 다시 뽑히지 아니하리라 네 하나님 여호와의 말씀이니라"(암9:5-15)

하나님께서는 범죄한 유다를 망하게 하시고 그들이 좋아하고 사랑한 바벨론으로 끌고 가셔서 녹이고 체질하여 깨끗하고 아름다운 신부로 만들어 다시 돌아오게 하실 때 세워질 새 예루살렘과 천년왕국에 대한 예언이다.

8. 오바댜가 기록한 천년왕국

바벨론 포로 귀환 후 시온산이 피할 곳이 되고 거룩한 산이 된다

"오직 시온 산에서 피할 자가 있으리니 그 산이 거룩할 것이요 야곱 족속은 자기 기업을 누릴 것이며 야곱 족속은 불이 될 것이며 요셉 족속은 불꽃이 될 것이요 에서 족속은 지푸라기가 될 것이라 그들이 그들 위에 붙어서 그들을 불사를 것인즉 에서 족속에 남은 자가 없으리니 여호와께서 말씀하셨음이라 그들이 네겝과 에서의 산과 평지와 블레셋을 얻을 것이요 또 그들이 에브라임의 들과 사마리아의 들을 얻을 것이며 베냐민은 길르앗을 얻을 것이며 사로잡혔던 이스라엘의 많은 자손은 가나안 사람에게 속한 이 땅을 사르밧까지 얻을 것이며 예루살렘에서 사로잡혔던 자들 곧 스바랏에 있는 자들은 네겝의 성읍들을 얻을 것이니라 구원 받은 자들이 시온 산에 올라와서 에서의 산을 심판하리니 나라가 여호와께 속하리라"(옵1:17-21)

9. 미가가 기록한 천년왕국

바벨론 포로 귀환 후 남은 자들에게 주어진 천년왕국

"끝날에 이르러는 여호와의 전의 산이 산들의 꼭대기에 굳게 서며 작은 산들 위에 뛰어나고 민족들이 그리로 몰려갈 것이라 곧 많은 이방 사람들이 가며 이르기를 오라 우리가 여호와의 산에 올라가서 야곱의 하나님의 전에 이르자 그가 그의 도를 가지고 우리에게 가르치실 것이니라 우리가 그의 길로 행하리라 하리니 이는 율법이 시온에서부터 나올 것이요 여호와의 말씀이 예루살렘에서부터 나올 것임이라 그가 많은 민족들 사이의 일을 심판하시며 먼 곳 강한 이방 사람을 판결하시리니 무리가 그 칼을 쳐서 보습을 만들고 창을 쳐서 낫을 만들 것이며 이 나라와 저 나라가 다시는 칼을 들고 서로 치지 아니하며 다시는 전쟁을 연습하지 아니하고 각 사람이 자기 포도나무 아래와 자기 무화과나무 아래에 앉을 것이라 그들을 두렵게 할 자가 없으리니 이는 만군의 여호와의 입이 이같이 말씀하셨음이라 만민이 각각 자기의 신의 이름을 의지하여 행하되 오직 우리는 우리 하나님 여호와의 이름을 의지하여 영원히 행하리로다 여호와께서 말씀하시되 그 날에는 내가 저는 자를 모으며 쫓겨난 자와 내가 환난 받게 한 자를 모아 발을 저는 자는 남은 백성이 되게 하며 멀리 쫓겨났던 자들이 강한 나라가 되게 하고 나 여호와가 시온 산에서 이제부터 영원까지 그들을 다스리리라 하셨나니 너 양 떼의 망대요 딸 시온의 산이여 이전 권능 곧 딸 예루살렘의 나라가 네게로 돌아오리라"(미4:1-8)

예수님의 초림과 재림으로 이루어질 천년왕국

"베들레헴 에브라다야 너는 유다 족속 중에 작을지라도 이스라엘을 다스릴 자가 네게서 내게로 나올 것이라 그의 근본은 상고에, 영원에 있느니라 그러므로 여인이 해산하기까지 그들을 붙여 두시겠고 그 후에는 그의 형제 가운데에 남은 자가 이스라엘 자손에게로 돌아오리니 그가 여호와의 능력과 그의 하나님 여호와의 이름의 위엄을 의지하고 서서 목축하니 그들이 거주할 것이라 이제 그가 창대하여 땅 끝까지 미치리라 이 사람은 평강이 될 것이라 앗수르 사람이 우리 땅에 들어와서 우리 궁들을 밟을 때에는 우리가 일곱 목자와 여덟 군왕을 일으켜 그를 치리니 그들이 칼로 앗수르 땅을 황폐하게 하며 니므롯 땅 어귀를 황폐하게 하리라 앗수르 사람이 우리 땅에 들어와서 우리 지경을 밟을 때에는 그가 우리를 그에게서 건져내리라 야곱의 남은 자는 많은 백성 가운데 있으리니 그들은 여호와께로부터 내리는 이슬 같고 풀 위에 내리는 단비 같아서 사람을 기다리지 아니하며 인생을 기다리지 아니할 것이며 야곱의 남은 자는 여러 나라 가운데와 많은 백성 가운데에 있으리니 그들은 수풀의 짐승들 중의 사자 같고 양 떼 중의 젊은 사자 같아서 만일 그가 지나간즉 밟고 찢으리니 능히 구원할 자가 없을 것이라"(미5:2-8)

10. 스바냐가 기록한 천년왕국

바벨론 포로 이후 남은 자들을 통해서 이루어질 천년왕국

"내가 곤고하고 가난한 백성을 네 가운데에 남겨 두리니 그들이 여호와의 이름을 의탁하여 보호를 받을지라 이스라엘의 남은 자는 악을 행하지 아니하며 거짓을 말하지 아니하며 입에 거짓된 혀가 없으며 먹고 누울지라도 그들을 두렵게 할 자가 없으리라 시온의 딸아 노래할지어다 이스라엘아 기쁘게 부를지어다 예루살렘 딸아 전심으로 기뻐하며 즐거워할지어다 여호와가 네 형벌을 제거하였고 네 원수를 쫓아냈으며 이스라엘 왕 여호와가 네 가운데 계시니 네가 다시는 화를 당할까 두려워하지 아니할 것이라 그 날에 사람이 예루살렘에 이르기를 두려워하지 말라 시온아 네 손을 늘어뜨리지 말라 너의 하나님 여호와가 너의 가운데에 계시니 그는 구원을 베푸실 전능자이시라 그가 너로 말미암아 기쁨을 이기지 못하시며 너를 잠잠히 사랑하시며 너로 말미암아 즐거이 부르며 기뻐하시리라 하리라 내가 절기로 말미암아 근심하는 자들을 모으리니 그들은 네게 속한 자라 그들에게 지워진 짐이 치욕이 되었느니라 그 때에 내가 너를 괴롭게 하는 자를 다 벌하고 저는 자를 구원하며 쫓겨난 자를 모으며 온 세상에서 수욕 받는 자에게 칭찬과 명성을 얻게 하리라 내가 그 때에 너희를 이끌고 그 때에 너희를 모을지라 내가 너희 목전에서 너희의 사로잡힘을 돌이킬 때에 너희에게 천하 만민 가운데서 명성과 칭찬을 얻게 하리라 여호와의 말이니라"(습3:12-20)

열방의 입술을 깨끗하게 하여 천년왕국 백성이 되게 하신다

"그 때에 내가 열방의 입술을 깨끗케 하여 그들로 다 나 여호와의 이름을 부르며 일심으로 섬기게 하리니 내게 구하는 백성들 곧 내가 흩은 자의 딸이 구스 하수 건너편에서부터 예물을 가지고 와서 내게 드릴찌라 그 날에 네가 내게 범죄한 모든 행위를 인하여 수치를 당하지 아니할 것은 그 때에 내가 너의 중에서 교만하여 자랑하는 자를 제하여 너로 나의 성산에서 다시는 교만하지 않게 할 것임이니라 내가 곤고하고 가난한 백성을 너의 중에 남겨 두리니 그들이 여호와의 이름을 의탁하여 보호를 받을찌라 이스라엘의 남은 자는 악을 행치 아니하며 거짓을 말하지 아니하며 입에 궤휼한 혀가 없으며 먹으며 누우나 놀라게 할 자가 없으리라"(습3:9-13)

11. 학개가 기록한 천년왕국

초라한 스룹바벨 성전과 예수님이 세우실 새 예루살렘 성전의 영광

"너희 가운데에 남아 있는 자 중에서 이 성전의 이전 영광을 본 자가 누구냐 이제 이것이 너희에게 어떻게 보이느냐 이것이 너희 눈에 보잘것없지 아니하냐 그러나 여호와가 이르노라 스룹바벨아 스스로 굳세게 할지어다 여호사닥의 아들 대제사장 여호수아야 스스로 굳세게 할지어다 여호와의 말이니라 이 땅 모든 백성아 스스로 굳세게 하여 일할지어다 내가 너희와 함께 하노라 만군의 여호와의 말이니라 너희가 애굽에서 나올 때에 내가 너희와 언약한 말과 나의 영이 계속하여 너희 가운데에 머물러 있나니 너희는 두려워하지 말지어다 만군의 여호와가 이같이 말하노라 조금 있으면 내가 하늘과 땅과 바다와 육지를 진동시킬 것이요 또한 모든 나라를 진동시킬 것이며 모든 나라의 보배가 이르리니 내가 이 성전에 영광이 충만하게 하리라 만군의 여호와의 말이니라 은도 내 것이요 금도 내 것이니라 만군의 여호와의 말이니라 이 성전의 나중 영광이 이전 영광보다 크리라 만군의 여호와의 말이니라 내가 이 곳에 평강을 주리라 만군의 여호와의 말이니라"(학2:3-9)

12. 스가랴가 기록한 천년왕국

스룹바벨 성전은 장차 재림하실 만왕의 왕 되신 메시아의 새 예루살렘 성전

"스룹바벨의 손이 이 성전의 기초를 놓았은즉 그의 손이 또한 그 일을 마치리라 하셨나니 만군의 여호와께서 나를 너희에게 보내신 줄을 네가 알리라 하셨느니라 작은 일의 날이라고 멸시하는 자가 누구냐 사람들이 스룹바벨의 손에 다림줄이 있음을 보고 기뻐하리라 이 일곱은 온 세상에 두루 다니는 여호와의 눈이라 하니라 내가 그에게 물어 이르되 등잔대 좌우의 두 감람나무는 무슨 뜻이니이까 하고 다시 그에게 물어 이르되 금 기름을 흘리는 두 금관 옆에 있는 이 감람나무 두 가지는 무슨 뜻이니이까 하니 그가 내게 대답하여 이르되 네가 이것이 무엇인지 알지 못하느냐 하는지라 내가 대답하되 내 주여 알지 못하나이다 하니 이르되 이는 기름 부음 받은 자 둘이니 온 세상의 주 앞에 서 있는 자니라 하더라"(슥4:9-14)

왕 같은 대제사장 되신 예수님의 모형인 여호수아 대제사장

"여호와의 말씀이 내게 임하여 이르시되 사로잡힌 자 가운데 바벨론에서부터 돌아온 헬대와 도비야와 여다야가 스바냐의 아들 요시아의 집에 들어갔나니 너는 이 날에 그 집에 들어가서 그들에게서 받되 은과 금을 받아 면류관을 만들어 여호사닥의 아들 대제사장 여호수아의 머리에 씌우고 말하여 이르기를 만군의 여호와께서 이같이 말씀하시되 보라 싹이라 이름하는 사람이 자기 곳에서 돋아나서 여호와의 전을 건축하리라 그가 여호와의 전을 건축하고 영광도 얻고 그 자리에 앉아서 다스릴 것이요 또 제사장이 자기 자리에 있으리니 이 둘 사이에 평화의 의논이 있으리라 하셨다 하고"(슥6:9-13)

바벨론 포로 이후에 이루어질 새 예루살렘과 천년왕국

"여호와가 이같이 말하노라 내가 시온에 돌아와 예루살렘 가운데에 거하리니 예루살렘은 진리의 성읍이라 일컫겠고 만군의 여호와의 산은 성산이라 일컫게 되리라 만군의 여호와가 이같이 말하노라 예루살렘 길거리에 늙은 남자들과 늙은 여자들이 다시 앉을 것이라 다 나이가 많으므로 저마다 손에 지팡이를 잡을 것이요 그 성읍 거리에 소년과 소녀들이 가득하여 거기에서 뛰놀리라 만군의 여호와가 이같이 말하노라 이 일이 그 날에 남은 백성의 눈에는 기이하려니와 내 눈에야 어찌 기이하겠느냐 만군의 여호와의 말이니라 만군의 여호와가 이같이 말하노라 보라, 내가 내 백성을 해가 뜨는 땅과 해가 지는 땅에서부터 구원하여 내고 인도하여다가 예루살렘 가운데에 거주하게 하리니 그들은 내 백성이 되고 나는 진리와 공의로 그들의 하나님이 되리라"(슥8:3-8)

예수님의 초림과 재림으로 이루어질 천년왕국

"시온의 딸아 크게 기뻐할지어다 예루살렘의 딸아 즐거이 부를지어다 보라 네 왕이 네게 임하시나니 그는 공의로우시며 구원을 베푸시며 겸손하여서 나귀를 타시나니 나귀의 작은 것 곧 나귀 새끼니라 내가 에브라임의 병거와 예루살렘의 말을 끊겠고 전쟁하는 활도 끊으리니 그가 이방 사람에게 화평을 전할 것이요 그의 통치는 바다에서 바다까지 이르고 유브라데 강에서 땅 끝까지 이르리라 또 너로 말할진대 네 언약의 피로 말미암아 내가 네 갇힌 자들을 물 없는 구덩이에서 놓았나니 갇혀 있으나 소망을 품은 자들아 너희는 요새로 돌아올지니라 내가 오늘도 이르노라 내가 네게 갑절이나 갚을 것이라 내가 유다를 당긴 활로 삼고 에브라임을 끼운 화살로 삼았으니 시온아 내가 네 자식들을 일으켜 헬라 자식들을 치게 하며 너를 용사의 칼과 같게 하리라"(슥9:9-13)

유다 족속과 요셉 족속을 구원하여 번성케 하실 천년왕국

"내가 유다 족속을 견고하게 하며 요셉 족속을 구원할지라 내가 그들을 긍휼히 여김으로 그들이 돌아오게 하리니 그들은 내가 내버린 일이 없었음 같이 되리라 나는 그들의 하나님 여호와라 내가 그들에게 들으리라 에브라임이 용사 같아서 포도주를 마심 같이 마음이 즐거울 것이요 그들의 자손은 보고 기뻐하며 여호와로 말미암아 마음에 즐거워하리라 내가 그들을 향하여 휘파람을 불어 그들을 모을 것은 내가 그들을 구속하였음이라 그들이 전에 번성하던 것 같이 번성하리라"(슥10:6-8)

유다 장막인 교회를 통해 이루실 천년왕국의 새 예루살렘의 영광

"여호와가 말하노라 그 날에 내가 모든 말을 쳐서 놀라게 하며 그 탄 자를 쳐서 미치게 하되 유다 족속은 내가 돌보고 모든 민족의 말을 쳐서 눈이 멀게 하리니 유다의 우두머리들이 마음속에 이르기를 예루살렘 주민이 그들의 하나님 만군의 여호와로 말미암아 힘을 얻었다 할지라 그 날에 내가 유다 지도자들을 나무 가운데에 화로 같게 하며 곡식단 사이에 횃불 같게 하리니 그들이 그 좌우에 에워싼 모든 민족들을 불사를 것이요 예루살렘 사람들은 다시 그 본 곳 예루살렘에 살게 되리라 여호와가 먼저 유다 장막을 구원하리니 이는 다윗의 집의 영광과 예루살렘 주민의 영광이 유다보다 더하지 못하게 하려 함이니라 그 날에 여호와가 예루살렘 주민을 보호하리니 그 중에 약한 자가 그 날에는 다윗 같겠고 다윗의 족속은 하나님 같고 무리 앞에 있는 여호와의 사자 같을 것이라"(슥12:4-8)

삼분의 일을 금처럼 연단시켜 천년왕국 백성이 되게 하심

"여호와가 말하노라 이 온 땅에서 삼분의 이는 멸망하고 삼분의 일은 거기 남으리니 내가 그 삼분의 일을 불 가운데에 던져 은 같이 연단하며 금 같이 시험할 것이라 그들이 내 이름을 부르리니 내가 들을 것이며 나는 말하기를 이는 내 백성이라 할 것이요 그들은 말하기를 여호와는 내 하나님이시라 하리라"(슥3:8-9)

마지막 전쟁과 예수님이 감람산으로 재림하실 때 이루어지는 천년왕국

"여호와의 날이 이르리라 그 날에 네 재물이 약탈되어 네 가운데에서 나누이리라 내가 이방 나라들을 모아 예루살렘과 싸우게 하리니 성읍이 함락되며 가옥이 약탈되며 부녀가 욕을 당하며 성읍 백성이 절반이나 사로잡혀 가려니와 남은 백성은 성읍에서 끊어지지 아니하리라 그 때에 여호와께서 나가사 그 이방 나라들을 치시되 이왕의 전쟁 날에 싸운 것 같이 하시리라 그 날에 그의 발이 예루살렘 앞 곧 동쪽 감람 산에 서실 것이요 감람 산은 그 한 가운데가 동서로 갈라져 매우 큰 골짜기가 되어서 산 절반은 북으로, 절반은 남으로 옮기고 그 산 골짜기는 아셀까지 이를지라 너희가 그 산 골짜기로 도망하되 유다 왕 웃시야 때에 지진을 피하여 도망하던 것 같이 하리라 나의 하나님 여호와께서 임하실 것이요 모든 거룩한 자들이 주와 함께 하리라 그 날에는 빛이 없겠고 광명한 것들이 떠날 것이라 여호와께서 아시는 한 날이 있으리니 낮도 아니요 밤도 아니라 어두워 갈 때에 빛이 있으리로다 그 날에 생수가 예루살렘에서 솟아나서 절반은 동해로, 절반은 서해로 흐를 것이라 여름에도 겨울에도 그러하리라 여호와께서 천하의 왕이 되시리니 그 날에는 여호와께서 홀로 한 분이실 것이

요 그의 이름이 홀로 하나이실 것이라"(슥14:1-9)

천년왕국에서 여호와를 섬기는 이방인들

"예루살렘을 치러 왔던 열국 중에 남은 자가 해마다 올라와서 그 왕 만군의 여호와께 숭배하며 초막절을 지킬 것이라 천하 만국 중에 그 왕 만군의 여호와께 숭배하러 예루살렘에 올라 오지 아니하는 자에게는 비를 내리지 아니하실 것인즉 만일 애굽 족속이 올라 오지 아니할 때에는 창일함이 있지 아니하리니 여호와께서 초막절을 지키러 올라 오지 아니하는 열국 사람을 치시는 재앙을 그에게 내리실 것이라 애굽 사람이나 열국 사람이나 초막절을 지키러 올라오지 아니하는 자의 받을 벌이 이러하니라 그 날에는 말 방울에까지 여호와께 성결이라 기록될 것이라 여호와의 전에 모든 솥이 제단 앞 주발과 다름이 없을 것이니 예루살렘과 유다의 모든 솥이 만군의 여호와의 성물이 될 것인즉 제사 드리는 자가 와서 이 솥을 취하여 그 가운데 고기를 삶으리라 그 날에는 만군의 여호와의 전에 가나안 사람이 다시 있지 아니하리라"(슥14:16-21)

13. 말라기가 기록한 천년왕국

예수님의 재림과 순교를 통해 교회를 거룩하게 하신 새 예루살렘

"만군의 여호와가 이르노라 보라 내가 내 사자를 보내리니 그가 내 앞에서 길을 준비할 것이요 또 너희가 구하는 바 주가 갑자기 그의 성전에 임하시리니 곧 너희가 사모하는 바 언약의 사자가 임하실 것이라 그가 임하시는 날을 누가 능히 당하며 그가 나타나는 때에 누가 능히 서리요 그는 금을 연단하는 자의 불과 표백하는 자의 잿물과 같을 것이라 그가 은을 연단하여 깨끗하게 하는 자 같이 앉아서 레위 자손을 깨끗하게 하되 금, 은 같이 그들을 연단하리니 그들이 공의로운 제물을 나 여호와께 바칠 것이라"(말3:1-3)

어린양 혼인잔치와 상급 심판을 기록한 기념책

"그 때에 여호와를 경외하는 자들이 피차에 말하매 여호와께서 그것을 분명히 들으시고 여호와를 경외하는 자와 그 이름을 존중히 여기는 자를 위하여 여호와 앞에 있는 기념책에 기록하셨느니라 만군의 여호와가 이르노라 나는 내가 정한 날에 그들을 나의 특별한 소유로 삼을 것이요 또 사람이 자기를 섬기는 아들을 아낌 같이 내가 그들을 아끼리니 그 때에 너희가 돌아와서 의인과 악인을 분별하고 하나님을 섬기는 자와 섬기지 아니하는 자를 분별하리라"(말3:16-18)

예수님의 초림, 재림, 심판을 통해 이루어지는 새로운 천년왕국

"만군의 여호와가 이르노라 보라 용광로 불 같은 날이 이르리니 교만한 자와 악을 행하는 자는 다 지푸라기 같을 것이라 그 이르는 날에 그들을 살라 그 뿌리와 가지를 남기지 아니할 것이로되 내 이름을 경외하는 너희에게는 공의로운 해가 떠올라서 치료하는 광선을 비추리니 너희가 나가서 외양간에서 나온 송아지 같이 뛰리라 또 너희가 악인을 밟을 것이니 그들이 내가 정한 날에 너희 발바닥 밑에 재와 같으리라 만군의 여호와의 말이니라 너희는 내가 호렙에서 온 이스라엘을 위하여 내 종 모세에게 명령한 법 곧 율례와 법도를 기억하라 보라 여호와의 크고 두려운 날이 이르기 전에 내가 선지자 엘리야를 너희에게 보내리니 그가 아버지의 마음을 자녀에게로 돌이키게 하고 자녀들의 마음을 그들의 아버지에게로 돌이키게 하리라 돌이키지 아니하면 두렵건대 내가 와서 저주로 그 땅을 칠까 하노라 하시니라"(말4:1-6)

마지막 시대는 엘리야의 시대이다. 모세는 이스라엘 민족을 위해 세우신 구약을 대표하는 선지자이다. 엘리야는 이방인들을 구원하시기 위해 세우신 신약을 대표하는 선지자이다. 그래서 예수님의 초림과 재림 때에 하나님은 엘리야와 같은 선지자를 일으키신다. 엘리야는 세례요한이다. 세례 요한은 예수님의 초림만 아니라 재림 때에도 활동하게 된다. 이를 엘리야 사역이라고 한다.

제5장 신약에서 말씀하신 천년왕국

1. 예수님께서 말씀하신 천년왕국

1) 주님의 기도 속에 있는 천년왕국

예수님께서 가르쳐 주신 주님 기도 가운데 "나라이 임하옵시고 뜻이 하늘에서 이룬 것 같이 땅에서도 이루어지이다"라는 기도제목은 땅에서 이루어질 천년왕국에 대한 기도이다. 예수님은 분명히 예수님의 나라는 이 세상에 속한 나라가 아니라고 말씀하셨다. 예수님께서 말씀하신 세상은 타락하고 정죄 받은 세상이다. 예수님께서 재림하셔서 세상을 심판하시고 새로운 세상을 다시 창조하신다. 이 나라가 바로 땅에서 이루어질 하나님의 나라이다.

"찬송하리로다 하나님 곧 우리 주 예수 그리스도의 아버지께서 그리스도 안에서 하늘에 속한 모든 신령한 복을 우리에게 주시되 곧 창세 전에 그리스도 안에서 우리를 택하사 우리로 사랑 안에서 그 앞에 거룩하고 흠이 없게 하시려고 그 기쁘신 뜻대로 우리를 예정하사 예수 그리스도로 말미암아 자기의 아들들이 되게 하셨으니 이는 그가 사랑하시는 자 안에서 우리에게 거저 주시는 바 그의 은혜의 영광을 찬송하게 하려는 것이라"(엡1:3-6)

이미 하나님의 아들들의 천년왕국은 하늘에서 창세전에 이루어졌다. 이제 땅에서만 이루어지면 되는 것이다. 땅에서 이루어지는 하나님의 아들들의 나라는 창세전에 예수님께서 하늘과 땅의 모든 것을 통일시켜 완성 하셨다.

"우리는 그리스도 안에서 그의 은혜의 풍성함을 따라 그의 피로 말미암아 속량 곧 죄 사함을 받았느니라 이는 그가 모든 지혜와 총명을 우리에게 넘치게 하사 그 뜻의 비밀을 우리에게 알리신 것이요 그의 기뻐하심을 따라 그리스도 안에서 때가 찬 경륜을 위하여 예정하신 것이니 하늘에 있는 것이나 땅에 있는 것이 다 그리스도 안에서 통일되게 하려 하심이라 모든 일을 그의 뜻의 결정대로 일하시는 이의 계획을 따라 우리가 예정을 입어 그 안에서 기업이 되었으니 이는 우리가 그리스도 안에서 전부터 바라던 그의 영광의 찬송이 되게 하려 하심이라"(엡1:7-12)

2) 변화산의 사건과 천년왕국

"엿새 후에 예수께서 베드로와 야고보와 그 형제 요한을 데리시고 따로 높은 산에 올라가셨더니 그들 앞에서 변형되사 그 얼굴이 해 같이 빛나며 옷이 빛과 같이 희어졌더라 그 때에 모세와 엘리야가 예수와 더불어 말하는 것이 그들에게 보이거늘 베드로가 예수께 여쭈어 이르되 주여 우리가 여기 있는 것이 좋사오니 만일 주께서 원하시면 내가 여기서 초막 셋을 짓되 하나는 주님을 위하여, 하나는 모세를 위하여, 하나는 엘리야를 위하여 하리이다 말할 때에 홀연히 빛난 구름이 그들을 덮으며 구름 속에서 소리가 나서 이르시되 이는 내 사랑하는 아들이요 내 기뻐하는 자니 너희는 그의 말을 들으라 하시는지라 제자들이 듣고 엎드려 심히 두려워하니 예수께서 나아와 그들에게 손을 대시며 이르시되 일어나라 두려워하지 말라 하시니 제자들이 눈을 들고 보매 오직 예수 외에는 아무도 보이지 아니하더라 그들이 산에서 내려올 때에 예수께서 명하여 이르시되 인자가 죽은 자 가운데서 살아나기 전에는 본 것을 아무에게도 이르지 말라 하시니"(마17:1-9)

예수님께서는 십자가에 돌아가시기 전에 베드로, 요한, 야고보 사도를 데리시고 변화산에 올라 가셔서 모세와 엘리야와 함께 말씀하신 모습을 보여 주셨다. 제자들이 볼 때 세 사람의 모습은 영광의 부활체로 변화되어 얼굴이 해 같이 빛나고 옷은 빛과 같이 희어졌다.

이 장면을 목격했던 베드로 사도는 베드로 후서 1장에서 다음과 같이 기록을 하고 있다.

"내가 힘써 너희로 하여금 내가 떠난 후에라도 어느 때나 이런 것을 생각나게 하려 하노라 우리 주 예수 그리스도의 능력과 강림하심을 너희에게 알게 한 것이 교묘히 만든 이야기를 따른 것이 아니요 우리는 그의 크신 위엄을 친히 본 자라 지극히 큰 영광 중에서 이러한 소리가 그에게 나기를 이는 내 사랑하는 아들이요 내 기뻐하는 자라 하실 때에 그가 하나님 아버지께 존귀와 영광을 받으셨느니라 이 소리는 우리가 그와 함께 거룩한 산에 있을 때에 하늘로부터 난 것을 들은 것이라"(벧후1:15-18)

이 땅에서 이루어질 천년왕국에서도 변화산에서 일어났던 것과 같은 놀라운 일들이 일어날 것이다. 이사야 선지자는 밤은 낮같고, 낮은 보통날 보다 7배가 밝은 날이라고 했다.(사30:26)

3) 천년왕국에서 이스라엘의 12지파를 다스리는 교회

"이에 베드로가 대답하여 이르되 보소서 우리가 모든 것을 버리고 주를 따랐사온대 그런즉 우리가 무엇을 얻으리이까 예수께서 이르시되 내가 진실로 너희에게 이르노니 세상이 새롭게 되어 인자가 자기 영광의 보좌에 앉을 때에 나를 따르는 너희도 열두 보좌에 앉아 이스라엘 열두 지파를 심판하리라 또 내 이름을 위하여 집이나 형제나 자매나 부모나 자식이나 전토를 버린 자마다 여러 배를 받고 또 영생을 상속하리라 그러나 먼저 된 자로서 나중 되고 나중 된 자로서 먼저 될 자가 많으니라"(마19:27-30)

예수님께서는 세상이 새롭게 되어 인자가 영광의 보좌에 앉을 때 제자들도 열두 보좌에 앉아 이스라엘 열두 지파를 통치할 것을 말씀하셨다. 천년왕국은 교회 왕국이다. 그래서 교회는 예수님과 함께 왕

노릇한다. 그리고 천년왕국의 백성들은 이스라엘 12지파가 된다. 천년왕국에서 오늘날 성도들이 하나님 말씀에 순종해서 희생한 모든 것들이 여러 배로 보상이 된다.

4) 왕의 귀환으로 통치권을 이양 받은 교회

"그들이 이 말씀을 듣고 있을 때에 비유를 더하여 말씀하시니 이는 자기가 예루살렘에 가까이 오셨고 그들은 하나님의 나라가 당장에 나타날 줄로 생각함이더라 이르시되 어떤 귀인이 왕위를 받아가지고 오려고 먼 나라로 갈 때에 그 종 열을 불러 은화 열 므나를 주며 이르되 내가 돌아올 때까지 장사하라 하니라 그런데 그 백성이 그를 미워하여 사자를 뒤로 보내어 이르되 우리는 이 사람이 우리의 왕 됨을 원하지 아니하나이다 하였더라 귀인이 왕위를 받아가지고 돌아와서 은화를 준 종들이 각각 어떻게 장사하였는지를 알고자 하여 그들을 부르니 그 첫째가 나아와 이르되 주인이여 당신의 한 므나로 열 므나를 남겼나이다 주인이 이르되 잘하였다 착한 종이여 네가 지극히 작은 것에 충성하였으니 열 고을 권세를 차지하라 하고 그 둘째가 와서 이르되 주인이여 당신의 한 므나로 다섯 므나를 만들었나이다 주인이 그에게도 이르되 너도 다섯 고을을 차지하라 하고 또 한 사람이 와서 이르되 주인이여 보소서 당신의 한 므나가 여기 있나이다 내가 수건으로 싸 두었었나이다 이는 당신이 엄한 사람인 것을 내가 무서워함이라 당신은 두지 않은 것을 취하고 심지 않은 것을 거두나이다 주인이 이르되 악한 종아 내가 네 말로 너를 심판하노니 너는 내가 두지 않은 것을 취하고 심지 않은 것을 거두는 엄한 사람인 줄로 알았느냐 그러면 어찌하여 내 돈을 은행에 맡기지 아니하였느냐 그리하였으면 내가 와서 그 이자와 함께 그 돈을 찾았으리라 하고 곁에 섰는 자들에게 이르되 그 한 므나를 빼앗아 열 므나 있는 자에게 주라 하니 그들이 이르되 주여 그에게 이미 열 므나가 있나이다 주인이 이르되 내가 너희에게 말하노니 무릇 있는 자는 받겠고 없는 자는 그 있는 것도 빼앗기리라 그리고 내가 왕 됨을 원하지 아니하던 저 원수들을 이리로 끌어

다가 내 앞에서 죽이라 하였느니라"(눅19:11-27)

예수님께서 제자들에게 알려 주신 므나 비유는 예수님께서 만왕의 왕으로 재림하셔서 이 땅에 천년왕국을 세우실 때 제자들이 남긴 열매대로 나라를 통치할 권세를 나눠 주시는 내용이다. 열 명의 사람들에게 각각 한 므나씩 주면서 장사하라고 하셨다. 한 사람은 한 므나로 열 므나를 남겨 왔다. 예수님은 그에게 열 나라를 다스리라고 하셨다. 다섯 므나를 남긴 자에게는 다섯 나라를 다스리게 했다. 한 므나를 수건에 싸 두었다가 그대로 가져온 자에게는 책망하시면서 한 므나를 빼앗아 열 므나 있는 자에게 주었다. 그리고 예수님이 왕 됨을 원치 아니하던 원수들을 끌어다가 죽이라 하셨다.

지금은 이방인들에게 복음이 증거 되고 교회가 지어져 가고 있는 시대이다. 구원 받은 성도는 예수님과 함께 제사장 직분을 감당하면서 평화의 복음을 증거 해야 한다. 이 세상에서 사는 동안 우리가 희생한 모든 것들은 예수님께서 왕으로 오실 때 므나 비유와 같이 나라를 다스릴 권세로 주어질 것이다.

5) 마 25장에 나타난 천년왕국의 세 가지 비유

마태복음 25장에 기록된 세 가지 비유는 예수님의 재림과 천년왕국에 대한 약속이다. 먼저 슬기로운 처녀와 미련한 처녀 비유는 첫째 부활에 참여한 교회가 되는 자격이다. 달란트 비유는 그리스도의 심판대 앞에서 받을 상급 심판이다. 양과 염소 비유는 영생과 영벌의 심판이다.

지혜로운 신부와 미련한 신부

"그 때에 천국은 마치 등을 들고 신랑을 맞으러 나간 열 처녀와 같다 하리니 그 중의 다섯은 미련하고 다섯은 슬기 있는 자라 미련한 자들은 등을 가지되 기름을 가지지 아니하고 슬기 있는 자들은 그릇에 기름을 담아 등과 함께 가져갔더니 신랑이 더디 오므로 다 졸며 잘새 밤중에 소리가 나되 보라 신랑이로다 맞으러 나오라 하매 이에 그 처녀들이 다 일어나 등을 준비할새 미련한 자들이 슬기 있는 자들에게 이르되 우리 등불이 꺼져가니 너희 기름을 좀 나눠 달라 하거늘 슬기 있는 자들이 대답하여 이르되 우리와 너희가 쓰기에 다 부족할까 하노니 차라리 파는 자들에게 가서 너희 쓸 것을 사라 하니 그들이 사러 간 사이에 신랑이 오므로 준비하였던 자들은 함께 혼인 잔치에 들어가고 문은 닫힌지라 그 후에 남은 처녀들이 와서 이르되 주여 주여 우리에게 열어 주소서 대답하여 이르되 진실로 너희에게 이르노니 내가 너희를 알지 못하노라 하였느니라 그런즉 깨어 있으라 너희는 그 날과 그 때를 알지 못하느니라"(마25:1-13)

슬기로운 처녀는 참 교회를 말한다. 이들은 등과 기름을 모두 준비했다. 등은 신앙의 형식이요 기름은 신앙의 내용이다. 이들은 신령과 진정으로 예배하는 자들이다. 신령은 예배의 내용이요, 진정은 예배의 형식이다. 신앙의 형식은 하나님의 말씀이다. 그리고 기름은 신앙의 행위이다. 지혜로운 신부들은 신앙의 말씀을 가질 뿐 아니라 그 말씀에 순종해서 살았다. 그러나 미련한 처녀들은 신앙의 말씀을 가지고 있었지만 온전히 순종하지 못했다. 사도 바울은 예수님의 재림 때 몸과 혼과 영이 흠 없이 보전된 성도들이 휴거에 참여 한다고 하였다. 등과 기름을 준비한 처녀들은 공중에서 주님을 만난 휴거한 성도들이다.

"다섯째 인을 떼실 때에 내가 보니 하나님의 말씀과 그들이 가진 증거로 말미암아 죽임을 당한 영혼들이 제단 아래에 있어 큰 소리로 불러 이르되 거룩하고 참되신 대주재여 땅에 거하는 자들을 심판하여 우리 피를 갚아 주지 아니하시기를 어느 때까지 하시려 하나이까 하니 각각 그들에게 흰 두루마기를 주시며 이르시되 아직 잠시 동안 쉬되 그들의 동무 종들과 형제들도 자기처럼 죽임을 당하여 그 수가 차기까지 하라 하시더라"(계6:9-11)

"또 내가 보니 예수의 증거와 하나님의 말씀 때문에 목 베임을 당한 자들의 영혼들과 또 짐승과 그의 우상에게 경배하지 아니하고 그들의 이마와 손에 그의 표를 받지 아니한 자들이 살아서 그리스도와 더불어 천 년 동안 왕 노릇 하니 (그 나머지 죽은 자들은 그 천 년이 차기까지 살지 못하더라) 이는 첫째 부활이라 이 첫째 부활에 참여하는 자들은 복이 있고 거룩하도다 둘째 사망이 그들을 다스리는 권세가 없고 도리어 그들이 하나님과 그리스도의 제사장이 되어 천 년 동안 그리스도와 더불어 왕 노릇 하리라"(계20:4-6)

계시록 6장과 20장에서 순교를 통해서 흰옷을 입은 성도들은 미련한 처녀들이다. 이들은 라오디게아 교회처럼 세상을 사랑하다가 기름 준비를 하지 못해서 휴거하지 못하고 순교를 통해서 주님을 만난 성도들이다.

달란트 비유

"또 어떤 사람이 타국에 갈 때 그 종들을 불러 자기 소유를 맡김과 같으니 각각 그 재능대로 한 사람에게는 금 다섯 달란트를, 한 사람에게는 두 달란트를, 한 사람에게는 한 달란트를 주고 떠났더니 다섯 달란트 받은 자는 바로 가서 그것으로 장사하여 또 다섯 달란트를 남기고 두 달란트 받은 자도 그같이 하여 또 두 달란트를 남겼으되 한 달란트 받은 자는 가서 땅을 파고 그 주인의 돈을 감추어 두었더니 오랜 후에 그 종들의 주인이 돌아와 그들과 결산할새 다섯 달란트 받았던 자는 다섯 달란트를 더 가지고 와서 이르되 주인이여 내게 다섯 달란트를 주셨는데 보소서 내가 또 다섯 달란트를 남겼나이다 그 주인이 이르되 잘하였도다 착하고 충성된 종아 네가 적은 일에 충성하였으매 내가 많은 것을 네게 맡기리니 네 주인의 즐거움에 참여할지어다 하고 두 달란트 받았던 자도 와서 이르되 주인이여 내게 두 달란트를 주셨는데 보소서 내가 또 두 달란트를 남겼나이다 그 주인이 이르되 잘하였도다 착하고 충성된 종아 네가 적은 일에 충성하였으매 내가 많은 것을 네게 맡기리니 네 주인의 즐거움에 참여할지어다 하고 한 달란트 받았던 자는 와서 이르되 주인이여 당신은 굳은 사람이라 심지 않은 데서 거두고 헤치지 않은 데서 모으는 줄을 내가 알았으므로 두려워하여 나가서 당신의 달란트를 땅에 감추어 두었었나이다 보소서 당신의 것을 가지셨나이다 그 주인이 대답하여 이르되 악하고 게으른 종아 나는 심지 않은 데서 거두고 헤치지 않은 데서 모으는 줄로 네가 알았느냐 그러면 네가 마땅히 내 돈을 취리하는 자들에게나 맡겼다가 내가 돌아와서 내 원금과 이자를 받게 하였을 것이니라 하고 그에게서 그 한 달란트를 빼앗아 열 달란트 가진 자에게 주라 무릇 있는 자는 받아 풍족하게 되고 없는 자는 그 있는 것까지 빼앗기리라 이 무익한 종을 바깥 어두운 데로 내쫓으라 거기서 슬피 울며 이를 갈리라 하니라"(마25:14-30)

달란트 비유는 열매 비유이다. 구원 받은 성도가 자기가 남긴 열매만큼 예수님의 재림 때 상급을 받는다. 다섯 달란트를 남긴 사람은 다섯 달란트를 더하여 열 달란트를 받는다. 두 달란트를 남긴 사람은 두 달란트를 더하여 네 달란트를 받는다. 즉 심은 대로 거두는 것이다. 그러나 한 달란트를 수건에 싸 두었다가 가져온 사람은 빼앗기고 심판을 받는다. 이는 열매 없는 자들은 천국에 들어갈 수 없는 것이다.

"그의 신기한 능력으로 생명과 경건에 속한 모든 것을 우리에게 주셨으니 이는 자기의 영광과 덕으로써 우리를 부르신 이를 앎으로 말미암음이라 이로써 그 보배롭고 지극히 큰 약속을 우리에게 주사 이 약속으로 말미암아 너희가 정욕 때문에 세상에서 썩어질 것을 피하여 신성한 성품에 참여하는 자가 되게 하려 하셨느니라 그러므로 너희가 더욱 힘써 너희 믿음에 덕을, 덕에 지식을, 지식에 절제를, 절제에 인내를, 인내에 경건을, 경건에 형제 우애를, 형제 우애에 사랑을 더하라 이런 것이 너희에게 있어 흡족한즉 너희로 우리 주 예수 그리스도를 알기에 게으르지 않고 열매 없는 자가 되지 않게 하려니와 이런 것이 없는 자는 맹인이라 멀리 보지 못하고 그의 옛 죄가 깨끗하게 된 것을 잊었느니라 그러므로 형제들아 더욱 힘써 너희 부르심과 택하심을 굳게 하라 너희가 이것을 행한즉 언제든지 실족하지 아니하리라 이같이 하면 우리 주 곧 구주 예수 그리스도의 영원한 나라에 들어감을 넉넉히 너희에게 주시리라"(벧후1:3-11)

열매는 신의 성품에 참여하는 것이다. 물과 성령으로 거듭나지 못한 사람은 절대로 예수님의 성품을 닮아 갈 수 없다. 반드시 물과 성령으로 다시 태어나야 예수님께서 그 사람 속에서 사실 수 있는 것이다.

베드로는 성령의 열매를 8가지로 기록했다. 믿음, 덕, 지식, 절제,

인내, 경건, 형제 우애, 사랑이다. 이런 열매가 있는 사람은 우리 예수 그리스도의 영원한 나라에 넉넉히 들어 갈 수 있다. 그러나 이런 성령의 열매가 없는 자는 아직 영적인 눈을 뜨지 못한 소경이다. 그러므로 그들은 멀리 보지 못하고 눈에 보이는 물질만 쫓아 살다가 지옥으로 떨어져 버리고 만다.

양과 염소 비유

"인자가 자기 영광으로 모든 천사와 함께 올 때에 자기 영광의 보좌에 앉으리니 모든 민족을 그 앞에 모으고 각각 구분하기를 목자가 양과 염소를 구분하는 것 같이 하여 양은 그 오른편에 염소는 왼편에 두리라 그 때에 임금이 그 오른편에 있는 자들에게 이르시되 내 아버지께 복 받을 자들이여 나아와 창세로부터 너희를 위하여 예비된 나라를 상속받으라 .내가 주릴 때에 너희가 먹을 것을 주었고 목마를 때에 마시게 하였고 나그네 되었을 때에 영접하였고 헐벗었을 때에 옷을 입혔고 병들었을 때에 돌보았고 옥에 갇혔을 때에 와서 보았느니라 이에 의인들이 대답하여 이르되 주여 우리가 어느 때에 주께서 주리신 것을 보고 음식을 대접하였으며 목마르신 것을 보고 마시게 하였나이까 어느 때에 나그네 되신 것을 보고 영접하였으며 헐벗으신 것을 보고 옷 입혔나이까 어느 때에 병드신 것이나 옥에 갇히신 것을 보고 가서 뵈었나이까 하리니 임금이 대답하여 이르시되 내가 진실로 너희에게 이르노니 너희가 여기 내 형제 중에 지극히 작은 자 하나에게 한 것이 곧 내게 한 것이니라 하시고 또 왼편에 있는 자들에게 이르시되 저주를 받은 자들아 나를 떠나 마귀와 그 사자들을 위하여 예비된 영원한 불에 들어가라 내가 주릴 때에 너희가 먹을 것을 주지 아니하였고 목마를 때에 마시게 하지 아니하였고 나그네 되었을 때에 영접하지 아니하였고 헐벗었을 때에 옷 입히지 아니하였고 병들었을 때와 옥에 갇혔을 때에 돌보지 아니하였느니라 하시니 그들도 대답하여 이르되 주여 우리가 어느 때에 주께서 주리신 것이나 목마르신 것이나 나그네 되신 것이나 헐벗으신 것이나 병드신 것이나 옥에 갇히신 것을 보고 공양하지 아니하더이까 이에 임금이 대답하여 이르시되 내가 진실로 너희에게 이르노니 이 지극히 작은 자 하나에게 하지 아니한 것이 곧 내게 하지 아니한 것이니라 하시리니 그들은 영벌에, 의인들은 영생에 들어가리라 하시니라"(마25:31-46)

양과 염소의 비유는 알곡과 가라지 심판이다. 양은 구원 받은 성도인 교회이다. 염소는 양들을 괴롭히는 이방인들이다. 요한 계시록의 심판은 성도들이 세상에서 받은 고난을 신원할 때 베풀어지는 심판이다. 보좌 앞에 있는 향로는 성도들의 기도가 쌓여서 올라간다. 그리고 심판이 시행된다. 예수님의 지상 재림 때 세상은 짐승의 표를 받고 성도들을 죽이고 괴롭히는 자들이 있다. 이들은 염소들로 짐승과 거짓 선지자들과 함께 영원한 심판을 받는다.

"내가 보매 하나님 앞에 시위한 일곱 천사가 있어 일곱 나팔을 받았더라 또 다른 천사가 와서 제단 곁에 서서 금 향로를 가지고 많은 향을 받았으니 이는 모든 성도의 기도들과 합하여 보좌 앞 금단에 드리고자 함이라 향연이 성도의 기도와 함께 천사의 손으로부터 하나님 앞으로 올라가는지라 천사가 향로를 가지고 단 위의 불을 담아다가 땅에 쏟으매 뇌성과 음성과 번개와 지진이 나더라"(계8:2-5)

2. 바울이 기록한 천년왕국

1) 롬8:18 만물의 탄식과 회복

"생각하건대 현재의 고난은 장차 우리에게 나타날 영광과 비교할 수 없도다 피조물이 고대하는 바는 하나님의 아들들이 나타나는 것이니 피조물이 허무한 데 굴복하는 것은 자기 뜻이 아니요 오직 굴복하게 하시는 이로 말미암음이라 그 바라는 것은 피조물도 썩어짐의 종노릇 한 데서 해방되어 하나님의 자녀들의 영광의 자유에 이르는 것이니라 피조물이 다 이제까지 함께 탄식하며 함께 고통을 겪고 있는 것을 우리가 아느니라 그뿐 아니라 또한 우리 곧 성령의 처음 익은 열매를 받은 우리까지도 속으로 탄식하여 양자 될 것 곧 우리 몸의 속량

을 기다리느니라"(롬8:18-23)

사도 바울은 만물의 탄식에 대하여 기록하고 있다. 만물이 탄식하면서 굴복하고 있는 것은 자기 뜻이 아니라 오직 굴복하게 하시는 이로 말미암음이라고 했다. 즉 하나님께서 교회를 세우시고 구원 받은 성도를 다 채우실 때까지 피조물들을 굴복시키시고 계시다는 것이다. 그러나 하나님의 교회가 완성이 되고 하나님의 자녀들이 영광의 자유를 얻게 될 때에는 피조물들도 썩어짐의 종노릇 한 데서 해방되어 함께 영광의 자유를 누린다는 것이다. 이것이 천년왕국에서 이루어질 만물의 회복이다.

요한 계시록에서도 만물들이 찬송을 하고 있는 내용이 나온다. 예수님께서 일곱 인봉한 심판책을 하나님 아버지의 손에서 취하실 때 만물들이 찬양을 한다. 왜냐하면 이제 그 심판이 끝나면 만물들도 하나님의 자녀들의 영광에 동참할 수 있기 때문이다.

"내가 또 들으니 하늘 위에와 땅 위에와 땅 아래와 바다 위에와 또 그 가운데 모든 피조물이 이르되 보좌에 앉으신 이와 어린 양에게 찬송과 존귀와 영광과 권능을 세세토록 돌릴지어다 하니 네 생물이 이르되 아멘 하고 장로들은 엎드려 경배하더라"(계5:13-14)

2) 이방인의 때와 온 이스라엘의 구원 성취

"형제들아 너희가 스스로 지혜 있다 하면서 이 비밀을 너희가 모르기를 내가 원하지 아니하노니 이 비밀은 이방인의 충만한 수가 들어오기까지 이스라엘의 더러는 완악하게 된 것이라 그리하여 온 이스라엘이 구원을 받으리라 기록된 바 구원자가 시온에서 오사 야곱에게서 경건하지 않은 것을 돌이키시겠고 내가 그들의 죄를 없이 할 때에 그들에게 이루어질 내 언약이 이것이라 함과 같으니라"(롬11:25-27)

구약에서 항상 하나님께서 약속하신 구원은 남은 자들에 대한 언약이다. 사도 바울 역시 이방인들에게 복음이 증거 되고 이방인의 충만한 수가 차서 교회가 완성이 되면 그 다음 차례는 남은 이스라엘이 구원을 받을 것을 언급하고 있다. 이것이 하나님의 약속이다. 하나님께서는 아브라함에게 두 가지 약속을 주셨다. 아브라함의 자손들이 바다의 모래와 같이 번성하고, 하늘의 별과 같을 것이라고 했다. 바다의 모래는 육신의 자손들이다. 하늘의 별과 같은 후손은 영적인 후손인 교회이다. 반드시 하나님께서는 약속을 지키시어 마지막 때 이스라엘의 남은 자들을 구원하신다. 이때가 바로 천년왕국이다.

3) 하늘과 땅이 통일된 나라

"우리는 그리스도 안에서 그의 은혜의 풍성함을 따라 그의 피로 말미암아 속량 곧 죄 사함을 받았느니라 이는 그가 모든 지혜와 총명을 우리에게 넘치게 하사 그 뜻의 비밀을 우리에게 알리신 것이요 그의 기뻐하심을 따라 그리스도 안에서 때가 찬 경륜을 위하여 예정하신 것이니 하늘에 있는 것이나 땅에 있는 것이 다 그리스도 안에서 통일되게 하려 하심이라 모든 일을 그의 뜻의 결정대로 일하시는 이의 계획을 따라 우리가 예정을 입어 그 안에서 기업이 되었으니 이는 우리가 그리스도 안에서 전부터 바라던 그의 영광의 찬송이 되게 하려 하심이라"(엡1:7-12)

사도 바울은 창세전에 예수 그리스도 안에서 예수님의 피로 구속 곧 죄 사함을 받은 교회로 하여금 하늘에 있는 것이나 땅에 있는 것이 다 그리스도안에서 통일되게 하려 하심이라고 했다. 즉 땅에서 이루어지는 천년왕국이 그리스도 예수 안에서 창세전에 예정이 되었다는 것이다. 그 이유는 교회가 전부터 바라던 예수님의 영광의 찬송이 되게 하심이라고 했다.

3. 요한이 기록한 천년왕국

1) 계5:7-14 땅에서 왕 노릇함과 만물의 찬양

"장로 중의 한 사람이 내게 말하되 울지 말라 유대 지파의 사자 다윗의 뿌리가 이겼으니 그 두루마리와 그 일곱 인을 떼시리라 하더라 .내가 또 보니 보좌와 네 생물과 장로들 사이에 한 어린 양이 서 있는데 일찍이 죽임을 당한 것 같더라 그에게 일곱 뿔과 일곱 눈이 있으니 이 눈들은 온 땅에 보내심을 받은 하나님의 일곱 영이더라 그 어린 양이 나아와서 보좌에 앉으신 이의 오른손에서 두루마리를 취하시니라 그 두루마리를 취하시매 네 생물과 이십사 장로들이 그 어린 양 앞에 엎드려 각각 거문고와 향이 가득한 금 대접을 가졌으니 이 향은 성도의 기도들이라 그들이 새 노래를 불러 이르되 두루마리를 가지시고 그 인봉을 떼기에 합당하시도다 일찍이 죽임을 당하사 각 족속과 방언과 백성과 나라 가운데에서 사람들을 피로 사서 하나님께 드리시고 그들로 우리 하나님 앞에서 나라와 제사장들을 삼으셨으니 그들이 땅에서 왕 노릇 하리로다 하더라 내가 또 보고 들으매 보좌와 생물들과 장로들을 둘러 선 많은 천사의 음성이 있으니 그 수가 만만이요 천천이라 큰 음성으로 이르되 죽임을 당하신 어린 양은 능력과 부와 지혜와 힘과 존귀와 영광과 찬송을 받으시기에 합당하도다 하더라 내가 또 들으니 하늘 위에와 땅 위에와 땅 아래와 바다 위에와 또 그 가운데 모든 피조물이 이르되 보좌에 앉으신 이와 어린 양에게 찬송과 존귀와 영광과 권능을 세세토록 돌릴지어다 하니 네 생물이 이르되 아멘 하고 장로들은 엎드려 경배하더라"(계7:5-14)

예수님께서 일곱 인봉한 심판 책을 하나님 아버지 손에서 취하실 때 네 생물과 이십사 장로들이 어린 양 앞에 엎드려 성도들의 기도와 찬양이 가득 찬 금 대접을 들고 찬양을 한다. 그들이 부른 찬양의 내용은 예수님께서 자기 피로 교회를 사서 하나님 앞에서 나라와 제사장으로 삼으사 땅에서 왕 노릇하게 하셨다고 했다. 이때 천만 천사들이 찬양을 한다. 또 하늘 위에와 땅 아래와 땅 위에와 바다 위에 있는 모든 만물들이 보좌에 앉으신 하나님과 어린 양에게 찬송과 영광과 존귀를 세세토록 돌린다. 이들 모두가 다가올 천년왕국에서 이루어질 것들을 바라고 찬양을 드리고 있는 것이다.

2) 세상에 주와 그리스도의 나라가 임할 때 상 주심

"일곱째 천사가 나팔을 불매 하늘에 큰 음성들이 나서 이르되 세상 나라가 우리 주와 그의 그리스도의 나라가 되어 그가 세세토록 왕 노릇 하시리로다 하니 하나님 앞에서 자기 보좌에 앉아 있던 이십사 장로가 엎드려 얼굴을 땅에 대고 하나님께 경배하여 이르되 감사하옵나니 옛적에도 계셨고 지금도 계신 주 하나님 곧 전능하신 이여 친히 큰 권능을 잡으시고 왕 노릇 하시도다 이방들이 분노하매 주의 진노가 내려 죽은 자를 심판하시며 종 선지자들과 성도들과 또 작은 자든지 큰 자든지 주의 이름을 경외하는 자들에게 상 주시며 또 땅을 망하게 하는 자들을 멸망시키실 때로소이다 하더라 이에 하늘에 있는 하나님의 성전이 열리니 성전 안에 하나님의 언약궤가 보이며 또 번개와 음성들과 뇌성과 지진과 큰 우박이 있더라"(계11:15-19)

일곱째 나팔은 마지막 세 번째 화가 임하는 심판으로 일곱 대접 심판이 동시에 부어지는 심판이다. 이렇게 해서 하나님의 모든 심판이 끝나면 세상 나라가 예수님의 나라가 되어 예수님께서 왕노릇 하신다. 이것이 천년왕국이다. 이때 이루어질 천년왕국에서 주의 이름을 경외하는 자들에게 상을 주시며 땅을 망하게 하는 자들을 심판하신다.

3) 제사장 나라가 되어 천년동안 왕 노릇함

"또 내가 보좌들을 보니 거기에 앉은 자들이 있어 심판하는 권세를 받았더라 또 내가 보니 예수의 증거와 하나님의 말씀 때문에 목 베임을 당한 자들의 영혼들과 또 짐승과 그의 우상에게 경배하지 아니하고 그들의 이마와 손에 그의 표를 받지 아니한 자들이 살아서 그리스도와 더불어 천 년 동안 왕 노릇 하니 (그 나머지 죽은 자들은 그 천년이 차기까지 살지 못하더라) 이는 첫째 부활이라 이 첫째 부활에 참여하는 자들은 복이 있고 거룩하도다 둘째 사망이 그들을 다스리는 권세가 없고 도리어 그들이 하나님과 그리스도의 제사장이 되어 천 년 동안 그리스도와 더불어 왕 노릇 하리라"(계20:4-6)

첫째 부활에 참여한 사람은 세 종류의 사람들이다. 첫째는 24보좌에 앉아 있는 자들이다. 이들은 12제자로부터 7년 대환난 전에 휴거한 성도들이다. 둘째는 7년 대환난 기간 동안 짐승의 표를 받지 않고 그에게 경배하지도 않아 목 베임을 받아 순교한 성도들이다. 셋째는 7년 대환난 기간 동안 하나님께서 예비하신 광야교회에서 양육을 받은 살아 있는 순교자들의 교회이다. 이렇게 세 종류의 사람들이 첫째 부활에 참여하여 하나님과 그리스도의 제사장이 되어 천 년 동안 그리스도와 더불어 천년왕국에서 왕 노릇 한다.

4) 하늘에서 내려오는 새 예루살렘은 천년왕국을 다스리는 수도

"또 내가 새 하늘과 새 땅을 보니 처음 하늘과 처음 땅이 없어졌고 바다도 다시 있지 않더라 또 내가 보매 거룩한 성 새 예루살렘이 하나님께로부터 하늘에서 내려오니 그 준비한 것이 신부가 남편을 위하여 단장한 것 같더라 내가 들으니 보좌에서 큰 음성이 나서 이르되 보라 하나님의 장막이 사람들과 함께 있으매 하나님이 그들과 함께 계시리니 그들은 하나님의 백성이 되고 하나님은 친히 그들과 함께 계셔서 모든 눈물을 그 눈에서 닦아 주시니 다시는 사망이 없고 애통하는 것이나 곡하는 것이나 아픈 것이 다시 있지 아니하리니 처음 것들이 다 지나갔음이러라 보좌에 앉으신 이가 이르시되 보라 내가 만물을 새롭게 하노라 하시고 또 이르시되 이 말은 신실하고 참되니 기록하라 하시고 또 내게 말씀하시되 이루었도다 나는 알파와 오메가요 처음과 마지막이라 내가 생명수 샘물을 목마른 자에게 값없이 주리니 이기는 자는 이것들을 상속으로 받으리라 나는 그의 하나님이 되고 그는 내 아들이 되리라"(계21:1-7)

새 예루살렘은 하나님의 장막이 사람과 함께 있는 것이다. 천년왕국을 통치할 새 하늘과 새 땅의 수도인 새 예루살렘이 하늘에서 땅으로 내려온다. 천년왕국은 처음 하늘과 처음 땅을 심판하시고 다시 새롭게 지은바 된 세상이다. 그래서 보좌에 앉으신 이가 내가 만물을 새롭게 하노라 하셨다. 새 예루살렘은 완성된 교회이다. 즉 예수님의 신부이다. 천년왕국을 통치할 성전이며 왕궁이다.

"다시는 낮에 해가 네 빛이 되지 아니하며 달도 네게 빛을 비추지 않을 것이요 오직 여호와가 네게 영원한 빛이 되며 네 하나님이 네 영광이 되리니 다시는 네 해가 지지 아니하며 네 달이 물러가지 아니할 것은 여호와가 네 영원한 빛이 되고 네 슬픔의 날이 끝날 것임이라 네 백성이 다 의롭게 되어 영원히 땅을 차지하리니 그들은 내가 심은 가지요 내가 손으로 만든 것으로서 나의 영광을 나타낼 것인즉 그 작은 자가 천 명을 이루겠고 그 약한 자가 강국을 이룰 것이라 때가 되면 나 여호와가 속히 이루리라"(사60:19-22)

이사야 선지자도 천년왕국을 통치할 새 예루살렘은 해와 달이 필요 없는데 그 이유는 여호와의 영광이 빛이 될 것을 말씀하고 있다. 사도 요한도 해와 달의 비침이 쓸 데 없으니 하나님의 영광이 비치고 어린 양이 등불이 되실 것이라고 했다.

"성 안에서 내가 성전을 보지 못하였으니 이는 주 하나님 곧 전능하신 이와 및 어린 양이 그 성전이심이라 그 성은 해나 달의 비침이 쓸 데 없으니 이는 하나님의 영광이 비치고 어린 양이 그 등불이 되심이라 만국이 그 빛 가운데로 다니고 땅의 왕들이 자기 영광을 가지고 그리로 들어가리라 낮에 성문들을 도무지 닫지 아니하리니 거기에는 밤이 없음이라 사람들이 만국의 영광과 존귀를 가지고 그리로 들어가겠고 무엇이든지 속된 것이나 가증한 일 또는 거짓말하는 자는 결코 그리로 들어가지 못하되 오직 어린 양의 생명책에 기록된 자들만 들어가리라"(계21:22-27)

"보라 내가 새 하늘과 새 땅을 창조하나니 이전 것은 기억되거나 마음에 생각나지 아니할 것이라 너희는 내가 창조하는 것으로 말미암아 영원히 기뻐하며 즐거워 할지니라 보라 내가 예루살렘을 즐거운 성으로 창조하며 그 백성을 기쁨으로 삼고 내가 예루살렘을 즐거워하며 나의 백성을 기뻐하리니 우는 소리와 부르짖는 소리가 그 가운데에서 다시는 들리지 아니할 것이며 거기는 날 수가 많지 못하여 죽는 어린이와 수한이 차지 못한 노인이 다시는 없을 것이라 곧 백 세에 죽는 자를 아이라 하겠고 백 세가 못되어 죽는 자는 저주 받은 자이리라"(사65:17-20)

제6장 하나님이 심판하신 네 가지 원리

1. 말씀대로 이루어지는 하나님의 심판

"내가 율법이나 선지자나 폐하러 온 줄로 생각지 말라 폐하러 온 것이 아니요 완전케 하려 함이로라 진실로 너희에게 이르노니 천지가 없어지기 전에는 율법의 일점일획이라도 반드시 없어지지 아니하고 다 이루리라"(마5:17-18)

"내가 진실로 너희에게 말하노니 이 세대가 지나가기 전에 이 일이 다 이루리라 천지는 없어지겠으나 내 말은 없어지지 아니하리라 그러나 그 날과 그 때는 아무도 모르나니 하늘의 천사들도, 아들도 모르고 오직 아버지만 아시느니라"(마24:34-36)

기독교는 말씀의 종교이다. 환상이나 음성이나 표적을 통해서 이루어지는 심판이 아니라 하나님의 말씀대로 심판이 이루어진다. 그래서 성경을 모르면 눈 먼 소경이 되는 것이다. 예수님도 무화과나무 비유를 통해서 이스라엘이 건국을 하면 인자가 곧 문 앞에 이른 줄 알라고 하셨다. 그러나 그 날과 그 때는 아버지만 아신다고 하셨다. 이것은 빛의 자녀들에게 예수님의 재림에 대한 정확한 그림을 보여 주신 것이다. 예수님이 재림 하시는 날짜와 시간은 아버지만 아신다. 그러나 예수님께서 이런 일들이 일어나면 인자가 곧 문 앞에 이른 줄 알라고 하신 말씀처럼 언제쯤 오시는가에 대하여는 확실하게 알 수 있다. 이것이 성경에서 말한 예수님의 재림이다. 우리는 The Day와 The Time은 모른다. 그러나 어느 정도 알 수 있는 것이다.

구약에서는 이미 신약에서 이루어질 예수님의 재림과 심판, 그리고 세우실 천년왕국에 대한 예언과 성취가 모두 이루어졌다. 그리고 다시 신약에서 이루어지는 것이다. 그래서 예수님께서 일점일획도 없어지지 않고 말씀대로 이루어진다고 하신 것이다. 이스라엘이 애굽에서 나올 때 구약의 구원과 심판은 끝났다. 이스라엘이 바벨론 포로에서 나올 때 신약의 구원과 심판은 끝났다. 이것이 다시 신약에서 이루어진다. 이것을 모르고 성경을 읽으면 눈을 감고 성경을 보는 것과 같은 것이다. 출애굽은 이스라엘의 구원이다. 광야를 거쳐 가나안에 들어가는 것은 천년왕국으로 들어가는 것이다. 고레스 왕을 통해 바벨론을 심판 하시고 유다 백성들을 구원하신 것은 예수님의 초림과 재림을 통해 이루어지는 신약의 구원이다.

바벨론에서 돌아와 세운 새로운 예루살렘은 예수님께서 세우실 다윗의 메시아 왕국인 천년왕국을 통치할 새 예루살렘이다. 그래서 예레미야는 이것을 옛 언약과 새 언약이라고 하였다. 이사야 선지자 역시 1장부터 바벨론 포로로 끌려가는 39장까지를 구약으로, 바벨론 포로 귀환인 이사야 40장부터 예수님의 모형인 고레스 왕을 통해서 세우실 새로운 예루살렘의 내용을 이사야 66장까지 기록한 것이다. 에스겔 역시 바벨론 포로에서 준비되어 나온 거룩하고 영원한 성전에 대한 기록 역시 예수님의 재림으로 이루어지는 새 예루살렘 성전에 대한 내용을 기록하고 있다. 다니엘 역시 바벨론 제국부터 시작된 페르시아, 그리스, 로마에 이은 적그리스도의 나라까지의 역사와 예수님의 재림으로 세워질 천년왕국에 대한 내용을 기록하여 두루마리로 인봉하고 이것이 요한 계시록 5장에서 인봉이 떼어지면서 7년의 심판이 시작되고 있다.

구약의 17개 선지서는 동일하게 구약에서 이루어지고 있는 신약의 역사를 이중 삼중으로 예언을 하고 있다. 다니엘이 기록한 배도의 역사는 안티오커스 4세 때 이루어졌다. 그리고 로마에 의해서 예루살렘이 망할 때 또 한 번 이루어진다. 마지막으로 예수님의 재림 직전에 또 한 번 이루어진다. 이사야가 예언한 유브라데 강이 말라 이루어진 구원에 대한 예언 역시 고레스 왕에 의해서 이루어졌다. 그런데 또 요한 계시록 9장과 16장에서 이루어진다.

바벨론 포로 귀환으로 세워진 스룹바벨 성전은 장차 완성될 새 예루살렘 성전이다. 바벨론 포로 귀환으로 이루어진 새로운 다윗의 메시아 왕국인 예루살렘은 역시 천년왕국을 통치할 새 예루살렘이다.

2. 세상 나라들을 통해서 이루어지는 하나님의 세계경영과 심판

만군의 여호와란 이스라엘의 여호와만 아니라 모든 나라와 민족을 통치하고 의와 공평으로 심판하고 다스리는 여호와라는 뜻이다. 눈먼 이스라엘은 만군의 여호와를 싫어했다. 바알을 섬기면서도 여호와는 자기들만의 여호와로 고집을 부렸다. 그래서 교만함으로 망했다. 오늘날에도 타락한 눈 먼 교회가 적과 아군을 나누어 전쟁을 하고 있다. 이스라엘의 북 왕조와 남 유다가 그렇게 하다가 망했다. 예레미야 선지자는 여호와께서 바벨론이란 도구를 통해 범죄한 유다를 정결하게 하시기를 원하니 바벨론 왕의 멍에를 메고 바벨론 왕을 섬기라고 하였다. 그러나 거짓 선지자들은 바벨론을 적이라고 하면서 전쟁을 선포했다.

오늘날에도 하나님께서는 타락한 교회를 정결케 하시기 위해 공산당들을 사용하신다. 그들이 하는 일을 보면 교회를 파괴시키고 능멸하고 있지만 사실은 하나님께서 그들을 통해서 이미 타락한 교회를 새롭게 하시기를 원하시는 심판의 시작인 것이다.

하나님은 이스라엘만 사랑하시지 않는다. 모든 나라와 민족을 사랑하신다. 하나님은 이스라엘만 통치하시지 않는다. 모든 나라를 통치하신다. 누구든지 공과 의로 살지 아니하면 택한 백성들도 이방 나라들도 모두 심판을 받는다. 하나님은 모든 나라와 민족을 사용하신다.

악한 민족은 악하게 사용하시고 선한 민족은 선하게 사용하신다. 악하게 사용을 받은 나라들은 심판을 받지만 선한 도구로 사용을 받은 나라들은 지켜 주신다. 비록 바벨론과 앗수르 사람들이라도 남은 자들은 구원을 받는다. 이 남은 자들은 바벨론과 앗수르 사람들에게 도움을 받지 못하고 버림을 받은 가난하고 천한 사람들이다. 이것이 하나님의 공의로운 심판이다. 하나님의 세계경영은 모든 나라를 축복하시고, 사용하시고, 통치하시고, 심판하신 것이다.

"만군의 여호와께서 맹세하여 가라사대 나의 생각한 것이 반드시 되며 나의 경영한 것이 반드시 이루리라 내가 앗수르 사람을 나의 땅에서 파하며 나의 산에서 발아래 밟으리니 그 때에 그의 멍에가 이스라엘에게서 떠나고 그의 짐이 그들의 어깨에서 벗어질 것이라 이것이 온 세계를 향하여 정한 경영이며 이것이 열방을 향하여 편 손이라 하셨나니 만군의 여호와께서 경영하셨은즉 누가 능히 그것을 폐하며 그 손을 펴셨은즉 누가 능히 그것을 돌이키랴"(사14:24-27)

하나님께서는 앗수르와 바벨론을 통해서 북 왕조와 남 유다를 심판하시고 구원하셨다. 이것이 하나님의 세계경영이다. 마지막 때에도 육적인 이스라엘과 영적인 교회를 바벨론이란 적그리스도의 공산주의 나라를 통해서 심판도 하시고 구원도 하신다. 마지막 적그리스도의 나라가 요한 계시록에 바벨론으로 나온다. 하나님은 공산주의 세계정부 지도자인 적그리스도를 통해서 구원 받은 성도들을 죽이게 하신다. 이것이 바벨론을 통한 구원이다. 예수님이 재림하셔서 바벨론을 심판하신다. 이때 바벨론에서 빠져 나오지 못한 배도의 교회는 심판을 받는다. 이것이 하나님의 세계경영이다. 그러므로 무조건 입맛에 좋은 대로 적과 아군을 나눠서는 안된다. 예수님께서 말씀하신대로 원수를 사랑하고 핍박하는 자들을 위해 기도하는 것이다. 이것이 하늘에 속한 그리스도인들이다. 이들은 세상에서 구별되어 세상을 적과 아군으로 나누어 살지 않았기 때문에 세상과 함께 심판을 받지 않는 것이다. 세상에서 적과 아군을 나누어 싸운 자는 세상에 자신이 속한 자임을 스스로 인정하는 것이다.

마지막 때가 되면 세상에서는 적과 아군의 진영 논리가 뚜렷해진다. 왜냐하면 살기가 어려워지기 때문이다. 지금 우리나라 뿐 아니라 미국도 사단의 세력들에 의해서 우파와 좌파의 대립이 격화되고 있다. 매스컴을 통해 만들어가는 진영 논리가 극에 달하고 있다. 그래서 전쟁의 파도가 높아지고 있는 것이다. 하늘에 속한 구원 받은 성도들은 하박국 선지자처럼 사슴과 같이 높은 곳에 다녀야 하는 것이다. 즉 세상과 완전히 분리되어야 하는 것이다. 이것이 세상이 심판을 받을 때 함께 망하지 않는 비결이다.

"또 내가 들으니 하늘로서 다른 음성이 나서 가로되 내 백성아, 거기서 나와 그의 죄에 참예하지 말고 그의 받을 재앙들을 받지 말라"(계18:4)

예수님께서 심판하실 바벨론은 바벨론 음녀, 바벨론 짐승, 바벨론 상고들이다. 즉 타락한 교회, 타락한 정치, 타락한 경제이다. 즉 세상에서 구별되어서 남은 자가 되어야 심판을 면할 수 있다.

3. 빛의 자녀들에게 알려주신 하나님의 심판

많은 성도들은 예수님의 재림에 대한 이야기를 하면 아무도 모른다고 한다. 심지어 예수님의 재림을 강조한 사람들을 시한부 종말론자들로 취급을 한다. 예수님의 재림이 언제인가가 무엇이 중요한가에 대하여 반문도 한다. 자신이 하나님의 뜻대로 사는 것이 중요하지 예수님의 재림의 시기는 중요하지 않다는 것이다.

그러나 성경은 세상 사람들이 평안하다 안전하다 할 그때 예수님의 재림이 밤의 도적같이 오시지만 빛의 자녀들에게는 밤의 도적같이 오시지 않는다고 한다. 밤에는 캄캄하여 아무것도 보지 못하여 길을 찾아 갈 수 없으나 낮에는 밝아서 모든 것을 밝히 보고 갈 길을 찾아 가듯이 구원 받은 성도들에게는 예수님의 재림을 확실하게 알 수 있다고 한다. 그래서 깨어 근신하고 준비할 수 있다는 것이다.

"형제들아 때와 시기에 관하여는 너희에게 쓸 것이 없음은 주의 날이 밤에 도적 같이 이를 줄을 너희 자신이 자세히 앎이라 저희가 평안하다, 안전하다 할 그 때에 잉태된 여자에게 해산의 고통이 이름과 같이 멸망이 홀연히 저희에게 이르리니 결단코 피하지 못하리라 형제들아 너희는 어두움에 있지 아니하매 그 날이 도적 같이 너희에게 임하지 못하리니 너희는 다 빛의 아들이요 낮의 아들이라 우리가 밤이나 어두움에 속하지 아니하나니 그러므로 우리는 다른 이들과 같이 자지 말고 오직 깨어 근신할찌라 자는 자들은 밤에 자고 취하는 자들은 밤에 취하되 우리는 낮에 속하였으니 근신하여 믿음과 사랑의 흉배를 붙이고 구원의 소망의 투구를 쓰자"(살전5:1-8)

데살로니가 성도들은 예수님의 재림이 곧 있을 줄 알고 일도 하지 않고 기다리는 성도들이 많이 있었다. 그래서 사도 바울은 예수님의 재림의 시기를 정확하게 가르쳐 주면서 이런 일들이 일어나면 예수님이 바로 오시니까 그때는 예수님을 맞을 준비를 하라고 하였다. 배도자 적그리스도가 예루살렘 성전에 앉아 자기가 하나님이라고 할 때 예수님께서 재림하셔서 심판하신다고 하였다.

"형제들아 우리가 너희에게 구하는 것은 우리 주 예수 그리스도의 강림하심과 우리가 그 앞에 모임에 관하여 혹 영으로나 혹 말로나 혹 우리에게서 받았다 하는 편지로나 주의 날이 이르렀다고 쉬 동심하거나 두려워하거나 하지 아니할 그것이라 누가 아무렇게 하여도 너희가 미혹하지 말라 먼저 배도하는 일이 있고 저 불법의 사람 곧 멸망의 아들이 나타나기 전에는 이르지 아니하리니 저는 대적하는 자라 범사에 일컫는 하나님이나 숭배함을 받는 자 위에 뛰어나 자존하여 하나님 성전에 앉아 자기를 보여 하나님이라 하느니라 내가 너희와 함께 있을 때에 이 일을 너희에게 말한 것을 기억하지 못하느냐 저로 하여금 저의 때에 나타나게 하려 하여 막는 것을 지금도 너희가 아나니 불법의 비밀이 이미 활동하였으나 지금 막는 자가 있어 그 중에서 옮길 때까지 하리라 그 때에 불법한 자가 나타나리니 주 예수께서 그 입의 기운으로 저를 죽이시고 강림하여 나타나심으로 폐하시리라"(살후2:1-8)

예루살렘 성전에서 적그리스도가 배도를 하기 위해서는 예수님이 재림하시기 전에 반드시 세 가지가 이루어져야 한다. 이스라엘이 건국이 되어야 한다. 예루살렘 성이 회복되어야 한다. 예루살렘 성전이 건축되어야 한다. 1948년 5월14일에 이스라엘이 건국 되었다. 2018

년 5월14일 예루살렘은 이스라엘의 수도가 되었다. 이제 성전이 지어지기 위해 중동의 전쟁이 준비되고 있다. 그래서 지금 우리가 살고 있는 이 시대가 주님이 재림하시는 때가 된 것이다.

"무화과나무의 비유를 배우라 그 가지가 연하여지고 잎사귀를 내면 여름이 가까운 줄을 아나니 이와 같이 너희도 이 모든 일을 보거든 인자가 가까이 곧 문 앞에 이른 줄 알라 내가 진실로 너희에게 말하노니 이 세대가 지나가기 전에 이 일이 다 이루리라 천지는 없어지겠으나 내 말은 없어지지 아니하리라"(마24:32-35)

예수님은 망한 이스라엘이 다시 건국되면 인자가 문 앞에 이른 줄 알라고 하셨다. 이스라엘이 건국되는 그 세대가 지나가기 전에 이루리라고 하셨다. 모세는 한 세대를 70년이요 강건하면 80년이라고 하였다. 1948년에 80년을 더하면 2028년이 된다.

"저희가 칼날에 죽임을 당하며 모든 이방에 사로잡혀 가겠고 예루살렘은 이방인의 때가 차기까지 이방인들에게 밟히리라 일월성신에는 징조가 있겠고 땅에서는 민족들이 바다와 파도의 우는 소리를 인하여 혼란한 중에 곤고하리라 사람들이 세상에 임할 일을 생각하고 무서워하므로 기절하리니 이는 하늘의 권능들이 흔들리겠음이라 그 때에 사람들이 인자가 구름을 타고 능력과 큰 영광으로 오는 것을 보리라 이런 일이 되기를 시작하거든 일어나 머리를 들라 너희 구속이 가까왔느니라 하시더라"(눅21:24-28)

예수님은 예루살렘이 이방인의 때가 차기까지 이방인들에게 밟히리라 하셨다. 이방인의 때는 땅 끝까지 복음이 증거 되는 기간이다. 이방인들이 구원을 다 받고 나면 다시 이스라엘이 건국을 하고 이스라엘의 수도인 예루살렘이 회복된다는 것이다. 그때 예수님이 구름을 타고 능력과 큰 영광으로 오시는 것을 보리라 하셨다. 예루살렘은 주후 70년 9월8일에 로마군대에 의해서 망한 후 이방인들에게 밟히다가 1967년 6월 전쟁 때 요르단으로부터 회복이 되었다. 2018년 5월 14일 공식적으로 이스라엘의 수도가 되었다.

이제 예루살렘 성전 건축만 남았다. 왜냐하면 배도자 적그리스도가 나타나 자기가 하나님이라고 선포할 장소가 예루살렘 성전이기 때문이다. 예루살렘 성전은 솔로몬 성전이다. 바벨론 침공 때 무너졌다가 스룹바벨 성전으로 세워졌다. 이제 제 삼 성전이 지어진다. 여기에서 적그리스도가 배도를 하는 것이다.

"네 백성과 네 거룩한 성을 위하여 칠십 이레로 기한을 정하였나니 허물이 마치며 죄가 끝나며 죄악이 영속되며 영원한 의가 드러나며 이상과 예언이 응하며 또 지극히 거룩한 자가 기름부음을 받으리라 그러므로 너는 깨달아 알찌니라 예루살렘을 중건하라는 영이 날 때부터 기름부음을 받은 자 곧 왕이 일어나기까지 일곱 이레와 육십이 이레가 지날 것이요 그 때 곤란한 동안에 성이 중건되어 거리와 해자가 이룰 것이며 육십 이 이레 후에 기름부음을 받은 자가 끊어져 없어질 것이며 장차 한 왕의 백성이 와서 그 성읍과 성소를 훼파하려니와 그의 종말은 홍수에 엄몰됨 같을 것이며 또 끝까지 전쟁이 있으리니 황폐할 것이 작정되었느니라 그가 장차 많은 사람으로 더불어 한 이레 동안의 언약을 굳게 정하겠고 그가 그 이레의 절반에 제사와 예물을 금지할 것이며 또 잔포하여 미운 물건이 날개를 의지하여 설 것이며 또 이미 정한 종말까지 진노가 황폐케 하는 자에게 쏟아지리라 하였느니라"(단9:24-27)

하나님께서는 다니엘 선지자를 통해서 바벨론 포로 이후 예수님께서 재림하셔서 세우실 영원한 나라까지의 역사를 기록하게 하셨다. 이것이 다니엘 70이레 비밀이다. 예루살렘 성을 준공하라는 명령이 날 때부터 예수님께서 돌아가실 때까지 69이레 즉 483년이 지난다. 나머지 1이레인 7년은 이방인의 시대가 끝나는 세상 끝으로 넘어간다. 이스라엘이 국가를 다시 세우고 예루살렘이 수도가 된 후 성전이 세워지면서 마지막 7년이 시작된다. 이것이 요한 계시록에 기록된 7년 대환난이다. 전 삼년 반과 후 삼년 반으로 나눠진다. 전 삼년 반은 음녀인 종교 지도자와 짐승인 정치 지도자가 함께 통치를 하면서 종교통합운동으로 많은 성도들을 죽인다. 후 삼년 반이 시작될 때 정치적인 지도자인 짐승은 음녀인 종교 지도자를 죽이고 세상 권력을 독점한 후 예루살렘 성전에 멸망의 가증한 우상을 세우고 배도를 선포한 후 666 짐승의 표를 가지고 신세계질서를 선포한다.

“네가 본바 이 열 뿔과 짐승이 음녀를 미워하여 망하게 하고 벌거벗게 하고 그 살을 먹고 불로 아주 사르리라 하나님이 자기 뜻대로 할 마음을 저희에게 주사 한 뜻을 이루게 하시고 저희 나라를 그 짐승에게 주게 하시되 하나님 말씀이 응하기까지 하심이니라”(계17:16-17)

다니엘 9장 27절에 기록된 7년의 시작은 이스라엘과 적그리스도의 평화조약으로부터 시작된다. 이 때만 해도 배도자 적그리스도는 평화의 사도로 가면을 쓰고 있다. 평화조약의 내용은 성전을 건축하고 그 안에서 구약의 제사가 드려지는 것을 허락하는 것이다. 220일 만에 성전 건축이 끝난다. 그리고 전 삼년 반 동안 즉 1260일에서 220일 뺀 1040일 동안 구약의 제사가 드려진다. 후 삼년 반이 시작될 때 짐승은 음녀를 죽이고 유일한 권력자로 등장하여 예루살렘 성전에서 전 세계를 통치하기 위해 AI 인공지능 빅 데이터 로봇을 세우고 자기가 하나님의 자리에 앉게 된다.

예수님도 다니엘의 멸망의 가증한 것이 거룩한 곳에 선 것을 보거든 산으로 도망하라고 하셨다. 적그리스도는 스마트 시티 안에서 신세계질서를 선포하고 지상의 유토피아를 시작한다. 그리고 모든 사람들의 이마와 손에 디지털 인공지능인 666 짐승의 표를 받게 한다. 이 표를 거절한 성도들은 모두 목 베임을 받고 순교를 한다.

하나님의 심판은 종들을 통해 반드시 미리 알려 주신다

“주 여호와께서는 자기의 비밀을 그 종 선지자들에게 보이지 아니하시고는 결코 행하심이 없으시리라”(암3:7)

하나님께서는 하시는 일을 반드시 그 종 선지자들을 통해서 미리 말씀하신 후 시행 하신다. 왜냐하면 인격적이신 하나님이시기 때문이다. 하나님께서는 아무리 타락한 세대라도 버리지 아니하신다. 단 한 사람이라도 구원하시기를 원하신다. 하나님께서 이사야 시대를 짐승 보다 못한 시대로 정죄하셨다. 소는 그 임자를 알고 나귀는 주인의 구유를 알건마는 이스라엘은 알지 못하고 나의 백성은 깨닫지 못한다 하셨다. 여호와께서 말씀하시기를 내가 자식을 양육하였거늘 그들이 나를 거역하였도다 탄식 하셨다. 그럼에도 불구하고 그런 시대에도 이사야 선지자를 부르셔서 예언하게 하셨다. 비록 택한 백성이 범죄하여 바벨론 포로에 끌려 갔지만 그곳까지 가셔서 에스겔 선지자를 통해서 말씀하셨다.

지금도 주님은 말씀 하신다. 하늘의 징조를 통해 말씀 하신다. 가족과 이웃들을 통해 말씀 하신다. 친구와 때로는 원수들을 통해서도 말씀하신다. 꿈으로도 말씀 하시고 크고 작은 사건들을 일으켜 말씀 하신다. 때로는 전쟁을 통해서, 지진을 통해서, 홍수를 통해서 말씀 하신다. 밤낮 가리지 아니하시고 계속해서 말씀 하신다. 그럼에도 불구하고 백성들은 귀를 기울이지 않는다.

4. 하나님의 말씀과 예수의 증거로 이루어진 심판

"요한은 하나님의 말씀과 예수 그리스도의 증거 곧 자기의 본 것을 다 증거하였느니라"(계1:2)

"다섯째 인을 떼실 때에 내가 보니 하나님의 말씀과 저희의 가진 증거를 인하여 죽임을 당한 영혼들이 제단 아래 있어 큰 소리로 불러 가로되 거룩하고 참되신 대주재여 땅에 거하는 자들을 심판하여 우리 피를 신원하여 주지 아니하시기를 어느 때까지 하시려나이까 하니 각 저희에게 흰 두루마기를 주시며 가라사대 아직 잠시 동안 쉬되 저희 동무 종들과 형제들도 자기처럼 죽임을 받아 그 수가 차기까지 하라 하시더라"(계6:9-11)

"또 내가 보좌들을 보니 거기 앉은 자들이 있어 심판하는 권세를 받았더라 또 내가 보니 예수의 증거와 하나님의 말씀을 인하여 목 베임을 받은 자의 영혼들과 또 짐승과 그의 우상에게 경배하지도 아니하고 이마와 손에 그의 표를 받지도 아니한 자들이 살아서 그리스도로 더불어 천년 동안 왕노릇 하니"(계20:4)

요한 계시록은 하나님께서 알곡과 가라지를 분리시키는 추수 마당이다. 그래서 요한 계시록의 주제는 하나님의 말씀과 예수의 증거이다. 하나님께서 말씀을 주신 목적은 예수를 믿어 구원을 얻는 것이다.

예수의 증거는 구원 받은 성도 안에 사신 그리스도의 분량이다. 하나님의 말씀을 통해 구원 받은 성도는 반드시 예수의 증거가 있어야 알곡이 되는 것이다. 예수를 믿었는데 그 안에 예수가 살아 계시는 증거가 없는 사람은 아직까지 구원을 경험하지 못한 사람이다. 그래서 사도 요한은 아들이 없는 사람에게는 영생이 없다고 증거 하였다. 구원 받은 사람일지라도 어떤 사람은 예수의 증거를 많이 가진 사람이 있고 어떤 사람은 예수의 증거를 적게 가진 사람이 있다. 이것이 그 사람의 믿음 성장의 기준이 되는 것이다.

요한 계시록 20장 4절에는 하나님의 말씀과 예수의 증거를 인하여 목 베임을 받은 성도들이 있다. 요한 계시록 6장에서도 하나님의 말씀과 예수의 증거를 인하여 순교를 당하고 제단 아래에서 신원하는 성도들이 있다. 왜 하나님의 말씀과 예수의 증거가 심판의 기준이 되어 순교를 당하게 되는가? 이 사람들은 모두 구원 받은 성도들이다. 그런데 왜 구원 받은 성도들이 순교를 당해야 하는가? 이미 구원을 받고 죽은 상태에서 예수님의 재림을 맞이한 성도는 모두 휴거를 통해 바로 예수님을 만날 수 있지만 살아서 예수님의 재림을 맞이한 성도는 자신의 믿음의 분량에 따라서 세 가지로 갈라진다. 먼저 휴거하는 성도들이 있다. 이런 성도들은 데살로니가 전서 5장 23절에 기록된 대로 영과 혼과 몸이 거룩하고 흠이 없이 보전되었기 때문이다. 예수님을 직접 만나지 못하고 광야교회에서 양육을 받은 성도들이 있다. 에베소 교회와 같이 한 가지 정도 부족한 성도들이다. 순교를 당한 성도들이 있다. 라오디게아 교회처럼 구원을 받았지만 벌거벗고, 가난하고, 가련하고, 눈 먼 성도들이 있다. 이런 성도들은 살아서 예수를 만날 수 없기 때문에 순교를 통해서 자신의 더러워진 두루마기를 빨고 첫째 부활에 참여하는 것이다. 그래서 요한 계시록에는 자기의 두루마기를 빠는 자들이 복이 있다고 하였다.

“나는 알파와 오메가요 처음과 나중이요 시작과 끝이라 그 두루마기를 빠는 자들은 복이 있으니 이는 저희가 생명 나무에 나아가며 문들을 통하여 성에 들어갈 권세를 얻으려 함이로다 개들과 술객들과 행음자들과 살인자들과 우상 숭배자들과 및 거짓말을 좋아하며 지어

내는 자마다 성밖에 있으리라"(계22:13-15)

데살로니가 전서 4장 13절 이하에는 휴거에 대한 내용이 나온다. 먼저 예수를 믿고 죽은 자들이 일어난다. 다음으로 살아서 휴거에 참여한 자들이 부활하여 죽은 성도들과 함께 공중에서 주를 영접하게 된다. 이때 살아 있는 구원 받은 성도 중에 휴거에 참여하지 못한 성도들이 있다. 이들이 요한 계시록 7장에 기록된 144,000명이다. 이들은 7년 대환난 시작되기 전에 하나님께서 이마에 하나님의 표를 주어서 7년 환난 기간에 짐승의 표를 받지 않고 구원을 받도록 지켜 주신다. 왜냐하면 7년 환난 기간에 사는 모든 사람들은 666 짐승의 표를 받아야 하기 때문이다. 순교를 한다는 것은 원죄의 부패성을 가진 육체를 벗어 버리고 깨끗한 두루마기를 입고 주를 만나게 하는 것이다. 다시 말해서 구원 받은 성도는 반드시 옛 사람이 죽어야 한다. 그래야 육체를 가지고 사는 동안에도 주님이 그 안에서 사실 수 있는 것이다. 빌라델비아 교회는 그렇게 살아서 휴거에 초대를 받았다. 에베소 교회는 첫 사랑을 잃어버렸기 때문에 광야 공동체 교회에서 양육을 받아 회복을 한다. 라오디게아 교회는 세상에 파묻혀 물질을 섬기고 육신적으로 살았기 때문에 순교를 해야 하는 것이다.

제7장 더 그레이트 리셋과 최후의 심판

1. 2030년에 세워질 신세계질서, 적그리스도의 나라

2030년에 세워질 공산주의 세계 정부

2015년 9월 유엔 총회에서 결의된 유엔의 2030년 지속가능개발목표 17개 분야 169개 어젠다는 유엔이 꿈꾸는 제 4차 산업혁명을 중심으로 한 과학적 공산주의 유토피아 프로젝트이다. 유엔은 2030년까지 ID 2020 디지털 신분증을 전 세계 시민들에게 심고 유엔을 중심으로 정치, 경제, 종교를 통합하고 지속개발가능목표 어젠다 17개를 성취하여 과학적 공산주의 유토피아를 만들려는 구상을 하고 있다.

유엔 2030 지속가능개발 17개 어젠다 내용, 빅 브라더 세계정부

1. 세계 모든 국민의 빈곤 퇴치
2. 세계 식품 안전 영양 개선
3. 세계 모든 연령이 누리는 웰빙 추구
4. 세계 모든 이에게 교육과 평생 학습권 보장

5. 세계 성 평등 추구와 여성과 소녀 권리 보장
6. 세계 모든 사람에게 깨끗한 물과 위생 보장
7. 세계 모든 사람에게 에너지 보장
8. 세계 모든 이에게 양질의 일자리 보장
9. 세계 모든 곳에서 인프라 구축과 산업화 추구
10. 세계 모든 국가 사이의 불평등 해소
11. 세계 모든 안전한 도시 거주지 확보
12. 세계 모든 이들에게 안정된 소비와 생산 보장
13. 세계 기후 변화에 대한 조치
14. 세계 바다와 해양자원 보존
15. 세계 육지 생태계 보존
16. 세계 모든 사람에게 정의에 대한 접근권 제공
17. 어젠다 17개 성취를 위한 실행 수단 강화와 글로벌 협력 강화

유엔의 2030 지속가능개발목표 어젠다가 이끌고 있는 세계정부의 특징을 요약하면 다음과 같다. 자본주의가 사라지고 세계 모든 국민들에게 기본소득이 주어지는 공산주의 세상이된다. 모든 도시들은 균등하게 개발이 되어 스마트 시티로 통제 관리를 받게 된다. 원격의료시스템이 확립되어 병원은 수용소가 되고 모든 사람들이 스마트 원격의료혜택을 받게 된다. 자연과 환경을 보존하기 위해 규제가 강화되고 모든 산업이 통제되어 강제로 재편된다. 모든 국가들은 평준화 되고 블록화 되어 세계정부의 분권된 권력의 통제를 받는다. 세상의 모든 성의 차별은 없어지고 남녀노소 그리고 연령의 차별도 사라지게 되므로 가족이 해체되고 종교의 가치가 파괴되어 종교라는 단어가 사라진다. 개인과 국가 간의 차별이 없어지고 평등화 시키는 기술이 도입되어 서로를 감시하고 분리시키는 공산주의 통제시스템이 작동한다. 이런 모든 것들이 강력한 세계정부 권력에 의해서 완성 되도록 제4차 산업 빅 데이터 정부가 들어서서 통제를 한다. 이것이 1984년이란 죠지 오웰의 빅 브라더 시대인 것이다. 이것이 성경에 기록된 세상 마지막 날에 등장할 세계정부인 일곱 머리 열 뿔, 666 적그리스도의 자동화 시스템이다.(계13:16-18)

2030년에 등장할 세계정부 10개 영역 기능별 수도

1. 세계 정치 수도 (북 미주 대표 국가) 미국
2. 세계 경제 수도(유럽 대표 국가) EU
3. 세계 교육 수도(동북 아시아 대표 국가) 한국
4. 세계 에너지 수도(중동 대표 국가) 아랍에미리트
5. 세계 환경 수도(오세아니아 대표 국가) 호주
6. 세계 통신 수도(서아시아 대표 국가) 인도
7. 세계 농업 수도(남 미주 대표 국가) 칠레
8. 세계 산업 수도(중앙 아시아 대표 국가) 카자스탄
9. 세계 사회 수도(아프리카 대표 국가) 남아프리카 공화국
10. 세계 노동 수도(동 유럽 대표 국가) 폴란드

2. 짝퉁 천년왕국인 신세계질서

신세계질서와 다윗의 메시아 왕국

신세계질서를 꿈꾸는 가짜 유대인들인 엘리트 인간들은 구약에서 예언한 다윗의 메시아 왕국을 지상에 세우기를 원한다. 이것을 신세계질서 라고 한다. 신세계질서는 과학으로 만들어지는 신천지이다. 세계 3차 대전을 통해 인종청소를 끝내고 그들은 지금끼지 그들이 축적시켜 온 모든 과학 기술을 동원하여 도시에 유토피아를 세운다. 그 중의 백미는 통일장 우주론을 통해 양자역학 속에서 신처럼 자유스럽게 살아가는 세계를 실현시킨 것이다. 물론 하나님께서는 그들의 도전을 허락하지 않으실 것이다. 그러나 그들은 시도하고 선전할 것이다. 일명 타임머신과 같은 공간 속에서 자유롭게 시공간을 초월해서 원하는 모든 것들을 양자역학이 작동하는 우주 속에서 가능하게 된다. 중국과 워싱턴은 거리가 멀지만 양자역학 속에서는 순간으로 만날 수 있다. 우주는 멀고도 멀지만 양자역학 속에서는 한 점의 거리밖에 안된다.

이런 사람들을 신 인간, 뉴 맨, 원 뉴맨, 트랜스 휴먼, 새 인간이라고

부른다. 사람이 그렇게 되려면 반드시 한 가지가 무너져야 한다. 하나님께서 인간을 창조하실 때 심어둔 하나님의 형상이다. 즉 인격이란 것이다. 비록 타락한 인간도 가치가 있는 것은 그에게 조금이나마 남아 있는 인격 때문이다. 인격이란 자신의 가치와 수치와 부끄러움을 인식할 수 있는 능력이다. 이것은 하나님의 형상으로 지음 받은 인간만이 가지고 있는 것이다. 그래서 하나님은 죄인이라도 사랑하신다. 악을 물리칠 수 있는 힘은 없어도 악을 악이라고 인식할 수 있는 힘이다. 그러하기 때문에 인간은 하나님의 도우심으로 회개가 가능하다. 돌이킬 수 있는 것이다. 그러나 이런 인격이 제거되어 버리면 더 이상 사람이 아니다. 동물이나 로봇이 되어 버린 것이다. 이런 인간을 하이브리드 인간이라고 한다. 결국 사단의 최종 목적은 인간 속에 하나님의 형상을 완전히 지워버리는 것이다. 그리고 자신의 형상을 심는 것이다. 그래서 짐승의 표를 받은 사람들의 이름이 짐승의 이름이 되는 것이다. 코비드-19 백신이 바로 인간을 동물과 식물과 다른 인간과 혼합시켜 하이브리드 인간으로 만드는 프로젝트이다.

뭇별위에 내 보좌를 높이리라, 마지막 루시퍼의 도전

"너 아침의 아들 계명성이여 어찌 그리 하늘에서 떨어졌으며 너 열국을 엎은 자여 어찌 그리 땅에 찍혔는고 네가 네 마음에 이르기를 내가 하늘에 올라 하나님의 뭇별 위에 나의 보좌를 높이리라 내가 북극 집회의 산 위에 좌정하리라 가장 높은 구름에 올라 지극히 높은 자와 비기리라 하도다"(사14:12-14)

루시퍼가 말한다. 뭇별 위에 나의 보좌를 높이리라, 지극히 높은 자와 비기리라, 루시퍼의 존재는 무시할 수 없는 존재이다. 그는 전능하신 하나님의 보좌 즉 통치를 넘겨다 볼 수 있는 존재이다. 감히 전능자와 비기리라 말을 한다. 이런 루시퍼와 관계가 깊은 자들이 엘리트 인간들이다.

에덴동산에서부터 시작된 뱀의 후손들인 그들은 단 한 번도 지상의 통치 권력을 잃지 않고 세상의 임금인 루시퍼와 함께 지배를 하고 있다. 그들이 만든 과학, 그들이 만든 철학, 그들이 만든 문명들은 모두 루시퍼에게 받은 것들이다. 그들이 4500년 전에 만든 피라미드는 신세계질서의 상징이다. 현대과학은 아직도 피라미드의 비밀을 알지 못한다. 그것을 세운 자들의 정체나, 정확한 천문지식이나, 과학적으로 만들어진 목적도 알지 못한다. 오늘날의 과학은 상상을 초월할 만큼 발전하였지만 피라미드의 기술과 원리들이 누구에게서 온 것인지 모른다. 이 모든 것들의 출발이 가장 높은 자와 비기리라 말한 루시퍼이다.

그는 세상에 다윗의 메시아 왕국을 세우려 한다. 구약에서 예언한 자유스러운 나라이다. 새 하늘과 새 땅이다. 사람의 생명이 나무와 같이 천년을 산다. 독사들의 독이 사라지고 어린아이와 함께 장난을 친다. 아무런 해됨도 없고, 무질서나 공허는 없다. 그저 자유롭고, 편하고, 행복이 가득한 곳이다. 엘리트 인간들은 그런 나라를 이 땅에 세우려 한다. 그것이 뉴 에이지 종교이고, 사이언톨로지 종교이다. 엘리트 인간들이 꿈꾸는 신세계질서는 4차원의 세상에서 사는 것이다. 비록 양자역학을 통해서 그들이 만든 시간과 공간 안에서 해방된 삶이지만 지금까지 인간들이 경험해 보지 못한 세상이다. 할리우드 영화처럼 3차원의 세상과 4차원의 세상을 넘나들면서 자유롭게 사는 것이다. 아담 이후 인간들이 꿈꾸는 천국과 같은 세상을 아주 잠시라도 경험하게 되는 것이다.

그러나 그 나라는 예수님이 재림하셔서 심판하실 배도자의 나라이다. 아무리 루시퍼가 사람들의 몸에 자신의 소유권을 찍고 마음대로 수족처럼 부릴 수 있어도 이미 구원을 받아 어린양의 표를 받은 자들은 해할 수 없다.

놀라운 것은 사단의 세력들이 하는 모든 행위는 비록 거짓되고, 멸망의 길이지만 하나님께서는 그들을 통해서 하나님이 하시는 일의 비밀을 성도에게 알려 주신다. 이는 염소들이 양들의 길잡이가 된 것과 같은 원리이다.

이 세상에서 일어난 일들은 어느 것 하나 우연은 없다. 모두 하나님이 허락하신 일이다. 악한 자들이 자신의 욕심을 이루고 있는 것 같지만 그것 또한 하나님의 하시는 일과 전혀 무관하지 않다. 인간의 작은 머리로는 전능하신 하나님의 일을 측량할 수 없기에 우리는 하나님의 말씀대로 범사에 감사하고 항상 기뻐하고 쉬지 않고 기도할 뿐이다.

예수님이 세우시는 천년왕국

사람 몸에는 100조 개의 세포가 있다. 세포 하나 속에 100조 개의 원자가 있다. 원자의 크기는 1억분의 1㎝이다. 원자는 핵과 전자로 되어 있고, 핵의 질량은 99.999이고 전자의 질량은 0.001이다. 그래서 99.999% 공간에는 전자가 있고, 0.001%의 공간에 핵이 있다. 핵은 17개 쿼크로 되어 있다. 지금까지 인간은 눈에 보이는 우주만을 보고 살았다. 그러나 양자 물리학이 발전하면서 눈에 보이는 우주는 실제가 아닌 홀로그램이란 사실을 알았다. 진정한 우주는 하나의 원자 속에 있다는 사실을 이제야 알게 된 것이다. 이것이 양자 물리학이다.

어머니 뱃속에서 한 생명이 수정되면 그것이 하나의 세포이다. 이 세포가 10달 동안 분화 과정을 마치고 나면 100조 개의 세포를 가진 어린아이가 탄생된다. 어린 아이가 가지고 태어난 100조 개의 세포는 하나의 세포마다 처음 수정되어 분화 되었던 DNA 설계도를 가지고 있다. 그래서 몸을 가지고 태어난 사람은 누구든지 자신과 동일한 100조 명의 사람과 함께 살아가는 것이다. 그렇다면 진정한 나는 누구인가? 처음 수정되었던 하나의 세포가 나인가? 아니면 100조 개의 세포로 분화되어 태어난 나인가? 진정한 나는 처음 수정된 하나의 세포인 것이다. 그렇다면 100조 개의 몸을 가지고 태어난 나는 누구인가? 그가 바로 하나의 세포를 가진 나의 홀로그램인 것이다.

우주도 역시 같은 원리이다. 하나님이 처음으로 만든 하나의 우주 원자가 있다. 이 우주 원자가 분화의 과정을 거듭하면서 확장되고 있다. 이것이 바로 빅뱅 우주론이다. 현대 천문학에서 정의한 우주의 크기는 태양계가 1000억 개 있어야 소우주가 되고, 소우주가 1000억 개 있어야 우주가 된다. 그렇다고 그것으로 끝이 아니다. 지금도 우주는 계속해서 엄청난 속도로 확장되고 있다. 그렇다면 진짜 우주는 어디에 있는가? 처음 하나님이 지으신 하나의 우주 원자 속에 있는가? 아니면 지금 우리 눈에 보이는 확장하고 있는 우주인가? 진짜 우주 역시 처음 하나님이 만드신 하나의 우주 원자인 것이다. 눈에 보이는 지금도 확장된 우주는 홀로그램 우주이다.

하나의 원자의 크기는 1억분의 1㎝이다. 이렇게 작은 원자의 이쪽 끝에서 저쪽 끝까지 이동하는데 얼마의 시간이 소요될까? 순간보다 더 짧다. 실제로 우리 몸에도 각 기관마다 나의 전체 설계도를 가진 세포들이 가득 차 있어서 머리에서 발끝까지 감각이 전달되는 시간이 하나의 세포 안에서 전달되는 것처럼 순간인 것이다. 우주도 같은 원리이다. 우주 이 끝에서 반대편 끝까지의 거리는 상상할 수 없고, 계산할 수도 없다. 그러나 우리가 계산할 수 없는 것은 홀로그램일 뿐이고 우주 전체 안에 처음 우주 원자가 양자 에너지로 우주에 가득차 있기 때문에 이쪽 끝에서 반대편까지의 거리는 1억분의 1㎝의 원자 안에서 소요되는 거리일 뿐이다. 즉 순간적으로 이동할 수 있다는 것이다.

홀로그램이란 진짜가 아닌 허상일 뿐이다. 인기가 많은 가수들이 스케쥴이 바쁘면 직접 가서 노래를 하는 것이 아니라 홀로그램을 띄워 노래를 해도 잘 모르는 사람들이 있다.

어떻게 거대한 우주가 사라지고 또 다른 천년왕국이 세워질 수 있을까? 상상할 수 없지만 간단하다. 순간적으로 지금 눈에 보이는 홀로그램 우주는 사라지고 또 다른 새로운 우주가 세워지는 것은 오늘날 양자 물리학에서는 아주 쉬운 일이다. 나의 몸 역시 홀로그램이다. 눈에 보이는 이 세상의 모든 것들도 역시 홀로그램이다. 진짜가 아니다. 모두 허상일 뿐이다. 이 모든 것들이 사라지고 하나님 앞에서 진짜 나는 홀로그램 속에서 살았던 모든 것들에 대하여 심판을 받게 되는 것이다. 그러므로 성경은 너희 인생이 무엇이냐 잠간 보이다가 없어질 안개와 같다고 하였다. 일장춘몽과 같이 하루 밤의 꿈같다고 표현하기도 한다. 눈에 보이는 홀로그램 세상에 대하여 욕심을 버려야 한다. 그리고 참 나의 실체를 하나님 안에서 찾고 살아야 한다. 잠간 있다가 없어질 세상의 눈에 보이는 것들 때문에 속아서 진짜 나를 더럽혀서는 안되는 것이다. 솔로몬은 그의 인생을 바람을 잡으려는 것과 같이 어리석은 것이라고 하였다. 지금도 우리를 시험하는 모든 것들에 대하여 초연해야 한다. 그리고 주님께서 가지고 오실 진짜의 나라인 천년왕국에서 우리의 진가를 보여주어야 한다.

3. 코로나 팬데믹과 ID 2020 작전, 666 짐승의 표

코로나 백신을 통해 시작된 2030년 세계정부 디지털 신분증 ID 2020

유엔의 2030년 공산주의 세계 정부를 세우기 위한 작전이 코비드-19를 통해 시작되었다. 코비드-19는 오랜 세월 과학자들이 크리스퍼 유전자 가위 DNA 편집 기술인 유전공학으로 만들어진 바이러스이다. 코비드 백신 속에 통제사회 시스템이 있다. 코비드-19 백신을 맞으면 유전자가 편집되어 5G 주파수를 통해 통제를 받게 되고 인종청소를 위해 사용된다. 유엔에서 추진하고 있는 ID 2020 디지털 신분증은 1984년 책에서 조지 오웰이 말한 빅 브라더 시스템이다. 유엔이 추진하고 있는 지속개발가능목표 어젠다 2030은 유엔이 2030년까지 세계인구 80억 명중 2/3를 줄이고 제 4차 산업혁명으로 과학적 공산주의 세계정부를 세우는 것이다.

과거의 음모론과 현대의 음모론에는 차이가 있다. 과거의 음모론은 소문만 있을 뿐 판단하는 근거나 결과에 대하여 아무도 예측할 수 없었다. 왜냐하면 그것에 대한 정보나 지식을 얻을 수 없었기 때문이다. 그래서 음모론자들은 역 정보를 흘려서 정적들을 제거하기도 하고, 자신들이 원하는 정책들을 밀어 부칠 수 있었다. 그러나 현대에 와서는 사정이 달라졌다. 이유 없이 뜬금없는 음모론이 사라졌다. 왜냐하면 어떤 음모론이 나오든지 그 음모론을 판단할 수 있는 정보나 예측할 수 있는 지식들이 축적되었기 때문이다. 예를 들어서 코비드-19 바이러스에 대하여 전문적인 지식을 가지고 판단할 수 있는 사람들이 많이 있다. ID 2020 디지털 신분증에 대한 지식도 특정한 사람들만이 가진 지식이 아니라 전문가가 아니라도 관심 있는 모든 사람들이 접근 할 수 있는 보편적인 지식과 정보이다.

코비드-19 면역 백신은 박테리아가 바이러스에 감염되어 자동면역 체계를 세운 원리를 이용한 크리스퍼 유전자 가위 기술을 이용한 것이다. 유엔 지속개발가능목표 2030 어젠다 역시 유엔이 2030년까지 추진할 17개 어젠다와 이에 따른 169개의 정책들이 이미 공개되어 있다. 이것들을 요약하고 분석하고 판단할 디지털 정보 기술들도 함께 있다. 누구나가 생각하고 판단할 수 있는 것들에 대하여 음모론이라고 몰아 부친다면 그것은 독재자들이 말한 거짓 선전일 뿐이다. 일정한 목적을 가지고 정책을 만들고 언론이나 어떤 전문가 집단의 이익을 추진하는 세력들에게는 큰 장애물이 될 것이다. 그러나 정상적인 국가의 권력이라면 기본적인 정보나 지식을 가지고 판단 할 수 있는 공간과 여유를 주어야 할 것이다.

다르파(미국방과학연구소)와 하이드로겔 루시페라제

바이오 센서가 포함되어 있는 나노 테크 백신을 개발하고 있는 펜타곤

미국 국방부(펜타곤)의 기관인 국방과학연구소(일명 DARPA:다르파)와 빌&멀린다 게이츠 재단은 실리콘 밸리 기업인 프로프사(Profusa)와 제휴해 (소프트 콘택트렌즈와 유사한) 하이드로겔로 만들어진 나노기술의 일부를 개발하였다. 프로프사는 체내에서 일어나는 화학적인 반응을 계속적으로 감시하기 위한 조직 통합형 바이오센서 개척 기업이다.

동사의 공식 홈 페이지에 "바이오 센서를 중개해 인플루엔자의 초기 징조를 측정하기 위한 연구를 개시했다"고 되어 있는 것처럼, 프로프사의 "매립형 하이드로겔 바이오센서"는, COVID-19 백신으로 사용했다. 이것은, 백신주사를 통해 피하에 이식(임플란트)할 수 있는 하이드로겔(소프트 콘택트 렌즈와 유사한 소재)을 사용한 딜리버리 시스템(약물 수송 시스템)의 중요한 자료이다.

빌 게이츠와 DARPA가 자금을 제공해 프로프사에게 개발시킨 이 바이오 센서는, 나노기술의 일부로서, 무선 네트워크(5G구동인 IoT 또는 사물인터넷)와 연결해, 인체에 대한 정보를 당국(즉, 인공지능 정부)에 보낼 뿐만 아니라, 당국의 정보도 수신할 수 있다. "프로프사가 국방부의 DARPA로부터 750만달러의 자금을 지원받아 개발한 임플란트가 가능한 바이오센서"이다.

미국 국방부(펜타곤)와 빌 게이츠의 마이크로소프트 재단과 함께 2012년부터 국민을 감시하는 나노칩을 개발하고 있다. 일명 "대리 뇌 계획"이다. 이 계획에 대한 국방부의 최종 목표는 인류를 트랜스 휴먼화하는 것이라고 하였다. 프로프사가 개발한 바이오 센서가 2021년 초에 FDA(미국 식품의약국)의 승인을 받았다. 이것은 2020년 3월 시점의 보고로, COVID-19 백신을 널리 접종하도록 언론이 부추기던 시기와 같다. 디펜스 원(Defense One)은 하이드로겔 바이오센서의 특성과 용량에 대해 개략적으로 설명하고 있다.

하이드로겔 바이오 센서는 루시페라제 형광물질과 함께 몸의 유전자 속에서 일어나는 모든 정보를 읽고, 형광신호로부터 다른 신호를 생성함으로써, 의사나 보건당국 등에 개개인의 신체정보를 발신할 수 있다. 뿐만 아니라 보건 당국으로부터 전달되는 신호에 의해서 조종될 수도 있다. 이것을 쌍방향 인터페이스 장치라고 한다. 보건당국은 당사자보다 먼저 열이 나는 것이나 몸 안에서 일어나는 모든 정보를 미리 알아서 격리 또는 원격진료로 대처할 수 있게 된다.

이것은 2020년 5월 27일에 빌 게이츠 재단에서 특허를 받은 "양자 닷 타투 딜리버리 상업 시스템"과 같다. 빌 게이츠의 마이크로소프트 테크놀로지 라이센싱이 취득한 특허 WO2060606 역시 양자 닷 타투 시스템을 사용하고 있는 것이다. 양자 닷 타투 백신을 통해 피부의 아래에 내장된 하이드로겔 루시페라제는 생화학 반응을 일으켜 전기신호를 할 수 있도록 형광물질을 발광한다. 따라서, 전철의 개찰구나 회사의 현관, 호텔의 입구 등에 근적외선(NIR)장치를 설치해 두면, 그 사람이 면역 백신 접종을 마쳤는지 알 수 있게 되는 것이다. 즉, 양자 닷 타투 자체가, 파우치와 빌 게이츠가 필사적으로 전 세계인에게 심으려고 한 "면역 여권"이 되는 것이다. 놀라운 것은 하이드로겔 루시페라제 인공센서가 5G 주파수에 의해서 사물 인터넷이나 인공지능 쌍방향 인터페이스로 빅 데이터에 연결이 되면 개인 뿐 아니라 어느 특정 지역의 모든 사람들을 원격으로 통제 지시하여 행동을 컨트롤 할 수 있다는 사실이다.

퀀텀 닷 나노 테크 딜리버리 시스템 ID 2020

퀀텀 닷은 나노 미터 단위 크기의 반도체 결정체를 이르는 말이다. 나노미터(㎚)는 10억 분의 1m를 가리키는 단위로 1나노미터는 성인 머리카락 굵기의 10만분의 1정도에 해당한다. 한국어로는 양자점이라 한다. 퀀텀은 물리학에서 불연속적인 최소단위의 물리량을 뜻하는 양자를 의미한다. 무기 화합물 입자는 나노미터 단위로 작아지면 원자 사이의 상호작용으로 인해 에너지 준위가 분리되어 에너지가 불연속적인 분포를 보이게 된다. 반도체가 나노미터 단위로 작아지면 전자가 매우 자유롭게 돌아다니는 현상이 나타나는데 이때 나노기술을 통해 전자의 움직임을 모두 제한한 것이 퀀텀 닷(양자점)이다. 현재 반도체를 통해 사용되고 있는 최첨단 나노기술을 인간의 몸에 심는 것이 추적이 가능한 양자 백신 마이크로칩이다. 양자 백신이 나노미터 단위로 작아지면 전자가 매우 자유롭게 돌아다니므로 일거수일투족을 감시하게 되는 것이다.

대규모로 쉽게 추적할 수 있도록 눈에 보이지 않는 문신 개발이 양자점이다. 이 양자점은 환자의 백신을 접종한 부위의 피부에 새겨지므로 백신 접종 여부가 기록된 증명서나 컴퓨터 기록이 따로 필요하지 않다. 이 기술은 백신 카드가 분실되거나 전혀 존재하지 않는 지역과 전자 데이터베이스가 사용된 적이 없는 지역에서도 환자의 백신 접종 여부를 빠르게 익명으로 감지하여 모든 사람이 백신을 접종받게 할 수 있다고 MIT의 케빈 맥휴 연구원이 밝히기도 했다.

양자 문신은 생체 적합성, 미크론 규모의 캡슐에 내장된 형광 구리 기반 양자점을 포함하는 용해 가능한 미세 바늘을 적용하는 것이 포함된다. 미세 바늘이 피부 아래에서 용해된 후, 캡슐화 된 양자점을 남기고 그 패턴은 판독된 백신을 식별하기 위해 판독 될 수 있다. 이 양자 문신은 빌 게이츠 프로젝트인 ID 2020 디지털 신분증이다. 현재 디지털 ID를 구현하는 가장 적합한 방법은 RFID 마이크로 칩 임플란트(하이드로겔 바이오센서)를 통하는 것이다.

ID 2020은 록펠러재단, 세계백신면역연합, 액센츄어(세계 최대의 경영 컨설팅), IDEO(미국 디자인 회사) 등 40개의 회사와 제휴를 맺었다. 이 프로젝트는 유엔의 지원을 받아 UN의 지속가능개발목표 이니셔티브에 통합되었다. 하이드로겔 바이오센서는 인간의 신체활동을 감시하기 위해 형광 신호 물질과 연결된 하이드로겔을 피부 속에 주사로 주입하고 피부에 부착된 장치를 통해 인체정보 신호를 무선으로 전송하는 기술이다.

유전공학으로 만든 변종 코로나 바이러스를 원격 조종할 수 있다

다르파와 빌 게이츠 재단에서 만든 나노 테크놀로지 백신 시스템인 하이드로겔 루시페라제는 유전공학으로 만들어진 코로나 바이러스를 조종할 수 있다. 코로나 바이러스 백신은 인간 몸의 면역 시스템이 인식할 수 있도록 낙태된 어린아이 인간세포와 쥐, 식물, 침팬지, 붉은 털 원숭이와 같은 매개체 유전자를 통해서 얻은 코로나 바이러스를 결합하여 만든 mDNA, mRNA를 사람 몸의 유전자에 주입시켜 면역 시스템을 세우는 것이다. 이미 미국 프로프사와 빌 게이츠 재단에서 만든 양자 닷 타투 시스템에서 사용되고 있는 나노 바이오 센서인 하이드로겔 루시페라제를 통해서 사람 몸의 유전자 정보를 읽어 확인하고 통제하는 과정에서 할 수 없는 일은 아무것도 없다.

이미 사람의 유전자와 연결되어 있는 식물이나 동물의 유전자 연결고리를 통해서 사람을 식물인간으로 만들 수 있고, 사람을 쥐나 원숭이와 같은 하이브리드 인간으로 만들 수 있다는 것이다. 할리우드 영화에서 나온 좀비 인간들도 만들 수 있는 것이다. 마음만 먹으면 개인적으로 가정적으로 집단적으로 원격 조종하여 사람들을 죽일 수도 있고, 미치게도 할 수 있고, 식물인간이 되게도 할 수 있는 인간 노예화

목장 시스템이 되는 것이다.

2012년부터 개발된 다르파(미 국방과학연구소)의 하이드로겔 센서

1969년 DARPA에서 군사작전 시스템을 위해 최초로 네트워크 개념과 인터넷의 원형인 알파넷(ARPANET)을 개발 하였다. 1970년대에는 칼 센더스를 통해서 베리칩을 개발했다. 1969년에 개발한 최초의 인터넷 알파넷이 미군의 작전 시스템에 사용되다가 1989년 마이크로 소프트 빌 게이츠에게 기술을 넘겨 w,w,w 인터넷 망의 서비스가 시작되어 빌 게이츠가 돈방석에 앉게 되었다. 1970년에 칼 센더스가 개발한 베리칩은 2011년 오바마 행정부에서 원격의료 시스템으로 정착이 되었다.

미군이 사용한 무기체계는 세계 최고의 기술과 보안을 요하는 것으로 보통 일반인들이 상용화하여 사용하기 10년-20년 전부터 기술을 개발하여 가지고 있는 것들이다. 다르파는 하이드로겔 나노 센서 역시 2012년부터 빌 게이츠 재단과 함께 개발을 시작했다. 이미 미군들에게 하이드로겔 센서를 넣어 그들 속에서 일어나는 모든 생체 정보를 미리 알 수 있을 뿐 아니라 전염병 예방과 때로는 원격 조종으로 원하는 대로 컨트롤 할 수도 있다. 지금도 다르파에서는 사람들이 상상할 수 없는 최첨단 나노 기술로 만든 비밀 무기들을 가지고 전 세계를 접수하고 있다. 세상 어느 국가도 미국을 대적할 수 없는 것은 다르파에서 개발한 최첨단 기술의 무기들 때문이다. 다르파는 비슈느식 문어발 운영으로 세계에서 개발되고 등록된 최고기술들을 수집하고 위탁개발 할 뿐 아니라 고액의 돈을 주고 사기도 하고 매수도 한다.

마치 초고화질 감시 인공위성 카메라를 통해서 지구상 어디에서도 일어나는 일들을 30㎝ 크기로 감시할 수 있는 것처럼, 다르파에서 개발한 하이드로겔 센서는 멀리서도 한 사람의 신체 정보를 모두 알 수 있을 뿐 아니라 원하는 대로 신체정보를 조작해서 노예화 할 수 있다. 20년 동안 백신을 연구했던 닥터 캐리 메디는 하이드로겔 센서를 통해서 먹고 있는 항생제의 종류, 혈압, 당뇨, 월경주기, 성행위 빈도수,

심지어 마음의 생각까지도 읽을 수 있다고 한다.

4. ID 2020과 디지털 화폐

ID 2020 이란 무엇인가?

유엔이 2030년까지 지구상에 있는 모든 사람들에게 디지털 신원을 제공하자는 UN 2030 지속가능개발목표(SDG)를 실현하기 위해 민간부문과 공공부문이 파트너십 형태로 구성한 컨소시엄을 말한다. 이 프로젝트는 블록체인을 이용하여 세계 15억 명의 난민들과 개발도상 국가 저소득민들에게 현재 거주지에서 기본적인 교육 및 의료 서비스를 받게 하기 위해 자신의 신분을 증명할 수 있는 서류를 가질 수 있게 하는 것을 1차 목표로 하고 있다. 원래 디지털 화폐인 비트코인의 거래 원장 작성을 위해 개발된 블록체인이란 기술을 사용하여 디지털 신분증 속에 암호 디지털 화폐, 신분증의 고유번호, 원격의료 시스템, 위치추적, DNA 게놈지도, 생체리듬 정보 전달 장치 등이 포함된다. 협력업체는 록펠러 재단, 마이크로 소프트, 세계백신면역연합(GAVI), 직원 수 50만 명을 자랑하는 세계적인 다국적 기업 액센츄어(Accenture), 그리고 세계적인 미국의 디자인 회사 아이데오(IDEO.ORG), 월드뱅크 등 40개 이상의 다국적 기업들이 포함되어 있다.

2017년 6월 19일 뉴욕 UN 본부에서 열린 ID 2020 2차 정상회담에서 시제품 시연회를 가졌다. 코비드-19와 함께 추진되고 있는 세계보건면역여권 프로그램이 ID 2020속에 추가되었다. ID 2020 사업을 총괄하는 사람이 바로 빌 게이츠이다. 세계적인 대형 제약회사 빅 파마(Big Pharma)는 기술 산업과 공식적으로 제휴하여 디지털 생체 인식과 면역화를 결합하고 있는데, 이는 곧 인간이 전(全) 지구적인 식별 매트릭스를 통해 생체 인식 마이크로칩이 이식되고, 이를 통해 추적과 통제를 병행하게 될 것이라는 것을 의미한다. 2015년 9월 UN 총회에서 채택한 “2030 Agenda”에는 UN이 지향하는 5대 가치인 ① 사람(People), ② 지구 환경(Planet), ③ 경제 발전(Prosperity), ④ 평화(peace), ⑤ 파트너십(Partnership)과 이를 이행하기 위한 수단인 개발재원에 대한 논의가 포함되어 있다.

바야흐로 세상은 성경에서 언급하고 있는 마지막 심판인 "The Day"를 향하여 빠른 속도로 가고 있다. 이제 우리 성도는 마지막 천년왕국을 향해서 출발할 때가 되었다.

ID2020 기술 자문인 사임

2020년 5월 29일 ID 2020 기술자문인 엘리자베스 르니에리스 하버드 대학 버크만 클라인 센터에서 근무하는 연구원이자 국경을 넘나드는 데이터 보호와 프라이버시 분야의 전문가가 사임을 발표했다. 그가 사임을 할 수 밖에 없는 이유는 다음과 같다.

"불투명성, 기술만능주의, 기관의 영향력, 코비드-19 면역 증서에 블록체인을 적용함으로써 발생하는 리스크, 정부에서 블록체인 기반 코비드-19 면역 증서나 면역 여권을 ID 2020에 채택하면 시민들의 인권과 자유에 심각한 문제를 초래할 것이다."(엘리자베스 르니에리스)

팬데믹으로 인한 프라이버시 침해와 관련한 르니에리스의 우려는 2020년 4월 중순에 발간된 백서에도 나타나 있다. 르니에리스는 바이러스에 항체가 있다는 것을 증명하는 면역 증서 도입이 사람들의 프라이버시, 집회 결사 및 이동의 자유를 침해할 수 있다고 주장했다.

WHO 면역 증서와 디지털 보건 여권

면역 여권이나 증서는 코비드-19 항체 검사에서 양성이 나오면 개인이 받을 수 있는 디지털 또는 물리적인 문서이다. 병을 겪고 나서 항체가 생기면 어느 정도 면역력이 생긴다. 그러나 코비드-19에도 항체의 효과가 있는지, 면역이 얼마나 오래 지속하는지는 아직 연구 단계에 있다. 면역 여권은 사람들이 직장으로 돌아가고 더 큰 이동의 자유를 누릴 수 있게 해줄 수 있다. 2020년 4월 말 세계보건기구(WHO)는 면역 여권에 관해 코비드-19에 감염된 후 완치 판정을 받고 항체를 보유한 사람들이 다시 감염되지 않는다는 증거는 아직 없다"고 경고한 바 있다. 그러나 이스라엘과 칠레 같은 국가와 수많은 국가에서 경제를 활성화시키기 위해 WHO의 경고를 무시하고 증서를 도입하겠다고 밝혔다. 심지어 유엔의 ID 2020 프로젝트조차도 세계인들이 사용할 수 있는 통일된 디지털 보건면역여권을 준비하고 있다.

최종 코비드-19 백신은 ID 2020

코비드-19의 바이러스는 끝없이 변종을 일으켜 최첨단 유전공학적인 백신을 필요로 한다. 일단 감염이 된 후에는 빠른 속도로 퍼지기 때문에 시간상 코비드-19를 완전하게 종식시킬 수 없다 그렇다고 변이된 바이러스를 대상으로 계속해서 백신을 개발할 수도 없다. 그러나 ID 2020 디지털 칩 안에 있는 하이드로겔 센서를 모든 사람들에게 심어 놓고 감시를 한다면 코로나 바이러스에 감염되어 최초의 열이 날 때부터 감지하여 격리시켜 코로나 바이러스 활성화를 막을 수 있다면 지구상에서 코로나 바이러스를 영원히 사라지게 할 수 있는 것이다. 그런데 이것은 그들이 최종적으로 찾고 있는 명분일 뿐이다. 진짜 이유는 코비드-19를 통해 만든 ID 2020 면역백신 속에 하이드로겔 센서를 넣어 인류를 영원히 통제하려는 것이 엘리트들의 진짜 목적인 것이다.

2025년부터 완성될 지구촌 5G 노예화 시대

테슬라 자동차 회장인 엘런 머스크 스타링크 사업은 2025년까지 지구 1200㎞ 궤도에 광대역 위성통신 4500개, 300㎞ 저궤도 통신위성 7500개를 쏘아 올려 지구 전체를 대상으로 1Gbps 5G 초고속 위성 인터넷 이동통신 서비스 사업을 계획하고 있다. 스타링크는 고도 600㎞ 지구 저궤도에 수천기의 통신위성을 우주에 올려서 글로벌 통신 네트워크를 만들고 이를 기반으로 초고속 통신을 제공하는 서비스이다. 스페이스 X는 현재까지 3,500기가 넘는 통신위성을 저궤도로 발사했고, 장기적으로 42,000기를 발사한다는 야심 찬 목표를 갖고 있다.

스타링크는 북미에서는 미국 전역과 캐나다 일부에서 사용이 가능하며, 중남미에서는 멕시코, 칠레, 브라질 일부에서 가능하다. 서유럽에서는 영국과 프랑스, 독일 등 거의 전 지역에서 서비스가 제공되고 있다. 일본에서도 2022년 10월부터 서비스가 시작되었다. 한국에서도 2023년 2분기부터 서비스를 준비하는 중에 있다. 우크라이나가 러시아와의 전쟁에서 계속해서 이길 수 있었던 것은 엘런 머스크가 스타링크 스페이스 X를 통해 우크라이나의 파괴된 통신을 복구해 주었기 때문이다. 우크라이나는 스페이스 X를 통해 전달된 통신 정보에 의해서 러시아 군대의 이동과 미사일과 탱크 위치를 정확하게 알아내서 정밀 타격을 할 수 있었다. 그래서 우크라이나 전쟁의 일등 공신이 엘런 머스크가 된 것이다.

5G 초고속 주파수는 직진하는 성질 때문에 빌딩이 즐비한 도시에서 100m마다 안테나 1개씩을 설치해야 하는 번거로움이 있다. 위성에서 직접 쏘는 스타링크는 장애물이 없이 직접 전달하기 때문에 지구 어디에서든지 쉽게 연결이 가능한 것이 특징이다. 스타링크는 모든 위성 인터넷 통신망이 구축이 되면 모든 초고속 인터넷 주파수 사용료를 무료로 제공 한다고 한다. 앞으로 제 4차 산업 혁명이 완성되어 유엔의 세계정부가 들어설 때 스타링크 엘런 머스크의 위성 인터넷 서비스는 구글과 함께 엄청난 빅 데이터 완벽통제사회의 위력을 발휘할 것으로 예상된다.

과학의 발전으로 야기된 현대문명의 편리함은 편리하다 못해 과학의 노예화가 구축되고 있는 것이다. 이것이 하나님을 섬기지 아니하고 과학 물질문명의 편리함을 좇아 살아 왔던 인류가 스스로 들어가야 할 올무이다. 그래서 요한 계시록에서는 최후의 심판이 기록되어 있는데 사이언톨로지 물질의 신 루시퍼와 창조와 구속의 신인 하나님 중에 반드시 하나를 선택 하도록 강요를 받아 짐승의 표와 어린양의 표를 받은 사람으로 구별되어 하나는 영벌로 또 하나는 영생으로 들어가게 된다.

누가 나를 지배해야 하는가?

마지막 시대 지구상에 사는 모든 사람들은 자신이 선택하지 않아도 운명처럼 먹고 살기 위해 자신의 주인을 결정해야 한다. 왜냐하면 세계가 한 사람의 독재자가 다스리는 빅 데이터 통제사회로 구축되기 때문이다. 80억의 인구를 마치 한 사람을 통제하듯이 모든 것을 감시하고 마음의 생각까지도 읽어 모든 범죄를 원천적으로 차단하는 시대에서는 개인적인 자유는 사라진 것이다. 여기에서 인간의 존재가 무엇인가를 생각하게 될 것이다. 먹고 살기 위해서는 반드시 이런 통제사회 속으로 들어가야 하는 것이다.

예수님은 죄인들을 위해 십자가에서 죽으시고 부활하셔서 찾아 오셨다. 누구든지 예수를 영접하고 예수님을 머리로 삼고 순종하고 살기만하면 하나님의 아들로, 성령의 거룩한 전으로, 예수님의 신부로 살 수 있다. 그러나 죄인들은 예수를 믿기는 하지만 그 믿음조차도 세상에서 잘 먹고 잘 사는 도구로만 이해하지 절대로 자신의 몸을 주님께 드리기를 싫어한다. 이것이 입으로만 주여 주여 하는 신복음주의 믿음이다. 교회는 예수님의 몸이다. 즉 예수님의 수족이 되는 것이다. 반드시 예수님을 나의 머리로 삼고 주인으로 모셔야 하는 것이다.

머리에 어린양의 표를 받은 자들은 예수님이 주인이 된 성도들이다. 그들은 어린양이 어디로 인도하든지 따라가는 자들이다. 그러나 머리에 짐승의 표를 받은 자들은 짐승 즉 물질의 신인 루시퍼를 주인으로 섬긴 자들이다. 그들은 먹고 살기 위해 물질이 인도하면 어디든지 따라가는 자들이다. 그래서 한편은 영생으로 또 한편은 지옥으로 가서 태워지는 것이다.

당신은 오늘 이 시간 자신을 돌아보아야 한다. 나는 정말 주님이 주인이 되어 있는 사람인가? 아니면 물질이 주인이 되어 있는가? 그리고 당신의 정신이 정상일 때 단호하게 결정하고 세상에서 탈출해야 할 것이다.

코비드-19는 신세계질서를 세우기 위해 ID 2020 백신을 심는 것

페마(FEMA,미국연방재난관리청)에서 20년간 근무했던 셀레스트 쏠럼(Celeste Solum) 이 신세계질서를 폭로했다. 코비드-19의 목적은 세상 속에 글로벌 단일세계정부를 세우기 위한 전략이다. 세상은 코비드-19와 함께 이미 신세계질서 속에 있다. 세계 모든 나라 사람들이 코로나 바이러스 검사를 받아야 한다. 목적은 코로나 항체 유무를 알기 위한 것이라지만 사실은 모든 사람들의 유전자를 슈퍼 퀀텀 컴퓨터에 저장하는 것이다. 저장된 혈액속의 DNA는 검색이 가능한 보건당국이나 수사당국의 컴퓨터에 검색이 가능하도록 데이터베이스화 한다.

백신예방접종을 보급하기 위해 이미 48개 백신들이 개발되고 있다. 백신 속에는 세 가지가 들어 가는데 첫째는 낙태된 인간 태아의 줄기세포가 들어 있고, 두 번째는 인간화된 쥐의 세포, 세 번째는 인간화된 식물세포이다. 다음의 내용이 최악인데 다르파에서 개발한 하이드로겔 센서 (DARPA Hydrogel sensor)가 포함된 것이다. 미국 국방과학연구소 다르파에서 개발한 하이드로겔 센서는 기본적으로 젤라틴의 형태 속에 있는 나노 입자들인데 그것이 피부 속에 주입되면 체내에서 조립되고 자라기 시작해서, 인대, 뼈, 세포 등 사람의 몸의 조직과 결합하게 된다. 그것이 체내에서 자라고 신체의 일부가 되므로 그것을 제거할 수가 없을 뿐더러, 사람이 슈퍼 컴퓨터에 연결되어 인공 지능과 하나가 된다. 즉 사람이 컴퓨터나 기기의 인터페이스가 가능한 단말기가 되는 것이다. 코비드-19는 남녀노소 모두가 백신을 받아야 한다고 말할 것이다. 이것을 받으면 자신이 아프다는 것을 스스로 알기 전에 보건 당국에서 아프다는 것을 먼저 알게 된다. 그리고 또한 이것은 감시 체계가 될 것인데, 사람이 무엇을 먹는지, 운동을 하는지, 무슨 보조제를 복용하는지, 약을 제대로 복용하는지, 어떤 물을 마시는지 등을 보건 당국에서 모두 알게 된다.

월드 워 Z 영화 속의 좀비 인간들

월드 워 Z는 2013년에 만들어진 영화이다. 한국 평택 험프리 기지에서부터 시작된 메르스 코로나 호흡기 바이러스가 세계를 강타한다. 그런데 바이러스에 감염된 자들은 죽지 않는 좀비 송장처럼 숨을 거칠게 쉬면서 건강한 사람들의 피를 빨아 먹기 위해 목숨 걸고 달려든다. 일단 좀비 인간들에게 물리면 바로 감염이 되어 똑같은 일들을 한다. 영화 속의 한 어머니는 감염되어 딸을 물어 희생시킨다. 주인공이 좀비들의 정체를 알기 위해 조사를 하다가 좀비들이 병든 나약한 사람들을 공격하지 않는 사실을 알고 스스로 장티푸스에 감염되어 좀비들에게 다가가자 좀비들은 병든 주인공에게 관심이 없다. 어느 날 갑자기 전 세계적으로 일어나는 좀비 바이러스 사건은 2003년 사스 코로나 바이러스와 2012년에 유행한 메르스 코로나 바이러스 팬데믹 영화이다. 그런데 특이한 사항은 좀비들의 테러가 도시를 중심으로 일어나고 산이나 바다와 같은 곳에서는 좀비들이 활동을 하지 못한 것이다. 도시에 무슨 비밀이 있을까? 도시는 5G 주파수 광역대로 촘촘히 전파 중계기가 설치되어 있다. 빅 데이터 스마트 시티는 모든 것들을 원격으로 조종하고 통제할 수 있다.

2017년 개봉한 킹스 맨 영화에서 사람들의 몸에 칩을 심어 원격 조종을 통해 서로를 죽이게 하는 장면이 나온다. 유전자 조작을 통해 만든 변형된 DNA, RNA를 백신 속에 넣어 사람 유전자와 결합시켜 면역체계를 만들 때 쥐와 식물과 침팬지 유전자를 사용한다. 백신속에 있는 하이드로겔 쌍방향 인터 페이스를 작동시켜 DNA 속에서 일어나는 모든 생체정보를 전달 받을 뿐 아니라 원격으로 유전자를 조종하여 집단폭동, 집단자살, 좀비인간, 식물인간, 동물인간 등으로 만들 수 있다. 엘리트들은 이것을 지구촌 인간 목장화 프로젝트라고 한다.

5. 사단의 신학의 정체와 666 짐승의 표의 비밀

1) 루시퍼 신학과 헬라의 유물사관 철학

기독교 신학이 된 뉴 플라톤 철학의 로고스 유물사관

기독교 신학의 뿌리는 플라톤 철학이다. 플라톤 철학은 유물론 철학이고 신인동형론 철학이다. 헬라 철학 자체가 "일자"라고 하는 절대신으로부터 만물이 유출되고 복귀하는 유물사관이기 때문이다. 그래서 플라톤은 대화편인 티마이오스에서 소개한 창조신의 이름을 데미우르고스 라고 하였다. 데미우르고스는 헬라어로 만드는 자, 제작자란 뜻이다. 헬라철학은 물질 속에 창조신인 "일자"가 포함되어 있기 때문에 물질을 변형시켜 만드는 데미우르고스 역시 창조신이라고 부른다.

헬라철학의 뿌리는 유대 카발라 탈무드이다. 탈무드는 유물사관을 기초로 한 철학이다. 즉 물질의 모든 생성과정을 신의 역할로 보았던 것이다. 이것이 바로 범신론적인 공산주의 유물론 철학이다. 물질을 신으로 섬기는 헬라철학은 물질세계를 다스리는 바알 신학이고 루시퍼 신학이다. 세상의 번영을 위한 시스템인 것이다. 이것이 오늘날 기독교 신학이 번영신학으로 망한 이유이다.

클레멘트는 파에다고구스 교사 편에서 불완전한 인간은 절대 신에 대한 지식을 가질 수 없기 때문에 절대 신을 알 수도 없고, 절대 신에게 다가갈 수도 없다고 하였다. 이것을 불가지론이라고 한다. 인간이 할 수 있는 유일한 방법은 가짜 신을 만들어 진짜 신에게 다가갈 수 있다고 하였다. 이것이 변증법적인 철학으로 만들어진 인본주의 신학이다. 플라톤 철학은 플로티누스를 통해서 뉴 플라톤 철학으로 발전했다. 뉴 플라톤 철학은 혼합주의 종교철학이다. 이것을 이용하여 기독교 로고스 신학을 만든 자가 오리겐이다.

뉴 플라톤 철학은 관상철학으로 플라톤이 주장한 신인동형론으로 마음을 비우고 신을 향해 나가서 합일 하는 것이다. 관상이란 '빈'관에 '바라볼'상이다. 인간은 원래 신과 동족이었기 때문에 신의 형상이 남아 있어 신을 찾아가 합일할 수 있다고 주장한 것이 뉴 플라톤 관상철학이다. 뉴 플라톤 철학은 1875년 신지학을 만들 때 또 다시 접목되어 종교통합의 교리가 되었다.

관상기도 방법은 정화, 조명, 합일이라는 세 단계를 거친다. 먼저 정화는 마음을 비우고 정결하게 하여 위로부터 내려오는 지혜를 받을 준비를 하는 것이다. 조명은 정화가 이루어진 구도자에게 빛(지혜)이 내려와 씨앗을 심어준 단계이다. 조명 단계에서는 이미 영적인 경험을 한 마스터나 채널러들의 도움을 받아서 씨를 얻게 된다. 그리고 합일에 들어가서 신적인 존재가 되는 것이다.

관상기도 대가는 사막 수도원의 아버지 안토니우스이다. 오늘날 신사도 운동 역시 관상기도 운동이다. 어거스틴의 신비주의 수도원 운동 역시 관상기도 운동이다. 24시간 기도 운동 역시 관상기도 운동이다. 관상기도의 원리는 유대 카발라 생명나무 원리이다. 우주적인 여성 에너지와 우주적인 남성 에너지가 뱀으로부터 내려오는 소피아를 받아서 10개의 스피로트와 32개의 관문을 통과하면서 신인합일을 이루는 것이다. 이것이 유대 카발라 생명나무 종교이다. 그래서 결국 신인간이 되고, 원 뉴맨, 새 인간, 트랜스 휴먼이 되는 것이다.

666에 대한 오해

짐승의 표 666을 이해하는 것은 아주 중요하다. 왜냐하면 666에 대한 바른 이해가 없으면 많은 혼돈과 두려움, 그리고 정확한 영적인 분별을 할 수 없기 때문이다. 단편적으로 바코드가 666이다. 아니면 베리칩이 666이다. 코로나 백신이 666이다 라고 단정을 지을 수 있기 때문이다. 단지 숫자로서 666이란 아무런 문제가 없다. 록펠러 뉴욕 센터 주소가 666이라고 해서 그것이 짐승의 표는 아니다. 수많은 엘리트 인간들이 사용하는 손 사인 666도 역시 마찬가지이다. 광고에 나온 666, 수비학으로 계산한 666, 게마트리아 수로 읽은 666 등 이루 헤아릴 수 없는 666 사인들이 우리 주위에 범람하고 있는데 과연 그것들이 무엇을 의미하는지를 포괄적으로 알아야 하고, 그것들이 추구하는 가치가 무엇인가를 알아야 한다. 그리고 결국 666이 짐승의 표가 되고, 그것들이 심판의 기준이 되는 것은 무슨 이유인가를 알아야 한다. 예를 들어 빌게이츠가 특허를 낸 양자 닷 타투 딜리버리 시스템의 특허 번호가 WO2060606인데 왜 그들이 666이란 수를 사용하였는지를 알아야 한다.

666의 바른 의미는 무엇인가?

간단하게 몇 가지로 정리하면 666이란 신세계질서 로고이다. 그들이 666을 애용하는 것은 그것이 상징하는 시대가 그들이 꿈꾸는 유토피아이기 때문이다. 뱀은 하와에게 선악과를 먹으면 결코 죽지 않을 것이라고 말했다. 사단의 목적은 죽지 않는 인간을 만드는 것이다. 이것이 666의 의미이다. 666은 사람과 우주 에너지를 연결시킨 통일장 우주론의 상징이다. 이것은 그들이 6000년 동안 인간의 생노병사를 정복하기 위해 인간의 생명과 죽지 않는 자연의 생명을 연결시키려고 했던 꿈이다. 그들이 사용한 666의 가장 중요한 의미는 사람을 물질세계를 지배하고 있는 루시퍼와 완전히 한 몸으로 만들어 버린 것이다. 이것을 장미 십자단에서는 화학적 결혼이라고 한다. 우리 예수 믿은 사람이 구원 받음과 동시에 예수님과 결혼하여 한 몸이 되는 것과 같은 원리이다. 사단은 하나님의 형상으로 지음 받은 인간을 물질과 연결시켜 하나님의 형상을 지워 버리는 것이 666의 정체인 것이다.

666은 언제 셋팅이 되는가?

성경에서 666이 정확하게 위에서 지적한 목적대로 사용되는 시기는 7년 대환난 중에서 후삼년 반이 시작될 때이다. 즉 적그리스도가 배도를 하고, 세상의 모든 사람들에게 짐승의 표를 이마와 오른 손에 받게 하여 신분증이나 전자화폐나 통제 시스템으로 사용하는 것이다. 이때 이 표를 받지 아니한 자들을 죽이고 매매를 금지시키는 것이다. 그렇다면 그전에는 우리가 666과 같은 기능을 하고 있는 것들을 받아도 괜찮은 것인가? 아니다, 666이란 시스템은 하루 아침에 셋팅이 되는 것이 아니라 서서히 발전해서 결국 어느 시점이 되면 완전히 리셋(Reset재설정)이 되기 때문에 분별력을 가지고 우리 모든 삶의 라이프스타일을 바꿔가야 한다.

예를 들어서 코비드-19 백신 속에 우리의 유전자를 변경시키고, 원격으로 조종하여 하이브리드 인간으로 만든다고 할 때 바로 백신을 받은 사람들이 하이브리드 인간이 되는 것은 아니다. 설령 그런 시스템이 사실일지라도 바로 그 시스템이 시행되는 것은 아니다. 그렇다고 그런 사실을 알고 있으면서도 백신을 받아도 된다는 말은 아니다. 분명하게 지적하면, 코비드-19 면역 백신은 앞에서 여러 종류의 증거들이 제시 되었듯이 후 삼년 반에 작동될 666 시스템이 분명하다. 그러나 아직까지는 666 시스템을 작동시킬 수 있는 시기가 아니다. 한 단계씩 준비를 하고 있는 것이다. 666 시스템을 작동시키기 위해 강력한 5G 주파수 네트워크 환경이 만들어져야 한다. 또 반드시 인종청소가 우선 되어야 한다. 반드시 모든 사람들에게 비밀리에 666 시스템이 심어져야 한다. 누구든지 666 시스템이 하이브리드 인간이 된다는 사실을 알게 될 경우 아무도 그것을 받아 들이지 않기 때문이다.

코비드-19는 신세계질서 시스템을 작동시킨 출발이다. 코비드-19를 통해 제3차 세계대전이 일어나 인종청소가 되고, 마지막 7년의 신세계질서가 출발하기 전에 70% 세계인들에게 백신을 포함한 666시스템을 받게 한다면 크게 성공한 것이다. 왜냐하면 원격으로 조종을 받을 수 있는 사람들이 세계인구 70%라고 한다면 전쟁 중에 666 시스템을 작동시켜 한 개의 도시의 인구를 모두 사라지게 할 수 있고, 개인적으로 사람을 죽이고, 자살하게 할지라도 어느 누구도 눈치를 채지 못하기 때문이다.

어떻게 666시스템을 피할 수 있는가?

우리의 라이프스타일을 완전하게 변경시켜야 한다. 세상이 리셋(Reset재설정)되기 전에 우리의 삶을 먼저 성경 말씀을 중심으로 리셋(Reset재설정)해야 한다. 불가운데 있으면서 불에 타지 않을 수 없는 것처럼, 이런 세상에 살면서 앞으로 다가올 모든 올무에서 자유스러울 수 없는 것이다. 지금부터 문명의 혜택을 등지고 불편하게 사는 훈련을 해야 한다. 가장 먼저 도시로부터 탈출해야 한다. 왜냐하면 신세계질서는 도시중심으로 이루어지기 때문이다. 절대적으로 행정구역 시 단위와 읍 단위를 벗어나야 한다. 자급자족 시스템을 완비해야 한다. 생명을 함께 나눌 수 있는 공동체를 세워야 한다. 그리고 함께 격려하고 도우면서 환난 시대를 이길 수 있어야 한다. 가장 기본적인 것은 도시로부터 탈출해야 한다. 도시에 살면서 점점 조여 오는 집단적인 봉쇄와 통제를 나 홀로 벗어날 수 없기 때문이다.

666 시스템과 하나님의 구속사

666의 본질은 하늘과 땅과 인간의 통합이다. 헬라 플라톤 철학은 이원론이다. 유물론과 관념론이다. 이것은 탈무드에서 주장한 신인간과 가축인간을 분류한 세계관이다. 가짜 유대인들은 자신들은 선민으로 신인간이지만 보통 인간들은 가축이란 것이다. 이것이 바로 플라톤의 이원론 철학의 뿌리이다. 그래서 그들의 인간론은 자신들을 제외한 모든 인간들을 가축으로 즉 동물이나 식물이나 생명체를 가지고 번식하는 유물사관으로 정의를 한다. 이것이 로고스 사상이고, 공산주의 인간론이다. 로고스란 자연과 우주의 원리로 음양오행 물질생성의 법칙이다. 오리겐은 이런 로고스 사상을 예수님에게 적용을 시켰다.

공산주의란 사람의 가치를 노예나 고깃덩어리로만 이해를 한다. 축산업을 하는 사람들이 소나 돼지를 키우는 목적이 고기를 얻고 팔아서 경제적인 이득을 얻기 위해서 하듯이 가짜 유대인들의 인간론도 사람을 가축처럼 사육을 해서 고기와 돈을 얻는 것이 목적이다. 이것이 제국주의 식민정책이고 플라톤이 이상국가에서 말하고 있는 신분사회이다. 플라톤의 이상국가란 철학자들은 지혜를 가진 신인간이기 때문에 면류관을 쓰고 통치를 할 수 있다. 그리고 나머지 가축인간들은 신인간들을 지켜주기 위해 군인으로 싸우고, 농민들은 농사를 지어 식량을 만들고, 노예들은 그들의 수족이 되어 일을 하는 것이다. 이것이 플라톤이 말한 정의로운 사회이다. 즉 신분사회인 공산주의 독재사회이다.

소크라테스가 아테네에서 "너 자신을 알라"고 하면서, 양떼론을 들고 나와 가축인간들이 정치를 하면 아테네가 망한다고 설파했던 것이다. 그러면서 젊은이들을 선동하여 공산주의 유물사관, 주체사상을 주입시켜 스파르타의 도움을 받아 공산주의 독재정부를 세우기 위해 혁명을 일으켰다가 실패하고 스스로 독배를 마셨다. 엘리트 인간들은 끊임없이 이 세상을 그들이 완벽하게 통제하고 지배하는 신분 사회로 만들기 위해 쉬지 않고 철학과 신학과 과학을 발전시켜 드디어 그들의 꿈을 이룰 수 있는 오늘에 이르게 되었다.

오늘날에도 동일하게 엘리트 인간들은 보통 인간들을 소, 돼지와 같이 가축으로 취급하면서 자신들의 이익을 위해서 사육을 하지만 가축 인간들은 이 사실을 알지 못한다. 왜냐하면 엘리트 인간들이 먹고 사는데 부족함이 없이 해주기 때문이다. 그런데 놀라운 사실은 이런 세상의 매카니즘을 허용하시고 통치하시는 분이 하나님이시다. 죄를 범한 인간들을 사탄의 세력들에게 붙여 고난을 당하는 가운데 회개하도록 하여 구원의 사역을 이루어 가신 하나님의 특별하신 섭리라는 것이다. 인류의 모든 역사의 문명의 발전을 이끌어 온 무리들은 가인의 후예들이다. 이들이 도시를 건설하고, 악기를 만들고, 경제활동을 하는데 필요한 기계와 공장을 만들고, 과학을 발전시키고, 문자를 만들어 보급을 했다. 비록 자신들의 명예와 탐욕을 위해서 한 일이지만, 국가를 세우고 법령을 만들어 통치를 한다.

그것들로 인하여 세상은 최소한의 질서를 가질 수 있고, 하나님은 이런 세상 속에서 구속의 역사를 펼칠 수 있는 것이다. 그래서 로마서 13장에서는 세상의 모든 국가 권력에 의해 지켜지는 최소한의 질서 유지는 그리스도인의 양심에 의해서 지켜져야 한다고 바울은 강조를 한다. 지금도 이렇게 아이러니한 세상은 계속되고 있다. 그러나 분명히 알아야 할 사실은 이 모든 것들이 다 하나님의 인류 구속을 위한 통치 방법이란 사실이다. 최종적으로 하나님의 구원 계획이 완성되면 더러운 세상을 심판하실 것이다.

우리 구원 받은 성도가 이 세상을 살아가는 동안 수많은 핍박과 불이익과 편파적인 공격을 받을 수 있다. 예수님은 우리에게 선을 행하고 핍박을 받기 위해서 택함을 받았다고 하셨다. 세상에서 성도들이 억울함을 당하고 차별을 받아 고립 되어도 그것 때문에 아파하고 싸워서는 안되는 것이다. 왜냐하면 그런 고통을 당하는 것 자체가 우리의 정체성이 세상에 속하지 않았다는 것을 증거 해주고 있기 때문이다. 그래서 야고보 사도는 너희가 세상에서 여러 가지 시험을 당할 때에 기뻐하고 즐거워하라고 하였다. 앞으로 말세에 세상에서 사는 성도는 하늘의 시민권을 가진 자의 정체성을 분명하게 하여 세상과 싸우지 않고 아파하지 않는 것으로 증명해야 한다. 이것이 우리가 세상에서 통과해야 할 마지막 시험이다.

2) 만유내재신론(萬有內在神論)과 유신론적 진화론

유대 카발라 우주적인 그리스도

헬라 플라톤 만유내재신론(萬有內在神論 Panentheism)은 신이 창조한 만유 속에 신이 내재하는 동시에 만유에서 초월하여 존재한다는 이론이다. 여기에서 오늘날 뉴 에이지 사상과 종교인 유신론적 진화론, 우주적 그리스도, 집합 그리스도, 육체 안에 재림하신 그리스도, 영지주의의 신 등의 우주 만물에 내재하는 신이 20세기 과학을 타고 기독교 안으로 들어왔다. 이것을 뉴 에이지 기독교 즉 영지주의 기독교 라고 한다. 이러한 사상은 이머징 쳐취 운동, 종교통합운동, 티쿤 메시아닉, 유대 카발라 루리아닉의 육체 안에 오신 그리스도, 집단적인 그리스도의 재림으로 유대 카발라 사상과 혼합하여 신세계질서 신인간 운동으로 발전하고 있다.

뉴 에이지 선구자 떼이야르 드 샤르뎅(Teilhard de Chardin)

우주 그리스도를 널리 알린 사람이 바로 뉴 에이지의 아버지라고 불리는 떼이야르 드 샤르뎅이다. 그는 뉴 에이지 리더들을 대상으로 그들의 삶에 가장 큰 영향을 준 사람에 관한 설문조사에서 떼이야르는 1위를 했다. 그는 유신론적 진화론을 주장한 사람이다. 유신진화론에 의하면 인류는 과학법칙을 따라 진화하는데, 이 진화 자체를 신의 창조의 일부분이라고 본다. 따라서 지금도 창조는 지속되고 있는 것이다. 떼이야르 드 샤르뎅은 우주 그리스도를 그리스도의 세 번째 본성이라고 부른다. 그것은 우주 그리스도가 인간이며 신인 그리스도의 본성을 초월하여 인간도 아니고 신도 아닌 우주의 제3의 영역으로 넘어가게 해준다는 것이다. 떼이야르에 의하면, 인류가 하나님으로 점차 진화해서 최종점인 오메가 포인트에 이를 때, 이것이 그리스도의 재림이며, 그 때에는 우주 그리스도에 속한 우리 모두도 신격을 실현하도록 완성되어 새로운 모습을 가지게 된다고 한다. 따라서 그 때가 오면 인간 정신이 공간과 물질을 초월한다고 한다. 그래서 인간은 신처럼 자유롭게 되는데 이런 존재가 된 사람들을 그리스도가 집단적으로 육체 안에 재림한 집합 그리스도라고 한다.

떼이야르는 2000년이 지나면 반드시 그리스도는 거듭나야만 한다. 그는 그가 살았던 때와는 너무나도 다르게 변한 세상에서 다시 성육신 해야만 한다고 주장한다. 떼이야르 드 샤르뎅에 의해 발전된 이런 우주 그리스도의 새로운 탄생 사상은 불멸의 능력의 신인(神人) 집합 그리스도(Corporate Christ)의 탄생을 예언하는 늦은 비 운동에서 주장한 하나님의 아들들 교설에 영향을 주었으며, 매튜 폭스와 레너드 스위트 등을 통해 현대 뉴 에이지 기독교 사상으로 들어와 이머징 운동으로까지 번지고 있다.

레너드 스위트 (Leonard Sweet) 양자 영성

미국 새들백 교회 릭 워렌이 추천한 "양자영성(Quantum Spirituality)"이란 책은 레너드 스위트가 썼다. 레너드 스위트는 기독교를 뉴에이지화하고 이머징 쳐취운동을 활발하게 지지하고 있다. 레너드 스위트는 떼이야르를 20세기 기독교의 대표적 대변자라고 불렀다. 그는 아쿠아 교회 라는 책에서 떼이야르를 인용하며 태양이 우리 눈 앞에 있는 것과 같은 방법으로 그리스도는 교회 안에 계신다. 우리는 우리의 조상들이 보았던 것과 같은 태양을 본다. 하지만, 훨씬 더 훌륭한 방법으로 태양을 이해한다고 말했다.

레너드 스위트가 자신의 책 "그리스도에 대한 생각(Reflections on the Christ)"에서 우호적으로 인용한 데이빗 스팽글러의 영지주의 "빛의 사자"인 루시퍼(사탄)에 관하여 말한다.

"루시퍼는 우리 안에서 우리를 온전함으로 이끈다. 우리가 온전함의 시대인 뉴 에이지로 들어갈 때 우리 각자는 루시퍼 입문(Luciferic Initiation)이라고 부르는 지점으로 옮겨진다. 그곳은 각자가 온전함과 빛의 장소로 가는데 꼭 통과해야 하는 문이다."

"예수와 다윈의 동행" 책을 쓴 호남신학교 조직신학 교수

"예수와 다윈의 동행"은 2013년 호남신학교 조직신학 신재식 교수가 출간한 책이다. 그는 인포 그래픽으로 설명을 하면서 현대 기독교는 과학을 외면하므로 설 자리가 사라졌다고 고발하면서 자신이 이 책을 쓰게 된 사명감에 대하여 피력을 한다. 그는 유럽입자물리연구소의 초대형 입자가속기, 초 거대우주망원경, 분자 생물학, 유전공학 등과 같은 과학시대에 기독교가 반지성적이고 반과학주의로 외면을 받고 있다고 주장한다. 서울대학교 종교교육학과를 졸업하고 장로회신학교와 미국 드류(DREW) 대학에서 석사와 철학 박사를 받고 템플턴 상까지 받은 사람이다. 그가 주장한 유신론적 진화론이 뉴 플라톤 철학을 통해 완성되고 있는 종교통합운동이다. 그가 말한 기독교가 신세계질서를 만들고 있는 루시퍼 배도의 신학이다.

2009년 연세대학교 출판사에서"양자물리학 그리고 기독교 신학" 이란 책을 내놓았다.

이 책을 쓴 존 폴킹 혼은 영국 캠브리지(Cambridge) 대학의 물리학과 교수로 25년 재직하였으며, 쿼크, 글루온(Quark,Gluon) 등의 양자 물리학적 소립자들의 실체를 발견하는 연구 프로젝트에 참여했던 양자 물리학자이다. 그는 캠브리지 대학 퀸스 칼리지(Queens

College)의 학장을 역임하였으며, 영국 왕립 학술원의 정회원이 되었고, 1997년 왕실로부터 백작의 칭호까지 수여 받았다. 영국 성공회에서 신부로 안수를 받고 종교 통합운동을 하는 공로로 역시 템플턴 상을 받았다. 그는 이 책에서 양자역학과 양자 얽힘이란 실험을 통해 어거스틴의 3위1체 교리를 증명하였다. 그는 2015년에 "성서와 만나다", "과학으로 신학하기", "케노시스 창조이론", "쿼크 카오스 그리고 기독교 신학" 그가 쓴 책들이 연이어 출간이 되었다.

어떻게 과학자들이 양자 물리학을 통해 신의 존재를 증명할 수 있을까? 과연 과학으로 증명된 신은 참 신일까? 결론부터 말하자면 과학으로 증명된 신이 바로 플라톤이 말한 만유내재신이다. 만유내재신의 이름은 플라톤이 말한 데미우르고스이다. 데미우르고스는 플라톤이 말한 제작신이다. 그리고 어거스틴이 만든 기독교 삼위일체 신학은 바로 플라톤 신학에서 만들어졌다. 모두 인본주의 신학이다. 플라톤이 말한 창조신 데미우르고스는 물질세계를 지배하고 있는 빛의 신인 루시퍼이다. 태양을 통해 모든 만물이 생명을 얻고 번식을 한다. 만물은 보이지 않는 빛의 신인 루시퍼가 지배한다.

무에서 유를 지으신 창조주는 과학으로 증명할 수 없다. 과학으로 증명된 우주를 하나님이 창조하셨다. 그러나 과학으로 증명한 신은 창조주가 아니다. 종이 한 장 차이밖에 없지만 그 차이는 천국과 지옥이다. 천지를 지으신 창조주 하나님은 오직 예수 그리스도의 대속의 은총인 피로 죄 사함을 받고 거듭나야 만날 수 있는 것이다. 과학에서 만났다고 하는 신은 가짜신이다. 내가 사과를 만들었다고 해서 내가 곧 사과가 아닌 것처럼 하나님이 세상을 창조하셨지만 세상의 모든 피조물들이 하나님이 아닌 것이다.

바벨론 시날 평지에서 니므롯은 하늘까지 높은 바벨탑을 쌓고 배도를 했다. 현대판 바벨탑은 과학이란 종교이다. 사이언톨로지 종교는 루시퍼에 의해서 주어진 소피아 즉 스피로트 라고 하는 지혜로 만들어졌다. 현대 과학은 인간의 생노병사까지 정복하기에 이르렀다. 사람의 DNA 유전자를 우주 에너지와 일치시켜 영원히 죽지 않는 영생불사 존재로 설계를 하고 있다. 그리고 하나님을 향해 승리를 선포하려고 배도를 준비하고 있는 것이다. 루시퍼는 인간들을 미혹하여 하나님께서 허락하신 아들 예수 그리스도를 통한 구원을 받지 못하게 하고 자신이 발전시킨 과학이란 바벨탑을 통해 인간 속에 하나님의 형상을 지워버리고 자기의 물질 형상으로 채워 자기의 소유물로 만들려고 하는 것이다.

왜 지금이 성경에서 말하고 있는 "The Day"라고 하는 종말의 시대인지 이해를 하는가? 왜 하나님께서 우주만물의 질서를 혼돈하게 하는지 아는가? 당신도 짐승으로 살기를 원하는가? 아니면 하루라도 사람으로 살기를 원하는가? 이제 조금 있으면 사람 구경하기가 어려워진다. 겉으론 사람 같지만 속은 아닌 것이다. 그래도 사람은 깡패라도 일말의 양심이 있고 부끄러움을 알지만 짐승은 그런 것을 모르는 존재가 되는 것이다. 이것이 짐승의 표라는 것이다.

우주 에너지와 사람의 유전자를 일치시켜 통일장 우주론이 완성되는 날이 그날이 지금 눈앞에까지 와 있다는 사실을 직시하기 바란다. 비록 가난하고 무능하더라도 제발 사람으로 남아 있어 주기를 바란다. 끝까지 사람으로 남아만 주신다면 당신에게도 구원의 기회가 다시금 주어진다는 사실을 꼭 기억하기를 바란다. 당신이 신학 박사가 아니라도 괜찮다. 당신이 존 폴킹 혼과 같은 양자 물리학자가 아니라도 상관없다. 짐승만 되지 않는다면 반드시 구원의 기회가 주어진다. 끝까지 오른손과 이마에 짐승의 표만 받지 않는다면 기회가 있는 것이다. 예수님께서 재림 하셔서 만물을 회복시키실 때 독사들의 독이 없어지고 사자들의 포악성이 사라진다. 예수님의 대속의 은총이 자연만물을 새롭게 할 때 짐승의 표를 받지 않는 당신에게도 그 은총이 임한다. 그것이 천년왕국 백성으로 들어가는 것이다. 그때 비록 당신이 기독교인이 아니라도 당신도 새롭게 변화될 수 있다. 이것을 사도 바울은 로마서에서 말씀하고 있는 만물의 회복이다.

"생각건대 현재의 고난은 장차 우리에게 나타날 영광과 족히 비교할 수 없도다 피조물의 고대하는 바는 하나님의 아들들의 나타나는 것이니 피조물이 허무한데 굴복하는 것은 자기 뜻이 아니요 오직 굴복케 하시는 이로 말미암음이라 그 바라는 것은 피조물도 썩어짐의

종노릇 한데서 해방되어 하나님의 자녀들의 영광의 자유에 이르는 것이니라"(롬8:18-21)

3) 사단이 사람을 신으로 만드는 두 가지 방법

종교적인 방법과 과학적인 방법

카발라에서 사람이 신이 되는 두 가지 방법이 있다. 종교적인 관상 기도, 명상 등과 같은 방법으로 가능하다. 다음은 과학적인 방법이 있다. 이것을 사이언톨로지 종교라고 한다. 양자역학을 이용한 방법이다. 사탄의 세력들이 발전시킨 과학은 종교적으로 체험한 초자연적인 능력들을 양자역학이란 방법으로 모두 해독하는 시대가 되었다. 뿐만 아니라 사람의 뇌파나 유전자를 원격으로 조종하여 신적인 존재로 만들어 버릴 수도 있다. 이것이 가능한 이유는 신의 입자라고 하는 힉스 입자이다.

사람을 신으로 만드는 유럽 입자 물리 연구소

유럽입자물리연구소(-粒子物理研究所, 프랑스어:Conseil Européenne pour la Recherche Nucléaire, CERN)는 스위스 제네바와 프랑스 사이의 국경지대에 위치한 세계 최대의 입자물리연구소이다. 원래 명칭은 유럽 원자핵 공동 연구소(Conseil Européen pour la Recherche Nucléaire)였고, 이를 따라서 CERN(IPA 발음: 프랑스어 [sɛʀn], 영어 [sɝn])으로 불린다.

현대 물리학은 우주 삼라만상의 형성과 존재를 표준모형으로 설명하고 있다. 표준모형은 우주를 형성하는 물질과 힘이 6개의 중입자와 6개의 경입자, 힉스를 포함한 5개의 보손(힘)의 상호작용으로 구성된다는 이론으로, 힉스만이 유일하게 발견되지 않아왔다.

세계 입자물리학자들은 스위스와 프랑스 국경에 설치된 지하 100m 27㎞의 거대한 강입자가속기에서 양성자와 양성자를 빛의 속도로 충돌시켜 힉스 입자의 존재를 2012년에 찾았다. 137억 년 전 빅뱅 때 순간적으로 존재했던 힉스 입자는, 사라지면서 다른 입자들에게 질량을 부여한 것으로 학자들은 추정하고 있었다. 힉스의 발견은 단순히 있을 수 있는 현상을 규명하는 것이 아니라 물질세계의 가장 깊은 원리가 작동하는지 확인하는 것이다. 강입자가속기를 통해 양성자를 빛의 속도로 충돌시키면 '미니 빅뱅'이 일어나, 순간적으로 힉스가 생긴다. 힉스는 생성되자마자 다른 입자로 붕괴되기 때문에 검출되지 않는다. 과학자들은 붕괴 뒤에 생성되는 입자들을 검출함으로써 힉스의 존재를 확인한 것이다. 피터 힉스는 힉스입자 발견으로 2013년 노벨상을 받았다.

힉스는 우주탄생을 설명하는 입자물리학 표준모형(standard model)의 모순을 해결하기 위해 추가된 입자이다. 표준모형에 따르면 우주에는 12개 기본 입자와, 이들 사이에 힘을 전달하는 4개 매개입자가 있다. 137억 년 전 우주 대폭발(빅뱅) 직후 탄생한 기본 입자에는 질량이 없었다. 하지만 기본 입자들로 구성된 물질에는 질량이 존재한다. 입자에 질량이 없으면 빛의 속도로 움직이면서 다른 입자와 전혀 반응을 하지 않고, 우주 만물도 만들어질 수 없다. 자유롭게 움직이던 기본 입자를 붙잡은 것이 바로 힉스다. 과학자들은 힉스 입자로 가득 찬 공간에 질량이 없던 기본 입자가 빠지면서 질량이 생기고 이동 속도가 느려졌다고 가정했다. 언론의 감시망을 잘도 빠져나가던 스타가 파파라치에게 둘러싸여 꼼짝하지 못하게 된 것과 비슷하다.

한국의 이휘소 박사는 영국의 힉스 박사와 함께 1972년 힉스 교수가 제안한 가상의 입자에 '힉스 보손(boson · 매개입자)'이란 이름을 붙인 인물이다. 그는 기본 입자의 하나인 '참 쿼크'도 처음 예측했다. 살아 있다면 그 역시 힉스 교수와 함께 노벨상 수상자가 되었을 것이다. '힉스'라는 이름도 핵물리학자인 고 이휘소 박사가 1972년 논문에서 1964년 이 입자를 예견한 영국 물리학자 피터 힉스(83)의 이름을 따서 처음 사용했다. 이휘소 박사는 박정희 대통령 요청으로 "무궁화 꽃이 피었습니다" 암호명에 따라서 비밀리에 핵을 개발하다가 발각되어 미국에서 덤프 트럭을 통한 교통사고로 암살되었다.

왜 유럽입자물리연구소(CERN) 로고가 666인가?

유럽입자물리연구소 로고는 두 가지이다. 하나는 시바신이고 또 하나는 666이다. 과연 세계를 움직이는 엘리트 인간들이 천문학적인 돈을 쏟아 부어 CERN을 만든 이유가 무엇일까? 왜 그들은 그토록 많은 비용을 투자하여 힉스입자를 찾기를 갈망했을까?

유럽입자물리연구소 로고가 666인 이유는 통일장 우주론을 완성하기 위한 목표이다. 이미 언급한 대로 666의 상징은 우주 에너지, 지구 에너지, 사람 에너지인 천지인의 통합으로 우주의 모든 에너지를 사람과 일치시켜 사람의 영혼을 영생불사 존재로 만드는 것이다. 이것을 통일장 우주론이라고 한다.

유럽입자물리연구소 로고가 시바 여신인 이유도 역시 같은 원리이다. 인도의 시바신은 창조를 위한 파괴신인데, 시바신이 춤을 추면 현재의 불완전한 세계는 완전히 파괴되고 새로운 완전한 세상이 창조된다. 이것을 리셋(RESET)이라고 한다. 신세계질서의 상징이다.

힉스입자가 발견되므로 현재 우주가 만들어졌을 때의 비밀을 알게 되었다. 이것은 거꾸로 새로운 우주를 재창조 할 수 있다는 의미도 된다. 이것이 통일장 초끈 이론이다. 이미 피터 힉스 박사는 처음부터 힉스 입자를 발견하여 통일장 우주론을 완성하는 것이 목표였다. 그래서 빅뱅이 일어났을 때 모든 물질에게 질량을 부여하여 오늘날의 우주를 생성시킨 신의 입자를 알아내려고 한 것이다. 이것에 대하여 스티브 호킹 박사는 만일 그런 입자를 발견하면 피터 힉스에게 100달러를 주겠다고 비웃었다.

댄 브라운이 지은 소설 '천사와 악마'에 유럽물리입자연구소, CERN (counseil européen pour la recherche nucléaire)이 세상을 리셋(RESET)할 수 있는 악마의 존재로 소개되고 있다.

통일장 우주론이 완성되려면 우주의 네 가지 힘인 중력, 전자기력, 강한 핵력, 약한 핵력이 하나로 연결되어야 한다. 이것을 가능하게 한 입자가 힉스이다. 초끈 이론은 우주의 독특한 성질을 가지고 있는 물질들이 자신의 독특한 성질을 잃어버리지 아니하면서도 다른 물질과 연결되어 있는 최종적인 끈을 말한다. 힉스 입자는 초끈을 연결하여 통일장 우주론을 완성시킨다. 양자역학에서 초끈은 10차원을 가진 다섯 개의 끈으로 이루어져 있고 이 다섯 개를 한 차원 높은 11차원에서 보면 하나가 된다고 한다. 여기에서 M이론이 등장한다.

우리가 살고 있는 우주는 시간과 공간으로 이루어진 3차원의 세계이다. 시간과 공간이 없어진 우주가 4차원이다. 4차원의 세상에서는 시간여행이 가능하고, 동시에 공간여행이 가능하다. 현대과학에서 확인된 우주는 11차원이다. 초끈 이론과 스티브 호킹 박사가 주장한 눈에 보이지 않는 우주의 수는 10의 500승 이상이라고 한다. 은하 우주는 1000억 개의 태양계로 이루어졌고, 지금 우리가 말한 하나의 우주는 은하 우주가 1000억 개로 이루어진다.

만일 통일장 우주론이 완성되면 어떤 일이 일어날까? 인간의 존재는 우주 에너지와 하나로 연결이 된다. 다시 말해서 동물과 식물과 태양과 별들과도 연결이 된다. 물질의 세계가 영원하듯 사람의 생명도 영원하게 된다. 이것이 헬라 자연주의 철학자들이 주장한 "영혼불멸론"이다. 그렇게 해서 사람은 신적인 존재가 되는 것이다. 이런 세상이 지금 우리 눈 앞에 다가와 있는 것이다. 엘리트 인간들은 사이언톨로지 라는 종교로 사람을 신과 같은 "영생불사" 존재로 만들고 있다. 이것이 유럽입자물리연구소 로고가 666과 시바 여신인 이유이다.

뱀이 하와에게 신익과를 믹으면 영원히 죽지 않게 되리라고 약속했다. 그 약속이 지금 우리 눈 앞에서 이루어지고 있다. 뱀은 666표를 받으면 영생한다고 미혹을 한다. 그래서 666은 현대판 가짜 생명나무 열매이다. 선악과를 속여서 먹게 한 뱀이 이제 가짜 생명나무 열매를 가지고 인류를 영원한 지옥으로 끌고 가고 있다. 어차피 구원의 문이 닫히면 죽을 사람들은 죽고 살 사람들은 산다. 그래서 마지막 세상에 사는 사람들은 짐승의 표를 받고 지옥으로 가든지 어린 양의 표를 받고 천국으로 가든지 해야 하는 것이다. 불행하게도 그 외의 선택은 없는 것이다.

최종적인 코비드 백신 ID 2020을 통한 영생불사 존재인 신인간

변이 바이러스인 코로나 백신의 최종 목적은 ID 2020 디지털 나노 칩이다. 빌 게이츠의 통합 시스템이 결국은 ID 2020으로 완성된다. 그리고 코로나 백신을 만들 때 사용한 인간 태아 세포, 식물인간 세포, 쥐와 침팬지를 사용한 동물 세포들을 통해서 사람의 유전자를 우주 에너지로 연결시켜 코로나 바이러스 뿐 아니라 인간의 모든 생노병사를 정복하여 영생불사 존재로 만드는 것이 엘리트 인간들이 꿈꾸는 ID 2020 프로젝트의 최종 목표이다.

뉴 에이지 종교는 사이언톨로지 종교이다. 일명 물병자리 종교이다. 목적은 사람과 동물, 사람과 식물, 사람과 자연, 사람과 우주 에너지와 통합시킨 것이다. 그래서 사람이 동물도 되고, 사람이 식물도 되고, 사람이 하나님도 된다. 사람이 개와 결혼도 한다. 나무와 식물을 신으로 섬긴다. 자연이 사람이 되고, 자연이 하나님도 된다. 이것이 단순한 뉴 에이지 철학이나 이데올로기가 아니다. 실제로 이루어지는 통일장 우주론의 과학이다.

통일장 우주론이 완성되면 사람은 생노병사를 정복하여 영생불사 존재가 될 수 있다. 이것이 현대판 생명나무이다. 하나님께서 금지시킨 생명나무 열매이다. 마지막 때 루시퍼가 사람들에게 먹게 하여 하나님과 같은 신이 되게 하여 자신이 이겼다고 하나님을 향해 배도를 하는 것이다. 하나님께서는 선악과를 따먹고 타락한 아담이 생명나무 열매를 먹고 영생하지 못하도록 아담을 에덴에서 쫓아내고 화염검으로 출입을 막으셨다. 유대 카발라 생명나무 종교는 하나님이 금지시킨 생명나무 열매를 사람들이 먹게 하여 하나님과 같이 죽지 않는 존재로 만들려는 뱀의 종교이다. 하나님은 가인의 이마에 저주의 표를 찍어 아무도 그를 죽이지 못하게 하셨다. 말세의 짐승의 표 역시 루시퍼가 만든 생명나무 열매를 먹는 자에게 이마에 저주의 표를 찍는 것이다. 이것이 666 짐승의 표이다.

6. 2023년 경제 팬데믹과 자본주의 몰락

2012년 다보스 포럼에서는 자본주의 사망 선고를 내렸다. 2016년 클라우스 슈밥은 제 4차산업 혁명이란 책을 통해서 새로운 세계경제 시스템을 주장했다. 핀 테크 기업, 로봇, AI 인공지능, 스마트 팩토리, 드론, 자율 자동차, 유전자 편집 가위 등이 등장하여 세상을 완전히 바꾸어 버릴 것이라고 주장했다. 그는 누구든지 제 4차 산업 혁명을 통한 새로운 시대를 거부하면 처절한 패배자가 될 것이라고 경고 하였다. 그는 자동화 기계와 로봇의 등장으로 많은 일자리가 사라질 것이라 하면서 노동 시장 유연화를 주장했다. 노동자들도 이제는 자신들의 이익만 주장하지 말고 시대적인 변화에 굴복하라고 하였다.

골드만 삭스는 알고리즘 투자 상담 인공지능으로 600명의 직원을 2명으로 교체 했다. IBM 왓슨 인공지능이 병원에서 진료상담을 하고 있다. 인공지능 로봇이 퀴즈 경연대회에서 우승을 했다. 아마존 고(Amazon go) 매장에서는 상품을 바구니에 넣는 순간 자동으로 계산이 된다. 딥 코더(Deep Coder) 인공 지능이 컴퓨터 프로그램을 만든다. 로스(Ross) 인공지능이 법률 상담을 하고 있다. 구글의 픽셀버드(Pixel Buds) 동시 통역기는 40개 언어를 자동으로 번역해 준다. 스마트 공장에서는 자동화 로봇들이 자동차를 만든다. 이제 노동자가 필요 없다. 이제 사람이 필요 없는 시대가 되었다. AI 인공 지능이 스스로 생각하고 판단하여 인간이 해온 일들을 대신한다. 그래서 엘리트 인간들은 남아 도는 세계 인구 90%를 청소하려고 한다. 이 작전의 출발이 코로나 팬데믹이다.

2020년 코로나 팬데믹이 일어났다. 코로나 팬데믹을 통해 2020년-2021년 2년 동안 세계 경제는 셧 다운을 통해 주저 앉았다. 다보스 포럼 창시자 클라우스 슈밥은 2021년 그가 쓴 "코비드-19 더 그레이트 리셋"에서 코로나 팬데믹은 인류의 역사를 영원히 바꾸어 버릴 것이라고 했다. 뿐만 아니라 코로나 팬데믹을 통해서 새로운 시대를 열어야 한다고 주장하였다. 엘리트 인간들은 코로나 팬데믹을 시작으로 더 그레이트 리셋을 시작한 것이다. 그러므로 코로나 바이러스는 우연하게 일어난 사건이 아니라 오랫동안 준비해 온 작전인 것이다.

다보스 포럼 회의에서 병들어 가는 지구를 구하기 위한 토론회가 있었다. 즉 더 그레이트 리셋에 대한 토론이었다. 여기에서 2030년 살기 좋은 지구촌 유토피아를 건설하기 위한 9가지 실천 사항이 결의되었다. 1. 공산주의 유토피아 건설이 더 그레이트 리셋의 목적이다. 2. 병든 지구를 구하는 유일한 방법은 인구를 줄이는 것이다. 3. 옷에 컴퓨터를 심어 인간이 사용한 모든 자원들을 추적해야 한다. 4. 언론의 자유를 통제해야 한다. 5. 그레이트 리셋을 강하게 밀어 부쳐라. 6. 통제사회를 강화시켜라. 7. 사람들 몸에 마이크로 칩을 넣어라. 8. 사람들을 마인드 컨트롤 하라. 9. 정부에 신세계질서 특공대를 침투 시켜라.

9가지를 거꾸로 서열을 정하면 그들이 어떤 전략으로 신세계질서를 세우고 있는가를 알 수 있다. 1. 그들은 신세계질서를 세우기 위해 정치가들을 꼭두각시로 사용한다. 푸틴, 젤렌스키, 바이든, 트뤼도, 마크롱 등 현재 세계를 움직이는 모든 정치가들을 원격으로 조정한다. 각 국가의 정상 뿐 아니라 세계 235개 도시를 움직이는 정치가들 모두가 그들에 의해서 세워진 인물들이다. 2. 그들이 세운 정치가들을 원격으로 조정하여 마인드 컨트롤 한다. 뿐만 아니라 코로나 백신을 통해 몸 안에 주입시킨 나노 로봇을 통해 원격으로 모든 사람들을 마인드 컨트롤로 통제한다. 3. 마이크로 칩을 몸에 심어라. 제약회사에서 만든 알약을 먹여서 나노 칩을 DNA와 결합 시켜 통제를 한다. 4. 통제 사회를 강화 시켜라. 강력한 우파 정권들을 일으켜서 양극화를 강화시켜 사회 갈등을 최고로 높여서 폭동, 폭력, 방화 등으로 무정부 상태를 만들게 한다. 5. 그레이트 리셋을 강화 시켜라. 리셋이란 기존 건물을 무너뜨리고 새로운 건물을 세우는 것이다. 정치, 경제, 종교, 사회, 도덕, 윤리 등을 다 무너뜨려서 새 판을 짜도록 한다. 6. 언론 통제 사회를 강화 시켜라. 강력한 우파 정권들을 일으켜서 양극화를 강화시켜 사회 갈등을 최고로 높여서 폭동, 폭력, 방화 등으로 무정부 상태를 만들게 한다. 2차 세계 대전이 끝난 후 미국의 CIA는 앵무새 작전을 수행하게 된다. 언론 통제 작전이다. 정부가 시키는 대로 보도하고 선전하는 언론을 장악하는 작전이다. 그래서 전 세계 언론은 미국의 CIA가 통제를 하게 되었다. CNN 뿐 아니라 아랍의 알자지라 방송까지 모두 장악을 했다. 세계의 모든 언론을 정과 반으로 나눈다. 즉 우파와 좌파로 나눈다. 그리고 신나게 싸우게 한다. 그래서 언론을 통해서 세상은 좌파와 우파가 싸우는 전쟁터로 만드는 것이다. 그 때 리셋을 하면 되는 것이다. 7. 옷에 컴퓨터를 심어 자원을 추적하라. 빅 데이터 인공 지능과 엘런 머스크의 스페이스 X와 같은 스타링크를 통해서 지구상에서 이동하는 모든 물류들을 통제해서 기후 변화와 환경오염을 감시하는 것이다. 8. 인구를 줄이라. 이미 미국 조지아 가이드 스톤에는 지구촌에 인간이 살기 위해서는 인구가 5억 이하로 줄이라 하였다. 이것이 비밀 결사 장미십자단의 정책이다. 미국을 세운 장미 십자단의 수장은 프란시스 베이컨이다. 제 4차 산업 혁명의 성공은 지구촌의 인구를 줄이는데 있다. 왜냐하면 80억이 되는 인간이 지구촌에 존재하는 한 제 4차 산업 혁명을 통한 공산주의 유토피아 세계 정부를 세울 수 없기 때문이다. 그래서 엘리트 인간들의 최대 고민은 어떤 방법으로 인구를 5억-10억으로 줄이는가에 있다. 즉 70억의 인간을 청소하는 것이다. 그들이 인구를 줄이는 방법 중에 야심차게 만든 작전이 코로나 팬데믹을 통해서 사람 몸 안에 심은 백신이다. 미국에서 만든 모더나 백신은 트럼프가 사성 육군대장인 구스타프 퍼나 장군의 지휘 하에 만들게 하였다. 9. 공산주의 유토피아 세계 정부를 세워라. 세계경제포럼 홈피에서 2030년을 선전하는 내용이 있다. 당신의 소유가 하나도 없고 당신의 프라이버시가 사라져도 당신은 가장 행복한 삶을 살 것이라고 하였다. 소유가 없다는 것은 공산주의 세상이다. 프라이버시가 사라진다는 것은 더 이상 인간이 아니라는 것이다. 인간에게는 가족이 있다. 종교가 있다. 가치관이 있다. 도둑이라도 지켜야 할 최소한의 양심이나 비밀이 있다. 이것들을 프라이버시라고 한다. 그런데 인간의 프라이버시가 사라져 버리면 어떤 인간이 되는 것인가? AI 인공지능인간이 되는 것이다. 유전자가 바뀐 것이다. 2023년 다보스 포럼에서는 인간의 법적 등록에 대하여 의논을 한다. 4차 산업 혁명에서의 인간은 어떤 존재일까? AI 인공지능을 장착한 인간은 과연 어떻게 법적으로 등록을 할까? 특허를 받은 인공지능 회사의 소유물로 등록이 된다. 그래서 디지털 인간. 물리적 인간. 생물학적 인간으로 법적인 구분을 한다. 이런 상황 속에서 가족이 존재할까? 도덕이 존재할까? 윤리가 있을까? 데이터에 의해서 자동으로 움직이는 인간이 되는데 자유가 있을까? 그래도 사람은 죽은 것 보다 낫다고 생각하고 666 짐승의 표를 받을 것이다.

세계 경제는 2023년에 무너진다. 자본주의 기초는 2023년 사라진다. 이미 2년 동안 코로나 팬데믹을 통해서 세계 경제는 기초가 무너졌다. 2022년 2월에 시작된 우크라이나와 러시아 전쟁을 통해서 세계 경제 동맥이 끊어졌다. 미국은 2020년부터 2022년까지 9조 달러를 양적완화로 쏟아 부었다. 현금을 조건 없이 나눠준 것이다. 아무리 미국 연준에서 금리를 18배 올려도 지금도 미국에서는 달러가 넘쳐난다. 1조 5000억 달러 현금이 미국 국민들의 호주머니에 있다.

미국 연준에서는 인플레이션을 잡겠다고 2022년 3월부터 금리를 0.25%에서 단 9개월 동안 18배인 4.5%로 올렸다. 세계 기축 통화의 기준금리가 급격하게 상승하니까 세계 각 나라들이 금리를 올릴 수 밖에 없다. 그래서 금융위기가 온 것이다. 미국은 세계 2차 대전 후 브레튼우즈 협정을 통해 달러를 세계 기축통화로 만들었다. 1971년 닉슨 대통령 때 달러 금본위제 기축통화를 폐지하고 마음대로 달러를 찍어내면서부터 인플레이션이 시작되었다.

미국의 중앙은행인 연준이 마음대로 달러를 찍어내어 사용을 하고 세상에 달러가 넘쳐나서 가격이 떨어져 인플레이션이 시작되면 여지없이 기준금리를 올려서 전 세계에 넘쳐나는 달러들을 모아 챙기는 수법을 사용하여 달러 기축통화 명맥을 유지시켜 왔다. 연준에서 금리를 올려 찍어낸 달러를 미국으로 모아 들인 횟수가 14번이다. 이중에 13번 세계 금융위기가 있었다. 엿장수 마음대로 미국 연준은 세계 경제를 쥐락펴락 하면서 자신들의 정치적인 목적을 이루어 왔던 것이다.

코로나 팬데믹 이후 미국 연준에서는 기준금리를 올려서 전 세계로 인플레이션을 수출하여 세계 경제를 폭망 시키고 있다. 이것이 미국 연준을 소유한 엘리트 인간들이 2030년 공산주의 세계정부를 세우기 위한 작전이다. 미국의 총 부채는 31조 3810억 달러이다. 한 달 이자만 500억 달러이다. 2023년 6월까지 미 하원에서 부채 한도를 올려주지 않으면 미국이 디폴트에 빠지게 된다. 그렇게 되면 달러는 종이조각이 된다.

미국 연준에서는 코로나 팬데믹으로 달러를 풀었다. 러시아 우크라이나 전쟁으로 세계 유통망 교란이 일어나 상품들을 살 수 없다. 그래서 일어난 것이 인플레이션이다. 미국의 경제 체력이 튼튼한 이유는 시중에 넘치는 달러 때문이다. 유통이 교란되고 달러가 넘쳐서 일어난 인플레이션을 잡기 위해 금리를 최고치로 올리는 것은 전 세계 자본주의 세상을 망하게 하는 전략이다. 지난 팬데믹 기간 동안에 양적완화로 풀린 돈들이 모두 투기로 몰렸다. 한국에서 2022년 3월 말까지 자영업자들에게 대출된 960조 원의 80%가 주식과 부동산 투기로 사용되었다. 그래서 주식과 부동산이 폭등하게 되었다. 그러나 이제 갑자기 대출 금리가 올라 가면서 이자를 감당하지 못한 영끌 족들이 주식과 부동산을 매도하면서 폭락이 계속되고 있다. 이는 한국 뿐 아니라 미국, 유럽, 뉴질랜드 등 세계 모든 나라가 동일하다. 이미 한국에서는 평균적으로 부동산이 30% 하락했다. 2023년 말까지 최고점 대비 50%-60%까지 하락한다. 그렇게 되면 가계 부채와 부동산 버블이 꺼지면서 우리나라 경제는 무너지게 된다. 그래서 경제 파탄을 덮기 위해서 전쟁을 일으키는 것이다. 이것이 엘리트 인간들이 계획한 그레이트 리셋 프로젝트이다.

12억 전세가 7억으로 떨어져 전세금을 빼지 못한 세입자들이 갇혀 있다. 전세금을 받고 갭투자를 했던 집주인들이 세입자에게 전세금을 빼주지 못하고 이자를 주는 역월세가 증가하고 있다. 심지어 주택 가격이 하락하여 전세 가격 밑으로 내려간 깡통전세도 속출하고 있다. 이자와 원리금 상환이 두 배에서 세 배로 증가하여 파산하는 가정이 늘어나고 있다. 아파트 가격이 하락하므로 신규 분양 시장이 막히고 부동산 PF 대출을 해준 은행은 대출을 멈춘다. 그래서 롯데와 같은 대형 건설 회사도 흑자 도산을 하게 되는 것이다.

그동안 세계 경제는 위기를 만난 후 다시 회복 되었다. 그래서 이번에도 사람들은 혹독한 경제 침체가 끝나면 좋아질 것이라고 생각한다. 꿈을 깨시라. 절대로 세계 경제는 다시 회복되지 않는다. 이제 끝난다. 자본주의 경제가 완전히 망하게 된다.

2022년 5월 현재 세계 총 부채는 305조 달러(약 41경 6천조원)를 넘겼다. 코로나19 충격 이후 2020년 세계 총 부채는 GDP의 30%p가 증가하였다. 한국의 1년 국민총생산 GDP는 2025조이다. 가계부채 2300조, 기업부채 2500조, 정부부채 1066조이다. 총 5866조이다. 가계 부채 2300조 중에서 부동산 부채가 78%이다. 부동산 경제가 무너지면 우리나라 가계부채는 무너지게 된다. 한국은행에 따르면 자영업자 대출은 2022년 3월 말 960조7000억 원으로 늘었다. 자영업자들이 받은 사업자 대출 625조1000억 원과 가계대출 335조6000억 원을 합친 액수다. 코로나19 이전인 2019년 말(684조9000억원)보다 40.3% 늘었다.

2023년 1월 11일 니혼게이자이 신문에 따르면 일본의 국채, 차입금, 정부 단기 증권을 합친 국가부채는 2022년 6월 말 기준 1255조 1932억 엔(약 1경 2300조 원)을 기록했다. 2022년 3월 말보다 13조 9000억 엔 늘어난 역대 최다 규모다. 7월 초 기준 일본 인구 1억 2484만 명을 토대로 단순 계산한 1인당 국가부채는 1005만 엔(약 9850만 원)으로 사상 처음 1000만 엔을 넘었다. 2003년 당시 550만 엔에서 19년 만에 두 배 가까이 늘어난 셈이다. 일본 정부는 1년 이자를 갚기 위해 정부 예산 25%를 사용하고 있다. 일본 은행이 기본 금리를 올리지 못한 이유이다. 일본은 달러가 강세를 보이면서 일본 엔화가 떨어지자 일본의 자본들이 일본을 떠나고 있다. 그래서 일본은 망하게 되는 것이다. 일본이 살아남을 수 있는 유일한 방법은 한반도에서 전쟁을 일으키는 것이다.

2022년 종합건설업체 폐업 신고, 전년대비 34% 증가

대한건설협회에 따르면 2022년 한해 5곳의 종합건설업체가 최종

부도 처리됐다. 9월에 충남 종합건설업체 6위인 우석건설이 부도났고 경남 창원의 중견 종합건설업체인 동원건설산업이 두 차례 도래한 총 22억원의 어음을 결제하지 못해 결국 부도를 맞았다. 2021년 매출액 500여억 원을 올렸던 동원건설산업은 전국 시공능력 평가 순위 388위로 경남 업체 중에서는 18위이다. 같은 해 하반기에만 180건의 종합건설업체 폐업 신고가 접수됐다. 이는 전년동기(135건)대비 34% 증가한 수치다.

반 토막이 난 아파트 값

인천 연수구 송도에 있는 대규모 신축 아파트 단지. 전용면적 84㎡가 2022년 2월에 12억 4천5백만 원에 팔렸는데 2022년 12월3일에 6억 원에 거래됐다. 9개월 만에 절반 넘게 급락했다. 인천 연수구 송도동 송도 더샵 퍼스트 파크 전용면적 84㎡형(15층)은 2021년 9월에 13억 7000만원에 거래되고 2022년 11월24일에 8억원에 매매 되었다. 5억 7000만원이 폭락했다. 세종시에선 새롬동 새뜸1단지 메이저시티 푸르지오 전용 84㎡형(9층)이 2021년 2월 최고가 9억 3000만원에 거래되었다. 2022년 11월 9일에 5억9000만 원에 팔렸다. 3억 4000만원 하락했다. 서대문구 남가좌동 현대아파트 전용 84㎡ 10층은 2022년 12월 16일 5억5500만원에 거래됐다. 같은 평형이 2021년 9월 11억500만원으로 신고가를 찍었던 상황을 고려하면, 약 1년 반 만에 반 토막이 난 상황이다. 성북구 장위동 래미안 포레카운티 전용 84㎡도 2022년 12월 16일 7억원에 거래돼 2021년 6월 달성한 신고가(13억원) 대비 절반 가까이 하락했다. 국토교통부 실거래가 공개시스템에 따르면 하남시 학암동 '위례롯데캐슬(2016년 입주, 1673가구)' 전용 84㎡는 지난 1월 2일 9억2000만원에 실거래됐다. 2021년 최고가(14억9000만원)와 비교하면 5억7000만원 떨어진 가격이다. 성남시 수정구 창곡동 '위례 자연앤 래미안 e편한세상(2016년 입주, 1540가구)' 같은 평형도 최근 11억1000만원에 주인을 찾았다. 2021년 8월 최고가가 16억3000만원인 점을 감안하면 5억원 넘게 하락했다.

서울 강남권과 인접한 인기 주거 지역 위례 신도시 집값 하락세가 심상찮다. 그동안 집값 상승세를 견인해온 대장주 아파트조차 매매가가 수억 원씩 떨어지면서 향후 흐름에 관심이 쏠린다. 개포동에서는 개포 주공 5단지 61㎡(13층)도 최근 기존의 6억원 대비 2억5000만원(-41.6%) 낮은 3억5000만원에 전세계약이 갱신됐다. 개포 주공 6단지 60㎡도 6억8000만원에서 2억1000만원(-30.9%%) 낮춰 4억7000만원에 기존 임차인과 전세계약을 체결했다. 이밖에도 개포 한신 107㎡가 지난달 기존의 9억원에서 3억원(-33.3%)을 낮춰 기존 임차인과 세를 맞췄다. 국내 대표 학군지인 대치동 은마도 지난달 중순 84㎡ 보증금을 기존 10억5000만원에서 3억원2000만원 낮춰 7억3000만원에 갱신 계약이 체결됐다. 은마 76㎡도 이달 초 9억원에서 6억1000만원으로 보증금을 낮춘 전세 갱신계약이 신고됐다.

아파트 값 폭락과 역전세 역월세

서울 아파트 전세 시세가 급락하면서 강남에서 '반값 전세'가 나왔다. 신규 체결한 전세계약 보증금이 이전의 절반인 사례까지 등장한 것이다. 2023년 1월12일 국토교통부 실거래가 공개시스템에 따르면, 지난달 말 강남구 도곡동 럭키아파트 79㎡(8층 · 이하 전용면적)이 4억5000만원에 전세계약이 체결됐다. 기존 세입자가 갱신 청구권을 사용한 계약으로, 기존 전세보증금(9억원)의 반값에 계약됐다. 이 단지 4층도 7억8000만원에서 5억1000만원으로 34.6%(-2억7000만원) 급락한 가격에 전세 계약이 갱신됐다. 서울 반포동 반포 자이는 소형 평수 전세도 이전 최고가 대비 7~8억원 하락해 반값이 됐다. 지난달 59㎡가 8억7150(5층)만원에 전세계약이 체결됐다. 59㎡ 전세 최고가는 2021년 11월 16억원(20층)이었다.

1만 가구 규모의 대단지인 헬리오 시티는 2021년 9월과 10월 84㎡ 기준 23억8000만원의 최고가를 두 번이나 달성했으나, 2022년 11월 21일에 15억9000만원과 12월14일에 15억8000만원에 거래됐다. 약 8억원이 폭락했다.

집값이 가장 비싼 서울 서초구 반포동 일대에서 대표적인 아파트로 꼽히는 래미안 퍼스티지. 135㎡(이하 전용면적)가 2022년 7월 35억원에 전세 계약했다. 종전 보증금이 45억원이었다. 10억원이 내렸다. 국토부 실거래가 공개 시스템에 올라와 있는 전 · 월세 신고 내용이다. 부동산 중개업소들에 따르면 이 집이 30대가 전세를 끼고 매입한 '갭 투자'다. 45억원은 2022년 5월 54억5000만원에 매수할 때 전세를 놓은 보증금이다. 2개월 뒤 10억원 낮춘 35억원으로 계약을 갱신했다. 중개업소 관계자는 "하루가 다르게 전셋 값이 떨어지다 보니 시세에 맞춰 10억원을 되돌려주고 재조정한 것 같다"고 전했다. 2020년 코로나 이후 집값 급등기 때 크게 늘었던 갭투자가 전셋 값 하락으로 직격탄을 맞고 있다. 많게는 수억대에 달하는 보증금 일부를 돌려줘야 하기 때문이다. 아파트 값에 이어 전셋 값도 동반 급락하면서 갭투자 '지렛대'가 부러지고 있는 것이다. 뒤늦게 '영끌'로 갭 투자 한 30대는 연이은 급락 쇼크를 받아 패닉 상태다.

'강남 3구'서 3개월간 1000건 '역전세' 계약이 이루어 졌다. 서울에서 4868건, 경기에서 9518건, 인천 2226건 역전세 계약 쏟아졌다. 역전세란 이미 계약한 전세 보증금보다 다시 갱신할 때 떨어진 만큼의 전세 보증금을 돌려주는 것을 말한다. 역월세란 떨어진 만큼의 전세 보증금을 집주인이 돌려주지 못하고 이자를 계산해서 세입자에게 주는 것을 말한다.

2023년 부동산 붕괴, 최대 위기가 온다

2023년 전국적으로 아파트 입주물량이 18% 증가한다. 급격한 금리 인상으로 전세 시장이 하락을 거듭하는 가운데, 입주물량까지 늘어 전세가 하락이 심화될 것이라는 전망이다. 무엇보다 서울 강남권 지역 중심으로 대단지 신축 입주가 예고돼 있어 '강남발 전세 쇼크'가 서울 부동산 시장을 뒤흔들 것이라고 한다. 2023년 전국 아파트 입주물량은 총 30만2075가구(413개 단지)로, 작년 2022년 (25만6595가구)보다 18%가량 증가한다. 지역별로 수도권은 2023년 15만5470가구(183개 단지)가 입주한다. 이는 작년 대비 9% 수준 늘어난 것이다. 지방은 작년보다 29% 많은 14만6605가구(230개 단지)가 입주할 것으로 예상된다.

수도권의 경우 서울 · 경기 · 인천 모두 작년보다 입주물량이 증가한다. 서울은 강남구 · 은평구 · 서초구 등의 순으로 입주물량이 많은 가운데 대부분 재건축 · 재개발사업이 완료된 사업장으로 나타났다.

'부동산을 공부할 결심'(배문성 지음)에서 저자는 2023~2024년 강남발 입주 물량이 엄청나다고 강조한다. 저자가 밝힌 2023~2024년 주요 입주 단지는 서울 개포에서는 ▲개포 프레지던스 자이 3375가구, ▲디에이치 퍼스티어 아이파크 6072가구, 서울 서초 반포에서는 ▲래미안 원베일리 2990가구, ▲신반포 메이플 자이 3307가구, 서울 강동에서는 ▲올림픽 파크 포레온(둔촌주공) 1만2000가구 등 2023~2024년 입주 예정물량만 강남, 강동권에서 3만2911가구가 나온다. 2025~2026년에는 입주 예정물량 1만8425가구가 나온다. 2023년부터 강남 3구에서 역대급 물량이 공급되는 것이다. 공급절벽이 아니라 공급폭탄을 걱정해야 한다.

2023년 역전세, 역월세 대란을 준비하라

심각한 문제는 2023년 입주할 때 집주인들이 경쟁해야 하는 전세가는 2021년 사상 최고가에 체결된 전세물량이라는 점이다. 2021년 임대차3법이 개정되어 전세계약 기간을 2년으로 하고 인상 폭을 5%로 제한했다. 그래서 2021년도 전세 시장이 폭등해서 심지어 매매가 80%가 넘는 전세 보증금도 등장했다. 2021년도는 코로나 팬데믹으로 부동산 거품이 심한 때라 전세 보증금도 최고치로 올랐다. 그런데 2023년은 2021년에 최고치 전세 보증금으로 계약을 했던 임차인들의 2년 만기가 돌아오는데 이미 주택 가격이 30-40%까지 폭락하여 전세가 역시 30-40%까지 하락했다. 2021년 반포 주공은 3500세대가 입주를 했다. 그들이 전세 계약기간이 끝나 나갈 때 전세 보증금을 돌려 주어야 한다. 문제는 전세 보증금 이자가 높아서 전세 세입자를 찾기 어렵다는 것이다. 혹 전세 세입자를 찾더라도 떨어진 전세 보증금 차액을 많게는 10억에서 적게는 3억 이상을 임차인들에게 돌려주어야 한다. 그런데 임대인들도 높이 오른 전세 보증금을 받아 주식이나 갭 투자를 했기 때문에 수 억원의 현금을 마련할 수 없다. 그래서 할 수 없이 집을 급매로 내놓을 수밖에 없다. 부동산 시장에 급매물이 쌓일수록 매매가는 폭락하고 이자를 감당하지 못한 갭 투자자들의 아파트는 경매로 넘어간다. 이렇게 되면 2023년은 강남 발 부동산 쇼크가 시작되어 전국으로 확대된다.

그런데 2023년 같은 기간에 강남에서만 준공되어 입주할 새 아파트가 1만 2000세대가 나온다. 이들 역시 입주를 하기 위해서는 잔금을 준비해야 한다. 모든 부동산이 폭락하여 거래가 없어 집을 팔수도 없고, 고액의 전세금을 빼낼 수도 없어 입주가 불가능하다. 아파트를 완공하고 입주자들로부터 잔금을 받아 부동산 PF자금을 갚아야 할 건설사들이 은행에 대출금을 갚지 못하면 건설사들과 금융 기관들이 줄줄이 도산을 한다. 큰 건설사들은 모두 재벌들의 계열사로 현금 유동성 부족으로 계열사들의 부도가 도미노 현상으로 이어진다. 그래서 대한민국 국가 경제가 폭망하는 것이다. 현재 서울에서 전세 세입자를 구하고 있는 가구가 5만 세대가 있다. 서울에서 미분양 아파트로 남아 있는 세대가 1000가구이다.

건설사들의 도산 위기

이미 아파트를 건설하다가 원자재 값이 폭등하고 주변 아파트 값이 폭락하여 중단한 아파트 공사 현장이 많아지고 있다. 대단위 아파트 건설사들에게 부동산 PF 자금을 지원하고 있는 은행들이 아파트 값 폭락으로 자금 회수가 불투명해지자 추가 대출을 해주지 않아서 건설사들의 부도가 속출하고 있다. 폐업 신고도 늘었다. 건설산업 지식정보 시스템에 따르면 2022년 하반기 종합건설사의 폐업 신고는 180건으로, 2021년 동기 135건에 대비 30% 이상 증가했다. 지난해 부동산 경기가 악화한 영향으로 건설사들이 유동성 위기에 빠진 영향으로 해석된다.

문제는 이번 위기가 중소형 건설사에 국한되지 않는다는 것이다. 기업 데이터연구소 CEO스코어가 대기업 집단 건설 계열사 112곳을 대상으로 조사한 결과 2022년 9월 말 기준 이들의 채무보증은 250조 371억 원으로 집계됐다. 이는 2020년 말(90조5485억원)과 비교해 159조4886억원(176.1%) 증가한 수치다. 건설사 채무보증은 공사 시행을 위해 발주처나 입주 예정자 등에 제공한 보증이다. 채무보증이 많다는 것은 수주 물량 확대와 신규사업 증가로 해석되기도 하지만 부동산 경기 침체가 심화하는 시기엔 부실화로 이어질 가능성이 높다.

채무보증이 가장 많은 건설사는 현대건설(26조9763억원)이었다. 대우건설(21조2275억원), 현대엔지니어링(19조1034억원), 롯데건설(18조4151억원), KCC건설(13조35억원), 태영건설(12조6467억원)이 뒤를 이었다.

7. 2023년 전쟁을 준비하라

경제 공황은 전쟁으로 이어진다

세계 전쟁은 경제 공황으로 시작되었다. 왜냐하면 정치가들은 경제 몰락을 전쟁을 통해서 극복하려고 하기 때문이다. 2023년부터 개인과 기업이 줄지어 파산을 한다. 주식과 부동산이 폭락하고 기업은 위기를 극복하기 위해 노동자를 해고한다. 위기에 처한 개인과 자영업자들과 노동자들은 정부를 향해 데모를 하고 개인과 기업의 위기관리를 해 온 정부도 자본이 고갈되면서 은행과 함께 디폴트에 빠진다. 이때 무력과 폭력이 동반한 데모들이 일어나서 무정부 상태에 들어가면 전쟁이 일어난다.

한국 정부는 노동개혁, 연금개혁, 교육개혁을 추진하고 있다. 이 세 가지 개혁 모두 기득권과 전쟁을 해야 하는 개혁이다. 특히 노동 개혁과 연금 개혁은 목숨을 걸고 항쟁을 할 것이다. 100만 명의 노동자들이 거리에 나와 정권퇴진 운동과 함께 폭력적인 데모를 할 것이다. 이에 대하여 정부는 강력하게 대응을 하면서 충돌할 때 역시 무정부 상태로 들어간다.

프랑스 마크롱 대통령의 연금개혁을 반대하는 데모가 100만 명이 넘는 시민들이 참가하고 있다. 이미 국가 부도를 맞이한 나라들이 일어나고 있다. 2023년에 30개 국가가 부도를 맞이하여 세계 경제를 뒤흔들 것이다.

도시에서 먼저 일어난 사이버 전쟁

클라우스 슈밥과 바이든 대통령은 러시아 푸틴이 도시에서 일으킨 사이버 전쟁에 대하여 경고를 했다. 먼저 사이버 해킹을 통해서 발전소 시스템을 파괴하여 전력을 마비시킨다. 병원 의료 시스템을 공격하여 무용지물로 만든다. 은행의 시스템을 공격하여 개인 정보를 지운다. 수원지의 물들의 공급을 막는다. 인터넷을 차단시켜 모든 통신을 무력화 시킨다. 그 후 전염병을 퍼뜨리고 도시를 봉쇄한다. 봉쇄된 도시 안에서 남은 양식과 물을 먹고 난 후에는 모두가 죽게 된다.

"한반도 전쟁 때 생존확률 사실상 '제로'…서울 탈출은 불가능"

FT(파이낸셜 타임스) 서울지국장 데이비스 기고(2023년 1월 16일)

"전쟁 알기도 전에 상황 끝날 것"

북한의 미사일 도발이 빈번해지는 가운데 한반도에서 전쟁이 벌어지면 생존 가능성이 극히 희박하다는 외신 분석이 나왔다. 북한과의 거리가 가깝고 미사일 등 고화력 무기가 집중될 가능성이 크기 때문이다. 이같은 주장은 영국 금융 매체 파이낸셜타임스(FT)의 서울 지국장인 크리스찬 데이비스가 2023년 1월 16일(현지시간) 기고한 칼럼 '한반도 전쟁 준비의 교훈'에서 나왔다.

데이비스는 "한반도 전쟁이 벌어지면 내가 실제로 생존할 가능성이 0보다 약간 높다는 것을 알게 됐다"면서 "최근 나는 서방 외교관과 점심을 먹다가 가능한 한 무관심한 척하면서 한반도에서 분쟁이 발생할 때 자국민들을 대피시키기 위해 어떤 준비를 했는지 물어본 적이 있다. 그러자 외교관은 '걱정할 필요가 없다'고 대답했다"라고 했다.

데이비스에 따르면 외교관은 "각각 적들(남한과 북한)의 화력은 매우 크고, 이에 비해 그들의 거리는 너무 좁다"라며 "전쟁이 시작되었다는 것을 알기도 전에 모두 끝날 것"이라고 답했다고 한다. 데이비스는 최근 북한의 핵무기 개발, 도발 등이 점점 고도화 · 첨예화되는 상황에 대해 "전문가들은 북한의 핵무기가 고수익 무기보다 사용 문턱이 낮은 것으로 우려하고 있다"라고 지적했다. 이어 "서울에서 일하는 외국인 직원은 종종 본국 회사로부터 물과 썩지 않는 음식, 현금, 횃불, 위성 전화나 지하에서 최대 30일 생존할 수 있도록 도와줄 계수기 등 다양한 물품들로 가득 찬 배낭을 준비하도록 권고 받는다"며 "그런데도 외국인이든 한국인이든 간에 대다수의 사람은 한 번도 짐을 싸 본 적이 없다"라고 지적했다.

그러면서 "평시의 주요 공휴일에 서울에서 지방으로 나가려고 했던 사람이라면 알듯이, 전시 상황에서 서울을 빠져나올 가능성은 거의 없을 것"이라며 "서울 시민들이 할 수 있는 가장 좋은 일은 아마도 지하철역이나 지하 주차장 혹은 도시 곳곳에 있는 비상 대피소 중 하나에 숨는 것"이라고 덧붙였다.

2023년 전쟁을 준비해야 할 내용

전쟁을 준비해야 하는 내용 중 가장 중요한 것은 도시를 떠나는 것이다. 왜냐하면 도시 안에서 전쟁을 준비하는 것은 무의미하기 때문이다. 예를 들어 도시에서 양식을 준비한다고 하더라도 일단 물이 끊어진다. 도시 가스도 끊어진다. 도시에서 전쟁 중 식사 문제를 해결하기 위해서는 최소한 물과 석유 곤로와 같은 주방 도구가 있어야 한다. 그리고 양념도 준비 되어야 한다. 또 겨울에 한파를 준비하고, 여름에는 폭염도 준비 되어야 한다. 전염병과 피부병이 창궐할 수 있기 때문에 감기약과 해열제, 소염 진통제와 같은 상비약이 다량 준비 되어야 한다. 전쟁이 일어나면 일단 도시는 봉쇄가 된다. 군사 작전을 목적으로 할 수 있고, 전염병이 확산되는 것을 막기 위한 조치라고 하지만 앞으로의 전쟁의 가장 큰 목적은 인종 청소이기 때문에 도시를 봉쇄하고 사람을 죽이는 것이다.

전쟁 준비는 시골에서 해야 한다. 3차 세계 대전은 도시가 무덤이 된다. 그리고 끝난 후에는 도시 중심으로 새로운 세상이 만들어진다. 신세계질서가 스마트 시티 안에서 이루어진다. 그렇다면 도시 밖에는 어떤 일이 일어날까? 도시 근교는 우범 지역이 된다. 좀비 인간들이나 병든 사람들이 우글거리는 슬럼가(slum)가 된다. 그래서 스마트 시티를 중심으로 장벽이 만들어 진다. 도시 외부에서 안으로 들어 오지 못하게 하는 것이다. 또한 주파수대를 이용하여 도시 경계선을 넘어 온 자들을 감시하고 잡아 가둔다. 왜냐하면 도시는 빅 데이터에 의해서 통제되기 때문이다.

8. 2023년, 도시탈출 D -1년

도시에 갇힌 사람들

전쟁을 준비하려면 도시를 탈출해야 한다. 도시를 탈출하기 위해서 도시의 재산을 처분해야 하는데 이미 기회는 멀어지고 있다. 왜냐하면 도시의 아파트 값과 주식이 폭락하고 그에 따라서 전세금과 자산 가치가 떨어지기 때문이다. 최고가 30억 아파트가 20억으로 떨어지고 있다 23억 아파트가 16억으로 떨어진다. 12억 전세가 7억으로 떨어진다. 지금까지 전세를 선호했던 사람들이 전세보다 쉬운 월세를 택하기 때문에 전세금 보증금을 받을 수도 없고 세입자에게 즉시 내줄 수도 없다. 그래서 이미 고액의 전세 보증금을 주고 입주한 세입자들이 만기가 되어서 이사를 해야 하는데 임대인이 전세 보증금을 돌려주지 못해서 마냥 기다리는 신세가 된다. 이미 주인은 높이 올라간 전세 보증금을 받아 주식이나 다른 부동산에 갭 투자를 해서 묶인 자금을 쉽게 빼낼 수 없기 때문이다. 그래서 임대인이나 임차인이 도시에 갇히기 시작한 것이다.

현재 그나마 팔린 급매물들은 보통 40%-50% 싸게 내놓은 매물들이다. 어느 30대 직장인은 12억에 아파트를 샀는데 자기 돈 5억과 융자 7억을 내서 매입을 했다. 그러나 이제 이자를 감당하지 못해서 팔려고 하니 12억 아파트가 7억으로 떨어졌다. 이미 자기의 돈 5억은 사라지고 말았다. 그나마 7억에 집이 팔리면 다행이지만 7억으로도 사는 사람이 없으니 매달 거액의 이자만 지불하고 있는 것이다. 이자를 내지 못하면 이 아파트는 경매로 팔려 쫓겨나야 한다. 졸지에 1년 만에 거지가 된 것이다.

가짜 유대인들이 쓴 시온 의정서 내용을 보면 빚으로 개인과 국가를 노예화 시키라는 조항이 있다. 세계 은행들을 소유한 엘리트 인간들이 가축인간들을 노예화 시키는 방법은 인간의 탐욕이란 덫으로 천문학적 빚을 지게 하여 노예를 삼게 되는 것이다. 지금 세계는 이들의 덫에 걸려 있는 것이다. 아무리 빠져 나오려고 해도 방법은 없는 것이다. 결국 도시는 전쟁이 나면 무덤이 되는 것이다.

2023년 1년은 기적적으로 도시를 탈출 할 수 있는 유일한 기간이다. 왜냐하면 2023년이 지나면 자본주의 경제 시스템이 붕괴되어 더 이상 움직일 수 없게 되기 때문이다. 자본주의 경제 시스템이란 물건을 사고 팔고 하는 것이다. 건물을 지으려고 해도 자재를 사야 한다. 현금을 마련하려면 재산을 처분해야 한다. 그런데 자본주의 경제가 무너져 버리면 화폐제도 자체가 무너져 버리기 때문에 사고 팔고 하는 시스템 자체가 없어진 것이다. 가령 인플레이션이 100% 500% 되어 진다고 하면 어떻게 경제활동이 가능하겠는가? 밤 낮 데모하고, 불지르고, 폭력이 난무한 무정부 상태에서 어떻게 경제 활동이 자유롭게 될 수 있겠는가? 당신의 예금이 아무리 많이 남아 있어도 은행이 파산하면 당신이 찾을 수 없게 된다. 당신의 부동산 재산이 수 백 억이 되더라도 당신은 손도 못 대고 가만히 앉아서 모두 빼앗기게 된다. 이미 하루에 은행에서 현금을 인출할 수 있는 돈이 제한되기 시작했다. 하루에 1000만 원 이상 인출 하면 감시대상이 된다. 자본주의 경제활동이 최소한으로 유지되는 마지막 해가 2023년이다. 일단 도시에 있는 모든 자산을 팔아야 한다. 팔리지 않으면 최소한의 값을 받고라도 처분해야 한다. 주식, 금, 은, 보석을 팔아야 한다. 연금이나 모든 보험을 해지하여 현금으로 만든다. 주택이나 상가 역시 내버린 수준이라도 처분해야 한다. 그리고 현금을 가지고 도시를 탈출해야 한다.

면 단위 이하의 시골로 이사를 하라

행정구역인 읍 단위까지 스마트 시티 플렛폼이 만들어져 있다. 면 단위 이하는 버려진 땅이다. 무풍지대가 되는 곳이다. 가능한 인적이 드문 깊은 곳으로 들어가라. 전쟁이나 환난기에 현금이나 보석 등은 애물단지가 된다. 아무런 효율성이 없다. 있더라도 화폐나 보석의 가치를 보상 받을 수 없다. 가장 중요한 가성비 있는 물건들은 생필품들이다. 양식이다. 기름과 같은 연료 등이다. 전쟁이 나고 환난이 시작되면 지금은 흔하디 흔한 생필품이 사라진다. 아무리 비싼 돈을 주더라도 구할 수조차 없게 된다. 그때 그런 것들이 돈이 되는 세상이 오는 것이다. 예를 들어 지금 20kg 쌀 한 부대는 도매가격으로 4만원이면 살 수 있다. 그러나 전쟁이 일어나면 100만원에도 살 수 없게 된다. 부르는 게 값이 된다. 된장, 고추장, 식용유, 가스, 석유, 경유, 휘발유 등이 모두 그렇게 된다. 당신이 가지고 있는 모든 돈은 2023년 안에 모두 사용해야 한다. 만일 사용하지 않으면 종이조각으로 변한다. 모두 사용하여 생필품으로 바꾸라. 공동체를 만들기 위해 가난한 자들을 위해 사용하라. 그것이 천국에서 다시 찾을 수 있는 유일한 길이다.

가장 중요한 것은 자급자족할 수 있어야 한다. 물, 양식, 전기, 주택, 연료, 가스, 상비약, 응급 의료 시설 등을 갖춰야 한다. 전기는 태양광이나 발전기를 준비해야 한다. 농사를 짓기 위해 최소한의 농기구도 있어야 한다. 토종 씨앗도 준비해야 한다. 유전자 변이 씨앗은 1년이 지나면 발아가 되지 않기 때문이다. 최소한 자급자족할 수 있는 양식은 10년 동안 먹을 수 있도록 준비해야 한다. 쌀은 1년 1인이 80kg이다. 10년이면 800kg이다. 20kg 쌀 40포대이다. 나무 난로와 나무를 사용한 온돌방도 준비 되어야 한다. 어린 아이를 위해 분유와 이유식도 준비해야 한다. 치솔, 치약, 비누, 휴지, 된장, 고추장, 간장, 식용유, 참기름, 들기름, 통조림으로 된 생선, 육고기 등도 준비해야 한다. 옷과 이불, 여성 생리대, 신발 등도 여유 있게 준비해야 한다. 핵전쟁을 대비하여 방공호와 대피소도 준비해야 한다. 톱과 연장, 그리고 못과 드릴 등도 준비해야 한다. 최소한 휘발유, 등유, 경유 등을 준비해서 농기구나 연료로 사용해야 한다. 충전기, 태양광 전기, 태양광 정원등, 태양광 실내등도 준비해야 한다. 가장 중요한 것은 100m 이하 지하에서 나온 오염되지 않는 우물이 있어야 한다.

9. 더 그레이트 리셋과 코리아 리셋

더 그레이트 리셋은 유엔과 세계경제포럼에서 2030년에 세워질 공산주의 세계정부 운동이다. 17개 지속가능개발목표와 169개 어젠다로 이루어져 있다. 큰 틀에서 2020년-2021년 코로나 팬데믹, 2022년-2023년 경제 팬데믹, 2024년-2025년 전쟁 팬데믹이다.

코리아 리셋은 한반도와 동북 아시아에서 일어난 공산주의 세계정부 운동이다. 홍석현은 일루미나티 삼각 위원회 동북 아시아 부회장이다. 그는 여시재 라는 싱크 탱크를 통해서 코리아 리셋을 시행 중에 있다. 코리아 리셋의 중요한 3대 목표는 동북 아시아 새로운 질서, 한반도 통일, 스마트 시티이다.

동북 아시아 새로운 질서는 한반도를 중심으로 세워진다. 대만 전쟁과 한반도 전쟁을 통해서 이루어진다. 물론 미국과 중국의 패권전쟁의 결과이다. 윤석열 정부는 코리아 리셋을 위해 탄생한 정권이다. 그래서 오직 하나의 길만을 가고 있는 것이다. 모든 계층이나, 사상, 지역을 적과 아군의 이분법으로 나눠서 밀어부치는 권력이다. 이것은 미국도, 중국도, 일본도, 세계 모든 나라들이 동일하다. 한결같이 그레이트 리셋을 위한 군사작전이다.

윤석열 정부의 3대 개혁과제가 장벽이 없는 무풍지대로 일방적으로 이루어진다. 누구든지 가로 막으면 가차 없이 처벌을 받는다. 이미 바이든 대통령은 민주와 반민주로 세계를 나눴다. 중국과 러시아와 북한을 악의 축으로 정의했다. 그리고 한,미,일을 대항마로 결집시키고 있다. 윤석열 정부는 더 그레이트 리셋을 위한 돌격대로 사용되고 있다. 북한을 선제공격 할 수 있다고 경고를 한다. G20 정상회담이나 아시아 태평양 회담에서도 공개적으로 중국과 러시아에 대하여 대립각을 세우고 있다. 이것이 바로 쿼드(Quad) 오커스(AUKUS), 나토(NATO)와의 긴밀한 협력을 연일 약속하고 있다. 중국을 견제 하는데 미국과 일본을 대신하여 앞장을 서고 있다.

한반도에서 거대한 전쟁이 준비되고 있다. 북,중,러 대륙 세력과 한,미,일 해양 세력의 한판 승부이다. 이 전쟁을 통해서 한반도는 통일이 된다. 그리고 스마트 시티를 통해 동북 아시아 중심 국가가 된다. 그렇다고 한국 사람만이 통치하는 정부가 되는 것이 아니다. 일본 사람이 통치할 수 있고, 중국의 정치 지도자가 통치할 수 있다. 다만 지정학적으로 동북 아시아 수도가 되는 것이다. 이것이 일본 기자가 쓴 《환단고기》라는 책이다.

이미 통일교 문선명과 그의 아들 문현진은 이를 위해 준비해 왔다. 지금도 《환단고기》라는 책을 가지고 선전을 하고 있다. 일본의 아베 총리를 암살한 사람이 일본의 통일교 신자였다. 아베는 미국의 도움을 받아 일본을 군국주의 나라로 만들어 아시아의 맹주가 되는 꿈을 꾼 사람이다. 그런데 그를 죽였다. 우연한 사건은 아니다. 미국도 한국도, 중국도 민감한 사건이다. 우리가 알지 못하는 크고 깊은 그림을 그리고 있는 것이다. 그래서 국제적으로 뜨는 인물이 윤석열 대통령이다.

윤석열 정부가 나가는 길은 오직 한 길이다. 코리아 리셋이다. 대한민국을 다시 건국하는 것이다. 홍석현이 쓴 책이 있다. 제 3의 개국이란 책이다. 이것이 바로 코리아 리셋의 교과서이다. 동북 아시아와 한반도에서 일어날 일들을 상상해 보라 생각조차 할 수 없는 참혹한 일들이 일어난다. 군사정권보다 무서운 정권이 검찰정권이다. 히틀러가 SS 특수부대를 통해서 온 세계를 유린하였다. 한국의 검찰 정권은 코리아 리셋과 동북 아시아 새로운 질서를 세우기 위해 세상에서 가장 강한 권력을 가진 자들의 지원을 받으며 태어난 것이다. 이것이 비극이다. 성경에는 재판을 굽게 하여 가난한 자들을 착취하는 내용이 나온다.

세상에서 가장 무서운 정권이 바로 검찰정권이다. 죄를 만들기도 하고 죄를 없애기도 한다. 재판관들의 비리를 캐내어 재판관들을 꼭두각시처럼 이용한다. 죽여야 할 사람을 찾으면 100번 1000번 구속 영장을 청구하여 먼지털이식으로 죄를 찾아 내서 죽인다. 죄를 찾아 내지 못하면 거짓 증인들을 매수하여 정적들을 제거한다. 이미 세계경제포럼(WEF)은 세계 지도자들을 세워 꼭두각시처럼 사용한다. 레이건은 퇴임 한 후에 자기는 단 한번도 자기가 하고 싶은 말을 한 적이 없다고 고백했다. 항상 책상위에 놓여 있는 원고를 읽었을 뿐이라고 고백했다. 비극이다. 명예욕 때문에 대통령이 되었지만 꼭두각시 역할을 할 수밖에 없는 세상에서 살고 있는 것이다. 하나님의 최후의 심판을 가지고 오는 자들이 마지막 시대에 온 세상위에 등장한 것이다.

2030년에 세워질 적그리스도의 배도의 세계정부는 세계를 열 개의 지역으로 나눠 통치를 한다. 이것이 요한 계시록 13장에 기록된 일곱 머리 열 뿔 제국이다. 한반도에 세워질 동북 아시아 중심 국가는 열 개 국가 중 하나가 되는 것이다. 이것을 동북 아시아 교육 수도라고 한다.

수많은 사람들이 감옥으로 들어간다. 수많은 사람들이 거리에서 죽어간다. 수많은 기업들이 도산하고, 수많은 노동자들이 분신을 한다. 눈 깜짝할 사이에 서울에 사는 사람들이 도망도 못가고 사라진다. 그러나 살아남을 사람들은 모두 다 이 재앙을 피한다. 참으로 아이러니하다. 그러나 사실이다. 모든 것이 완벽하게 준비되어 시행되기 때문이다. 마지막 시대에 사는 사람들은 매스컴에 의해서 좌파와 우파로 원수가 된다. 그리고 살기 위해서 한판 승부를 하다가 둘 다 죽고 만다. 엘리트 인간들은 손에 피 한 방울 묻히지 않고 인종 청소를 하게 된다. 윤석열 정부가 끝없이 외친 자유는 적군과 아군을 나누어 파멸로 몰아가는 전쟁 무기로 사용되고 있다. 반도체 동맹, 인도 태평양 경제 이페프(IPEF) 동맹이다, 한미일 동맹, 나토동맹, 오커스, 쿼드 등이다.

유엔이라는 국제기구는 처음부터 거짓이었다. 처음부터 미국이 유엔을 통해 마음대로 세계를 다스려 왔고 지금도 마음대로 법을 만들어 세계를 망하게 한다. 인플레이션 방지법이 그러하다. 9개월 만에 금리를 0.25%에서 4.5%로 18배 올려 세계 경제를 망하게 하는 것들이 그러하다. 러시아 우크라이나 전쟁을 일으킨 것도 미국이다. 중국과 무역전쟁을 시작한 것도 미국이다. 소련을 카운터 펀치 국가로 키워 2차 대전이 끝난 후 미국과 소련의 냉전시대를 열었던 나라가 미국이다. 1978년 등소평 때부터 중국에 매년 5000억불의 무역 수지 흑자를 40년 동안 몰아주어 미국과 견주는 패권국가로 만든 나라가 미국의 은행가들이다. 제 3차 대전이 끝난 후 미국을 망하게 하여 미국 간판을 내리고 세계정부 간판의 주인공이 되는 사람들 역시 미국을 원격으로 조종하고 있는 은행가들이다. 북한을 꼭두각시처럼 이용하고 있는 세력들이 미국의 네오콘이다. 북한이란 지렛대를 이용하여 동북 아시아에서 전쟁을 준비하고 있는 나라가 미국이다. 그리고 일본은 그 하수인이다. 삼변회 회원으로 미국, 독일, 일본이다.

10. 2025년 3차 세계 대전과 신세계질서

1) 일루미나티 삼극회와 3차 세계 대전

일루미나티는 세 번의 세계 전쟁을 통해서 공산주의 세계정부인 신세계질서를 세우는 것을 목표로 하고 있다. 이들에 의해서 1차 대전이 일어나고 국제연맹이란 세계정부 형태의 조직이 등장했다. 일루미나티 해골종단(Skull & Bones)을 통해 2차 세계 대전이 일어나고 국제연합이란 세계정부 형태의 조직이 등장했다. 이제 마지막 3차 세계 대전이 일어나서 세계 인구 90%를 청소한 후 제 3유엔이 등장한다. 이 나라가 적그리스도의 세계정부인 신세계질서 배도의 나라이다.

세계경제포럼(WEF)에서는 2025년을 더 그레이트 리셋의 해로 정하고 2020년 코로나 팬데믹을 일으켰다. 그리고 70% 세계인들에게 코로나 백신을 접종한 후 2022년 2월에 우크라이나와 러시아 전쟁을 일으켰다. 미국 연준은 기준금리를 2022년 3월부터 9개월 동안 0.25%에서 18배인 4.5%로 인상했다. 그 결과 세계 경제는 뿌리째 흔들리고 있다. 이미 세계 모든 나라들은 2020년-2021년 코로나 팬데믹으로 경제를 셧 다운 시키고 엄청난 양적완화 정책으로 현금을 풀어서 유동성을 넘치게 하였다. 거기에 금리를 급속히 올려 기름에 불을 붙인 격이 되어 급격한 인플레이션을 일으킨 것이다. 이것이 경제공황을 유발시켜 제 3차 세계 대전으로 몰아가는 신세계질서의 작전이다.

2023년에 세계자본주의는 몰락한다. 그리고 각 국가마다 경제공황으로 인한 폭력 시위와 반정부 투쟁 운동이 일어난다. 노동자들이 격렬한 투쟁을 한다. 시민들이 모두 일어나 생존을 위해 반정부 운동에 가담을 한다. 각 나라 정부는 대책이 없으므로 강력한 무력을 동원하여 시위대를 무참하게 진압을 한다. 그래서 크고 작은 전쟁을 일으켜 권력을 연장시킨다.

삼극회란 일루미나티 비밀 조직으로 미국, 독일, 일본을 말한다. 프리메이슨들이 세계를 크게 유럽 대륙과 미주 대륙과 아시아 대륙을 나누어 경영을 한다. 이들을 대표하는 나라들이 삼극회 즉 삼변회이다. 세계 1차 대전도 이들에 의해서 일어났다. 세계 2차 대전도 이들에 의해서 일어났다. 3차 세계 대전 역시 이들을 통해 일어난다. 특히 일본은 일루미나티 국가인 미국의 하수인 국가로써 충성된 종으로 궂은 일은 도맡아 하면서 미국으로부터 생존권을 보장 받고 살아가는 나라이다. 지난 30년 동안 일본 경제는 주저앉아 무한 양적완화를 통해 일본은행의 윤전기 잉크가 마르도록 엔화를 찍어 내어 공급을 해도 미국은 환율 조작국으로 내치지 않고 있다. 일명 아베노믹스 경제이다.

세계 1차 대전은 러일전쟁으로 시작되었다. 세계 2차 대전도 중일전쟁으로 시작 되었다. 세계 3차 대전 역시 일본으로부터 시작된다. 지금의 일본 경제는 시한폭탄이나 마찬가지이다. 일본 정부 부채가 1경 2300조이다. 이자만 일본 정부 1년 예산 중 25%가 지출되고 있다.

미국의 금리 인상으로 엔화의 가치는 한없이 추락하고 있다. 일본에 있는 엔화 자본들이 가만히 앉아서 손해를 보지 않기 위해 일본을 떠나고 있다. 그렇다고 일본은행이 금리를 올려 엔화의 가치를 높일 수가 없다. 왜냐하면 천문학적인 빚이 있기 때문이다. 미국의 강 달러를 막기 위해 모든 나라들이 금리를 올리고 있지만 일본 정부는 할 수 있는 일이 아무것도 없어 제로 금리를 유지하고 있다.

일본 정부가 할 수 있는 유일한 정책은 1조 2000억 달러인 미국 국채를 팔아 폭락하는 엔화를 사서 거둬들이는 일이다. 그래서 일본은 2022년 엔화 가치가 1달러에 150엔이 되자 미국 국채 750억 달러(100조)를 내다 팔았다. 그 결과 미국 국채 이자가 4,7%까지 급등하면서 미국 국채 가격이 폭락하는 일까지 일어나게 되었다. 한마디로 일본이 미국에 강한 카운터 펀치를 날린 것이다. 그래서 미국도 할 수 없이 자이언트 금리를 계속해서 올릴 수 없어 금리 조정을 할 수밖에 없게 된 것이다.

일본의 단기 금리는 -0.1이다. 10년물 일본 국채 금리는 프러스 마이너스 0.25였다. 그러나 일본 경제가 흔들리게 되자 일본 은행은 10년물 일본 국채 YCC(수익률통제정책) 금리를 프러스 마이너스 0.25에서 0.5로 인상을 하게 되었다. 사실상 일본 은행이 금리를 높인 것이다. 만일 일본 은행이 금리를 높여서 엔화 가치를 올리면 미국으로 넘어간 자본들이 일본으로 들어오게 되어 미국 경제가 흔들리게 된다. 그리고 일본 역시 천문학적인 이자 폭탄을 맞게 되고 일본의 수출경쟁은 떨어져서 계속해서 무역적자가 늘어 가게 된다. 일본 경제가 전 세계 경제의 시한폭탄이라고 말한 이유가 여기에 있는 것이다.

만일 일본이 마음만 먹으면 세계 경제를 폭망하게 할 수 있다. 가미가제 자폭작전으로 미국 국채를 무한정 팔아 넘기든지 아니면 일본은행이 미국처럼 은행 이자를 높여 버리면 미국의 국채와 달러는 휴지 조각이 되고 일본은 눈덩이처럼 많아진 이자 폭탄을 맞고 자폭하게 된다. 세계 경제 1위와 3위가 파산하면 세계는 자연스럽게 3차 세계 대전으로 들어가게 된다.

2) 3차 세계 대전을 준비한 나라들

3차 대전을 준비한 미국

미국은 3차 전쟁을 준비하고 있다. 먼저 경제적으로 강달러를 만들어 세계경제를 폭망하게 한다. 미국이 금리를 올리면 세계 모든 국가의 금리가 올라간다. 동시에 인플레이션이 폭발하게 된다. 동시에 미국은 무역적자가 심화된다. 그래서 결국은 양쪽이 모두 망한다. 미국은 인플레이션(IRA) 방지법을 만들어 세계경제의 숨통을 끊어 버린다. 다시 말해서 전기 자동차, 반도체, 밧데리 등의 모든 공장을 강제로 미국으로 옮기고 있다. 그렇지 않는 물건들은 천문학적인 세금을 매겨 미국에서 팔 수 없게 하는 것이다. 고부가 가치의 모든 산업을 미국이 독점하겠다는 것이다. 다른 나라들은 망해도 미국만 살겠다는 정책이다. 이에 맞서서 EU 또한 탄소국경세를 도입하고 있다. 또 핵심원자재법을 만들어 동시에 EU만 살겠다는 고관세 정책으로 미국을 대항하고 있다.

갑자기 미국과 EU가 왜 이런 정책들을 감행하는 것일까? 미국의 이런 정책은 미국만 잘 살게 되는 정책이 아니라 모든 나라를 망하게 하는 정책이다. 왜냐하면 미국으로 모든 고부가 가치 선업이 몰리면 다른 국가들은 돈벌이를 할 수 있는 산업이 없어져서 가난하게 되어 미국의 물건들을 살 수 없게 된다. 그래서 양쪽이 다 망하게 되는 것이다. 전기 자동차, 밧데리, 반도체는 대한민국의 중요한 수출 산업이다. 이 세 가지 산업이 사라지면 무역으로 먹고사는 대한민국의 경제는 폭망 한다. 결과적으로 전쟁 밖에 일어날 일이 없다. 2차 세계 대전이 일어나는 것도 동일한 작전이었다.

스무트-홀리 관세법이란 미국이 자국 산업을 보호하기 위해 1930년에 제정한 관세법이다. 미국은 1929년 대공황이 시작되자 2만 개 이상의 수입품에 대해 평균 59%, 최고 400%에 이르는 관세를 부과하는 법을 통과시켜 국내 산업을 보호하려 했다. 자극받은 영국, 프랑스 등의 유럽 국가들도 잇달아 보복관세 조치를 취한다. 스무트-홀리법은 전 세계 무역장벽을 높이는 계기가 되었고 대공황은 더욱 심화

되었다. 미국 통계청에 따르면 미국 수입은 66%, 수출은 61% 각각 급감하였고 미국 국민 총생산은 3년 만에 1031억 달러에서 556억 달러로 반 토막 났다. 전 세계 무역은 3년간 약 66% 감소하였다. 미국은 이렇게 해서 세계 2차 대전을 일으켰다.

2023년에 미국에서 시행한 IRA 인플레이션 방지법도 전 세계 경제를 마비시켜 전쟁을 일으킬 목적으로 시행한 법이다. 특히 한반도는 3차 세계대전의 화약고이다. IRA 대상 품목인 전기 자동차, 밧데리, 반도체는 대한민국을 먹여 살리는 수출품이다. 그런데 미국은 이 세 가지 사업을 모두 빼앗아 독점하려고 모든 공장을 미국으로 옮기고 미국에서 생산되지 않는 상품에는 1000만 원의 보조금을 주지 않아 고사를 시키는 것이다. 결과적으로 대한민국 경제는 나락으로 떨어지고 한반도에서는 전쟁이 일어난다. 이런 일들이 강압적이고 고의적으로 일어나고 있다. 그러나 윤석열 대통령은 한 마디 말도 못하고 나라가 망하든 흥하든 오직 미국과 일본을 위해 충성만 맹세하고 있다.

이미 미국은 트럼프 대통령 때부터 중국과의 패권전쟁을 통한 세계 3차 대전을 시작했다. 관세전쟁, 기술전쟁, 지적 재산권 전쟁이다. 민주당 바이든이 대통령이 되면서 달라질 줄 알았지만 역시 미국은 좌와 우파 모두 같은 편으로 바이든은 트럼프보다 더 세계 중국을 밀어부치는 대외 정치와 경제와 군사정책을 펼쳐 나가고 있다. 바이든은 윤석열 대통령 취임 하자마자 한국을 방문하여 IPEF(인도태평양경제동맹)를 체결하였다. 두 사람은 공동 성명에서 자유 민주주의와 인권을 존중한 나라들 간의 경제동맹을 강조했다. 다시 말해서 중국은 자유 민주주의 체제를 부정하고 인권을 유린하기 때문에 경제적 동반자 관계를 지속할 수 없다고 선을 그은 것이다. 특히 반도체, 밧데리, AI 인공지능과 같은 최첨단 산업 기술 등이 유출되어 자유 민주주의 진영이 공격을 받을 수 있기 때문에 전략적으로 제한을 해야 한다고 하였다. IPEF는 사실상 반도체 동맹이다. 바이든은 바로 일본으로 날아가 쿼드 동맹을 확인했다.

한국은 이제 나토와 인도 태평양으로 이어지는 안보 벨트의 중심에 서게 되었다. 그 결과 중국과의 경제 협력은 점점 오리무중으로 들어

가서 무역적자는 눈덩이처럼 커지고 있다. 수출로 먹고 사는 대한민국은 신냉전 양극화의 최전선에 서게 되어 한반도는 가장 무서운 화약고로 변하고 있다. 새롭게 출발한 한국정부는 더 그레이트 리셋의 덫에 걸려 좋은 세상을 하직하고 전쟁하는 나라로 급속히 나아가고 있다. 이것은 우연이 아니다. 세계 역사를 움직이시는 하나님의 심판의 섭리이다. WEF 세계경제 포럼에서 만들어 가는 더 그레이트 리셋이 경제 뿐 아니라 정치에서도 급속하게 진행되고 있는 것이다. 점점 다가오는 제 3차 세계 대전과 하나님의 최후의 심판은 누구도 막을 수 없다.

2022년 6월 29일 나토 정상회담이 열렸다. 나토 회원국들은 스웨덴과 핀란드를 회원으로 받아 들였다. 또 러시아 제재와 중국을 공동의 적으로 규정하고 나토와 인도 태평양으로 이어지는 해양 세력들의 방위 벨트를 천명했다. 나토(NATO), 오커스(AUKUS), 쿼드(Quad) 이페프(IPEF)가 하나의 벨트가 되어 중국과 러시아를 에워싸고 3차 대전을 준비하는 것이다. 이탈리아는 100년 만에 친러시아계인 무솔리니 멜로니라는 우파 지도자가 탄생했다. 스웨덴 역시 우파 지도자가 탄생 했다. 헝가리 역시 우파 지도자인 빅토르 오르반이 총리가 되었다. 그는 러시아는 우리의 적이 아니라고 하였다. 전 세계적으로 일어난 코로나 팬데믹과 우크라이나 러시아 전쟁으로 인한 경제 파탄으로 전쟁을 추구하는 우파 정권들이 차례로 등장하고 있다. 이것은 세계 2차 대전이 일어나기 전에도 똑같은 현상이었다.

한반도와 대만에서 전쟁을 준비하는 미국과 일본

2023년 1월 13일 미국 바이든과 일본 기시다 총리는 회담을 하고 공동 성명을 발표했다. 미국은 성명에서 2022년 12월 16일 일본 국무회의에서 결의한 일본 안보 3대 문서 개정안을 환영하고 적극적으로 지원하겠다고 천명했다. 일본 안보 3대 문서 결의안의 내용은 선제타격을 위한 반격 능력, 미일 군사협력, 전쟁용 첨단 무기 도입이다. 이 결의안을 통해 일본의 방위비를 GDP 2%로 상향 조정했다.

미국 바이든 대통령은 일본이 재무장을 하여 전쟁할 수 있는 나라로 적극적으로 지원하고 환영한다고 천명한 것이다. 일본은 미국의 최첨단 무기들을 도입할 수 있게 되었고 1600㎞ 토마호크 공격용 미사일 등을 대량으로 구입하여 북한과 중국을 선제 타격할 수 있는 국가가 되었다. 드디어 극우파 전쟁의 아이콘인 아베를 제거한 후 양의 탈을 쓴 이리가 되어 본격적으로 일본은 전쟁의 발톱을 드러내고 있다.

기시다 총리는 2023년 1월 13일 미국을 방문하기 전에 2023년 1월 11일 영국을 방문하여 영일 군사동맹을 체결하였다. 군사동맹 내용은 두 나라가 하나의 국가가 되어 실제적으로 연합하는 동맹을 맺었다. 전에 기시다는 프랑스, 이탈리아 등을 방문하였다. 기시다 총리가 하고 있는 작전은 나토와 인도 태평양으로 이어지는 아시아판 나토 벨트를 만들고 있다. 다시 말해서 아시아 나토 벨트의 맹주가 일본이 되고 미국은 일본 군대 밑에 아시아 벨트를 만들고 있는 것이다. 미국의 한반도 정책 역시 한국 군대를 일본군 밑에 두는 것이었다. 그러나 지금까지 한국의 대통령들은 그것을 단호하게 거부하였다.

한반도는 2022년 대통령 선거 유세부터 전쟁터로 뜨거워졌다. 윤석열 후보의 북한 선제타격, 원점타격, 킬 체인 반격, 버르장 머리를 고친다. 일본군 한반도 전쟁 참여 가능 등과 같은 과격한 발언으로 남북 간의 긴장이 고조되었다. 2022년 5월 10일 새로운 대통령이 취임한 후에도 역시 남북 간의 과격한 충돌은 계속되고 급기야 한반도에서 한,미,일, 한미, 미일 군사 훈련이 연일 그치지 않고 그 강도는 더욱 더 가속화 되고 있다. 이에 맞서 북한은 대륙간 탄도 미사일을 수도 없이 발사하여 응수를 했다. 이제는 한반도에서 언제 전쟁이 일어나도 이상하지 않을 정도로 전쟁 연습이 일상화 되었다. 이것이 윤석열 정부가 들어서고 난 다음 일어난 한반도의 변화이다. 리셋 코리아가 진행되고 있는 것이다.

북한의 핵 법제화와 일본의 선제타격 반격능력 강화

북한은 언제든지 예고 없이 핵을 사용하여 선제공격을 할 수 있다는 핵 법제화 법을 만들어 통과 시키고 전 세계를 향해 선전포고를 했다. 이에 맞서서 일본 역시 언제든지 예고 없이 자신들의 판단으로 선제공격을 할 수 있는 반격능력 법을 통과시켰다. 윤석열 정부의 강격한 대북 정책은 자연스럽게 한,미,일 군사협력을 강화시켰다. 이것이 일루미나티 작전이다. 북한을 자극하여 흥분시킨 다음 강한 반발을 지렛대를 사용하여 한,미,일이 군사동맹을 강화 시키는 것이다. 유엔은 사라지고 미국 주도로 한반도 정세는 한,미,일과 북,중,러의 대립 구도가 만들어져서 전쟁이 준비되고 있다.

미국이 인정한 일본의 재무장

미국은 2014년부터 우크라이나에서 러시아와 전쟁을 준비했다. 우크라이나 전역을 요새화하고 군사시설을 확충했다. 조지 소로스를 통해서 26군데 바이오랩 연구소를 만들어 코로나 바이러스와 같은 전염병으로 러시아를 공격하려는 준비를 완벽하게 했다. 미국은 지금 일본에서 한반도와 대만에서 일어날 전쟁을 준비하고 있다. 미국은 일본에서 오끼나와 이외에서 미군의 군사 기지들을 만들고 있다. 최근에 요코하마에서도 만들어졌다. 일본을 전쟁하는 나라로 만들고 있다. 수많은 토마호크와 같은 공격무기를 공급하고 있다. 일본은 이미 미군과 함께한 군대가 되었다. 한국 역시 미군과 함께한 군대가 되었다. 이것이 개정된 소파(SOFA)이다. 주한 미군은 한국만을 지키는 군대가 아니다. 세계 모든 나라에서 전쟁을 할 수 있다. 주한 미군이 나가서 전쟁하는 곳에는 한국군도 함께 가게 되어 있다. 이것이 한미 군사동맹이다.

2023년 1월 13일 2차 대전 패전 이후 78년 만에 일본이 재무장을 사실상 인정받았다. 일본 기시다 총리는 1월 13일 미국 바이든 대통령과의 정상회담에서 군사력증강계획에 대한 전폭적인 지지를 받았다. 일본이 동아시아 지역 미국의 패권 대리인으로 부상했다. 이번 정상회담은 국제정치사의 큰 전환점이다. 일본은 전수방어 원칙에 따라 선제공격을 할 수 없었다. 그런데 지난달 사실상 공격에 해당되는 반격능력을 갖추겠다는 내용의 국가안보전략을 발표했다. 그리고 2차 대전 승전국 미국의 허락을 받았다. 일본이 '도발원점타격'이라는 반격능력을 강조하는 건 북한의 미사일을 겨냥한 것이다. 미사일 발사 징후가 있을 경우 먼저 타격하겠다는 사실상 선제공격이다. 2023년 1월 23일 백악관에선 이상한 일이 일어났다. 기시다 일본 총리가 4분 늦게 도착했다. 있을 수 없는 초유의 사태가 벌어졌다. 그러나 바이든은 기시다 총리를 아우라고 부르면서 어깨동무를 하고 들어갔다. 이것 또한 최초의 일이다.

미일 정상은 2023년 1월 13일 공동성명에서 한,미,일 협력을 강조했다. 중국과 러시아, 북한까지 뭉치는 신냉전 상황이 굳어지고 있다. 미일 정상회담은 한국의 선택을 독촉하고 있다. 일본 정부가 반격 능력 보유 등 방위력을 근본적으로 강화하겠다고 선언한 가운데 내년도 방위비를 올해보다 26% 늘어난 66조 원으로 편성했다. 내년도 방위비가 본예산 기준으로 13년 만에 국내총생산(GDP)의 1%를 넘게 된다. 향후 5년까지 년간 방위비를 GDP 대비 2% 넘게 확보를 했다. 매년 약 43조 엔(412조 원)이다.

전쟁을 준비하는 중국

중국은 2022년 10월 16일 중국 최대의 정치 행사인 20차 공산당 대회를 열었다. 중국 공산당은 5년 바나 전당대회를 개최하여 향후 5년을 이끌어갈 새로운 지도부를 선출한다. 그동안 중국 권력의 3대 파벌이었던 상하이방과 공청당은 모두 정치국에서 사라졌다. 시진핑 중심의 태자당이 모두 장악했다. 시진핑이 1인 독재체제를 갖추고 3 연임에 성공한 것이다. 그리고 7명의 상무위원들 역시 모두 시진핑과 함께 공산당 운동을 해온 정치국원들이다. 리커창과 같은 경제 전문가가 전무하다는 것이다. 이것은 앞으로 중국이 1인 독재정치 체제를 강화시키고 경제보다는 전쟁을 통한 세계 패권에 도전하려는 의도이다. 그래서 시진핑은 대만 흡수 통일을 천명 하였다. 만일 중국이 대만을 흡수 통일하면 남중국해와 동중국해를 장악하게 된다. 그렇게 되면 미국과 일본이 인도 태평양 작전 지역을 잃게 된다.

미국과 일본이 Quad, AUKUS, IPEF 동맹을 맺고 중국을 견제하는 이유가 여기에 있다. 어차피 한반도와 대만은 미중 패권전쟁에서 피할 수 없는 전략적인 지역이다. 그래서 미국은 일본을 무장 시켜 중국을 견제하려고 한다. 미국의 동북아시아 정책은 일본군 밑에 한국군을 두어 지휘하도록 하는 것이다. 그러나 지금까지 한국 정부는 이것을 단호하게 거절하고 한미동맹만을 고수해 왔다. 심지어 군사정권에서도 일본과의 군사동맹은 절대적으로 외면해 왔다. 그러나 윤석열 정부가 들어서고 나서 상황이 완전히 달라졌다. 윤석열 대통령은 대통령 선거 때부터 북한과의 관계를 첨예한 대립구도를 만들어 왔다. 대통령이 되고 난 후에는 더욱 더 노골적으로 북한과의 전쟁을 공식화하고 있다. 그래서 결과적으로 한국의 안보 문제를 미국은 일본과의 동맹을 맺게 하여 해결하게 하는 것이다.

전쟁을 준비하는 윤석열 정부

윤석열 대통령은 후보시절부터 멸공을 외쳤다. 북한에 대해 강경한 입장을 표명했다. 그러면서 동시에 미국을 이용하여 한국 군대를 일본의 군대와 밀착시키는 작전을 펼쳤다. 이에 북한 또한 강하게 응수를 해 줘서 자연스럽게 한반도는 한,미,일을 동맹으로 한 해양세력과 북,중,러를 동맹으로 한 대륙세력으로 진영이 만들어 졌다. 이제 한판 승부를 펼치게 되는 것이다. 이것이 한반도에서 일어난 3차 세계 대전이다. 윤석열 대통령은 국방과학 연구소를 방문하여 강력한 무기를 만들어 전쟁을 준비하도록 독려를 했다. 북한이 드론을 1대 보내면 우리나라에서는 3-5대를 보내라고 부추겼다. 대통령 입에서 전쟁이란 말이 누구보다도 쉽게 나오는 세상이 되었다.

윤석열 대통령은 2022년 9월 유엔총회 연설에서는 자유라는 말을 21번 사용하면서 세계 모든 나라들을 자유진영과 반 자유진영으로 분열시켜 대립을 격화시켰다. 윤석열 대통령은 2022년 11월 인도네시아에서 있었던 G20 정상 회담 연설에서 러시아와 중국에게 직격탄을 날리면서 우크라이나와 전쟁을 하는 러시아와 비민주적인 통제사회인 중국을 면전에서 맹비난했다. 그동안 중국, 러시아, 일본, 미국과 적당한 선에서 등거리 외교를 하면서 경제적인 실리를 추구했던 한국의 전직 대통령들과 달리 윤석열 대통령은 미국 바이든 대통령 편에 붙어 러시아와 중국에 등을 돌리므로 자연스럽게 한국은 일본과 가까워지게 된 것이다. 윤석열 대통령 아버지는 윤기중 씨로 연세대학교 명예교수이다. 그는 일본 문무성 장학생 1호이다. 윤기중 교수는 뉴라이트 운동을 하면서 다음과 같은 시국선언문을 발표 했다. 북핵 폐기를 위해 모든 수단 동원, 햇볕정책 반대, 금강산 관광 개성공단 반대, 전시작전통제권 전환 반대, 친북좌파 척결 등이다.

윤석열 대통령은 아랍에미리트에서 한국군을 방문한 자리에서 아랍에미리트 적은 이란이라고 주장하면서 많은 외교문제를 일으켰다. 이에 대하여 이란 정부는 윤석열 대통령을 미국을 위해 종노릇 하고 있다고 비난을 했다.

독일의 재무장 선언

2022년 2월 27일 독일의 올라프 숄츠 총리가 자유와 민주주의를 수호하기 위해 독일 안보에 대한 투자를 훨씬 늘려야 한다고 하면서 재무장을 선언했다. 독일정부는 해마다 독일 GDP의 2%(약 750억 유로,103조원) 이상을 국방비로 지출하겠다고 밝혔다. 더불어 1,000억 유로(135조)에 달하는 금액을 또한 군사기술, 첨단기술에 투자하겠다고 했다. 독일이 GDP 2%를 국방비로 쓸 경우, 1위 미국 : $ 7,400억 달러 (약, 898조원), 2위 중국 $ 1,782억 달러 (약, 217조원), 3위 독일: $ 900억 달러 (약100조원). 독일은 단숨에 국방비 지출과 관련하여 세계 3위권에 들어서게 된다. 우리나라 예산의 거의 1/6을 국방비에만 사용한다니 가히 어마어마한 금액이다.

독일 연방하원 예결위원회는 (2022년 12월 14일) 미국산 스텔스 전투기 F-35 35대 도입을 위한 예산 100억 유로(약 13조8천억원)를 승인했다고 도이칠란트풍크(DLF) 등이 전했다. 독일 정부는 도입한

지 40년 이상 된 독일 공군의 토네이도 전투기를 대체할 후속모델로 미국 록히드 마틴 사의 스텔스 전투기를 사들이기로 한 바 있다.

2차 세계대전에 대한 반성의 뜻으로 사실상 군사력을 포기하다시피 한 독일은 러시아의 우크라이나 전쟁에 맞서 사실상 재무장을 결의하면서 연방군을 위한 특별예산 1천억 유로(약 138조원)를 투입하기로 했다. 이번 F-35 구매를 위한 예산은 이를 통해 충당된다. 이는 독일 연방군의 역대 최대 구매사업 중 하나다. 전 세계 전투기 중 최신 기종인 F-35는 특수한 형태와 외부 코팅 물질로 적의 레이더에서 발견하기 어렵다. F-35 스텔스 전투기 구매는 유사시 독일 내 미국의 핵무기를 운송하는 북대서양조약기구(NATO · 나토)의 핵 공유 임무 수행 능력을 갖추기 위한 목적이 있다. 예결위는 아울러 새 자동소총 구매도 승인했다. 지금까지 사용하던 G36 대신 HK416 11만8천정으로 대체된다. 이에 더해 새 무선통신 장비와 운송 수단도 마련된다.

제8장 준비해야 할 네 가지 구원

1. 휴거 준비

"형제들아 우리가 너희에게 구하노니 너희 가운데서 수고하고 주 안에서 너희를 다스리며 권하는 자들을 너희가 알고 저의 역사로 말미암아 사랑 안에서 가장 귀히 여기며 너희끼리 화목하라 또 형제들아 너희를 권면하노니 규모 없는 자들을 권계하며 마음이 약한 자들을 안위하고 힘이 없는 자들을 붙들어 주며 모든 사람을 대하여 오래 참으라 삼가 누가 누구에게든지 악으로 악을 갚지 말게 하고 오직 피차 대하든지 모든 사람을 대하든지 항상 선을 좇으라 항상 기뻐하라 쉬지 말고 기도하라 범사에 감사하라 이는 그리스도 예수 안에서 너희를 향하신 하나님의 뜻이니라 성령을 소멸치 말며 예언을 멸시치 말고 범사에 헤아려 좋은 것을 취하고 악은 모든 모양이라도 버리라 평강의 하나님이 친히 너희로 온전히 거룩하게 하시고 또 너희 온 영과 혼과 몸이 우리 주 예수 그리스도 강림하실 때에 흠없게 보전되기를 원하노라"(살전5:12-23)

사도 바울은 데살로니가 전서 4장에서 휴거에 대한 말씀을 전하고 휴거를 위해 어떤 신앙을 가지고 살아야 하는지를 데살로니가 전서 5장에서 설명하고 있다. 예수님께서 강림하실 때 온 영과 혼과 몸이 흠없게 보전 되어야 한다는 것이다. 온 영이 흠이 없다는 말은 하나님과의 관계가 바로 되어야 한다. 먼저 영적인 리더와 바른 관계를 회복해야 한다. 그래서 바울은 가장 귀하게 여기라 하였다. 성령을 소멸하지 말아야 하고 예언을 멸시치 말아야 한다. 즉 성령으로 인도를 받은 삶을 살아야 하는 것이다. 성령으로 인도를 받은 삶은 하나님께서 말씀을 통해서 성령의 뜻을 전해 주실 때 그대로 순종할 수 있어야 한다.

온 혼이 흠 없이 보전 되어야 한다. 혼은 성도들의 마음을 말한다. 마음이 흠이 없게 되려면 이웃과의 관계가 바로 되어야 한다. 성도들과 관계에서 항상 화목해야 한다. 규모 없는 자들을 권계하고, 마음이 약한 자들을 붙들어 주며 모든 사람에 대하여 오래 참아야 한다.

온 몸이 흠 없이 보전되어야 한다. 온 몸이 흠 없이 보전되려면 나와 나 자신 사이에서 온전해야 한다. 범사에 좋은 것을 취하고 악은 모양이라도 버려야 한다. 즉 죄를 지어서는 안되는 것이다. 사도 바울은 항상 기뻐하라 쉬지 말고 기도하라 범사에 감사하라고 하면서 이것이 너희를 향한 하나님의 뜻이라고 하였다. 항상 기뻐할 때 온 영이 흠이 없다. 쉬지 말고 기도할 때 온 혼이 흠이 없다. 범사에 감사할 때 온 몸이 흠이 없게 된다.

애굽에서 20세 이상으로 나왔다가 가나안으로 들어간 사람이 여호수아와 갈렙이었다. 성경은 이들의 신앙을 여호와를 온전히 좇았다고 하였다. 그래서 하나님께서 그들을 약속의 땅으로 인도해 주셨다.

"오직 여분네의 아들 갈렙은 온전히 여호와를 순종하였은즉 그는 그것을 볼 것이요 그가 밟은 땅을 내가 그와 그의 자손에게 주리라 하시고"(신1:36)

"애굽에서 나온 자들의 이십세 이상으로는 한 사람도 내가 아브라함과 이삭과 야곱에게 맹세한 땅을 정녕히 보지 못하리니 이는 그들이 나를 온전히 순종치 아니하였음이니라 다만 그나스 사람 여분네의 아들 갈렙과 눈의 아들 여호수아는 볼 것은 여호와를 온전히 순종하였음이니라 하시고"(민32:11-12)

"오직 내 종 갈렙은 그 마음이 그들과 달라서 나를 온전히 좇았은즉 그의 갔던 땅으로 내가 그를 인도하여 들이리니 그 자손이 그 땅을 차지하리라"(민14:24)

"또 내가 보니 보라 어린 양이 시온산에 섰고 그와 함께 십 사만 사천이 섰는데 그 이마에 어린 양의 이름과 그 아버지의 이름을 쓴 것이 있도다 내가 하늘에서 나는 소리를 들으니 많은 물소리도 같고 큰 뇌성도 같은데 내게 들리는 소리는 거문고 타는 자들의 그 거문고 타는 것 같더라 저희가 보좌와 네 생물과 장로들 앞에서 새 노래를 부르니 땅에서 구속함을 얻은 십 사만 사천인 밖에는 능히 이 노래를 배울 자가 없더라 이 사람들은 여자로 더불어 더럽히지 아니하고 정절이 있는 자라 어린 양이 어디로 인도하든지 따라가는 자며 사람 가운데서 구속을 받아 처음 익은 열매로 하나님과 어린 양에게 속한 자들이니 그 입에 거짓말이 없고 흠이 없는 자들이더라"(계14:1-5)

요한 계시록 14장에는 시온산에서 어린 양과 함께 새 노래를 부르는 144,000명이 있다. 이들은 휴거에 참여한 성도들이다. 그들의 이마에는 어린 양의 이름이 있다. 짐승의 표를 받은 자들의 이마에 666 표가 있는 것과 대조적이다. 이들의 신앙이 어린 양이 어디로 인도하든지 따라간 자들이다. 말씀과 성령의 인도를 받고 사는 자들이다. 그리고 이들의 입에는 거짓이 없고 흠이 없는 자들이다.

"빌라델비아 교회의 사자에게 편지하기를 거룩하고 진실하사 다윗의 열쇠를 가지신 이 곧 열면 닫을 사람이 없고 닫으면 열 사람이 없는 그이가 가라사대 볼찌어다 내가 네 앞에 열린 문을 두었으되 능히 닫을 사람이 없으리라 내가 네 행위를 아노니 네가 적은 능력을 가지고도 내 말을 지키며 내 이름을 배반치 아니하였도다 보라 사단의 회 곧 자칭 유대인이라 하나 그렇지 않고 거짓말 하는 자들 중에서 몇을 네게 주어 저희로 와서 네 발앞에 절하게 하고 내가 너를 사랑하는 줄을 알게 하리라 네가 나의 인내의 말씀을 지켰은즉 내가 또한 너를 지키어 시험의 때를 면하게 하리니 이는 장차 온 세상에 임하여 땅에 거하는 자들을 시험할 때라 내가 속히 임하리니 네가 가진 것을 굳게 잡아 아무나 네 면류관을 빼앗지 못하게 하라 이기는 자는 내 하나님 성전에 기둥이 되게 하리니 그가 결코 다시 나가지 아니하리라 내가 하나님의 이름과 하나님의 성 곧 하늘에서 내 하나님께로부터 내려 오는 새 예루살렘의 이름과 나의 새 이름을 그이 위에 기록하리라 귀 있는 자는 성령이 교회들에게 하시는 말씀을 들을찌어다"(계3:7-13)

빌라델비아 교회는 휴거를 약속 받은 교회이다. 이들의 신앙의 특징은 신앙의 정체성이다. 즉 형제 사랑의 교회이다. 신앙의 견고성이다. 적은 능력으로도 배반치 않는 믿음이다. 신앙의 인격성이다. 인내의 말씀을 지켰다. 이렇게 해서 빌라델비아 교회는 하늘의 새 예루살렘의 이름을 가졌다. 하나님의 성전의 기둥이 되었다. 면류관을 약속받았다. 온 세상에 임하는 시험의 때를 면제 받았다.

휴거의 신앙은 온전한 제자가 되는 것이다. 첫째 말씀대로 살아야 한다. 말씀대로 살려면 부모, 형제, 처자를 버려야 한다. 모든 소유를 버려야 한다. 둘째 제자가 되어야 한다. 제자가 되려면 날마다 자기를 부인하고 자기 십자가를 지고 주님을 따라서 살아야 한다. 셋째 진리 안에서 자유를 누려야 한다. 환경에서 자유를 누려야 한다. 물질에서 자유를 누려야 한다. 사람에서 자유를 누려야 한다. 자신에서 자유를 누려야 한다.

"그러므로 예수께서 자기를 믿은 유대인들에게 이르시되 너희가 내 말에 거하면 참 내 제자가 되고 진리를 알찌니 진리가 너희를 자유케 하리라"(요8:31-32)

"무릇 내게 오는 자가 자기 부모와 처자와 형제와 자매와 및 자기 목숨까지 미워하지 아니하면 능히 나의 제자가 되지 못하고 누구든지 자기 십자가를 지고 나를 좇지 않는 자도 능히 나의 제자가 되지 못하리라 이와 같이 너희 중에 누구든지 자기의 모든 소유를 버리지 아니하면 능히 내 제자가 되지 못하리라"(눅14:26-27,33)

"또 무리에게 이르시되 아무든지 나를 따라 오려거든 자기를 부인하고 날마다 제 십자가를 지고 나를 좇을 것이니라 누구든지 제 목숨을 구원코자 하면 잃을 것이요 누구든지 나를 위하여 제 목숨을 잃으면 구원하리라"(눅9:23-24)

휴거에 참여를 하려면 자기 소유를 다 팔아 천국을 사야 한다. 휴거에 참여하려면 자기의 소유를 다 팔아 진주를 사야 한다.

"천국은 마치 밭에 감추인 보화와 같으니 사람이 이를 발견한 후 숨겨 두고 기뻐하여 돌아가서 자기의 소유를 다 팔아 그 밭을 샀느니라 또 천국은 마치 좋은 진주를 구하는 장사와 같으니 극히 값진 진주 하나를 만나매 가서 자기의 소유를 다 팔아 그 진주를 샀느니라"(마

13:44-46)

“내가 진실로 진실로 너희에게 이르노니 한 알의 밀이 땅에 떨어져 죽지 아니하면 한 알 그대로 있고 죽으면 많은 열매를 맺느니라 자기 생명을 사랑하는 자는 잃어버릴 것이요 이 세상에서 자기 생명을 미워하는 자는 영생하도록 보존하리라 사람이 나를 섬기려면 나를 따르라 나 있는 곳에 나를 섬기는 자도 거기 있으리니 사람이 나를 섬기면 내 아버지께서 저를 귀히 여기시리라”(요12:24-26)

휴거를 하려면 자기가 완전히 죽어야 한다. 즉 날마다 죽기 위해서 살아야 한다. 한 알의 밀알 비유는 예수님의 십자가의 죽으심에 대한 비유이다. 성도들 안에 예수님이 살려면 성도들이 예수님처럼 온 몸이 찢겨져 죽어야 한다. 죽는 방법은 무조건 죽을 때까지 다른 사람들을 섬기는 것이다.

휴거는 예수 믿는 모든 사람들이 하는 것이 아니다. 하나님의 온전한 아들들이 되고 예수님의 거룩한 신부가 되고 성령의 거룩한 전이 되는 사람들에게 주신 최고의 선물이다.

2. 순교 준비

“저가 모든 자 곧 작은 자나 큰 자나 부자나 빈궁한 자나 자유한 자나 종들로 그 오른손에나 이마에 표를 받게 하고 누구든지 이 표를 가진 자 외에는 매매를 못하게 하니 이 표는 곧 짐승의 이름이나 그 이름의 수라 지혜가 여기 있으니 총명 있는 자는 그 짐승의 수를 세어보라 그 수는 사람의 수니 육백 육십 륙이니라”(계13:16-18)

순교는 도시에서 일어난다. 왜냐하면 후 삼년 반에 시작된 배도는 도시 안에서 이루어지기 때문이다. 3차 세계 대전이 끝나고 제 3의 유엔인 세계 정부가 들어선다. 세계 3차 대전은 세계 인구를 5억-10억을 남기고 모두 청소하는 전쟁이다. 왜냐하면 2030년에 세워질 신세계질서 세계 정부는 공산주의 유토피아이기 때문이다. 세계경제포럼(WEF)에서 추진 중인 제 4차 산업 혁명은 스마트 시티 안에서 이루어지는 신세계질서이다. 스마트 시티는 빅 데이터 AI 인공 지능에 의해서 모든 것이 전자동화 시스템으로 작동을 한다. 사람조차도 이마와 오른 손에 디지털 칩을 넣어서 도시의 부속품처럼 움직이게 된다. 666이란 짐승의 표를 받지 않으면 전자동화 시스템이 작동하는 도시에서 한 발자욱도 움직일 수 없다.

매매만 못하는 것이 아니다. 문도 열 수 없고, 차도 탈 수 없다. 진료도 불가능하다. 왜냐하면 빅 데이터에 의해서 정보를 주지 않는 유령인간이 되기 때문이다. 오히려 도시를 파괴시키는 테러범으로 몰려 붙잡혀 칩을 강요받고 거절하면 죽인다.

"그러므로 너희가 선지자 다니엘의 말한바 멸망의 가증한 것이 거룩한 곳에 선 것을 보거든 (읽는 자는 깨달을찐저) 그 때에 유대에 있는 자들은 산으로 도망할찌어다 지붕 위에 있는 자는 집안에 있는 물건을 가질러 내려 가지 말며 밭에 있는 자는 겉옷을 가질러 뒤로 돌이키지 말찌어다 그 날에는 아이 밴 자들과 젖먹이는 자들에게 화가 있으리로다 너희의 도망하는 일이 겨울에나 안식일에 되지 않도록 기도하라 이는 그 때에 큰 환난이 있겠음이라 창세로부터 지금까지 이런 환난이 없었고 후에도 없으리라 그 날들을 감하지 아니할 것이면 모든 육체가 구원을 얻지 못할 것이나 그러나 택하신 자들을 위하여 그 날들을 감하시리라"(마24:15-22)

예수님께서도 다니엘의 말한바 멸망의 가증한 것이 거룩한 곳에 선 것을 보거든 산으로 도망하라고 하셨다. 예루살렘 도시에 있는 자들은 물론이고 유대에 사는 자들에게도 산으로 도망하라고 하셨다. 왜냐하면 야곱의 대환난이 도시와 근교에서 일어나기 때문이다.

"나는 알파와 오메가요 처음과 나중이요 시작과 끝이라 그 두루마기를 빠는 자들은 복이 있으니 이는 저희가 생명 나무에 나아가며 문들을 통하여 성에 들어갈 권세를 얻으려 함이로다"(계22:13-14)

구원을 받았지만 세마포 옷이 더러워진 성도는 순교를 통해서 첫째 부활에 참여를 한다. 그래서 요한 계시록에서는 두루마기를 빠는 자들이 복이 있다고 하였다. 즉 순교하는 성도들을 말한다.

요한 계시록 일곱 교회 중에서 순교하는 교회는 라오디게아 교회이다. 왜냐하면 예수님께서 입혀 주신 흰 옷을 잃어버리고 벌거벗고 있기 때문이다. 순교하는 성도들의 신앙에 대하여 라오디게아 교회에서는 몇 가지로 지적을 한다. 물질로 만족하는 교회이다. 그들은 모두 자기들을 부자라고 한다. 왜냐하면 물질이 부요한 교회이기 때문이다. 그러나 성령은 가난하다고 하신다. 그들은 부족함이 없다고 한다. 그러나 성령은 가련하다고 하신다. 그들은 눈을 떴다고 한다. 그러나 성령은 눈이 멀었다고 한다. 라오디게아 교회는 경고 받은 교회이다. 흰 옷을 사서 입고, 안약을 사서 눈에 발라 보고, 금을 사서 부요하게 되어야 징계의 채찍을 피할 수 있다. 마지막 말세 교회로서 순교하는 교회이다.

"라오디게아 교회의 사자에게 편지하기를 아멘이시요 충성되고 참된 증인이시요 하나님의 창조의 근본이신 이가 가라사대 내가 네 행위를 아노니 네가 차지도 아니하고 더웁지도 아니하도다 네가 차든지 더웁든지 하기를 원하노라 네가 이같이 미지근하여 더웁지도 아니하고 차지도 아니하니 내 입에서 너를 토하여 내치리라 네가 말하기를 나는 부자라 부요하여 부족한 것이 없다 하나 네 곤고한 것과 가련한 것과 가난한 것과 눈 먼것과 벌거벗은 것을 알지 못하도다 내가 너를 권하노니 내게서 불로 연단한 금을 사서 부요하게 하고 흰 옷을 사서 입어 벌거벗은 수치를 보이지 않게 하고 안약을 사서 눈에 발라 보게 하라 무릇 내가 사랑하는 자를 책망하여 징계하노니 그러므로 네가 열심을 내라 회개하라 볼찌어다 내가 문밖에 서서 두드리노니 누구든지 내 음성을 듣고 문을 열면 내가 그에게로 들어가 그로 더불어 먹고 그는 나로 더불어 먹으리라 이기는 그에게는 내가 내 보좌에 함께 앉게 하여주기를 내가 이기고 아버지 보좌에 함께 앉은 것과 같이 하리라 귀 있는 자는 성령이 교회들에게 하시는 말씀을 들을찌어다"(계 3:14-22)

요한 계시록 6장에 7년 대환난 기간에 순교하는 성도들이 나타나 있다. 이들은 순교하여 제단 아래에서 자신들의 피를 신원하여 주시도록 간구를 한다. 그들에게 흰 두루마기를 입혀 주시면서 다른 형제들과 종들이 순교하여 그 수가 차기까지 기다리라 하신다. 구원받고 순교하는 자들의 수가 정해져 있는 것이다.

"다섯째 인을 떼실 때에 내가 보니 하나님의 말씀과 저희의 가진 증거를 인하여 죽임을 당한 영혼들이 제단 아래 있어 큰 소리로 불러 가로되 거룩하고 참되신 대주재여 땅에 거하는 자들을 심판하여 우리 피를 신원하여 주지 아니하시기를 어느 때까지 하시려나이까 하니 각각 저희에게 흰 두루마기를 주시며 가라사대 아직 잠시 동안 쉬되 저희 동무 종들과 형제들도 자기처럼 죽임을 받아 그 수가 차기까지 하라 하시더라"(계6:9-11)

요한 계시록 7장에서는 7년 대환난 시작 전에 휴거하지 못한 144,000명의 성도들의 이마에 하나님의 인을 치신다. 이들이 바로 순교자들이다. 이들은 순교를 통해서 보좌 앞과 어린 양 앞에 서서 구원의 하나님을 찬양한다. 그때 장로 중 하나가 이들이 어디서 왔느냐고 물어보면서 그들은 7년 대환난에서 나온 자들인데 어린 양의 피로 그 옷을 씻어 희게 하였다고 하였다. 그들은 먹지 못하고 죽은 순교자들이다. 물을 마시지 못하고 죽은 순교자들이다. 뜨거운 불로 태움을 입고 순교한 자들이다.

"이 일 후에 내가 보니 각 나라와 족속과 백성과 방언에서 아무라도 능히 셀 수 없는 큰 무리가 흰 옷을 입고 손에 종려 가지를 들고 보좌 앞과 어린 양 앞에 서서 큰 소리로 외쳐 가로되 구원하심이 보좌에 앉으신 우리 하나님과 어린 양에게 있도다 하니 모든 천사가 보좌와 장로들과 네 생물의 주위에 섰다가 보좌 앞에 엎드려 얼굴을 대고 하나님께 경배하여 가로되 아멘 찬송과 영광과 지혜와 감사와 존귀와 능력과 힘이 우리 하나님께 세세토록 있을찌로다 아멘 하더라 장로 중에 하나가 응답하여 내게 이르되 이 흰옷 입은 자들이 누구며 또 어디서 왔느뇨 내가 가로되 내 주여 당신이 알리이다 하니 그가 나더러 이르되 이는 큰 환난에서 나오는 자들인데 어린양의 피에 그 옷을 씻어 희게 하였느니라 그러므로 그들이 하나님의 보좌 앞에 있고 또 그의 성전에서 밤낮 하나님을 섬기매 보좌에 앉으신 이가 그들 위에 장막을 치시리니 저희가 다시 주리지도 아니하며 목마르지도 아니하고 해나 아무 뜨거운 기운에 상하지 아니할찌니 이는 보좌 가운데 계신 어린 양이 저희의 목자가 되사 생명수 샘으로 인도하시고 하나님께서

저희 눈에서 모든 눈물을 씻어 주실 것임이러라"(계7:9-17)

전 삼년 반이 끝나고 후 삼년 반이 시작될 때 적그리스도 짐승은 예루살렘 성전에서 배도를 선포하고 성도들에게 666 짐승의 표를 받게 하고 짐승에게 경배하라고 한다. 그렇지 않는 성도들을 모두 목을 베어서 죽인다. 성경은 이때부터 주안에서 죽은 자들이 복이 있다고 하였다. 그리고 살기 위해서 666짐승의 표를 받고 짐승에게 경배하는 자들은 영원히 불타는 지옥불의 심판을 받을 것을 경고하고 있다.

"또 보니 다른 천사가 공중에 날아가는데 땅에 거하는 자들 곧 여러 나라와 족속과 방언과 백성에게 전할 영원한 복음을 가졌더라 그가 큰 음성으로 가로되 하나님을 두려워하며 그에게 영광을 돌리라 이는 그의 심판하실 시간이 이르렀음이니 하늘과 땅과 바다와 물들의 근원을 만드신 이를 경배하라 하더라 또 다른 천사 곧 둘째가 그 뒤를 따라 말하되 무너졌도다 무너졌도다 큰 성 바벨론이여 모든 나라를 그 음행으로 인하여 진노의 포도주로 먹이던 자로다 하더라 또 다른 천사 곧 세째가 그 뒤를 따라 큰 음성으로 가로되 만일 누구든지 짐승과 그의 우상에게 경배하고 이마에나 손에 표를 받으면 그도 하나님의 진노의 포도주를 마시리니 그 진노의 잔에 섞인 것이 없이 부은 포도주라 거룩한 천사들 앞과 어린 양 앞에서 불과 유황으로 고난을 받으리니 그 고난의 연기가 세세토록 올라가리로다 짐승과 그의 우상에게 경배하고 그 이름의 표를 받는 자는 누구든지 밤낫 쉼을 얻지 못하리라 하더라 성도들의 인내가 여기 있나니 저희는 하나님의 계명과 예수 믿음을 지키는 자니라 또 내가 들으니 하늘에서 음성이 나서 가로되 기록하라 자금 이후로 주 안에서 죽는 자들은 복이 있도다 하시매 성령이 가라사대 그러하다 저희 수고를 그치고 쉬리니 이는 저희의 행한 일이 따름이라 하시더라"(계14:6-13)

요한 계시록 14장에서는 예수님께서 이한 낫을 가지시고 다 익은 곡식을 추수하시는 모습이 기록되어 있다. 순교를 통해서 알곡들을 거두어들이는 모습이다.

"또 내가 보니 흰 구름이 있고 구름 위에 사람의 아들과 같은 이가 앉았는데 그 머리에는 금 면류관이 있고 그 손에는 이한 낫을 가졌더라 또 다른 천사가 성전으로부터 나와 구름 위에 앉은이를 향하여 큰 음성으로 외쳐 가로되 네 낫을 휘둘러 거두라 거둘 때가 이르러 땅에 곡식이 다 익었음이로다 하니 구름 위에 앉으신 이가 낫을 땅에 휘두르매 곡식이 거두어지니라"(계14:14-16)

요한 계시록 15장에서는 불붙은 유리 바다를 건낸 성도들이 모세와 어린 양의 노래를 부르고 있다. 홍해를 건너고 나서 이스라엘 백성들이 불렀던 노래와 같이 순교의 강을 건너온 성도들이 부르는 구원의 노래이다. 표면적으로는 불에 타서 죽고, 목말라 죽고, 목 베임을 받아서 죽었지만 그것이 끝이 아니라 더럽혀진 세마포 옷이 깨끗하게 빨아지는 과정이었음을 찬양하고 있다.

"또 내가 보니 불이 섞인 유리 바다 같은 것이 있고 짐승과 그의 우상과 그의 이름의 수를 이기고 벗어난 자들이 유리바다 가에 서서 하나님의 거문고를 가지고 하나님의 종 모세의 노래, 어린 양의 노래를 불러 가로되 주 하나님 곧 전능하신이시여 하시는 일이 크고 기이하시도다 만국의 왕이시여 주의 길이 의롭고 참되시도다 주여 누가 주의 이름을 두려워하지 아니하며 영화롭게 하지 아니하오리이까 오직 주만 거룩하시니이다 주의 의로우신 일이 나타났으매 만국이 와서 주께 경배하리이다 하더라"(계15:2-4)

마지막 첫째 부활에 참여한 성도들을 소개하고 있다. 휴거한 성도들이 24보좌에 앉아 있다. 하나님의 말씀과 예수의 증거를 인하여 목 베임을 받은 순교하는 성도들이 있다. 광야교회에서 양육을 받아 온전하게 되어 예수님 재림 때 합류한 성도들이 있다. 이들이 어린 양 혼인잔치가 끝나고 천년 동안 예수님과 같이 왕 노릇하는 성도들이다.

"또 내가 보좌들을 보니 거기 앉은 자들이 있어 심판하는 권세를 받았더라 또 내가 보니 예수의 증거와 하나님의 말씀을 인하여 목 베임을 받은 자의 영혼들과 또 짐승과 그의 우상에게 경배하지도 아니하고 이마와 손에 그의 표를 받지도 아니한 자들이 살아서 그리스도로 더불어 천년 동안 왕노릇 하니"(계20:4)

3. 광야 공동체 교회 준비

도시에서 빠져 나온 성도들은 순교를 피할 수 있다. 요한 계시록 12장에서는 하나님께서 독수리 두 날개로 받아 도시에서 광야로 옮겨주는 성도들이 있다. 이들이 바로 에베소 교회와 같은 성도들이다. 이들은 광야 교회에서 후 삼년 반 동안 양육을 받아서 온전한 예수님의 신부로 단장이 된다. 그리고 예수님의 지상 재림 시에 합류를 한다.

에베소 교회는 2% 부족한 교회이다. 수고와 인내와 행함이 있었다. 타협하지 않았다. 이단을 척결했다. 게으르지 않았다. 그러나 한 가지 부족한 것이 있었다. 처음 사랑을 잃어버린 것이다. 자칭 사도라 하되 아닌 자들을 시험하고 그 거짓된 것을 드러내는 과정에서 예수님의 처음 사랑을 버렸다. 교회의 정체성은 사랑이란 것이다. 이것이 교회의 생명이다. 이 사랑을 잃어 버리면 더 이상 교회가 아니다. 그래서 촛대를 옮기겠다고 책망하시고 처음 사랑을 찾아 가지라고 경고 하신다. 결국 에베소 교회는 처음 사랑을 회복하지 못하고 휴거를 놓치고 말았다. 그래서 2% 부족한 처음 사랑을 회복할 수 있도록 이들을 광야교회로 인도하셔서 후 삼년 반 동안 양육하신다.

"에베소 교회의 사자에게 편지하기를 오른손에 일곱 별을 붙잡고 일곱 금 촛대 사이에 다니시는 이가 가라사대 내가 네 행위와 수고와 네 인내를 알고 또 악한 자들을 용납지 아니한 것과 자칭 사도라 하되 아닌 자들을 시험하여 그 거짓된 것을 네가 드러낸 것과 또 네가 참고 내 이름을 위하여 견디고 게으르지 아니한 것을 아노라 그러나 너를 책망할 것이 있나니 너의 처음 사랑을 버렸느니라 그러므로 어디서 떨어진 것을 생각하고 회개하여 처음 행위를 가지라 만일 그리하지 아니하고 회개치 아니하면 내가 네게 임하여 네 촛대를 그 자리에서 옮기리라 오직 네게 이것이 있으니 네가 니골라당의 행위를 미워하는도다 나도 이것을 미워하노라 귀 있는 자는 성령이 교회들에게 하시는 말씀을 들을찌어다 이기는 그에게는 내가 하나님의 낙원에 있는 생명나무의 과실을 주어 먹게 하리라"(계2:1-7)

"그러므로 하늘과 그 가운데 거하는 자들은 즐거워하라 그러나 땅과 바다는 화 있을찐저 이는 마귀가 자기의 때가 얼마 못된 줄을 알므로 크게 분내어 너희에게 내려 갔음이라 하더라 용이 자기가 땅으로 내어쫓긴 것을 보고 남자를 낳은 여자를 핍박하는지라 그 여자가 큰 독수리의 두 날개를 받아 광야 자기 곳으로 날아가 거기서 그 뱀의 낯을 피하여 한 때와 두 때와 반 때를 양육 받으매 여자의 뒤에서 뱀이 그 입으로 물을 강 같이 토하여 여자를 물에 떠내려 가게 하려 하되 땅이 여자를 도와 그 입을 벌려 용의 입에서 토한 강물을 삼키니 용이 여자에게 분노하여 돌아가서 그 여자의 남은 자손 곧 하나님의 계명을 지키며 예수의 증거를 가진 자들로 더불어 싸우려고 바다 모래 위에 섰더라"(계12:12-17)

도시를 빠져 나와도 순교를 피할 수 없는 성도들이 있다. 예수님이 세우신 광야교회 안에서 양육을 받지 못한 성도들이다. 즉 일명 도피처나 피난처에 머무는 구원 받은 성도들은 양육을 받아서 성장할 수 없다. 그래서 피난처와 도피처에서 순교를 하게 된다.

광야교회는 어떤 곳인가?

모세가 세운 광야교회가 있다. 시내 산에서 시작되었다.

"이스라엘 자손이 애굽 땅에서 나올때부터 제 삼월 곧 그 때에 그들이 시내 광야에 이르니라 그들이 르비딤을 떠나 시내 광야에 이르러 그 광야에 장막을 치되 산 앞에 장막을 치니라 모세가 하나님 앞에 올라가니 여호와께서 산에서 그를 불러 가라사대 너는 이같이 야곱 족속에게 이르고 이스라엘 자손에게 고하라 나의 애굽 사람에게 어떻게 행하였음과 내가 어떻게 독수리 날개로 너희를 업어 내게로 인도하였음을 너희가 보았느니라 세계가 다 내게 속하였나니 너희가 내 말을 잘 듣고 내 언약을 지키면 너희는 열국 중에서 내 소유가 되겠고 너희가 내게 대하여 제사장 나라가 되며 거룩한 백성이 되리라 너는 이 말을 이스라엘 자손에게 고할찌니라"(출19:1-6)

여호와께서는 시내 산에서 이스라엘 백성들과 언약을 맺으셨다. 율법의 언약이다. 여호와께서는 내가 독수리 날개로 너희를 업어 광야로 인도하였다고 하셨다. 독수리는 광야에 집을 짓고 산다. 모세를 40년 전에 애굽에서 광야로 불러 내셔서 훈련을 시키신 다음에 모세를 애굽으로 보내 이스라엘을 광야로 인도해 내신 것이다. 여호와께서 말씀 하신 독수리는 모세이다. 모세가 40년 동안 광야에서 훈련을 하지 않았다면 이스라엘 백성들을 40년 동안 양육하여 가나안으로 인도하지 못했을 것이다. 광야교회 리더가 양육을 받지 않으면 다른 사람들을 양육할 수 없다. 모세는 40년 동안 광야에서 양육을 받아서 40년 동안 이스라엘 백성들을 양육할 수 있었다.

예수님 당시 광야에서 교회를 세운 자가 세례 요한이다. 세례 요한 역시 젖을 떼고 나서 광야에서 살았다. 메뚜기와 역청을 먹고 약대 털옷을 입고 광야에서 30년을 살았다. 그리고 예수님의 공생애를 광야에서 준비시켜 주었다. 세례 요한은 이사야 40장에 기록된 내용을 외치면서 예수님의 교회를 출발 시켰다.

“요한이 요단강 부근 각처에 와서 죄 사함을 얻게 하는 회개의 세례를 전파하니 선지자 이사야의 책에 쓴바 광야에 외치는 자의 소리가 있어 가로되 너희는 주의 길을 예비하라 그의 첩경을 평탄케 하라 모든 골짜기가 메워지고 모든 산과 작은 산이 낮아지고 굽은 것이 곧아지고 험한 길이 평탄하여질 것이요 모든 육체가 하나님의 구원하심을 보리라 함과 같으니라요한이 세례 받으러 나오는 무리에게 이르되 독사의 자식들아 누가 너희를 가르쳐 장차 올 진노를 피하라 하더냐 그러므로 회개에 합당한 열매를 맺고 속으로 아브라함이 우리 조상이라 말하지 말라 내가 너희에게 이르노니 하나님이 능히 이 돌들로도 아브라함의 자손이 되게 하시리라”(눅3:3-8)

마지막 예수님의 재림 때에도 세례 요한이 나타나서 예수님의 재림을 준비시켜 주신다. 이 교회가 바로 세례 요한과 같은 선지자를 통해 세우신 광야교회이다. 이것을 세례 요한의 사역이라고 한다. 하나님은 어느 시대에서나 선지자들을 일으키셔서 하나님의 나라를 준비시켜 주신다. 마지막 때에도 그러하신다. 사람이 하는 것이 아니라 하나님께서 친히 하신 일이다.

모세와 같은 선지자가 하나님께서 세우신 독수리와 같은 광야 사역자이다. 세례 요한과 같은 선지자가 하나님이 세우신 독수리와 같은 광야 사역자이다. 마지막 때에도 하나님은 독수리와 같은 광야 사역자들을 훈련시키셔서 그들이 만든 광야 교회 안으로 에베소 교회와 같은 성도들을 독수리 두 날개로 업어 인도하여 양육을 하신다.

필자는 1982년 4월 10일 "그는 흥하여야 하겠고 나는 쇠하여야 하리라" 세례 요한의 신앙고백을 통해서 초대 예루살렘 교회와 같은 공동체 교회를 광야에 세우도록 부르심을 받았다. 그 후 오늘에 이르기까지 40년 동안 충성을 다하고 있다.

왜 광야 공동체 교회 안에서 양육이 가능한가? 교회는 구원 받은 성도들이 각 지체가 되어 한 몸을 이룬 예수님의 몸이다. 하나님께서 각 사람을 구원하실 때부터 그에게 지체로서 다른 지체를 섬기면서 살 수 있는 은사를 주셨다. 그래서 각 지체들이 머리의 중심으로 하나 될 때 자라날 수 있다. 이것이 교회의 비밀이다.

"그가 혹은 사도로, 혹은 선지자로, 혹은 복음 전하는 자로, 혹은 목사와 교사로 주셨으니 이는 성도를 온전케 하며 봉사의 일을 하게 하며 그리스도의 몸을 세우려 하심이라 우리가 다 하나님의 아들을 믿는 것과 아는 일에 하나가 되어 온전한 사람을 이루어 그리스도의 장성한 분량이 충만한데까지 이르리니 이는 우리가 이제부터 어린 아이가 되지 아니하여 사람의 궤술과 간사한 유혹에 빠져 모든 교훈의 풍조에 밀려 요동치 않게 하려 함이라 오직 사랑 안에서 참된 것을 하여 범사에 그에게까지 자랄찌라 그는 머리니 곧 그리스도라 그에게서 온 몸이 각 마디를 통하여 도움을 입음으로 연락하고 상합하여 각 지체의 분량대로 역사하여 그 몸을 자라게 하며 사랑 안에서 스스로 세우느니라"(엡4:11-16)

광야 공동체 교회 안에서 양육이 가능한 것은 휴거로 교회가 세상을 떠난 후에도 유일하게 남아 있는 교회이기 때문이다. 마가의 다락방에 임한 성령이 지구를 한 바퀴 돌면서 이방인들 가운데 구원을 받은 성도들의 충만한 수가 차면 예수님의 몸 된 교회가 완성이 된다. 이때 교회시대, 이방인의 시대, 성령시대가 끝나고 다니엘의 70이레 중 마지막 1이레가 시작되면서 중단되었던 이스라엘의 7년의 역사가 성전 건축과 함께 시작된다. 아울러 교회는 휴거를 통해 구원 받은 성도들이 떠난다. 구원을 받았지만 세마포 옷이 더러워져 휴거하지 못하고 남은 성도들이 이마에 인을 맞고 7년 환난으로 들어간다. 도시에 남은 물질 중심으로 살아가는 라오디게아 교회 성도들은 후 삼년 반에 순교를 통해서 첫째 부활에 참여를 한다. 에베소 교회와 같이 2% 부족한 깨어 있는 교회는 하나님께서 세우신 광야 공동체 교회로 인도하셔서 양육을 받게 하신다. 이 모든 일들은 사람의 뜻으로 되어지지 않고 하나님의 뜻 가운데서 이루어진다.

광야 공동체 교회는 사람들이 세운 교회가 아니다. 모세가 세운 광야 교회처럼, 세례 요한이 세운 광야 교회처럼 하나님께서 친히 세우시고 여호와 이레로 준비시키신 교회이다.

영적인 광야 공동체 교회는 하나님이 세우신 사도, 선지자와 같은 사역자가 있어야 한다. 예수님께서 세우신 장로 집사가 있어야 한다. 성령 하나님이 세우신 거듭난 성도들이 있어야 한다. 이들이 한 몸이 되어서 성령께서 교회들에게 주신 말씀을 좇아서 서로 사랑하고 섬길 때 그리스도의 장성한 분량이 충만한데까지 자라나게 된다. 그러므로 광야 공동체 교회 안으로 인도 하심을 받은 성도들은 직분과 직책과 관계없이 영적인 리더쉽에 순종과 복종이 이루어져야 한다. 왜냐하면 그렇게 해야 예수님이 고난을 통해 순종을 배우심으로 온전하게 되신 것같이 온진하게 되는 것이다.

만일 구원 받은 성도들이 비록 도시를 떠났다 할지라도 광야 공동체 안에서 양육을 받지 못하면 반드시 순교를 통해서 온전하게 된다. 즉 구원 받은 성도들은 도피처나 피난처와 같은 곳에 머무르면 안되는 것이다. 그곳에서는 성령께서 역사하시는 한 몸된 교회 공동체 역사가 이루어지지 않기 때문에 그리스도의 장성한 분량이 충만한데까지 자라날 수 없다. 그래서 결국은 순교를 피할 수 없는 것이다. 이것에 대하여 아모스 선지자는 정확하게 지적을 하고 있다. 비록 그가 성전에 있어도 죽는다. 성안에 있어도 죽는다. 갈멜산 꼭대기로 피해도 죽는다. 바다 밑에 숨어도 뱀을 통해 죽는다. 타국으로 도망가도 거기서 죽는다.

"내가 보니 주께서 단 곁에 서서 이르시되 기둥 머리를 쳐서 문지방이 움직이게 하며 그것으로 부숴져서 무리의 머리에 떨어지게 하라 내가 그 남은 자를 칼로 살륙하리니 그 중에서 하나도 도망하지 못하며 그 중에서 하나도 피하지 못하리라 저희가 파고 음부로 들어갈찌라도 내 손이 거기서 취하여 낼 것이요 하늘로 올라갈찌라도 내가 거기서 취하여 내리울 것이며 갈멜산 꼭대기에 숨을찌라도 내가 거기서 찾아낼 것이요 내 눈을 피하여 바다 밑에 숨을찌라도 내가 거기서 뱀을 명하여 물게 할 것이요 그 원수 앞에 사로잡혀 갈찌라도 내가 거기서 칼을 명하여 살륙하게 할 것이라 내가 저희에게 주목하여 화를 내리고 복을 내리지 아니하리라 하시니라"(암9:1-4)

당신이 구원을 받은 성도라도 모두 한 길을 가는 것이 아니다. 모두가 자기의 믿음의 분량대로 하나님께 인도하심을 받을 것이다. 우연히 휴거를 한다든지, 아니면 재수가 없어서 도시에 남아 순교를 한다든지, 아니면 운이 좋아 공동체 교회에 들어가서 양육을 받는 것이 아니다. 순교를 피하려고 도피처나 피난처를 만들어 갔는데 거기에서 순교를 당할 때 많은 성도들이 당황하게 될 것이다. 왜냐하면 기독교 구원의 원리를 모르기 때문이다.

요한 계시록에는 후 삼년 반에 적그리스도인 짐승이 성도들과 싸워 이긴다고 했다. 즉 성도를 죽인다는 것이다. 다니엘도 마지막 때 한때 두때 반때 성도들의 권세가 다 깨어지기 까지 하나님의 심판은 끝나지 않는다고 했다. 왜냐하면 사람이 무엇으로 심든지 그대로 거두기 때문이다. 당신이 만일 소망찬 미래를 생각한다면 지금부터 당신은 달라져야 한다. 아무렇게나 눈에 보이는 대로 살면서 당신과 당신의 가족이 평안해 지리라 생각하면 당신은 자신을 스스로 속이는 것이다. 왜냐하면 아무것도 심지 않고 거두려는 욕심 때문이다. 성경은 미래 내가 받을 심판에 대하여 원리를 가르쳐 준다. "사로잡은 자는 사로잡힐 것이요 칼로 죽이는 자는 칼로 죽임을 당하리라" 즉 당신이 심은 대로 하나님은 당신을 인도하실 것이다. 요행이 통하지 않는다. 재수나 운도 아무런 소용이 없다. 아무리 발버둥치고 탄식을 한다고 해도 그것은 당신이 심은 씨앗을 당신이 거둔 것이다. 하나님은 당신이 심은 대로 인도하실 것이다. 이것이 요한 계시록에 기록된 심판이다.

"또 권세를 받아 성도들과 싸워 이기게 되고 각 족속과 백성과 방언과 나라를 다스리는 권세를 받으니 죽임을 당한 어린 양의 생명책에 창세 이후로 녹명되지 못하고 이 땅에 사는 자들은 다 짐승에게 경배하리라 누구든지 귀가 있거든 들을찌어다 사로잡는 자는 사로잡힐 것이요 칼로 죽이는 자는 자기도 마땅히 칼에 죽으리니 성도들의 인내와 믿음이 여기 있느니라"(계13:7-10)

"다니엘아 마지막 때까지 이 말을 간수하고 이 글을 봉함하라 많은 사람이 빨리 왕래하며 지식이 더하리라 나 다니엘이 본즉 다른 두 사람이 있어 하나는 강 이편 언덕에 섰고 하나는 강 저편 언덕에 섰더니 그중에 하나가 세마포 옷을 입은 자 곧 강물 위에 있는 자에게 이르되 이 기사의 끝이 어느 때까지냐 하기로 내가 들은즉 그 세마포 옷을 입고 강물 위에 있는 자가 그 좌우 손을 들어 하늘을 향하여 영생하시는 자를 가리켜 맹세하여 가로되 반드시 한때 두때 반때를 지나서 성도의 권세가 다 깨어지기까지니 그렇게 되면 이 모든 일이 다 끝나리라 하더라"(단12:4-7)

현재 전 세계에 흩어져 있는 광야 공동체 교회는 약 300만 명의 성도들이 있다. 그들 역시 도시를 떠나 시골에서 농사를 짓고 살고 있다. 심지어 아미쉬 공동체 교회는 전기도 사용하지 않고, 트랙터나 자동차도 거부하고 말을 이용하여 농사를 짓고 교통 수단으로 사용하고 있다. 스위스에서 시작한 아미쉬 공동체, 체코에서 시작한 후터 라이트 공동체, 네덜란드에서 시작한 메노 나이트 공동체, 독일에서 시작한 브루더 호프 공동체 등이다.

필자는 1982년 4월 10일부터 광야 공동체 교회를 준비하고 있다. 이것이 하나님께서 나의 평생에 주신 사역이다. 그리고 이 책을 쓰고 있는 이유도 주님이 주신 사명이다. 노아는 100년 동안 방주를 만들었다. 성경은 그가 여호와께서 말씀 하신대로 다 준행했다고 기록하고 있다. 광야 공동체 교회에 대하여 관심이 있으신 분들은 연락을 바란다.

광야 공동체 관심을 가진 성도는 어떻게 하면 살 수 있을까에 대한 것이 아니라 내가 무엇을 가지고 지체들을 섬길 수 있는가를 생각해야 한다. 의사는 치료할 수 있다. 간호사는 병든 성도를 돌볼 수 있다. 건축업자는 집을 지을 수 있다. 태양광 기술자는 전기를 공급할 수 있다. 영양사는 지체들의 건강을 돌볼 수 있다. 미용사는 머리를 손질할 수 있다. 유치원 교사는 어린 아이들을 교육한다. 초,중,고 교사는 학생들을 가르칠 수 있다. 약사는 약국을 운영한다. 보일러 기술, 냉동기술, 원예사, 농업사, 요양사, 복지사, 중장비 기술자, 자동차 정비사, 가축사들은 자신들이 할 수 있는 것들을 통해서 지체들을 섬길 수 있다. 모든 지체들이 자신이 가지고 있는 은사와 달란트를 가지고 섬길 때 광야 공동체 교회 안에 멋진 하나님의 나라가 세워질 수 있다. 세상은 망하고 뒤집혀져도 구원받은 성도들의 공동체는 자급자족 할 수 있는 유일한 희망의 땅이 되는 것이다.

이사야 선지자가 예언 했듯이 이제 이자를 주는 자와 이자를 받는 자가 일반이 된다. 다스리는 자와 다스림을 받는 자가 일반이 된다. 종과 상전이 일반이 된다. 세상의 모든 것들이 우리 곁을 떠나는 날 몸 하나만 남게 된다. 내게 부동산이 많이 있어도 나와 상관이 없다. 아무리 돈이 많아도 종이 조각에 불과하다. 이런 날이 오기 전에 속히 구원 받은 성도는 천국으로 모든 소유를 옮겨야 한다. 그것이 광야 공동체 교회를 세우기 위해 섬기는 것이다. 이것이 천국에 나의 보화를 쌓는 유일한 방법이다.

"여호와께서 땅을 공허하게 하시며 황무하게 하시며 뒤집어 엎으시고 그 거민을 흩으시리니 백성과 제사장이 일반일 것이며 종과 상전이 일반일 것이며 비자와 가모가 일반일 것이며 사는 자와 파는 자가 일반일 것이며 채급하는 자와 채용하는 자가 일반일 것이며 이자를 받는 자와 이자를 내는 자가 일반일 것이라 땅이 온전히 공허하게 되고 온전히 황무하게 되리라 여호와께서 이 말씀을 하셨느니라 땅이 슬퍼하고 쇠잔하며 세계가 쇠약하고 쇠잔하며 세상 백성 중에 높은 자가 쇠약하며 땅이 또한 그 거민 아래서 더럽게 되었으니 이는 그들이 율법을 범하며 율례를 어기며 영원한 언약을 파하였음이라"(사 24:2-5)

4. 피난처 준비

피난처를 준비해야 할 사람은 구원 받지 못한 사람들이다. 오늘날 현대교회 성도 90%가 구원을 받지 못한 사람들이다. 물론 자신들은 모두 휴거에 자신이 있다고 하지만 착각일 뿐이다. 이들이 피난처를 준비해야 하는 이유는 도시를 떠나 666 짐승의 표를 받지 않기 위함이다. 도시에 남은 자들은 절대로 666 짐승의 표를 거절할 수 없다 왜냐하면 공산주의 통제사회 경제제도 안에서 사고 파는 수단으로 사용하기 때문이다. 뿐만 아니라 짐승의 표를 받지 않고는 도시 안에서 생활 자체가 불가능하기 때문이다. 만일 어떤 사람이 666 짐승의 표를 받게 되면 유전자가 AI 인공지능과 통합이 되어 하나님의 형상이 지워져 로봇 인간이 되어 버린다. 자유의지와 인격이 사라져 버리는 것이다. 이것을 인간 노예화 프로젝트라고 한다.

만일 도시를 떠나 도피처나 피난처에서 살면 최소한 짐승의 표를 받지 않게 된다. 그렇게 되면 천년왕국 백성으로 들어갈 수 있게 된다. 천년왕국 백성으로 들어간 것은 구원이 아니다. 누구든지 짐승의 표를 받지 않으면 천년왕국 백성으로 들어가서 다시한번 구원을 얻을 수 있는 기회를 얻게 되는 것이다. 오늘날 2000년 기독교 신학은 성경에서 나온 것이 아니라 헬라 철학으로 만든 가짜 물질 번영 신학이다. 그래서 지상의 유토피아를 세우기 위해서 살아간다. 그러나 성경에서 말한 기독교는 예수님께서 오셔서 세우실 천년왕국에 대하여 계속해서 말씀하고 계신다. 이것이 17개 선지서의 내용이다. 17개 선지서에서는 남북왕조가 망한 것을 구약으로 예언을 했다. 바벨론 포로로 끌려가서 해방되어 나오는 과정을 신약으로 기록했다. 그래서 이사야 선지자는 바벨론을 멸망시키고 유다를 해방시킨 고레스 왕을 재림 하시는 예수님의 모습으로 기록한 것이다.

남북 왕조가 바벨론에서 해방되어 나오는 날에 이루어졌던 일들이 예수님의 재림으로 다시 다 이루어진다. 앗수르와 바벨론이 심판을 받아 지상에서 사라진다. 그러나 앗수르와 바벨론과 애굽에서 남은 자들이 구원을 받아 새롭게 된 새 예루살렘의 딸이 되고 백성이 되어 수장절을 지키기 위해 예루살렘으로 올라온다. 이들이 바로 666 짐승의 표를 받지 않고 천년왕국에 들어온 남은 자들의 모습이다. 심지어 이들 백성 중에 가인의 후손인 곡과 마곡도 있다. 그러나 그들은 1000년이 차고 무저갱에서 올라온 용에게 미혹되어 새 예루살렘을 공격하다가 불과 유황불에 심판을 받는다.

다시 한번 강조하지만 구원 받은 성도는 비록 도피처나 피난처에서 몸을 숨길지라도 그곳에서 반드시 순교가 일어난다. 왜냐하면 옛 사람이 죽지 아니하면 원죄의 부패성에서 해방되지 못하기 때문이다. 휴거하지 못한 성도는 반드시 광야 공동체 교회에서 살아 있는 순교자가 되어서 양육을 받아야 진짜 육체가 죽는 순교를 피할 수 있다.

제9장 기독교 구원의 신비, 남은 자들의 구원

1. 하나님께서 예비하신 구원은 남은 자들의 것

창세전에 예정된 기독교 구원은 거저 주시는 선물이다. 그 이유는 하나님을 찬송하기 위해서라고 하셨다. 예수님의 복음 역시 가난한 자, 창녀, 군인, 세리 등 당시 소외당하고 주목받지 못한 자들에게 전하여졌다. 이런 사람들이 받은 복음을 남은 자들에게 임한 거저 주시는 은혜라고 한다.

"곧 창세전에 그리스도 안에서 우리를 택하사 우리로 사랑 안에서 그 앞에 거룩하고 흠이 없게 하시려고 그 기쁘신 뜻대로 우리를 예정하사 예수 그리스도로 말미암아 자기의 아들들이 되게 하셨으니 이는 그의 사랑하시는 자 안에서 우리에게 거저 주시는바 그의 은혜의 영광을 찬미하게 하려는 것이라"(엡1:4-6)

구약에서도 신약에서도 신비로운 하나님의 구원 섭리를 말하고 있는 것이 바로 남은 자의 구원이다. 남은 자의 구원이 무엇인가? 마지막까지 남아 있는 자가 구원을 받는다는 뜻이다. 그런데 아이러니 한 것은 힘 있는 자들이 마지막까지 남아 있을 것 같은데 그렇지 않다. 힘 있는 자들은 자신이 가지고 있는 힘으로 싸우다가 결국은 모두 사라져 버리고 만다. 마지막까지 남은 자들은 힘없는 자들이다.

강풍이 지나간 곳에 남은 것은 버드나무와 같은 약한 나무들이다. 크고 강한 나무들은 모두 강풍에 다 쓰러져 버리고 만다. 결국 세상에서 남은 자가 되어 거저 주시는 하나님의 구원을 받기 위해서 피터지게 싸우는 삶의 중심에서 멀리 떠나 있어야 한다. 그렇게 하기 위해서는 세상에 대한 욕심이나 탐욕을 버려야 한다. 세상이 하나님의 심판을 받을 때 세상 속에 사는 자들은 모두 심판을 받는다. 그러나 세상 중심으로부터 나와 비켜 서 있는 자들은 모두 구원을 받는다. 이들이 바로 도시 밖에서 살아가는 가난한 자들이다.

2. 남은 자들의 구원의 상징인 레갑 족속들

유다의 남은 자들인 레갑 족속

여호와께서 유다를 심판하시기 전에 예레미야에게 성전으로 유다 방백들과 제사장들을 모으고 레갑 족속들을 초대하여 포도주를 먹여 보라고 하셨다. 그런데 레갑 족속들은 조상 요나답의 유언에 따라 포도주를 마시지 않겠다고 하였다. 그때 여호와께서는 레갑 족속을 축복하시고 유다를 심판하시겠다고 선포하셨다. 여호와께서는 레갑 족속들은 조상들의 유언을 지켜 오는데 유다는 그들이 여호와의 말씀을 버렸다고 하셨다. 요나답은 아합시대 사람으로 선조 레갑의 유언을 따라서 예레미야 시대까지 200년 동안 여호와를 경외하고 가까이 하기 위해 집을 짓지 않고, 나무를 심지 않고, 밭을 사서 정착생활을 하지 않고 불편한 유목생활을 하면서 신앙을 생명처럼 지켜 왔던 것이다. 그러나 유다 사람들은 여호와의 말씀을 버리고 욕심과 탐욕으로 앗수르와 바벨론을 따라 섬기면서 죄를 짓고 결국 타락하여 심판을 받은 것이다.

"그들이 이르되 우리는 포도주를 마시지 아니하겠노라 레갑의 아들 우리 선조 요나답이 우리에게 명령하여 이르기를 너희와 너희 자손은 영원히 포도주를 마시지 말며 너희가 집도 짓지 말며 파종도 하지 말며 포도원을 소유하지도 말고 너희는 평생 동안 장막에 살아라 그리

하면 너희가 머물러 사는 땅에서 너희 생명이 길리라 하였으므로"(렘35:6-7)

"레갑의 아들 요나답의 자손은 그 선조가 그들에게 명한 그 명령을 준행하나 이 백성은 나를 듣지 아니하도다 그러므로 나 만군의 여호와 이스라엘의 하나님이 이같이 말하노라 보라 내가 유다와 예루살렘 모든 거민에게 나의 그들에게 대하여 선포한 모든 재앙을 내리리니 이는 내가 그들에게 말하여도 듣지 아니하며 불러도 대답지 아니함이니라 하셨다 하라 예레미야가 레갑 족속에게 이르되 만군의 여호와 이스라엘의 하나님이 이같이 말씀하시기를 너희가 너희 선조 요나답의 명령을 준종하여 그 모든 훈계를 지키며 그가 너희에게 명한 것을 행하였도다 그러므로 나 만군의 여호와 이스라엘의 하나님이 이같이 말하노라 레갑의 아들 요나답에게서 내 앞에 설 사람이 영영히 끊어지지 아니하리라"(렘35:16-19)

레갑 족속의 조상은 모세의 장인 겐 족속 이드로

서기관 족속은 모두 레갑 족속들이다. 그런데 레갑 족속이 겐 족속이라고 하였다. 레갑의 고향은 함맛에서 살았던 겐 족속이라고 하였다. 성경에 기록된 함맛은 납달리 지파가 기업으로 얻은 땅인데 이드로의 아들 호밥의 자손들이 살았던 곳이다. 이곳에 살았던 호밥의 자손 헤벨의 아내인 야엘이 하솔 왕 야빈의 군대장관 시스라를 말뚝으로 죽인 곳이다. 긴네렛은 갈릴리 호수이다. 게데스는 갈릴리이다. 이곳에서 예수님은 12제자를 불러서 인간구속 섭리를 이루셨다. 갈릴리는 예수님의 공생애가 펼쳐진 곳이 되었다.

"야베스에 거한 서기관 족속 곧 디랏 족속과 시므앗 족속과 수갓 족속이니 이는 다 레갑의 집 조상 함맛에게서 나온 겐 족속이더라"(대상2:55)

"바락이 스불론과 납달리를 게데스로 부르니 만 명이 그를 따라 올라가고 드보라도 그와 함께 올라가니라 모세의 장인 호밥의 자손 중 겐 사람 헤벨이 자기 족속을 떠나 게데스에 가까운 사아난님 상수리

나무 곁에 이르러 장막을 쳤더라"(삿4:10-11)

"여섯째로 납달리 자손을 위하여 납달리 자손의 가족대로 제비를 뽑았으니 그 견고한 성읍들은 싯딤과 세르와 함맛과 락갓과 긴네렛과"(수19:32,35)

"납달리 지파 중에서는 살인자의 도피성 갈릴리 게데스와 그 목초지를 주었고 또 함못 돌과 그 목초지와 가르단과 그 목초지를 주었으니 세 성읍이라"(수21:32)

겐 족속은 가인의 후예들이다. 발람 선지자는 겐 족속(가인의 족속)에 대한 예언을 한다.

"또 겐 족속을 바라보며 예언하여 이르기를 네 거처가 견고하고 네 보금자리는 바위에 있도다 그러나 가인이 쇠약하리니 나중에는 앗수르의 포로가 되리로다 하고"(민24:21-22)

"모세가 그 장인 미디안 사람 르우엘의 아들 호밥에게 이르되 여호와께서 주마하신 곳으로 우리가 진행하나니 우리와 동행하자 그리하면 선대하리라 여호와께서 이스라엘에게 복을 내리리라 하셨느니라 호밥이 그에게 이르되 나는 가지 아니하고 내 고향 내 친족에게로 가리라 모세가 가로되 청컨대 우리를 떠나지 마소서 당신은 우리가 광야에서 어떻게 진 칠 것을 아나니 우리의 눈이 되리이다 우리와 동행하면 여호와께서 우리에게 복을 내리시는 대로 우리도 당신에게 행하리이다"(민10:29-32)

"모세의 장인은 겐 사람이라 그 자손이 유다 자손과 함께 종려나무 성읍에서 올라가서 아랏 남방의 유다 황무지에 이르러 그 백성 중에 거하니라"(삿1:16)

레갑 족속의 조상은 겐 족속으로 이방인이다. 성경에 기록된 겐 족속으로 여호와를 섬기며 유목생활을 한 사람이 바로 모세의 장인 이드로이다. 모세 장인 이드로의 아들 호밥은 이스라엘이 광야 길을 가는 동안 모세의 눈이 되어 주었다. 그 후 이드로의 자손들은 유다 지파에 편입이 되어 종려나무 성읍인 여리고에서 살다가 남쪽 황무지로 내려가 다시 유목생활을 하게 된다. 호밥의 자손들이 여리고 종려나무 성읍을 떠나 남쪽 황무지로 이주한 후 다시 납달리 땅 갈릴리 호수

북쪽으로 이주를 한다. 그 사람이 바로 헤벨이다.
이들이 광야 길을 인도해 준 댓가로 받은 여리고 오아시스인 종려나무 지역을 떠나 남쪽 황무지와 척박한 납달리 땅 갈릴리 호수 북쪽으로 이주한 이유는 유다 자손들이 비옥한 여리고 종려나무 땅을 탐내었기 때문에 분쟁을 피하기 위해 스스로 오지(奧地)로 가주지를 옮긴 것이다.

미디안 제사장, 겐 사람, 모세의 장인 이드로는 누구인가?

"모세가 그 장인 미디안 제사장 이드로의 양무리를 치더니 그 무리를 광야 서편으로 인도하여 하나님의 산 호렙에 이르매"(출3:1)
"아브라함이 후처를 맞이하였으니 그의 이름은 그두라라 그가 시므란과 욕산과 므단과 미디안과 이스박과 수아를 낳고"(창25:1-2)
성경은 모세의 장인 이드로를 미디안 제사장이라고 하였다. 미디안이란 이름은 아브라함의 후처 그두라의 아들이다. 아브라함은 후처의 아들들에게 기업을 주어 동쪽으로 이주를 시켰다. 미디안 족속들은 세 종류로 분류가 된다. 발람이 속해 있었던 미디안 성읍이다. 시므온 지파 남자들을 유혹해서 망하게 한 고스비가 미디안 족장의 딸이었다. 먼 길을 오가며 장사하고 있는 미디안 상인들이다. 그리고 이드로처럼 유목생활을 하고 있는 미디안 족속이 있다. 그런데 이드로는 겐 족속이다. 즉 가인의 후손이다. 가인의 후손 역시 여러 종류의 직업을 가지고 살았다. 거의 대부분 도시를 건축하여 기계와 악기와 무기를 만들어 정복하고 지경을 넓히는 세계 역사의 주류이다. 그런데 이드로는 가인의 후손임에도 불구하고 광야에서 유목생활을 하고 있다.
이드로는 가인의 자손으로 아브라함의 후처 그두라의 아들인 미디안의 자손들을 만나 결혼을 하고 제사장이 되었다. 하나님께서 모세를 40년 동안 이드로에게 맡겨 훈련을 받게 하셨다. 성경에는 기록이 없지만 미디안 제사장인 이드로가 가인의 후손들처럼 바알이나 아세라를 섬기는 제사장이었다면 하나님께서 모세를 그에게 맡기시지 않으셨을 것이다. 그가 도시 문명을 등지고 광야에서 유목생활을 하는 제사장이었다면 분명히 아브라함의 후처 그두라의 아들인 미디안 자손들을 통해서 여호와의 신앙을 가질 수 있었을 것이다. 출애굽기 18장에서 이드로 제사장이 모세의 출애굽 과정의 이야기를 듣고 여호와를 찬양하고 번제물과 희생제물을 가져와서 제사를 드리고 장로들과 함께 먹는 놀라운 장면이 나온다.

"이드로가 여호와께서 이스라엘에게 모든 은혜를 베푸사 애굽 사람의 손에서 구원하심을 기뻐하여 가로되 여호와를 찬송하리로다 너희를 애굽 사람의 손에서와 바로의 손에서 건져내시고 백성을 애굽 사람의 손 밑에서 건지셨도다 이제 내가 알았도다 여호와는 모든 신보다 크시므로 이스라엘에게 교만히 행하는 그들을 이기셨도다 하고 모세의 장인 이드로가 번제물과 희생을 하나님께 가져오매 아론과 이스라엘 모든 장로가 와서 모세의 장인과 함께 하나님 앞에서 떡을 먹으니라"(출18:9-12)

가인의 자손 중에서 이드로와 같은 사람이 있다는 사실이 놀라울 뿐이다. 아브라함의 후처의 아들인 미디안의 자손 중에서 이드로와 같은 사람에게 여호와의 신앙을 전수시켜 준 사람이 있었다는 것도 놀라운 일이다. 이드로의 아들인 호밥의 자손들이 납달리 갈릴리 땅에서 번성하여 헤벨의 아내 야엘과 같은 여장부가 나온 것도 놀라운 일이다. 헤벨의 아내 야엘은 바락 장군과 싸우다가 헤벨의 집으로 피신한 시스라 장군을 잠들게 하고 말뚝으로 박아 죽인 여자이다. 왜 예수님께서 나사렛에서 사셨는가? 왜 예수님은 갈릴리에서 공생애 사역을 하셨을까? 만일 예수님께서 다시 오신다면 가장 먼저 찾아 오실 곳이 어디일까? 그리고 누구일까? 레갑 족속들의 역사는 하나님의 구속사의 큰 물줄기와 같다.

서기관 족속이 된 레갑 족속

"야베스에 거한 서기관 족속 곧 디랏 족속과 시므앗 족속과 수갓 족속이니 이는 레갑의 집 조상 함맛에게서 나온 겐 족속이더라"(대상 2:55)

야베스에 거한 서기관 족속들이 모두 레갑 족속이다. 이드로의 아들 호밥의 자손들이 여호수아를 통해서 광야 길을 안내했던 댓가로 가장 좋고 비옥한 땅인 여리고 종려나무 성읍을 기업으로 받았다. 그렇다면 레갑 족속이 살았던 야베스는 어디인가? 여리고 종려나무 성읍이다. 유명한 야베스의 기도가 레갑 족속의 기도이다.

서기관은 성경 기록들을 보존하고 설명하는 일을 하고 율례와 규례를 기록하여 정리하고 역사철을 보관하는 일을 한다. 유목생활을 하고 있는 겐 족속이 이런 업무를 하는 것이 놀랍다. 보통 구약에서는 선지자들이 하던 일이다. 엘리야와 엘리사 시대에 선지학교가 있었다. 벧엘, 길갈, 여리고 나중에 길갈의 선지학교가 협소하자 요단에 하나를 더 확장시키는 모습이 왕하 6장에 기록되어 있다. 그런데 길갈에 100명의 선지 생도가 있었다. 여리고에도 50명의 선지 생도가 있었다. 모두 여리고 종려나무 성읍으로 이드로의 아들 호밥 자손들이 살았던 곳이다.

보통 히브리 유목민들을 집시라고 한다. 집시의 상징은 학문이 없고 무식하고 단순하게 살아가는 자들을 말한다. 레갑 족속이 유목생활을 하면서 어떻게 서기관 족속이 되었을까? 고대 문명의 주인공은 가인의 후예들이다. 이들이 문자를 만들고 각종 문명을 일으켰다. 왜냐하면 아리안 족이란 바로 가인의 후예들로 이 세상에서 가장 머리기 좋은 인종이다. 예나 지금이나 이들이 문명의 주인들이다. 그런데 어떻게 레갑 족속들이 서기관 족속이 되었을까? 바로 그들이 겐 족속이었기 때문이다. 이드로 역시 겐 족속으로 비록 그가 유목생활을 하고 있었지만 그는 가인의 족속으로 문자나 문명에 깨어 있었던 사람이다. 이들의 자손들이 바로 서기관 족속이 된 것이다.

바벨론 포로 귀환 이후 레갑 족속들

"분문은 벧학게렘 지방을 다스리는 레갑의 아들 말기야가 중수하여 문을 세우며 문짝을 달고 자물쇠와 빗장을 갖추었고"(느3:14)

유다가 멸망한 주전 586년 후에는 레갑 족속의 거취에 대한 언급이 없으나 바벨론으로 함께 이주한 후 포로 귀환 시 돌아와 예루살렘 남쪽 4㎞ 지점에 위치한 벧학게렘 지방을 다스리는 레갑 족속 말기야가 분문을 건축했다. 오늘날의 위치는 라멧 라헬이다. 벧학게렘은 오늘날 베들레헴으로 레갑 족속들이 바벨론 포로에서 돌아와 척박한 땅에서 양들을 키워 예루살렘 성전에서 제사용으로 사용하였다고 한다. 예수님께서 베들레헴 말구유에 태어나실 때 빈들에서 양들을 지키는 목자들이 예수님을 영접하는 복을 받았다. 이들이 모두 레갑 족속들이다. 오늘날에는 레갑 족속들이 예멘을 중심으로 약 6만 명이 살고 있다고 한다.

레갑 족속들이 건축한 분문은 힌놈의 골짜기로 통하는 문이다. 힌놈은 헬라어로 게헨나 지옥이라고 한다. 므낫세 시대 날마다 자녀들을 불태워 몰렉 제사를 드린 도벳의 산당이 있는 곳이다. 예루살렘의 모든 쓰레기가 빠져 나가는 문이다. 일명 지옥문이다. 그런데 레갑 족속들이 분문을 만들었다. 지옥문을 닫은 것이다.

성경은 아담으로부터 시작해서 가인의 후예들과 아벨의 후예들에 대한 역사를 기록하고 있다. 이것이 주류들의 역사이다. 그런데 놀라운 것은 그들이 구원의 주류가 아니라는 것이다. 진짜 구원 받은 주류는 남은 자들이다. 가인의 후손 중에 남은 자인 이드로, 아브라함의 후처 그두라의 아들 미디안, 이드로의 아들 호밥의 자손들인 레갑 족속들이 살아 있는 여호와의 신앙을 바로 지켜온 증인으로 살다가 예수님의 갈릴리 사역을 통해 갈릴리 출신 12제자로 이어져 오늘날까지 오고 있다. 이것이 남은 자의 비밀이다. 예수님께서 베들레헴에 탄생하셨을 때 영접한 목동들도 레갑 족속이다. 베들레헴은 예루살렘 성전 제사에 필요한 양들을 키워 팔았던 지역이다. 그런데 예수님 자신이 골고다 십자가의 어린 양으로 베들레헴에 태어나셨고 예수님의 탄생을 예배한 사람들이 레갑 족속들이었다.

3. 신약시대의 남은 자들인 레갑 족속들

"그러므로 나 만군의 여호와 이스라엘의 하나님이 이같이 말하노라

레갑의 아들 요나답에게서 내 앞에 설 사람이 영영히 끊어지지 아니하리라"(렘35:19)

여호와 하나님은 레갑 족속들의 자손들이 여호와 앞에서 영원히 쓰임을 받을 것을 약속하셨다. 이후에 레갑 족속들은 서기관 족속이 되었다. 하나님의 말씀을 기록하여 남기는 일을 하였다. 쿰란 공동체는 구약의 역사와 구약 성경 사본들을 기록하여 보존하는 공동체였다. 레갑 족속들이 속세를 떠나 정결한 삶을 살면서 서기관 족속으로 살았던 것을 생각해 보면 쿰란 공동체와 서기관 족속인 레갑 족속들과의 공통점이 많이 있다.

사해의 북서쪽에 있는 쿰란은 사해 사본을 기록한 에세네파 사람들의 주거 지역이었다. 이 지역은 1951~1956년에 발견되었으며 폐허 속의 주건물은 폭 27m, 길이 44m 정도로 석고가 거칠게 발라져 있는 큰 돌로 만들어졌다. 북쪽에는 수비탑이 있으며 부엌과 붙어있는 식당에서는 1,000여점의 토기가 발견되었다. 쿰란 주변 동굴에서는 두루마리 형태로 잘 보존되어 있는 사해 사본이 발견 되었는데 이들 중 약 1/4이 구약 사본이며 나머지는 구약주석, 신학서, 쿰란 공동체의 규율집들로써 대부분 양피가죽이나 파리루크우에 고대 히브리어로 적어놓은 것들이다. 사해 구약 사본은 현존하는 구약 사본들 중에서 가장 오래된 것이며 에스더서만을 제외 하고 구약의 모든 책들이 전부 포함되어 있다.(위키백과)

신약에 나타난 남은 자들의 모양은 레갑 족속들이 살았던 베들레헴에서 태어나신 예수님을 영접했던 목동들이다. 그리고 예수님께서 사셨던 나사렛 땅과 사역하셨던 갈릴리 지역이 레갑 족속들이 살았던 지역이다. 왜냐하면 가장 비천한 땅이었기 때문이다. 레갑 족속들은 항상 이런 척박한 땅만을 선택해서 거주지를 정했다. 왜냐하면 고난을 통해 스스로를 정결하게 지킬 수 있었던 환경이었기 때문이다. 세례 요한 역시 쿰란 공동체와 같은 광야 공동체에서 살았다. 에세네파 사람들이 정결 예식으로 사용했던 세례 의식이 쿰란 공동체의 의식이었다. 이것 또한 예레미야를 통해서 약속하신 레갑 족속들에게 주신 은혜이다.

예수님의 12제자 중 사도 요한의 제자는 폴리갑이다. 폴리갑의 제자는 이레니우스이다. 이레니우스는 기독교 이단이 무천년주의로 득세를 하고 있는 시대에 철저하게 전천년주의를 강력하게 지켜 냈다. 로마 국가 교회와 같은 외적인 부흥을 부정하면서 다가올 천년왕국을 대비한 마음속에서 이루어지는 성품의 천국을 강하게 주장했다.

이레니우스가(주후130-200) 감독으로 활동했던 프랑스 리용 교회 성도들은 로마 교회의 핍박이 심해지자 알프스 산 피에드몽 골짜기로 피신하였다. 역시 노바티안 형제들과 도나투스파 형제들도 유아 세례를 거부했기 때문에 재세례파라는 죄목으로 박해가 시작되자 터키 갑바도기아와 알프스 피에드몽 골짜기로 몰려 들었다.

그래서 알프스 피에드몽 골짜기는 예루살렘, 안디옥, 프랑스 리용 다음으로 참 교회의 성지가 되었다. 이들은 북아프리카, 북부 이탈리아, 스위스, 남부 독일, 프랑스 리용 등에서 몰려온 성도들이었다. 이들의 이름이 고대 왈덴스인들이다. 왈덴스인들은 안디옥으로부터 전수된 구 라틴 성경을 가지고 초대 예루살렘과 같은 교회를 유지했다. 이들이 보존한 구 라틴 성경은 폴리시안, 왈도파, 알비겐스를 거쳐 로라즈 전도단 위클리프에게 들어가 1382년에 영어로 번역이 되었다.

위클리프 영어 성경을 통해서 체코에서는 프라하 형제단이 출현하였다. 일명 후스파라고 하는 프라하 형제단을 이끌었던 얀 후스가 1415년 화형을 당한 후 더 많은 개혁들이 체코에서 일어났다. 1420년 후스파는 4개 항을 선포하였다. 1, 하나님의 말씀이 자유롭게 선포될 것, 2, 평신도에게 이종성찬(떡과 포도주)을 허락할 것, 3, 사제들의 모든 세속적인 지위를 박탈할 것, 4. 지위 고하를 막론하고 죄를 지은 자는 처벌할 것. 이와 같은 네 가지 조항으로 체코에서는 사도행전 2장에 기록된 아름다운 교회 공동체가 활발하게 넓혀져 갔다.

후스파의 공동체 교회의 영역이 점점 더 확장되자 로마 가톨릭은 후스파와 정치적인 협상을 시작했다. 로마 교회와 타협에 불만을 가진 급진파 후스파는 1457년 체코 형제단을 출범 시키면서 쿤발트 지역에서 왕이 통치하는 사도행전 2장과 같은 하나님의 나라를 세우게 된다. 체코 형제단의 종교개혁은 돌풍처럼 독일과 스위스와 네덜란드로 들어간다. 독일에서는 튀링겐 시의 토마스 뮌쳐, 스위스 취리히에서는 스위스 형제단, 네덜란드에서는 메노 시몬스와 같은 개혁자들이 일어났다. 그런데 짝퉁 종교 개혁자들인 마틴 루터, 존 칼빈, 츠빙글리가 나타나 이들을 죽이고 종교개혁 간판을 바꿔 달았다.

여기에서 살아남은 참 신자들이 만든 공동체가 아미쉬, 메노 라이트, 후터 라이트, 브루더호프이다. 이들이 현대판 레갑 족속들이다. 이들은 지금도 말을 타고 다닌다. 전기를 사용하지 않는다. 농사도 기계를 사용하지 않고 말을 사용한다. 같은 우주시대에 살면서 이들은 전혀 다른 생활을 하고 있다. 능력이 없어서가 아니다. 돈이 없어서가 아니다. 하나님을 사랑하고 하나님의 뜻대로 살기 위해서 그렇다. 이 세상에서는 그들이 얻을 기업이 없기 때문에 그렇게 사는 것이다. 그들의 본향은 새 예루살렘이다. 그들이 통치하고 활개치기를 원하는 나라가 천년왕국이기 때문이다. 전 세계에 흩어져 살고 있는 이들의 후손들이 300만 명이나 된다.

종교개혁이 있었던 500년 전에는 이들이 10명 20명 무리를 지어 신앙의 자유를 찾아 오지(奧地)로 갔었지만 지금은 그들의 후손이 하늘의 별과 같이 되었다. 예수님께서 재림하실 때 가장 자신이 있고 반갑게 영접할 수 있는 성도들이 바로 이 사람들이다. 그래서 이들은 현대판 레갑 족속들이다. 구약에서는 레갑 족속들이 서기관 족속이 되어 성경을 기록하고 목숨을 걸고 지켰다. 신약에서는 피에드몽 골짜기를 중심으로 왈덴스, 왈도파, 알비겐스 재세례파 형제들이 목숨걸고 성경을 지켰다. 그들은 단지 알프스 산에서 은둔 생활만 한 것이 아니다. 그들은 물건들을 만들어 가지고 몇 달씩 장사를 하면서 손으로 직접 쓴 쪽성경을 전해 주면서 중세 1000년의 암흑시대를 밝혔다.

4. 성경에 기록된 남은 자들

남은 자들의 역사

도시 중심의 문명을 가지고 살았던 가인의 후손으로 도시를 등지고 유목생활을 하면서 남은 자가 되었던 모세의 장인 이드로는 가인의 족속 중에서 남은 자이다. 아브라함의 후처 그두라의 아들 미디안의 자손들이 모압 옆에 큰 나라를 형성하고 살았지만 이드로는 유목생활을 택하므로 미디안에서 남은 자가 되었다. 이드로의 아들 호밥은 여리고 종려나무 성읍을 여호수아로부터 기업으로 받았지만 스스로 포기하고 남방 황무지에 거하면서 유목생활을 택하므로 스스로 유다지파에서 남은 자가 되었다. 아합시대 레갑의 아들 요나답은 후손들에게 집을 짓지 못하게 하고, 포도원을 일구지 못하게 하고, 나무를 심지 못하게 하여 여호와를 섬기는 일에 전념하도록 유목 생활을 유언으로 남겼는데 200년이 지나도록 레갑의 후손들은 유언을 지켜 유다가 망할 때 남은 자가 되었다. 죄인 가인의 남은 자는 아벨, 아담의 후손들이 네피림의 죄악으로 물 심판을 받을 때 남은 자는 노아, 노아의 후손들이 바벨탑을 쌓고 배도할 때 남은 자는 아브라함, 이스라엘의 12지파가 망할 때 유다지파가 남은 자, 유다 왕국이 로마에게 망할 때 남은 자는 이방인, 이방인 교회가 타락하여 망할 때 남은 자는 광야교회이다.

끝까지 남아 구원을 받은 남은 자들의 특징

"그 때에 내가 열방 백성의 입술을 깨끗하게 하여 그들이 다 여호와의 이름을 부르며 한 가지로 나를 섬기게 하리니 내게 구하는 백성들 곧 내가 흩은 자의 딸이 구스 강 건너편에서부터 예물을 가지고 와서 내게 바칠지라 그 날에 네가 내게 범죄한 모든 행위로 말미암아 수치를 당하지 아니할 것은 그 때에 내가 네 가운데서 교만하여 자랑하는 자들을 제거하여 네가 나의 성산에서 다시는 교만하지 않게 할 것임이라 내가 곤고하고 가난한 백성을 네 가운데에 남겨 두리니 그들이 여호와의 이름을 의탁하여 보호를 받을지라 이스라엘의 남은 자는 악을 행하지 아니하며 거짓을 말하지 아니하며 입에 거짓된 혀가 없으며 먹고 누울지라도 그들을 두렵게 할 자가 없으리라"(습3:9-13)

마지막 남은 자로 구원을 얻은 사람은 이스라엘 뿐만 아니라 여러 이방나라들이 포함되어 있다. 이것은 바벨론을 고레스가 멸망시키고 바벨론 제국으로부터 해방 받은 모든 나라들을 상징하기도 한다. 하나님께서 모든 나라 백성들의 입술을 깨끗하게 하여 여호와의 이름을 부르게 하신다. 그들이 이스라엘에 편입이 되어 예루살렘으로 와서 예물을 드린다. 천년왕국에서 이루어질 일이다.

그런데 그들의 특징은 가난한 자들이다. 곤고한 자들이다. 쫓겨난 자들이다. 힘이 없는 자들이다. 이들은 악을 행치 아니하고, 거짓을 말하지 아니하고, 입에 거짓된 혀가 없고, 먹고 누울지라도 그들을 두렵게 할 자가 없는 자들이다. 이들은 이미 문명 사회로부터 버림 받은 자들이다. 떠도는 집시와 같은 존재들로서 아무도 그들을 간섭하지 않는다. 그러하기에 다툴 이유도 없고, 악을 행할 수 있는 힘조차 없는 존재들이다. 그래서 이들 입에는 거짓이 없다. 거래하거나 소득활동이 없기 때문에 거짓된 혀도 없는 것이다. 이런 사람을 아웃 사이더라고 한다. 노숙자가 싸우는 것을 보았는가? 노숙자가 거짓을 말하는 것을 들었는가? 노숙자가 먹고 누울 때 그들을 두렵게 할 자가 있는가?

바벨론에서 돌아온 남은 자들

"시온의 딸아 노래할지어다 이스라엘아 기쁘게 부를지어다 예루살렘 딸아 전심으로 기뻐하며 즐거워할지어다 여호와가 네 형벌을 제거하였고 네 원수를 쫓아냈으며 이스라엘 왕 여호와가 네 가운데 계시니 네가 다시는 화를 당할까 두려워하지 아니할 것이라 그 날에 사람이 예루살렘에 이르기를 두려워하지 말라 시온아 네 손을 늘어뜨리지 말라 너의 하나님 여호와가 너의 가운데에 계시니 그는 구원을 베푸실 전능자이시라 그가 너로 말미암아 기쁨을 이기지 못하시며 너를 잠잠히 사랑하시며 너로 말미암아 즐거이 부르며 기뻐하시리라 하리라내가 절기로 말미암아 근심하는 자들을 모으리니 그들은 네게 속한 자라 그들에게 지워진 짐이 치욕이 되었느니라 그 때에 내가 너를 괴롭게 하는 자를 다 벌하고 저는 자를 구원하며 쫓겨난 자를 모으며 온 세상에서 수욕 받는 자에게 칭찬과 명성을 얻게 하리라 내가 그 때에 너희를 이끌고 그 때에 너희를 모을지라 내가 너희 목전에서 너희의 사로잡힘을 돌이킬 때에 너희에게 천하 만민 가운데서 명성과 칭찬을 얻게 하리라 여호와의 말이니라"(습3:14-20)

이미 스바냐 선지자는 70년 바벨론 포로 생활이 끝나고 예루살렘으로 돌아올 남은 자들에 대하여 기록을 하고 있다. 누가 돌아 오는가? 바벨론에서 성공한 사람들은 돌아오지 않는다. 바벨론에서 정착한 사람들은 돌아오지 않는다. 바벨론 70년 포로생활을 하는 중에 수욕을 당하고 살았던 자, 절기로 인하여 근심 하는 자, 저는 자, 쫓겨난 자들을 돌아오게 하여 칭찬과 명성을 얻게 하실 것이라 한다.

고레스 왕을 통해서 바벨론 포로에서 돌아온 유다 백성들의 상징은 마지막 때 예수님이 재림하셔서 바벨론을 멸망시키시고 남은 자들을 구원하시는 것을 예언하고 있다. 요한 계시록 18장4절에서는 바벨론이 망하는 모습이 기록되어 있다. 사도 요한은 성령으로 말미암아 바벨론에서 나와서 멸망을 피하라고 경고를 한다. 누가 바벨론 성에서 나와 구원 받는 남은 자들이 될 수 있을까? 마지막 예수님의 재림으로 심판을 받을 대상은 바벨론 성인데 바벨론 시티라고 기록되어 있다.

마지막 심판은 도시를 중심으로 일어난다. 그래서 마지막으로 심판을 피해 남은 자가 되기 위해 예수님께서 말씀 하신대로 도시에서 탈출하여 산으로 도망해야 한다. 광야로 피해야 한다. 이사야 선지자 역시 마지막 세상에 임할 광풍 같은 심판을 피하기 위해 밀실에 들어가 잠시 동안 피하라고 경고를 하였다. 도시는 유비쿼터스 스마트 시티로 완벽통제사회가 구축된다. 이곳에서 살면서 완벽통제사회 시스템인 짐승의 표를 받지 않고 살 수 없다. 도시에서의 사람의 삶이 빅 데이터 통제 속에서 이루어지기 때문이다. 그래서 성경은 누구든지 666 표를 받은 자들은 영원히 꺼지지 않는 지옥 불의 심판을 피할 수 없다고 하였다. 도시에서 나와 일체 문명을 끊고 자연인처럼 살아야 트랜스 휴먼이라는 인간통제 프로그램을 피할 수 있다.

참 놀라운 사실은 바벨론 포로에서 돌아온 사람들이 약 5만 명 정도 되는데 거의 모든 사람들이 바벨론에서 나그네와 행인처럼 살았던 사람들이다. 다시 말해서 정착생활을 피하거나 못하고 살았던 사람들이다. 신분적으로도 종, 노예, 환관들이 주류를 이루고 있다. 그들은 끌려갈 때도 돌아 올 때도 역시 아웃 사이더였던 것이다. 그런데 그들이 복이 있는 자들이다. 왜냐하면 바벨론에서 받지 못하였던 칭찬과 명성을 남은 자들로 받게 되었기 때문이다. 예수님의 재림 때에도 비록 구원을 받아 첫째 부활에 참여하지는 못한다 할지라도 짐승의 표를 받지 아니한 자들은 천년왕국 백성으로 들어갈 수 있는 자격을 얻게 되는 것이다.

휴거를 약속 받은 남은 자들의 교회, 빌라델비아

"빌라델비아 교회의 사자에게 편지하기를 거룩하고 진실하사 다윗의 열쇠를 가지신 이 곧 열면 닫을 사람이 없고 닫으면 열 사람이 없는 그이가 가라사대 볼찌어다 내가 네 앞에 열린 문을 두었으되 능히 닫을 사람이 없으리라 내가 네 행위를 아노니 네가 적은 능력을 가지고도 내 말을 지키며 내 이름을 배반치 아니하였도다 보라 사단의 회 곧 자칭 유대인이라 하나 그렇지 않고 거짓말 하는 자들 중에서 몇을 네게 주어 저희로 와서 네 발앞에 절하게 하고 내가 너를 사랑하는 줄을 알게 하리라 네가 나의 인내의 말씀을 지켰은즉 내가 또한 너를 지키어 시험의 때를 면하게 하리니 이는 장차 온 세상에 임하여 땅에 거하는 자들을 시험할 때라 내가 속히 임하리니 네가 가진 것을 굳게 잡아 아무나 네 면류관을 빼앗지 못하게 하라 이기는 자는 내 하나님 성전에 기둥이 되게 하리니 그가 결코 다시 나가지 아니하리라 내가 하나님의 이름과 하나님의 성 곧 하늘에서 내 하나님께로부터 내려 오는 새 예루살렘의 이름과 나의 새 이름을 그이 위에 기록하리라 귀 있는 자는 성령이 교회들에게 하시는 말씀을 들을찌어다"(계3:7-13)

예수님의 재림으로 지금 우리가 사는 시공간 속에 갇힌 우주는 사라지고 시공간을 초월한 자유스런 새로운 우주가 펼쳐진다. 이때 구원을 받아 첫째 부활에 참여한 성도는 예수님과 같이 천년동안 왕 노릇 한다. 그러나 첫째 부활에는 참여하지 못하여도 666 짐승의 표를 받지 않는 자들은 이방인이라 할지라도 이스라엘 백성들과 함께 천년 왕국 백성으로 들어가 다시 한 번 구원의 기회를 얻게 된다.

빌라델비아 교회는 휴거에 약속을 받은 교회이다. 예수님의 신부로 인정을 받아 7년 환난에 들어가지 아니하고 바로 휴거에 참여한 유일한 교회이다. 빌라델비아 교회의 신앙의 특징을 알아보면 내 자신이 휴거에 참여할 수 있는가에 대한 여부를 알 수 있다.

빌라델비아 교회는 작은 시골교회이다. 그래서 적은 능력을 가지고 배반하지 않았다고 했다. 옛날에는 목화 사업을 주 생산으로 했고 오늘날에는 포도주 사업을 한다. 빌라델비아 교회 안에는 자칭 유대인이라고 하는 사단의 회가 있었다. 가짜 유대인인 바리새파 유대인들을 말한다. 이들은 말로만 유대인들이지 사단을 숭배한 자들이다. 그러하기에 교회 안에서 철저하게 참 성도들에게 갑질을 하고 핍박을 하는 자들이다. 교만하여 말만 앞세우고 성도들을 능욕하고 이용한 위선자들이다. 이런 자들을 그리스도의 사랑으로 품고 한 지체로 섬긴다는 것은 여간 어려운 일이 아니다. 그러나 빌라델비아 교회 성도들은 끝까지 이들을 사랑하고 이들로부터 받은 온갖 핍박과 조롱을 견디었다. 그래서 정금처럼 단련된 교회이다. 성경은 이들이 사랑으로 승리하여 예수님께서 사단을 섬기는 자들의 정체를 드러내고 교회 앞에 무릎을 꿇게 하셨다고 한다. 예수님께서 결국 거룩한 교회를 지켜 주신 것이다.

에베소 교회는 능력이 많아 스스로 영적인 전쟁을 했지만 빌라델비아 교회는 성도들이 힘이 없어 오직 예수님께서 이들을 대신하여 싸워 주신 것이다. 그렇다 전쟁은 우리가 하는 것이 아니다. 전쟁은 예수님이 하신다. 원수가 주릴 때 먹이고 목마를 때 마시게 해야 하는 것이다. 그리고 핍박자를 위해 기도해야 하는 것이다. 우리는 오직 말씀에 순종하여 참다운 예수님의 신부로 단장하는 것이다. 단장이 끝나면 예수님께서 원수들의 무릎을 꿇게 하신 것이다. 이것이 진정한 예수님의 신부인 교회이다.

에필로그(Epilogue)

필자는 23세인 1975년 2월 25일 제자로 헌신하여 48년 동안 오로지 말씀에 순종하면서 외로운 길을 걸어 왔다. 1975년-1982년 제자로서의 훈련, 1982년-1987년 목사로서의 훈련을 받았다. 1987년 3월 27일 목사 안수를 받으면서 한국교회 목사님 제자훈련 사역을 하나님께서 맡기셔서 지금까지 37년 동안 계속해서 하고 있다. 특히 1982년 4월 10일 하나님께서 주신 월드 비전을 통해 초대 예루살렘 교회와 같은 공동체 교회를 세우기 위해 지금까지 전력을 다하고 있다. 1979년도 김용기 장로님을 여름 수련회 강사로 초빙하기 위해 가나안 농군 학교를 방문했을 때 받은 충격은 지금까지도 잊을 수가 없다.

눈앞에 펼쳐져 있는 가나안 농군학교의 모습을 보는 순간 내 입이 부끄러워 1주일 동안 말을 할 수 없었다. 야산을 개간하여 농지를 만들고 구역 정리를 하여 각종 축사를 만들어 놓았다. 식당에는 "일하기 싫거든 먹지도 말라"는 문구가 있었다. 1982년 2월부터 오산리 금식 기도원에서 생애적인 비전을 위해 금식하면서 기도하는 중에 1982년 4월 10일 미28:18-20 말씀을 통해 가나안 농군 학교와 같은 자립하는 공동체 교회를 세우기 위해 월드 비전을 주셨다. 10만평 대지위에 100억 원이 소요되는 비용으로 젖과 꿀이 흐르는 가나안 땅과 같은 공동체 교회를 만들어 세상 사람들에게 하나님의 교회가 세상과 어떻게 다른가를 보여 주고 싶었다. 공동체 안에는 각종 약초재배 단지, 모든 나무는 과실나무, 축산단지 안에는 각종 동물들을 사육하고, 각종 새들을 키우는 단지, 각종 꽃들이 피어 있는 단지, 병원, 약국, 유치원, 미니 초,중,고등학교, 도서관, 실버타운, 각종 체력 단련장, 운동장, 수영장 등을 마련하여 작은 하나님의 나라를 만들어 불신자들에게 하나님이 살아 계심을 말이 아닌 삶으로 증거하고 싶었다.

초대 예루살렘 교회가 아름다운 공동체가 될 때 세상 사람들은 칭찬을 했다. 두려워하기도 했다. 전혀 새로운 세상이 그들의 눈앞에 펼쳐질 때 그들은 예루살렘 교회 성도들과 함께 살기 위해 몰려 들어왔다. 심지어 아나니아와 삽비라는 자신들의 재산을 다 팔아 가지고 들어오려고 했다. 그만큼 예루살렘 공동체 교회는 당시 사는 사람들에게 충격이었다. 내가 가나안 농군학교에 가서 받은 충격과 같은 것이다. 오늘날 교회는 입만 살아서 전도를 한다. 그러나 전도는 입으로 하는 것이 아니라 삶으로 증거 하는 것이다. 내 안에 계신 그리스도가 삶을 통해 나타나는 것이 전도이다. 나의 삶속에 이루어진 열매로 주님이 나타나는 것이다.

2011년 4월 석가탄일 공휴일에 청년시절에 함께 한 형제들이 모였다. 이 모임은 나에게 엄청난 사건이었다. 왜냐하면 일루미나티 비밀결사를 알았기 때문이다. 나는 그때까지 세상은 살만한 곳이라고 생각했다. 이곳에서 한 판 승부를 벌여도 될 수 있는 만만한 장소로 생각했다. 나에게 그런 능력을 하나님이 주실 줄도 믿었다. 그래서 월드 비전을 이루기 위해 뼈가 부러지도록 혼신의 힘을 다했다. 그런데 그렇게 간절하게 꿈꾸며 원했던 월드 비전은 30년이 지나도록 나에게 쉽게 이루어지지 않았다. 그런 땅을 찾는데 15년이 걸렸다. 땅을 사고 집과 훈련원을 짓는데 10년이 걸렸다.

2011년 비밀결사 일루미나티를 통해 세상의 종말이 다 되었다는 사실을 알게 되었을 때 내가 할 수 있는 일이 아무것도 없었다. 그때까지도 포기하지 않고 살았던 월드 비전을 더 이상 붙들고 살 수 없게 되었다. 약 두 달 동안 밥을 먹어야 할 이유를 몰랐다. 내가 이제 무엇을 위해 살아야 하는지도 몰랐다. 세상이 이미 다 악한 자들의 손에 넘어가 뒤집기를 하는 마당에 내가 할 수 있는 일은 아무것도 없었다. 슬펐다. 한 마디 기도도 할 수 없었다. 멍청하게 하루 하루 살아가게 되었다. 패닉 상태에 빠졌다. 넋이 나가버린 인생이 되었다. 그래도 밥은 먹어야 하기에 먹기 전에 고개를 숙였다. 감사 합니다 한 마디하고 밥을 먹었다. 그런데 놀라운 일이 일어났다. 밥을 먹을 때 마다 감사기도를 하는데 자꾸만 월드 비전이라는 음성이 뒤에서 들렸다. 시간이 지나면서 점점 크게 들렸다. 분명히 하나님께서 내게 주신 음성이 맞았다. 나는 화가 났다. 1982년 4월 10일에 분명히 하나님은 나에게 월드 비전을 주셨다. 구체적으로 계획을 주셨다. 그러나 30년이 되도록 하나님께서 나에게 주신 것은 너무나 초라했다. 그래서 월드 비전이라는 음성이 들릴 때 화가 난 것이다.

나는 소리를 쳤다. 하나님! 지난 30년 동안 월드 비전을 위해 하나님께서 내게 무엇을 해주셨다고 이제 와서 또 월드 비전! 월드 비전! 하시는 겁니까? 그럼에도 불구하고 하나님은 계속해서 나에게 월드 비전이라고 점점 더 크게 말씀 하셨다. 나는 더 이상 무시할 수 없어 하나님께 물었다. 하나님! 세상은 모두 악한 자에게 넘어가 뒤집기를 시작했는데 무엇을 더 하라고 자꾸 월드 비전이라고 하십니까? 그때 하나님께서 말씀 하셨다. 내가 지금 알고 있는 일루미나티 비밀결사 내용을 책으로 써서 목사님들에게 알리는 것이 월드 비전이라고 하셨다. 그때 나는 그것이 왜 월드 비전이냐고 되물었다. 오히려 내가 이런 책을 쓰면 나는 죽을 것이라고 하였다. 그때 하나님은 죽는 것이 무섭냐고 하셨다. 나는 죽는 것이 무섭지 않지만 아무런 소득도 없이 죽는 일을 왜 해야 하냐고 따졌다.

나는 아무런 소망도 없이 시간을 보냈다. 왜냐하면 내가 할 수 있는 일이 아무것도 없었기 때문이다. 그때 나는 한 가지를 알았다. 내가 할 수 있는 일이 생각이 났다. 하나님께서 나에게 하라고 하신 일을 하는 것이다. 비록 내가 하나님께서 요구하신대로 책을 쓰는 것이 왜 월드 비전인 줄 알지 못하지만 할 수 있는 일이 없어 책을 쓰기로 마음을 정하고 6개월 동안 자료를 모아서 책을 썼다. 그것이 타작기 책이다. 나는 솔직히 이 책을 쓰고 나서 죽을 줄 알았다. 왜냐하면 그만큼 민감한 내용들을 써야 했기 때문이다. 글을 쓰면서도 몇 번이고 망서렸다. 그러나 이왕 하나님께서 쓰라고 하셨기 때문에 죽으면 죽으리라는 각오로 책을 썼다.

2012년 타작기를 쓰고 11년이 지났다. 그 후 15권의 책을 썼다. 이번의 책이 “새로운 천년이 시작된다. 새 예루살렘 시대”책이다. 새 예루살렘은 창세전에 하나님께서 꿈꾸어 오신 비밀이다. 천년왕국은 하나님께서 창세전에 아들에게 주시기 위해 예비하신 기업이다. 아담의 갈비뼈를 취해 하와를 만들고 에덴을 기업으로 주셔서 다스리게 하신 하나님의 본 마음은 창세전에 교회를 아들 예수님의 신부로 만들어 주셔서 다스리게 하실 천년왕국의 그림자였다.

나는 2012년 타작기를 쓰면서 왜 하나님께서 이 책을 쓰게 하시면서 월드 비전이라고 말씀하셨는지를 전혀 알지 못했다. 왜냐하면 전혀 생뚱맞은 내용이었기 때문이었다. 11년 동안 15권의 책을 쓰면서 많은 사람들로부터 비난도, 조롱도, 업신여김도 받았다. 마치 내가 다른 우주에서 온 외계인처럼 대하신 분들도 많았다. 그동안 믿고 살았던 소크라테스, 플라톤, 어거스틴, 루터, 칼빈, 아브라함 카이퍼, 빌 브라이트, 로렌 커닝햄, 존 스토트, C.S 루이스, 유진 피터슨, 미국, 프리메이슨, 일루미나티, 사단 신학 등 이루 말할 수 없는 고정 관념들을 부정하는 주장은 나 자신도 감당할 수 없는 것들이었다. 어떤 목사님은 전화를 해서 전에 제자훈련을 했던 목사님이 맞는가도 물어 오셨다. 급기야 통합측 교단에서는 부산 벡스코에서 열린 WCC 총회를 반대 한다고 타작기는 이단성은 없으나 타작기 세미나 집회참석 금지와 교육장소를 금지시키는 결의까지 했다.

2012년 타작기 한 권의 책을 쓰고 죽을 것 같았는데 하나님은 계속해서 15권의 책을 쓸 수 있도록 진리의 말씀을 공급해 주셨다. 하나님의 월드 비전은 이 세상 나라에 유토피아를 세우는 것이 아니라는 것도 깨우쳐 주셨다. 하나님께서 창세전에 꿈꾸어 오신 아들 예수님과 그 아들의 신부인 새 예루살렘이 결혼식을 한 후 온전한 사람을 이루어 하나님께서 주신 기업을 받아 다스리게 되는 새 예루살렘과 천년왕국이 하나님의 월드 비전이라는 사실을 알게 된 것이다.

1982년 4월 10일 월드 비전을 받았을 때 가슴이 터질 것 같았다. 내 평생에 이루어야 할 비전을 가지고 결혼을 했다. 그 비전을 이루기 위해 자녀를 양육했다. 그 비전을 이루기 위해 하루도 쉬지 않고 애타게 기도하고 수고를 했다. 그러나 눈앞에 펼쳐진 현실은 사하라 사막과 같았다. 왜 하나님은 나에게 주신 비전을 속히 이루어 주시지 않으시는 가에 대하여 답답한 세월을 보냈다. 그러나 단 한 번도 포기한 적은 없었다.

더디고 더딘 고난의 시간들이 지남에 따라서 나는 깨닫게 되었다. 내가 꿈꾸면서 세우기를 원하는 월드 비전은 1982년 당시 10만평 대지 위에 100억으로 세워진 물질 왕국이 아니라 내 마음속에 이루어지는 하나님의 나라라는 사실을 알게 되었다. 내 마음에 그런 나라가 세워져야 눈에 보이는 나라를 하나님이 세우신다는 사실을 알게 된 것이다. 그때부터 조급해 하지 않고 나의 속사람을 만들어 갔다. 하나님께서도 그것을 기뻐하셨다. 그래서 15권의 책을 계속해서 쓸 수 있었던 것이다.

그렇다면 1982년 4월에 주신 월드 비전은 무엇인가? 단지 영적으로 내 마음 속에 이루어진 하나님의 나라인가? 새 예루살렘과 천년왕국에서 이루어질 하나님의 꿈인가? 아니었다. 요한 계시록 12장에 나타난 광야 공동체 교회였다. 모세를 40년 전에 애굽에서 광야로 불러내셔서 광야교회를 준비 시키셨다. 세례 요한을 30년 전부터 유대 광야로 불러 내셔서 예수님의 광야 교회를 준비시키셨다. 비록 부족하고 연약한 종이지만 40년 전부터 공동체 교회 비전을 주셔서 지금까지 준비시키고 계시다는 사실을 15권의 책을 쓰면서 알게 되었다. 그래서 광야 공동체 교회는 하나님께서 친히 세우신다는 사실을 확실하게 알게 되었다.

모세라는 영적인 리더가 없는 광야교회는 존재할 수 없다. 세례 요한과 같은 영적인 리더가 없는 예수님의 광야 교회는 존재할 수 없다. 예수님은 베드로에게 이 반석 위에 내가 내 교회를 세우시겠다고 말씀 하셨다. 이 반석은 베드로의 믿음이었다. 그러면서 "내가 천국 열쇠를 네게 주리니 네가 땅에서 무엇이든지 매면 하늘에서도 매일 것이요 네가 땅에서 무엇이든지 풀면 하늘에서도 풀리리라"하셨다.

예수님 재림 직전에 세워질 광야 교회 역시 하나님께서 준비시켜 주시는 영적인 리더가 없이는 광야 공동체 교회가 존재할 수 없다. 왜냐하면 세상에 있는 교회는 아직 미완성된 교회이기 때문에 성령께서 교회에게 주신 말씀을 하나님께서 세우신 사도와 선지자와 같은 도구를 통해서 들려 주시기 때문이다. 그래서 요한 계시록 2장-3장에서 예수님은 오른 손에 일곱 별을 붙잡으시고 일곱 촛대 사이를 왕래하신다. 일곱 촛대는 일곱 교회요 일곱 별은 일곱 교회 사자였다. 일곱 교회 사자들을 통해서 성령은 교회들에게 말씀하셨던 것이다.

첫 열매되신 예수님이 없는 구원이 없다. 공동체 교회란 사람들이 모여서 세운다고 되는 것이 아니다. 서로 약속을 하고 헌장을 만든다고 되는 것도 아니다. 영적인 교회는 분명하게 하나님께서 세우신 리더가 있어서 성령이 교회에게 하신 말씀을 전해 줄때 각 지체들의 믿음이 자라날 수 있는 것이다. 이것이 진짜 예수님의 몸 된 교회이다.

당신은 지금 무엇을 꿈꾸고 있는가? 아직도 세상이 여유롭게 보이는가? 아직도 세상이 보암직하고 지혜롭게 할 만큼 탐스럽게 보이는가? 세상이 무너지고 있는데 아직도 당신은 모르고 있는가? 당신의 자녀들에게, 당신의 손주들에게, 당신의 가족들에게, 당신의 성도들에게 심판의 구름이 몰려 오는데 아직도 깨닫지 못하는가?

하늘의 권능들이 흔들리고 있다. 하늘과 땅이 요동치고 있다. 사람들이 짐승화 되고 있다. 정치가 속이고 있다. 경제가 무너지고 있다. 교회가 죽어가고 있다. 그래도 모르는가?

"어찌하면 내 머리는 물이 되고 내 눈은 눈물 근원이 될꼬 그렇게 되면 살륙 당한 딸 내 백성을 위하여 주야로 곡읍하리로다 어찌하면 내가 광야에서 나그네의 유할 곳을 얻을꼬 그렇게 되면 내 백성을 떠나 가리니 그들은 다 행음하는 자요 패역한 자의 무리가 됨이로다 여호와께서 말씀하시되 그들이 활을 당김 같이 그 혀를 놀려 거짓을 말하며 그들이 이 땅에서 강성하나 진실하지 아니하고 악에서 악으로 진행하며 또 나를 알지 아니하느니라 너희는 각기 이웃을 삼가며 아무 형제든지 믿지 말라 형제마다 온전히 속이며 이웃마다 다니며 비방함이니라 그들은 각기 이웃을 속이며 진실을 말하지 아니하며 그 혀로 거짓말 하기를 가르치며 악을 행하기에 수고하거늘 네 처소는 궤휼 가운데 있도다 그들은 궤휼로 인하여 나 알기를 싫어하느니라 나 여호와의 말이니라 하시니라 만군의 여호와께서 이같이 말씀하시되 보라 내가 내 딸 백성을 어떻게 처치할꼬 그들을 녹이고 연단하리라"(렘9:1-7)

여호와는 사랑하는 아내인 예루살렘이 바벨론 남자에게 바람이 나서 마음이 떠나 여호와를 섬기지 아니하고 물질을 신으로 섬기면서 서로 속이고 죽이고 반역할 때 하나님은 백방으로 고쳐보려고 하지만 고칠 방법이 없어 구제불능인 예루살렘 아내를 죽이고 다시 살릴 생각을 하시면서 울고 계신다. 머리가 호수가 되고 눈은 수로가 되면 죽임을 당할 딸 예루살렘을 위하여 주야로 울겠다고 하신다. 광야에 나그네가 머물 곳이 있다면 바람난 아내를 떠나 편히 쉬고 싶다고 하신다. 그런데 바람난 아내라도 사랑하기 때문에 떠날 수 없다는 것이다. 결국 마음대로 살았던 예루살렘은 망하여 불에 타고 그 백성들은 바벨론 포로로 끌려가 70년 동안 녹이고 연단하는 과정을 거친다. 그래서 돌아올 때는 새로운 신부가 되어 돌아온다. 이것은 세상 중심으로 살고 있는 현대교회가 가야 할 순교로 완성될 새 예루살렘이다.

"슬프다 어찌 그리 금이 빛을 잃고 정금이 변하였으며 성소의 돌이 각 거리 머리에 쏟아졌는고 시온의 아들들이 보배로와 정금에 비할러니 어찌 그리 토기장이의 만든 질항아리 같이 여김이 되었는고 들개는 오히려 젖을 내어 새끼를 먹이나 처녀 내 백성은 잔인하여 광야의 타조 같도다 젖먹이가 목말라서 혀가 입천장에 붙음이여 어린 아이가 떡을 구하나 떼어 줄 사람이 없도다 진수를 먹던 자가 거리에 외로움이여 전에는 붉은 옷을 입고 길리운 자가 이제는 거름더미를 안았도다 전에 소돔이 사람의 손을 대지 않고 경각간에 무너지더니 이제 처녀 내 백싱의 죄가 소돔의 죄악보다 중하도다 전에는 존귀한 자의 몸이 눈보다 깨끗하고 젖보다 희며 산호보다 붉어 그 윤택함이 마광한 청옥 같더니 이제는 그 얼굴이 숯보다 검고 그 가죽이 뼈에 붙어 막대기 같이 말랐으니 거리에서 알 사람이 없도다 칼에 죽은 자가 주려 죽은 자보다 나음은 토지 소산이 끊어지므로 이들이 찔림 같이 점점 쇠약하여 감이로다 처녀 내 백성의 멸망할 때에 자비한 부녀가 손으로 자기 자녀를 삶아 식물을 삼았도다"(애4:1-10)

예레미야는 예루살렘이 망하기 전에 애가를 지어 부르면서 백성들을 깨우쳤다. 그러나 그들은 농담으로 여기고 오히려 자기들에게 기분 나쁜 말을 한다고 예레미야를 죽이려고 하였다. 예레미야 애가의 내용은 마지막 시대 바벨론 음녀인 교회가 받을 심판이다. 들개는 새

끼에게 젖을 먹이나 아기 엄마는 굶어서 젖이 나오지 않는다. 어린 자식들이 떡을 구하나 누구도 그들에게 떡을 줄자가 없다. 붉은 옷을 입고 길리운 자가 거름더미 위에 앉는다. 몸이 눈보다 깨끗하고 젖보다 희고 윤택했는데 숯보다 검고 그 가죽이 뼈에 붙어 막대기 같이 말라서 알아볼 사람이 없다. 먹을 것이 없어 자비한 부녀가 자식을 삶아 양식을 삼는다.

2023년 2월 10일 이 형 조

***타작기 (기독교 종말론 가이드 북)

2012년 3월 10일 출간, 416P, 값 13,000원

목 차

4. 적그리스도의 혈통

1) 바벨론 세미라미스 혈통
2) 아슈케나지 유대인 혈통
3) 윈저왕조 혈통
4) 부시 가문 혈통
5) 로스차일드 가문 혈통
6) 록펠러 가문 혈통

5. 적그리스도의 종교

1) 수메르 바벨론 종교
2) 이집트 태양신 호루스 종교
3) 그리스 아볼루온 종교
4) 유대의 밀교 카발라 종교
5) 영지주의와 신지학 종교
6) 프리메이슨 종교

6. 적그리스도의 전략

1) 시온의정서가 만들어 졌던 과정
2) 유대인의 세계 경제 장악 현황
3) 시온 의정서 용어 해설
4) 시온의정서 요약 및 해설
 1장 세계 정치 지배 전략
 2장 세계 언론 지배 전략
 3장 세계 경제 지배 전략
 4장 기독교 파괴 전략
 5장 사회 구조 파괴 전략
 6장 국가정부 파괴 전략
 7장 전쟁을 통한 이익 창출 전략
 8장 전문가를 양성해 우리에게 유리한 법 조항을 만든다
 9장 세뇌 교육을 통한 독재정부 전략

10장 섭정 정치 전략
11장 유대인을 통한 세계 정복 전략
12장 언론 통제 조작 전략
13장 3S를 통한 인간성 파괴 전략
14장 기독교 말살 전략
15장 히틀러식 독재 정치 전략
16장 교과서를 통한 역사 조작 전략
17장 인간 개조를 통한 인간성 파괴전략
18장 적그리스도 조작 전략
19장 경찰국가 전략
20장 중산층 파괴 전략
21장 내국채를 통한 국가 파괴 전략
22장 세계 정복 전략
23장 전체주의 국가 전략
24장 최종 유대주의 전략

7. 적그리스도의 무기

1) 적그리스도의 최후의 병기 베리칩
2) 양날의 칼 전쟁과 돈(은행)
3) 살인 병기보다 무서운 언론(매스 미디어)
4) 상상을 초월한 기상무기 하프
5) 사탄교 마약, 섹스, 포르노,
6) 기독교를 파괴시킬 블루빔 프로젝트

8. 적그리스도의 기독교 파괴 프로그램

1) 빌리그래함의 에큐메니칼 운동
2) 알파 코스
3) 빈야드 운동
4) 신사도 운동
5) WCC 종교통합운동
6) 뉴 에이지 기독교 운동

9. 적그리스도의 단체

1) 프리메이슨
2) 일루미나티 카드
3) 원탁회의
4) 300인 위원회
5) 영국 왕립 국제 문제 연구소
6) 미국 외교 관계 연구소
7) 삼변회
8) 빌더버그 회의
9) 연구 분석 코퍼레이션
10) 로마클럽
11) Skulls & Bones(해골과 뼈)
12) 타비스톡 인간관계 연구소
13) 인간 자원 연구소
14) 스텐포드 연구소
15) 보헤미안 클럽
16) 무슬림 형제단
17) U N(국제연합)

10. 적그리스도에 대한 준비

1. 분별과 성찰
   1) 신화인가? 성경인가?
   2) 비인격인가? 인격인가?
   3) 악령의 열매인가? 성령의 열매인가?
   4) 지상천국인가? 천상천국인가?
   5) 종교인가? 생명인가?
   6) 진리인가? 이단인가?
2. 회개와 재정립
   1) 성경에 대한 무지
   2) 은사주의

***타작기 2 (적그리스도의 유전자의 비밀)

2013년 1월 8일 출간, 468P, 값 15,000원

목 차

***타작기 3 (십자가 복음과 교회의 승리)

2014년 3월 25일 출간, 416P, 가격 20,000원

목 차

2. 자유주의 신학

1) 자유주의 신학의 원리
2) 자유주의 신학의 특징
3) 자유주의 신학의 사상적 배경
4) 자유주의 신학의 태동
5) 자유주의 신학의 비판
6) 자유주의 신학의 정체 그노시스 영지주의

3. 신칼빈주의 신학

1) 아브라함 카이퍼의 생애
2) 아브라함 카이퍼의 사회개혁 활동
3) 아브라함 카이퍼의 화란의 자유대학 설립
4) 아브라함 카이퍼가 자유대학을 설립한 목적
5) 칼빈주의와 신칼빈주의 차이
6) 아브라함 카이퍼의 절대 주권 영역과 다원주의
7) 신복음주의 신학의 뿌리가 된 신칼빈주의
8) 아브라함 카이퍼의 반정립 사상과 일반 은총론
9) 아브라함 카이퍼의 고민
10) 아브라함 카이퍼 사상의 문제점
(1) 문화 대사명에 대한 오해
(2) 일반은총의 문제점
(3) 유기체 교회를 통한 문화 대명령 완성
(4) 언약에 대한 유기체 철학적 개념화
(5) 잘못된 중생 개념과 유아 세례관
(6) 잘못된 회심관
(7) 자연과 은혜를 하나로 보는 도에베르트의 우주법 철학
11) 아브라함 카이퍼의 신칼빈주의에 대한 평가
12) 네덜란드 바로 알기
(1) 네덜란드를 바로 알아야 적그리스도의 세력들을 알 수 있다.
(2) 세계 최초의 상장 증권시장의 효시

***배도자 지옥 순교자 천국

2015년 2월 25일 출간, 452P, 값 15,000원

목　차

3) 사탄의 전략은 사람을 짐승으로 만드는 것
4) 마지막에 나타날 짐승의 표의 정체

5. 은사인가? 말씀인가?

1) 기독교의 본질은 말씀종교, 영지주의 본질은 초자연적인 능력
2) 은사주의에 나타난 비인격
3) 성령의 인격적인 사역과 성경적인 진리
4) 기록된 성경 외에 더 이상 직통계시는 없다
5) 적그리스도의 세력들이 사용하는 임파테이션 은사주권주의 운동
6) 혼합종교로 시작한 로마 가톨릭
7) 임파테이션 은사주권주의 운동에 앞장 선 로마 가톨릭
8) 자유주의신학의 감정이입과 신정통주의 칼 바르트의 체험신학
9) 말세지말의 최고의 신앙은 말씀의 순종과 복종이다.

제 3장 배도자의 신학(背道者 神學)

1. 신학의 뿌리가 된 철학

1) 철학은 인류문명을 지배한 사단신학이다
2) 철학은 루시퍼 신학
3) 소크라테스의 엘리트 신인간(神人間) 중심의 절대철학
4) 플라톤의 이원론 철학의 비밀
5) 플라톤의 신의 존재론과 어거스틴의 신의 존재론
6) 신플라톤 철학 플로티누스
7) 어거스틴에 의해서 확립된 정화, 조명, 합일의 관상기도 신학
8) 삼위일체 신학의 철학
9) 이원화된 세계 통치구조와 이원화된 기독교
10) 알렉산드리아 학파에서 시작된 최초의 개신교 신학교

2. 니케아 종교회의와 아타나시우스, 안토니, 어거스틴

1) 니케아 종교 회의
2) 콘스탄틴 황제가 주도한 니케아 종교회의 종합 평가

식민지
2) 로저 윌리암스를 추방한 메사추세츠 정치적인 분리주의 청교도들
3) 영국의 수평파 종교적인 분리주의 청교도들이 세운 미국의 침례교회

11. 영국과 미국의 종교 개혁의 평가

1) 정치적인 권력을 얻기 위해 사용된 유럽의 종교개혁
2) 유럽 각국에서 자행된 칼빈주의자들의 마녀사냥
3) 가톨릭과 칼빈파의 마녀사냥의 잔학상에 대한 비교
4) 스코틀랜드에서 자행된 분리주의 청교도들의 인간사냥

제 4장 배도자의 비밀 함정(背道者 祕密 陷穽)

1. 적그리스도의 혈통(DNA)의 비밀

1) 세상을 지배하는 적그리스도의 혈통(DNA)
2) 가나안 7족속들로부터 시작된 적그리스도의 혈통
3) 네피림의 정체
4) 아리안(Aryan)의 혈통의 비밀
5) 비밀결사 바리새파 유대인의 비밀

2. 무천년주의 종말론 비밀

1) 무천년주의 비밀은 킹덤나우(kingdomnow)
2) 아브라함 카이퍼의 무천년주의 주권신학
3) 존 칼빈의 일반은총과 아브라함 카이퍼의 일반은총의 차이점
4) 신사도운동의 주권운동은 킹덤나우 무천년주의 신학
5) 최초의 무천년주의자 알렉산드리아 학파 오리겐의 정체
6) 콘스탄틴 대제의 미트라교와 바리새파 유대인들의 조로아스터교의 진실
7) 현실속에서 이루어지는 무천년주의 킹덤나우의 진실
8) 무천년 주권 운동들을 통한 기독교 파괴운동의 전략
9) 어거스틴의 무천년주의와 하나님의 도성(신국론)

3. 시오니즘 운동의 비밀

*** 교회와 요한계시록

(성경 중심, 구속사 중심, 복음 중심)

2016년 2월 25일 출간, 488P, 값 20,000원

목　차

*** 요한계시록 설교집

2016년 3월 25일 출간, 530P, 값 20,000원

목 차

*** 역사적 기독교 성경적 기독교

(종교개혁 500주년 기념 평가 책)

2017년 3월 5일 출간, 674P, 값 30,000원

목 차

3과 교회안에 있는 은사
4과 교회안에 있는 직분
5과 교회의 목적

제 5권 열매 맺는 삶

1과 성도의 삶의 목적은 무엇인가?
2과 전도
3과 양육
4과 헌금
5과 예배

제 6권 그리스도인의 생활

1과 그리스도인의 생활
2과 그리스도인의 개인생활
3과 그리스도인의 가정생활
4과 그리스도인의 교회생활
5과 그리스도인의 사회생활
6과 그리스도인의 국가생활과 세계생활

제 7권 제자로서의 성장

1과 제자란 누구인가?
2과 제자의 도와 비전
3과 훈련의 중요성
4과 헌신과 하나님의 뜻 발견
5과 십자가의 도(종의 도)

제 8권 성숙한 제자

1과 성숙한 제자란 어떤 사람인가?
2과 성숙한 제자와 상담
3과 성숙한 제자와 성경공부인도
4과 성숙한 제자와 절대주권(로드쉽)
5과 성숙한 제자와 영적 전투

제 9권 세계선교

1과 세계선교란 무엇인가?

*** 제 4차 산업혁명과 신세계질서

(과학적 공산주의 혁명과 통제사회 시스템)

2019년 2월 25일 출간, 250P, 값 10,000원

목 차

*** 천년왕국 (성경적, 신학적, 과학적 천년왕국)

2019년 2월 25일 출간, 232P, 값 10,000원

목 차

*** 요한 계시록 성경공부 책

2019년 2월 25일 출간, 250P, 값 10,000원

목 차

*** 영광스런 교회

(하나님의 비밀인 예수 그리스도의 교회)

2020년 2월 25일 출간, 540P, 값 30,000원

목 차

제 3장 영광스런 교회

*** 마지막 구원열차

(ID 2020과 코로나 팬데믹)

2021년 2월 25일 출간, 302P, 값 10,000원

목 차

***갈길을 잃어버린 21세기 세계교회

2021년 8월 15일 출간, 364P, 값 10,000원

목 차

제 4장 공동체 교회

제 5장 하나님의 구속사

제 6장 말세 성도가 알아야 할 10계명

*** 당신은 교회입니까?
(리셋, "천지개벽"을 준비하라)

2022년 2월 12일 출간, 362P, 값 10,000원

목 차

*** 시오니즘과 3차 세계 대전

(6000년 하나님의 구속 사역의 결정판)

2022년 8월 23일 출간, 362P, 값 10,000원

목 차

제 2장 종교적 시오니즘 운동

제 3장 정치적 시오니즘 운동

4) 구원론
5) 교회론
6) 성화론
7) 인간론
8) 종말론
9) 심판론
10) 천국론
에필로그

*** 세계제자훈련원 제자훈련 10단계 교재

출판 1988년 각 권당 32P, 각 권당 1,200원

1권 복음
1과 성경이 왜 하나님의 말씀인가?
2과 하나님의 뜻과 중생
3과 복음이란 무엇인가?
4과 예수 그리스도의 보혈의 능력
5과 예수 그리스도의 십자가의 능력

2권 구원의 확신
1과 왜 구원의 확신을 갖는 것이 중요한가?
2과 구원의 확신 점검
3과 신앙고백과 간증하는 법
4과 성 삼위 하나님 안에서 확신
5과 세례와 성찬

3권 그리스도인으로 자라남
1과 왜 그리스도인은 자라나야 하는가?
2과 말씀의 중요성과 우선순위(Q.T)
3과 기도하는 법

4과 성도의 교제와 교회의 비밀
5과 순종의 축복

4권 교회

1과 교회란 무엇입니까?
2과 교회의 본질과 비밀
3과 교회안에 있는 은사
4과 교회안에 있는 직분
5과 교회의 목적

5권 열매맺는 삶

1과 성도의 삶의 목적은 무엇인가?
2과 전도
3과 양육
4과 헌금
5과 예배

6권 그리스도인의 생활

1과 그리스도인의 개인생활
2과 그리스도인의 가정생활
3과 그리스도인의 교회생활
4과 그리스도인의 사회생활
5과 그리스도인의 국가생활
6과 그리스도인의 세계생활

7권 제자로서의 성장

1과 제자란 누구인가?
2과 제자의 도와 비전
3과 훈련의 중요성
4과 헌신과 하나님의 뜻 발견
5과 십자가의 도(종의 도)

8권 성숙한 제자

1과 성숙한 제자란 어떤 사람인가?
2과 성숙한 제자와 상담
3과 성숙한 제자와 성경공부인도
4과 성숙한 제자와 절대주권(로드쉽)
5과 성숙한 제자와 영적 전투

9권 세계선교

1과 세계선교란 무엇인가?
2과 한국교회의 사명
3과 한국교회와 이단종교
4과 각종 비전과 사역의 다양성
5과 세계선교전략

10권 재림

1과 재림의 징조
2과 이스라엘과 정치적 종말
3과 군사적 과학적 종말
4과 종교적 경제적 종말
5과 재림의 신앙

***** 10단계 제자훈련 지도자 지침서**
1988년 출간, 288P 값 12,000원

***** 새신자 제자훈련 교재**
1998년 출간 값 2,000원

***** 세례자 제자훈련 교재**
1998년 출간 값 3,000원

***** 교사 제자훈련 교재**
1998년 출간 값 3,000원

지은이

백석신학대학
백석신학대학원
총신대선교대학원
연세대연합신학대학원
미국Faith신학대학원
미국California신학대학원
전 필리핀 선교사
현 백석교단 강남교회 담임목사

총판 : 생명의 말씀사 02-3159-7979

새로운 천년이 시작된다
새 예루살렘 시대

초　판　2023. 2. 10.
지은이　이형조
펴낸곳 도서출판 세계제자훈련원
06261 서울시 강남구 도곡로22길 5
(강남구 도곡동 544-13) 강남교회
전화 : H.P : 010-4434-7188
E-mail　ehj1953@Kakao.com
등록 제16-1582 (1988. 6. 8)

온라인 번호 062-01-0126-685 국민은행 이형조
정가 10,000원
ISBN 978-89-87772-31-8